权威·前沿·原创

皮书系列为
"十二五""十三五""十四五"时期国家重点出版物出版专项规划项目

BLUE BOOK

智 库 成 果 出 版 与 传 播 平 台

中国社会科学院创新工程学术出版资助项目

美国蓝皮书
BLUE BOOK OF THE UNITED STATES

美国研究报告
（2024）

ANNUAL REPORT ON THE U.S.A.
(2024)

美国现实和信念的背离与重契

组织编写／ 中国社会科学院美国研究所
中华美国学会

主　编／倪　峰
副主编／袁　征

社会科学文献出版社
SOCIAL SCIENCES ACADEMIC PRESS（CHINA）

图书在版编目（CIP）数据

美国研究报告 . 2024：美国现实和信念的背离与重
契／倪峰主编；袁征副主编 . --北京：社会科学文献
出版社，2025.5. --（美国蓝皮书）. --ISBN 978-7
-5228-5256-0

Ⅰ . D771.2

中国国家版本馆 CIP 数据核字第 2025YR0054 号

美国蓝皮书

美国研究报告（2024）
——美国现实和信念的背离与重契

主　　编／倪　峰
副 主 编／袁　征

出 版 人／冀祥德
责任编辑／仇　扬
责任印制／岳　阳

出　　　版／社会科学文献出版社（010）59367156
　　　　　　地址：北京市北三环中路甲 29 号院华龙大厦　邮编：100029
　　　　　　网址：www.ssap.com.cn
发　　　行／社会科学文献出版社（010）59367028
印　　　装／三河市东方印刷有限公司

规　　　格／开　本：787mm×1092mm　1/16
　　　　　　印　张：29.75　字　数：449 千字
版　　　次／2025 年 5 月第 1 版　2025 年 5 月第 1 次印刷
书　　　号／ISBN 978-7-5228-5256-0
定　　　价／198.00 元

读者服务电话：4008918866

美国蓝皮书编委会

主　　编　倪　峰

副主编　袁　征

编　　委　（按姓氏笔画排序）

　　　　　王　欢　火　焱　刘卫东　刘得手　张　帆

　　　　　罗振兴　赵　梅　贾　俐　姬　虹　魏南枝

执行编辑　罗伟清

主编简介

倪　峰　中国社会科学院美国研究所所长兼党委书记、研究员、博士生导师，中华美国学会会长。1987 年毕业于北京大学国际政治系，获法学学士学位。2001 年在中国社会科学院研究生院获法学博士学位。分别于 1995 年、2000 年和 2009 年在日本国际问题研究所和美国霍普金斯大学尼采国际问题高级院做客座研究员和访问学者。主要研究领域为美国国内政治、美国对外政策及东亚安全事务。代表作有《国会与冷战后的美国安全政策》《冷战后的美国对外政策》《美国在东亚的作用》等专著，以及《观察中美关系的三个维度》《美国大战略的历史沿革及思考》《变轨、脱轨、延续——从美国对外战略的轨迹看特朗普新版国家安全战略报告的三个特征》《美国与东亚关系的历史考察》《失衡与分裂——特朗普治下的美国政治》《常规因素与非常规因素的汇合——美国对华政策的质变》等论文。享受国务院政府特殊津贴。

袁　征　中国社会科学院美国研究所副所长、研究员、美国外交优势学科带头人、博士生/博士后导师，享受国务院政府特殊津贴。担任中华美国学会副会长兼秘书长，负责学会日常工作。主要从事美国对外战略与中美关系的研究。曾承担多项国家社科基金和中国社会科学院重大或重点课题的研究工作，参与撰写学术著作约 20 部，发表学术论文和国际时评 400 余篇，撰写内部研究报告数十篇，科研成果多次获奖。先后在美国斯坦福大学（1998~1999 年）、马里兰大学（2003~2004 年）和夏威夷亚太安全研究中心（2011 年）访学，走访美国多个官方和智库机构。曾作为外交部专家小组成员访美（2009 年）、应邀赴美参加"中美青年领袖对话"（2014 年）和"中美关系中的台湾问题"二轨对话（2018 年）。

摘　要

　　美国正处在一个动荡转折阶段，过于剧烈的经济转型引发剧烈社会变迁，严重背离传统信念。当今的美国失去自信心和方向感，步入了迷惘时代。

　　政治上，党争导致府会分裂、国会立法效率低下、联邦政府数次面临关门危机。随着大选年的到来，两党之间的斗争持续升级，特朗普面临的诉讼让美国最高法院乃至整个司法系统不得不卷入党争极化。宪政法治信念受到阴谋论言行和司法政治化冲击，美式民主信念受到政治不妥协、代际更迭和选民抉择困难的冲击，联邦体系优越性信念受到执法权争执、立法权争执和州际争执的冲击，国际霸权信念受到霸权地位焦虑和同盟体系效能下降的冲击。

　　经济上，由于对经济形势的感知与经济表现的差距采取了不同的比较基准，选民对超预期强劲增长的奇迹并不买账。美式市场主导的资本主义经济模式受到拜登经济学理念和诸多非市场化微观规制政策的冲击，宏观政策体系的有效性信念受到金融体系困局和财税体系难题的冲击。

　　随着政治极化加剧，美国社会进一步碎裂化，社会之争反过来也成为党派恶斗的筹码，恶斗政治与碎裂社会相互强化。对所谓"山巅之城"的信念受到社会道德丑闻、公共安全恶化和阶层分化加剧的冲击，对"后族群"时代国族发展的信念受到国族成分变化和族群冲突加剧的冲击。

　　经过执政以来的铺陈和实践，拜登政府的"大国竞争"战略框架基本成型；先后出台多份重要战略文件，引领美国"战略竞争"进一步推进。

在地区层面，拜登政府继续聚焦印太地区。在重大议题上，美国外交致力于应对俄乌冲突、巴以冲突、气候变化等问题。国内社会矛盾和党派争斗波及外交政策，而拜登政府"大国竞争"战略的内在矛盾进一步加剧，美国外交陷入难以摆脱的困境。

军事上，美国将应对"大国竞争"作为"未来决定性10年"的优先事项，以"一体化威慑战略"为牵引，加速优化全球军力部署与资源配置，持续推进国防和军事力量转型升级的进程，企图进一步夯实军事手段在美国"护持霸权、竞赢对手"战略中扮演重要角色的基础。然而，美国政府长期秉持的错误安全观以及自身存在的诸多问题，不仅使其系列"强军"举措难见成效，还会加剧国际安全困境。

拜登政府继续把保持美国科技的领先地位作为重点；加大国内研发投资力度，确定优先发展领域，重点推动半导体、电池储能、关键矿物和生物医药等领域的研发。联合盟友，强化出口管制和关键领域投资限制是美国对华科技政策的两大"杀手锏"，中美科技博弈与竞争加剧。

2023年的中美关系从低谷起步，逐步回归稳定轨道并站在新的起点，但总体来看依旧在低谷徘徊。美方炒作"气球事件"使得中美关系遭遇了寒冬。美国国会打造针对中国的新机制，密集出台各类涉华法案，压缩中美互动的空间。中美博弈进一步深化，双方之间的制裁与反制裁日趋升级。美国继续推进"以台制华"，竭力强化遏华军事多边机制。为管控分歧、寻求共识、确保战略稳定性，中美政府官员高层互动增多，两国民间往来逐步恢复。中美两国领导人的旧金山峰会及其形成的"旧金山愿景"标志着中美关系的"融冰解冻"，但双边关系依旧将面临较大的风险和不确定性。

关键词： 美国经济　美国政治　美国社会　美国外交　美国军事　美国科技　中美关系

目 录 ▷

Ⅰ 总报告

Ⅱ 形势报告

Ⅲ 专题报告

皮书数据库阅读**使用指南**

总 报 告

B.1

迷惘时代：美国现实和信念的背离与重契[*]

王　欢^{**}

摘　要：　美国在根本制度未变的前提下，试遍各种路径未能找到克服治理困境的出路，多方面失去自信心和方向感，步入了迷惘时代，2023 年则愈演愈烈。政治上，宪政法治信念受到阴谋论言行和司法政治化冲击，美式民主信念受到政治不妥协、代际更迭和选民抉择困难的冲击，联邦体系优越性信念受到执法权争执、立法权争执和州际争执的冲击，国际霸权信念受到霸权地位焦虑和同盟体系效能下降的冲击。经济上，美式市场主导的资本主义经济模式受到拜登经济学理念和诸多非市场化微观规制政策的冲击，宏观政策体系的有效性信念受到金融体系困局和财税体系难题的冲击。社会上，对所谓"山巅之城"的信念受到社会道德丑闻、公共安全恶化和阶层分化加剧的冲击，对"后族群"时代国族发展的信念受到国族成分变化和族群冲

---

* 本文为国家社会科学基金重点项目"大国应对治理困境的措施及得失研究"项目成果（项目批准号：20AZZ005）。

** 王欢，中国社会科学院美国研究所副研究员，美国政治研究室主任，主要研究领域为美国政治、集团政治与社会秩序、内生制度。

突加剧的冲击。美国步入迷惘时代的根本原因在于经济变迁过于剧烈，并通过现存政治社会机制导致多方面的剧烈社会变迁，与传统信念严重背离。走出迷惘时代需要良好的经济社会基本要素，通过经济发展或政治妥协加以实现，使现实与信念重新契合。

关键词： 美国社会　迷惘时代　治理困境　社会变迁

引言：美国的迷惘时代

一个世纪前，美国出现了迷惘的一代。当时，美国作家格特鲁德·斯坦（Gertrude Stein）向海明威（Ernest Hemingway）宣称，"你们所有在那场战争中服过役的年轻人，你们是迷惘的一代"。面对海明威的异议，她提出的理由是"你们对任何东西都没有敬意"。尽管如海明威思考后所认为的那样，"所有的世代都会因某事而迷惘，过去如此，将来也如此"，① 但是"迷惘的一代"这个称谓却不仅被用来称呼海明威等成年于第一次世界大战期间或战后初期、成名于20世纪20年代的美国作家，还被不少人通称那一代美国人。② 世代理论研究者威廉·斯特劳斯（William Strauss）和尼尔·豪（Neil Howe）在明确地把出生于1883~1900年的那一代美国人界定为"迷惘的一代"时，引用了美国作家弗朗西斯·斯科特·菲茨杰拉德（Francis Scott Fitzgerald）小说中带有夸张性的语言说明那一代人的迷惘特质。③ 菲茨杰拉德写道："这里的新一代，在漫长的虚幻日夜中呼喊老口号，学习旧信

---

① Ernest Hemingway, *A Movable Feast* (New York, NY：Scribners, 1964), pp. 30-31.
② Marc Dolan, "The (Hi) Story of Their Lives：Mythic Autobiography and 'The Lost Generation'," *Journal of American Studies*, Vol. 27, No. 1, 1993, pp. 35-56.
③ William Strauss and Neil Howe, *Generations：The History of America's Future, 1584 to 2069* (New York, NY：Quill, 1992), p. 247.

条；……长大发现一切神灵已死亡，一切战争已发生，对人类的一切信心已动摇。"① 人们使用"迷惘"这个词来进行界定，根本原因在于他们认为那一代美国人的传统价值观和逻辑信条发生了全面动摇，面对社会现实丧失了自信心和方向感，不是仅对某件事或某些事感到迷惘，而是产生了全面迷惘。

今天美国则步入了一个迷惘时代（lost age）。这一次，面对社会事实和旧有信念之间的严重背离，美国社会整体而不局限于特定的世代或个人正在多方面失去自信心和方向感。这一集体迷惘不仅基于跨世代、跨群体的大面积个体迷惘，更基于不同群体间对价值和方向的异议乃至对社会事实本身的异见所导致的社会整体性的无所适从。这一次所出现的是对重大传统价值观念和逻辑信条大范围、全方位的动摇，而不是每个国家每个时代都可能出现的对某一些事情的迷惘。一些新的社会现实，尽管没有达到否定美国式宪政民主、资本主义和多元社会等根本制度和理念的地步，也已严重背离长期以来支持美国政治、经济和社会较为有效运行的多方面重大信条，比如对司法中立的信心、对市场规则的尊崇和对楷模地位的自负。这一次所形成的是面对困境左冲右突、尝试各种路径之后依然发现旧观念不足以应付、新共识又难以达成的时代性困局。这一迷惘时代始于2020年11月特朗普竞选连任失利——它标志着右翼民粹主义路径遭受挫败。此前20年间，美国人在经历阿富汗、伊拉克两场战争和严重金融危机之际，对政治经济社会当权精英特别是华盛顿建制力量产生了严重的幻灭，对整合政治力量的两党深切疏离，对左右民粹力量的尝试倍感失望。右翼茶党运动几乎沦为右翼资本的工具，左翼的占领华尔街运动甚至无法形成统一的主张。②

以往，当美国社会以近30年为周期因传统信念和社会事实之间的鸿沟

---

① Francis Scott Fitzgerald, *This Side of Paradise* (New York, NY: Charles Scribner's Sons, 1960), p. 282.

② 王欢、刘辉：《从特朗普当选总统看美国反建制力量崛起及其影响》，载郑秉文、黄平主编《美国研究报告（2017）》，社会科学文献出版社，2017，第1~47页。

而陷入激烈政治抗争的时候，被否定的是社会事实而不是作为正确理想的传统信念。① 当民调显示多数美国人认为国家走在错误方向上的时候，并不意味着他们丧失了自信心和方向感。人们可能自认为知道正确的道路在哪里，只是没有走在那条道路上而已。但是，随着高举"让美国再次伟大"旗号的特朗普落败，美国人发现美国社会在试遍各种道路之后更加难以确定美国社会将去向何方，美国政府应如何行事。这一时代性迷惘自2023年以来愈演愈烈。正是在这样的情形下，角逐2024年总统选举的独立候选人小罗伯特·肯尼迪（Robert F. Kennedy Jr.）声称，他将建立一个"无家可归的民主党人与无家可归的共和党人"组成的联盟。他的竞选搭档妮科尔·沙纳汉（Nicole Shanahan）则在参选声明中特意强调"幻灭"一词，大声疾呼幻灭的共和党人支持她这个幻灭的民主党人，一道放弃民主党或共和党总统候选人，选择肯尼迪-沙纳汉组合，通过选举实现变革。②

值得指出的是，迷惘时代和经济学中经常使用的"失去的年代"（lost decade）明显不同。两者的主要区别并不在于时代以年计、年代以十年计，而在于"lost"在两个词组中的意义显著有别。"迷惘"指的是缺少自信心和方向感，而"失去"指的是"未能加以利用，被浪费了"。③ 人们用"失去的年代"来称呼一个国家或地区所经受的10年或更长时间的经济停滞期。这一短语曾经被用于大萧条时期的美国、第一次世界大战后的英国、20

---

① Samuel P. Huntington, *American Politics: The Promise of Disharmony* (Cambridge, MA: Harvard University Press, 1981), pp. 3-4.

② Annelise Finney, "Robert F. Kennedy Jr. Chooses Bay Area Tech Entrepreneur as Running Mate," KQED, March 26, 2024, https://www.kqed.org/news/11980780/robert-f-kennedy-jr-chooses-bay-area-tech-entrepreneur-as-running-mate.

③ Philip Babcock Gove et al. eds., *Webster's Third New International Dictionary of the English Language, Unabridged* (Springfield, MA: G. & C. Merriam Company, 1976), p. 1338. 美国"迷惘的一代"与同时期英国、法国和德国"失去的一代"英文用语相同，但形容词的意思显然不同。"失去"指的是生命和肢体的毁伤，"失去的一代"指的是在第一次世界大战中伤亡的那一代人。见 Jay Winter and Jean-Louis Robert, *Capital Cities at War: Paris, London, Berlin 1914-1919* (New York, NY: Cambridge University Press, 1997), p. 57.

世纪 80 年代的拉美国家以及经济泡沫破碎之后的日本。[①] 如果经济停滞期长达数十年，则这一时期意味着失去的数十年，比如日本失去的三十年。多数拉美国家在 19 世纪 20 年代之前以及多数非洲国家在 20 世纪 60 年代之前，分别经历了"半个世纪的政治不稳定、暴力冲突以及经济停滞"，这样的时期于是被认为是失去的五十年。[②]

美国进入迷惘时代，意味着美国人认识到了传统价值观和信条在重大社会变迁面前的不足。这比在欣快的状态下不自知地走向衰败要幸运得多。进入迷惘时代并不意味着陷入失去的时代，更不意味着陷入失去的年代。迷惘也可以成为解决问题的起点，关键是要更深切地认识和把握信念和现实之间的背离，并采取有效措施弥合二者之间的差距乃至鸿沟，使之重新契合，从而走出迷惘。至于走出迷惘时代所需要的时间，既取决于经济社会基本要素适应社会变迁速度的程度，也取决于社会针对新现实取得相应共识的速度。

一　步入政治迷惘

（一）对宪政和法治的迷惘

长久以来，美国人对所谓美国式宪政和法治拥有较强信心。除奴隶制废存问题导致内战之外，美国的宪政体系基本符合政治能力较强的主要社会集团之间的互利关系，得到多数公众的赞成或默许。美国政府所谓"以法治国"和"司法独立"的形象，也受到美国民众的普遍认可。但近年来，公众对美国宪政和法治产生了比较广泛和强烈的怀疑。共和党总统提名竞选参选人尼基·黑利（Nikki Haley）在新罕布什尔州党内初选活动中回避将奴隶

---

① Hiroaki Miyoshi and Yoshifumi Nakata, "Introduction," in Hiroaki Miyoshi and Yoshifumi Nakata eds., *Have Japanese Firms Changed? The Lost Decade*, (London: Palgrave Macmillan, 2011), pp. 1-13.

② Robert H. Bates, John H. Coatsworth, and Jeffrey G. Williamson, "Lost Decades: Postindependence Performance in Latin America and Africa," *Journal of Economic History*, Vol. 67, No. 4, 2007, pp. 917-943.

制作为南北战争的主要原因，之后又迫于压力调整表态，这在一定程度上反映了政治人物对公众关于联邦宪政的基础认识的疑虑。①

1. 对宪政的迷惘

近年来，美国公众对所谓宪政秩序基石的怀疑显著加深。关于所谓美国政府权力受到严格法律制约的信条受到冲击，关于美国被诸如"深层国家"这样的阴谋集团"非法控制"的阴谋论，引发了公众对宪政的迷惘。

美国历史上存在多种多样的阴谋论，它们"用那些力图掩盖其所扮演的角色的权势人物的阴谋诡计来解释事件或实践"。② 但是，这些阴谋论几乎不触及美国宪政体制的基本框架。联邦宪法的商业条款被认为是美国立国的制度基石。这一根本性的制度安排符合美国主要社会集团之间的互利关系，并随着社会变迁进行适时调整。③

近年来，一些阴谋论不仅引发了公众对美国宪政的思想认识上的迷惘，还导致了具争议性的政治行动。公共宗教研究所（Public Religion Research Institute）发布的美国价值观调查数据显示，与 2021 年相比，2023 年赞成极右翼阴谋论"匿名者 Q"（QAnon）关于把美国解救出"阴谋集团"之手的观点的美国人占比从 15% 增加至 23%，而完全不赞成的比例则从 40% 降低至 29%。④ 在埃隆·马斯克（Elon Musk）2022 年 10 月收购推特并着手解禁相关账户之后，"匿名者 Q"等"深层国家"观念传播者开始在网络世界复兴。2023 年初，"匿名者 Q"代表人物之一罗恩·沃特金斯（Ron Watkins）

---

① Sarah McCammon, "Nikki Haley Went from Confederate Flag Removal to Omitting Slavery as Civil War Cause," National Public Radio, January 8, 2024, https://www.npr.org/2024/01/08/1223567778/nikki-haley-went-from-confederate-flag-removal-to-omitting-slavery-as-civil-war-.

② Cass R. Sunstein, *Conspiracy Theories and Other Dangerous Ideas* (New York, NY: Simon & Schuster, 2016), p. 3.

③ Russell Hardin, *Liberalism, Constitutionalism and Democracy* (New York, NY: Oxford University Press, 1999), pp. 103-107.

④ "匿名者 Q"起初指主要在网上活动的群，在聊天板和社交媒体追随网名为"Q"的发帖者，后来更主要地被用来指称该群所持的阴谋论，也被用来指称该群所引发的社会运动。参见 Monica K. Miller, "The 'Who, What, and Why' of QAnon," in Monica K. Miller ed., *The Social Science of QAnon* (New York, NY: Cambridge University Press, 2023), pp. 3-13.

的推特账户重启一事引发广泛关注。① 马斯克本人在推特以及 2023 年 7 月更名为 X 的媒体平台上多次发表言论支持"匿名者 Q"，呼吁释放国会山"1·6"事件的行动者，并抨击《纽约时报》是"深层国家"的喉舌。这些言论不仅引发了粉丝的关注，而且引起和加重了比较广泛的社会舆论分歧。事实上，2021 年国会山"1·6"事件的不少参与者深受"深层国家"说的影响，认为他们是在和违背美国宪政传统的幕后势力做正义的斗争。②

2. 对法治的迷惘

美国公众长期以来对美国法治和司法体系具有较强的信心，把美国最高法院视为所谓非政治的法律神殿。但是近年来，最高法院及其法官的中立性和职业操守受到了前所罕见的质疑，联邦和州司法系统在包括特朗普系列案件和杰弗里·爱泼斯坦（Jeffrey Epstein）案件在内等不少案件中的表现受到了严重怀疑。

自特朗普在任期内任命 3 名最高法院法官以来，保守派法官以 6 比 3 的优势稳居最高法院多数，最高法院的政治中立受到质疑。虽然拜登于 2022 年任命自由派法官凯坦吉·布朗·杰克逊（Ketanji Brown Jackson）代替退休的自由派法官斯蒂芬·布雷耶（Stephen Breyer），但对最高法院政治倾向的人数对比没有造成太大的影响。部分国会议员对最高法院的信心已动摇，甚至呼吁通过国会立法来平衡最高法院的政治倾向。③ 公众对最高法院政治

---

① Nikki McCann Ramirez, "Twitter Reinstates QAnon Kingpin Ron Watkins," Rolling Stone, January 10, 2023, https://www.rollingstone.com/politics/politics-news/ron-watkins-qanon-kingpin-reinstated-twitter-1234658363/.

② "深层国家"这一概念于 20 世纪 90 年代源自土耳其，指在民主程序之外长期操控政治的幕后势力，在被奥拉·图安德（Ola Tunander）和彼得·斯科特（Peter D. Scott）等学者引入美国政治研究之后，经史蒂夫·班农（Steve Bannon）等右翼人士在 2016 年大选前后大力鼓吹，全面进入公众视野。特朗普以反建制姿态赢得总统选举之后，系统地抨击"深层国家"对美国选举、政党、司法、文官和财政体系的控制，取得了成败交织的结果。参见 John L. Campbell, *Institutions under Siege: Donald Trump's Attack on the Deep State* (New York, NY: Cambridge University Press, 2023), p. 192。

③ William S. Becker, "The Supreme Court Is Broken—We Need Congress to Fix It," The Hill, March 25, 2024, https://thehill.com/opinion/campaign/4550499-the-supreme-court-is-broken-we-need-congress-to-fix-it/.

中立性的信心也非常薄弱。《政客杂志》（*Politico Magazine*）和益普索集团（Ipsos）2024年3月进行的民调显示，在特朗普是否免于因2020年大选和"1·6"事件而被起诉的问题上，只有约24%的受访者相信最高法院会做出公平且非党派的裁决，约46%的人认为最高法院不会做出公平且非党派的裁决，约29%的人对此表示不确定。在所有受访人当中，共和党人更倾向于信任最高法院，以38%的比例显著高于民主党人14%的比例和独立选民24%的比例。①

2023年4月和6月，美国非营利新闻调查平台"为民新闻"（ProPublica）先后发表报告，揭露最高法院法官克拉伦斯·托马斯（Clarence Thomas）和塞缪尔·阿利托（Samuel Alito）涉嫌接受亿万富翁的不当款待，引起舆论哗然。据称，托马斯在20年当中几乎每年都接受共和党金主、亿万富翁哈兰·克罗（Harlan Crow）资助的国内、国际豪华旅游，但从未对外披露此事，这在最高法院是史无前例的。② 阿利托则未披露2008年乘坐对冲基金大亨保罗·辛格（Paul Singer）的私人飞机进行豪华旅行的情况。虽然这被认为严重性相对较低，但阿利托在"为民新闻"的报告发表之前预先在《华尔街日报》发表文章为自己辩护，从而显著地增加了公众的关注度。

迫于社会压力，最高法院于2023年11月13日发布了行为准则，力图挽回公众对最高法院法官职业操守的信心。在此之前，最高法院是联邦政府唯一没有成文伦理准则的重要机构。但是，新制定的行为准则有两大明显缺陷：一是要求太低，甚至达不到联邦法律的相关规定；二是并不具备强制性，没有强制执行的机构和机制。这一行为准则受到广泛批评，并进一步引

---

① "Politico Magazine/Ipsos March 2024 Poll," Ipsos, March 2024, https：//www. ipsos. com/sites/default/files/ct/news/documents/2024-03/Politico%20Magazine%20Ipsos%20March%202024%20Poll. pdf.

② Joshua Kaplan, Justin Elliott, and Alex Mierjeski, "Clarence Thomas and the Billionaire," ProPublica, April 6, 2023, https：//www. propublica. org/article/clarence－thomas－scotus－undisclosed－luxury－travel－gifts－crow.

发了公众对最高法院职业伦理的质疑。①

对于近年来一系列具有浓厚政治色彩的司法案件，公众也存在不同的认识，不少人对美国司法的公正性产生了迷惘。这些案件中最受瞩目的是特朗普面临的一系列刑事和民事诉讼案件。2023 年，不计民事诉讼，特朗普在封口费案、机密文件案、国会山"1·6"骚乱案、佐治亚州选举案等刑事案件中，被联邦以及纽约州和佐治亚州检察官提起近百项指控。2023 年 3 月 30 日，特朗普在纽约被大陪审团裁定因篡改商业记录而面临刑事起诉，成为美国历史上首位面临刑事指控的总统。特朗普于 4 月 4 日投案，但对有关篡改商业记录的 34 项重罪指控拒绝认罪。此事在美国公众当中形成严重的分歧意见。大量特朗普的支持者认为，民主党选民在纽约市占绝对数量优势，在纽约市挑选陪审员明显对特朗普不利，民主党主导下的纽约州司法体系利用这一点，以司法之名行政治迫害之实。2024 年 2 月 16 日，纽约市高等法院法官阿瑟·恩格伦（Arthur Engoron）对特朗普及其企业开出 3.55 亿（含利息总计 4.64 亿）美元的巨额罚单，并对特朗普的两个儿子和特朗普集团前首席财务官进行重罚。纽约州检察官又提出限期高额保释金。这些裁决被大量美国人认为意在通过司法手段在经济上压垮特朗普，进而达到阻止其取得 2024 年总统选举胜利的政治目的。

（二）对民主政治的迷惘

美国人长期把美国作为所谓代议民主制的典范之一。政客们在竞争性选举体制下，借助党派组织周期性地角逐政治职位。但是近年来，美国民主政治出现了新问题，并引起公众迷惘。

1. 对妥协的迷惘

美国人对所谓美国民主政治倍加推崇，认为其优点之一是政客们在竞选

---

① Devon Ombres, "With Its Release of a New Nonbinding Code of Conduct, the Supreme Court Fails on Ethics Again," Center for American Progress, November 15, 2023, https://www.americanprogress.org/article/with-its-release-of-a-new-nonbinding-code-of-conduct-the-supreme-court-fails-on-ethics-again/#: ~: text = The% 20Supreme% 20Court% 20ethics% 20code, of%20impropriety%20among%20the%20justices.

中遵循基本的游戏规则，能够进行妥协。同时，政府中的党在政党内部通常能够做出妥协以维持总体的团结。[①] 但是近年来，美国政坛出现政客特别是共和党政客拒绝向民主程序妥协的情况，而且这种状况得到了当事政客所依赖的选民们的支持，这与传统信条偏差显著。

继特朗普拒绝承认 2020 年总统选举落败，努力采取多种手段改变被美国政府机构和更多公众认可的大选结果，其相当数量的铁杆支持者也拒绝承认其败选之后，2023 年众议院共和党党内派系之间的激烈内斗将政客的不妥协精神推向了新高度。

在 2022 年中期选举中，共和党以 222 席对 213 席的微小优势，从民主党手中夺得众议院主导权。自 2023 年 1 月履职以来，以成员不足 40 人的众议院自由党团（House Freedom Caucus）为核心的共和党极右派在多个重大事项上不愿妥协，从而形成否决性影响力，在国会党内协调难度方面创下了多项纪录。1 月 7 日，在 4 天内经历 15 轮投票之后，众议院共和党领导人凯文·麦卡锡（Kevin McCarthy）在接受极右派提出的 5 票启动议长罢免程序的条件下，以 218 票艰难当选议长。10 月 3 日，极右派议员坚决反对麦卡锡在预算案等问题上向民主党妥协，由马特·盖茨（Matt Gaetz）牵头发起议长罢免，7 名共和党极右派议员附和，与全体与会民主党议员一道，以 216 票对 210 票罢免麦卡锡，使其成为美国众议院历史上首位被罢免的议长。麦卡锡被罢免后，共和党经历了两名主要候选人退选，最终将与共和党极右派以及特朗普有友好互助关系的迈克·约翰逊（Mike Johnson）推选为议长。约翰逊曾任众议院共和党最大的党派组织——共和党研究委员会（Republican Study Committee）的主席，属于共和党右翼。

此外，不少公众认为，两党政客之间相互恶意攻讦，试图通过各种手段

---

① 小 V. O. 基（V. O. Key, Jr.）把美国政党分为三部分，即党的领导人员和积极分子组成的政党组织、担任政治性公职的党派分子组成的政府中的党，以及表明附和政党的选民中的党。参见 V. O. Key, Jr., *Politics, Parties, and Pressure Groups*（New York: Crowell, 1964），pp. 163–165。

终结对手的政治生命。2023 年，大肆宣扬对手非法持有秘密档案的指控分别指向特朗普、拜登和彭斯等多位重要政治人物。2023 年 1 月 9 日，白宫法务办公室证实，拜登担任副总统时留在宾夕法尼亚大学拜登中心一间办公室的秘密档案于 2022 年秋被发现；1 月 12 日，又证实还在拜登位于特拉华州威尔明顿的家中发现一些秘密档案。1 月 24 日，美国有线电视新闻网（CNN）报道了前副总统彭斯的律师在彭斯位于印第安纳州的家中发现一些秘密档案，并已移交给联邦调查局。这些事件都被支持特朗普的人用于减轻特朗普机密文件案的罪责。2024 年 2 月 5 日，特别检察官许景（Robert Kyoung Hur）向司法部部长梅里克·加兰（Merrick Garland）提交报告，汇报关于拜登秘密档案事件的调查结果和司法建议。报告指出，有证据表明，拜登的确在卸任副总统职务成为普通公民期间有意保留并向代笔写手披露了秘密材料，但是这些证据出于多种原因并不足以确证拜登有罪，达不到联邦起诉原则的要求。其中列出的原因之一，是拜登在 2017 年向代笔写手披露信息以及在 2023 年接受调查时，记忆力都明显不强。① 特别检察官的报告引起了公众的困惑。有人认为民主党司法部部长任命的特别检察官偏袒拜登，无视事实，为拜登脱罪；也有人认为该报告故意抹黑拜登的记忆力，意在打击拜登的选民支持率。

2. 对代际更迭的迷惘

历史上，美国竞选中不断出现政治新人更有竞争力的情况，代际政治精英更迭比较顺利。但是近年来，美国政坛年长者占据显著优势，年龄和生理极限明显地成为国家领导精英代际更迭的重大影响因素，很少出现新生代自身超越前辈的情况。

总统候选人代际更迭困难，并不是美国选民乐意看到的现象。美国广播公司新闻台（ABC News）和益普索集团 2024 年 2 月 9~10 日进行的联合民

---

① Robert K. Hur, "Report on the Investigation Into Unauthorized Removal, Retention, and Disclosure of Classified Documents Discovered at Locations Including the Penn Eiden Center and the Delaware Private Residence of President Joseph R. Eiden, Jr.," Department of Justice, February 2024, https://www.justice.gov/storage/report-from-special-counsel-robert-k-hur-february-2024.pdf.

调显示，59%的美国人认为拜登和特朗普对于再任总统而言都太老了；另外，分别有27%和3%的人认为只有拜登或特朗普太老了；认为两人都不算太老的人只占11%。① 然而，在2024年美国总统选举的党内初选中，年近78岁的特朗普却碾压黑利和佛罗里达州州长罗恩·德桑蒂斯（Ron DeSantis），81岁的现任总统拜登也没有遇到任何有竞争力的挑战者。这创造了美国总统选举的最年长纪录。

国会领导层也存在代际更迭困难情况。尽管两党自20世纪70年代在国会两院引入选举机制以来，曾分别采取包括任期限制在内的多项进一步改革的举措，以淡化自19世纪后期以来国会委员会和下属委员会主席和少数党首席议员选用所采用的资深原则，但是两党在两院的全院领导层老化问题依然十分突出。② 共和党对全院领导层没有任期限制。2024年2月28日，参议院少数党领袖米奇·麦康奈尔（Mitch McConnell）宣布将于11月辞去参议院共和党领袖一职时，已经82岁高龄。民主党众议院领导人南希·佩洛西（Nancy Pelosi）2021年以80岁高龄续任议长时，以2/3多数提名豁免条款突破本党新近设置的全院领导人提名任期限制。她在2023年因民主党失去众议院多数而离开本党领导人岗位之后，依然是本党的核心人物之一。这些现象都凸显了国会领导层代际更迭的困难。

3. 对选民抉择的迷惘

20世纪初以来，民主党长期被视为与蓝领劳工和工会组织更亲近的党，而共和党则相对更依靠企业家和富裕阶层。第二次世界大战结束后，随着政党重组，特别是南方支持白人特权的民主党政客改换至共和党阵营，民主党在全国范围内越来越被视为各种少数群体的代言人，共和党则越来越被视为白人特别是盎格鲁-撒克逊白人新教徒的政党。

① "Topline & Methodology: ABC News/Ipsos Poll," Ipsos, February 2024, https://www.ipsos.com/sites/default/files/ct/news/documents/2024 - 02/Topline% 20ABC＿Ipsos% 20Poll%20Feb%2010%202024%20final%20PDF.pdf.

② Steven S. Smith, Jason M. Roberts, and Ryan J. Vander Wielen, *The American Congress*, 10th edition (Lanham, MD: Rowman & Littlefield, 2019), p.192.

近年来，两党的选民基础在经济阶层维度上发生了一定的变化。民主党在继续支持福利政策以吸引社会底层的同时，越来越依赖白领和金领高学历选民，与传统蓝领工人及其工会组织渐行渐远。① 从 20 世纪 90 年代开始，居住在较大城市的富人开始越来越多地成为民主党的支持者，这在拥有大学及以上学历的富裕阶层表现得尤其突出，而且这种转变同样发生在各种族和族群当中。2012～2020 年的历次大选和中期选举中，年收入在前 5%～15%的富裕选民对民主党的支持率已远高于共和党，但民主党在前 1% 的富裕选民中还没有确立优势。② 共和党则加大了对劳工阶层的吸引，特别是发力支持蓝领工人及其工会组织，使工会的全国性组织、地方组织和工会会员之间在党派支持问题上出现明显的分歧。③

少数族裔选民面临的政治抉择迷惘也日益加重。对于一些非洲裔和西班牙语裔群体特别是其中的劳工群体而言，共和党特别是特朗普在经济和公共安全政策等方面具有相当的吸引力，可以在一定程度上抵消民主党在社会价值观等方面对其的吸引力。总体来说，民主党尽管在非洲裔和西班牙语裔选民中的支持率依然明显高于共和党，但是近 3 年来的领先优势明显减弱。盖洛普（Gallup）调查数据显示，2020～2023 年，民主党在黑人中的支持率从 77% 降低至 66%，共和党的支持率从 11% 提升至 19%；民主党在西班牙语裔中的支持率从 57% 降低至 47%，共和党的支持率从 29% 提升至 35%。④

① Jacob S. Hacker, Amelia Malpas, Paul Pierson, and Sam Zacher, "Bridging the Blue Divide: The Democrats' New Metro Coalition and the Unexpected Prominence of Redistribution," *Perspectives on Politics*, First View, December 27, 2023, pp. 1-21.

② Sam Zacher, "Polarization of the Rich: The New Democratic Allegiance of Affluent Americans and the Politics of Redistribution," *Perspectives on Politics*, First View, February 8, 2023, pp. 1-19.

③ Lainey Newman, Theda Skocpol, *Rust Belt Union Blues: Why Working-Class Voters Are Turning Away from the Democratic Party* (New York, NY: Columbia University Press, 2023), pp. 213-215.

④ Jeffrey M. Jones and Lydia Saad, "Democrats Lose Ground with Black and Hispanic Adults," Gallup, February 7, 2024, https://news.gallup.com/poll/609776/democrats-lose-ground-black-hispanic-adults.aspx? version=print.

（三）对联邦体系的迷惘

多数美国人认为，联邦体系是其国家治理结构的突出优点之一，[①] 但近年来，美国联邦体系围绕未经授权移民（unauthorized immigrants）问题遇到重大挑战。[②] 这一挑战主要是联邦与州之间的权利和义务不对等引起的，引发了极大的社会分歧。

移民和归化问题属于联邦事务，非法入境的移民被联邦权力机构解除羁押之后可以在全国范围内居留，直至移民法庭做出裁决。边境州首先要承受非法入境移民带来的治理压力，在经济不景气、未经授权移民就业困难的时候尤其如此，但州和地方无权做出仅与移民相关的决定。一些边境州特别是非法入境移民最多的得克萨斯州，极力反对这种权利与义务不对等的安排，利用制度漏洞向其他州转移治理压力。这不仅会引发联邦与州之间的矛盾，而且会导致州政府之间产生矛盾，带来严重的民意分歧。

1. 对执法权属的迷惘

近年来，得克萨斯州和联邦之间就边境和未经授权移民控制的激烈执法博弈强烈地冲击了传统认知。2021年拜登就任总统后不久，得克萨斯州就在州长格雷格·阿博特（Greg Abbott）的领导下展开"孤星行动"（Operation Lone Star），与联邦争夺边境实际控制权。自2024年1月以来，得州和联邦政府之间的激烈博弈进一步引发了国内外的强烈关注。1月11日，得州国民警卫队夺取了谢尔比公园（Shelby Park），拒绝联邦边防巡逻

---

① Hunter Rendleman and Jon C. Rogowski, "Americans' Attitudes toward Federalism," *Political Behavior*, Vol. 46, No. 1, 2024, pp. 111–134.

② 非法进入美国的人，其中一部分会主动或被动申请政治庇护，在申请被驳回之前，这些申请者是否应当被称为非法移民存在争议。同时，也有一些合法入境者在签证到期后滞留美国，他们是否应当被称为非法移民也存在争议。当前对合法居民之外的人员，右翼人士更喜欢使用非法移民（illegal immigrants）或者非法外国人（illegal aliens）的称呼，左翼则更希望使用未经授权移民或者无文件移民（undocumented immigrants）的称呼。本文按照美国国土安全部当前较通行的称呼，即未经授权移民。

人员进入，并自行设置带刺铁丝网和障碍物，阻止移民非法入境。① 1 月 22 日，美国最高法院取消了 2023 年联邦上诉法院阻止联邦边境巡逻队拆除得州所设铁丝网的决定，但没有对得州应该如何行事提出任何要求。阿博特州长宣布继续设置铁丝网和其他障碍，并取得 25 个共和党州长的公开支持。2021 年以来先后派出本州国民警卫队协助"孤星行动"的多个州宣布增派支援力量，并有新的州加入支援行列。②

2. 对立法权属的迷惘

得州和联邦之间就移民问题的立法争议挑战了当前的二元主权架构。2023 年 12 月 18 日，得克萨斯参议院 4 号法案经州长签署正式立法，宣布非法进入得克萨斯州是州罪，并允许州官员逮捕和遣返非法进入得州的人员。2024 年 1 月，美国司法部向联邦地区法院起诉得州等相关对象，地区法院裁定参议院 4 号法案和联邦法律冲突，违反了宪法规定的联邦法律优先原则。美国第 5 巡回上诉法院临时停止地区法院裁定，并指出如果美国最高法院不采取行动的话，将允许参议院 4 号法案自 3 月 10 日恢复生效。3 月 19 日，美国最高法院裁定指出，在第 5 巡回上诉法院继续审议地区法院裁决期间，该法律可以实行。第 5 巡回上诉法院新的三人法官小组很快以 2∶1 推翻了之前另一个法官小组的决定，要求暂停实行该法律。③ 这项法律之所以能成为立法争议焦点，在于得州政府坚持认为移民非法入境不单纯是移民归化问题，而是构成了对本州的入侵。依照美国宪法，州有权采取措施对抗入侵。关于该项法案的争议仍在继续，并引发了广泛的关注和社会意见分歧。

---

① 谢尔比公园位于得州伊格尔帕斯市（Eagle Pass），是移民非法从墨西哥渡过里奥格兰德河（Rio Grande River）进入美国的热点地区之一，也是联邦边防警卫时临扣押非法入境的移民以便进一步处理的重要地点。

② Muzaffar Chishti and Julia Gelatt, "Standoff at Eagle Pass: A High-Stakes U.S. Border Enforcement Showdown Comes to a Small Texas Park," Migration Policy Institute, February 28, 2024, https://www.migrationpolicy.org/article/standoff-eagle-pass.

③ Devan Cole, "Appeals Court Puts Controversial Texas Immigration Law Back on Hold," CNN, March 20, 2024, https://edition.cnn.com/2024/03/19/politics/texas-immigration-law-blocked-appeals/index.html.

3. 对州际关系的迷惘

近年来，边境州向内地城市转移未经授权移民引发了州际争议。2022年至今，移民非法涌入较多的得克萨斯州、亚利桑那州和佛罗里达州等几个边境州，在未经授权移民自愿的基础上，使用州政府的资金通过长途汽车等交通工具向多个大城市运送未经授权移民。这些边境州基本属于支持共和党的红州，而目的地的各大城市都是支持民主党的深蓝城市，边境州在转嫁经济和社会压力的同时也施加了政治压力。得州州长阿博特是未经授权移民输送的积极分子，自2022年4月开始向华盛顿特区运输未经授权移民以来，该州输送未经授权移民的目的地逐渐扩大到纽约、芝加哥、费城、洛杉矶和丹佛等城市，并特地把一些未经授权移民放置于副总统哈里斯在华盛顿特区的住所附近。截至2024年2月初，得州的未经授权移民长途汽车运输项目已经运送了超过10万人。各大目的地城市和所在州的民主党籍政客纷纷谴责阿博特的行为，纽约市市长埃里克·亚当姆斯（Eric Adams）甚至对17家帮助得州输送未经授权移民的长途汽车公司提起标的7亿美元的诉讼。①2022年9月14日，佛罗里达州州长德桑蒂斯特地使用2架飞机把50名来自委内瑞拉的未经授权移民送到马萨诸塞州的玛莎文雅岛（Martha's Vineyard）。该岛是左翼进步主义精英云集的著名度假胜地。这一事件马上引起全国瞩目，引发了全国进步主义精英阶层的强烈不满。②两党精英竞相把未经授权移民难题施加给对方执政的区域，这在美国媒体上引发广泛争议。

（四）对美国国际霸权前景的迷惘

1. 对美国霸权地位的迷惘

首先，美国把中国当作"头号战略竞争对手"而不是国际合作伙伴，

① Priscilla Alvarez and Eric Bradner, "Gov. Greg Abbott's Border Tactics Force Democrats to Confront Migrant Crisis in Their Own Backyards," CNN, February 22, 2024, https://edition.cnn.com/2024/02/22/politics/greg-abbott-democrats-border-immigration/index.html.

② Amy Simonson, Priscilla Alvarez, and Devan Cole, "DeSantis Claims Credit for Sending 2 Planes Carrying Migrants to Martha's Vineyard in Massachusetts," CNN, September 15, 2022, https://edition.cnn.com/2022/09/14/politics/marthas-vineyard-massachusetts-migrants-planes/index.html.

反映出其明显的霸权焦虑。从 2008 年金融危机以来，美国对自身相对于中国的优势地位越来越不自信，从"让美国再次伟大"的口号到宣称"从实力地位出发"处理中美关系，从"亚太再平衡"战略到北约东进，从全面贸易争端到"小院高墙"，都反映出美国对其国际霸权地位的担忧和迷惘。除近年来的印太经济框架（Indo-Pacific Economic Framework）、美日印澳四国安全机制（Quad）、美日荷半导体芯片三国联盟、供应链联盟和芯片四方联盟（CHIP4）等令人眼花缭乱的操作之外，2023 年以来发生的一些事件尤其令人侧目。一是"气球事件"。2 月 2 日，美国国防部官员声称在美国上空追踪到疑似来自中国的所谓高空侦察气球。尽管中方明确说明是失控的民用飞行器误入美国领空，但美国还是违反《国际民用航空公约》（Convention on International Civil Aviation）关于不得使用武器攻击民用飞行器的明确规定，于 2 月 4 日动用战斗机击落了气球。美国国防部也承认该气球既不对商业航空交通构成威胁，也不对地面人员构成威胁——在这种情况下，没有理由引用《联合国宪章》的自卫条款。事实上，世界上存在大量类似的失控民用飞行器问题，按照《国际民用航空公约》相关规定处理并不复杂。美国大肆炒作并采取极端军事手段处理，反映了其深切的焦虑心态。6 月 29 日，美国国防部承认该气球在美国上空并没有收集情报。二是一些州和地方政府加入炒作"中国威胁论"的阵营，出台州和地方法规参与遏制中国。过去两年中，大多数州至少提出了 1 项相关法案，禁止或者限制外国在本州投资或购买州内土地，特别是私有农业用地，其中 14 个州在两年内实施了关于土地的外国所有权法。这些法规往往名义上不单针对中国，而针对包括中国在内的多个对手国家。①

其次，美国在国际上强力压制多个对手受挫明显，对霸权地位的迷惘加重。一是 2023 年以来美国在俄乌冲突中加大了压制俄罗斯的力度，但是收效不彰。一方面，美国追加了进攻性武器援助的类型和力度，向乌克兰提供

---

① Micah Brown, "Limits on Land Acquisitions: Three States Amend Their Foreign Ownership Laws," National Agricultural Law Center, March 19, 2024, https://nationalaglawcenter.org/limits-on-land-acquisitions-three-states-amend-their-foreign-ownership-laws/.

了子母弹、M1主战坦克、F16战斗机和"毒刺"防空导弹等先进的军事装备，但是在炮弹等常规消耗品的生产和提供方面乏力，整个北约的军工体系都不能提供足够弹药，导致乌克兰军队火力严重不足，引起国内外舆论对美国军事霸权的嘲讽。另一方面，在5月于日本广岛举行的"七国集团"领导人峰会和7月于立陶宛维尔纽斯举行的北约峰会上，美国都主导发表联合声明，谴责俄罗斯发动"侵略战争"，主张团结打击俄罗斯，但俄罗斯2023年在乌克兰战场取得了多项进展。美国甚至无法在国内形成白宫和国会间的援乌拨款共识，这使北约盟国以及其他国家对美国霸权的可靠性产生了进一步怀疑。二是美国在新一轮中东危机中威慑敌对力量的努力也收效不彰。2023年10月7日，哈马斯对以色列发动军事行动。以色列进入战争状态并入侵加沙地带之后，包括也门胡塞武装和黎巴嫩境内的真主党武装在内的多股力量加入对以色列的军事行动。胡塞武装不仅在相关海域打击以色列船只，而且对所有赴以色列港口的商船进行封锁打击。美英等国对胡塞武装展开打击，并要求停止对涉以商船的封锁打击，结果并没有达到目标。美国民众在媒体上目击商船在美英舰队保护下遭受军事打击的场面，对美国霸权地位的信心进一步受挫。

2. 对美国同盟体系的迷惘

首先，许多美国的盟友发现，美国在操纵盟友实现自己的战略目标，损友利己。一是欧洲盟友发现自己被置于对抗俄罗斯的前沿阵地。欧洲国家在对俄罗斯进行能源制裁的过程中经济损失惨重，德国更是在北溪2号管道被炸毁之后忍气吞声，美国则趁机兜售石油和天然气获利。美国在无法及时足量地提供军事援助的情况下，一再催促北约盟友加大援助乌克兰的力度。二是日本、韩国和荷兰等盟友发现，在参与遏制对华高科技领域的过程中，本国企业蒙受了巨大损失，而美国企业却往往能够在美国政府对相关制裁进行豁免时先行一步，趁机抢占市场份额。三是一些满心希望成为美国盟友的国家发现自己的梦想破灭。乌克兰试图早日加入北约，但遭受沉重打击之后，距离加入北约更加遥远。亚美尼亚在疏远俄罗斯并亲近美国之后，美国在亚美尼亚和阿塞拜疆发生冲突之际无所作为。上述情况导致美国同盟体系的有效性受到严重怀疑。

其次，美国对同盟体系的掌控和管理力度受到怀疑。自以色列进攻加沙地带并杀伤大量平民以来，美国尽管多次向内塔尼亚胡政府交涉，试图约束以色列对平民滥用武力，但收效有限。在国际上，美国在联合国安理会多次使用否决权以维护以色列的利益，甚至出现美国驻联合国安理会代表在举手表决时被自己的下属动手阻止的现象。这令国内和国际社会对美国是否有能力约束以色列产生极大的怀疑。在国内，支持以色列的力量在决策层异常强大有力，它们推动国会迅速通过了对以色列的援助拨款，对支持以色列不力的大学等机构和组织进行惩处，推动地方政府压制反对以色列的游行示威。众议院甚至在 2024 年 5 月 1 日以 320∶91 的悬殊比例，高票通过了《2023年反犹太主义意识法案》（Antisemitism Awareness Act of 2023），送交参议院讨论。[①]

二　步入经济迷惘

（一）对经济模式的迷惘

美国的经济模式一直被认为是市场主导的资本主义经济模式的代表，不仅和社会主义计划经济模式和社会主义市场经济模式迥然不同，也和国家主导的资本主义经济模式以及协议资本主义经济模式区别显著。[②] 美国经济模

[①] 众议院通过的是 2023 年众议院提出的第 6090 号提案（H. R. 6090），其在 2024 年 5 月 1 日通过之后交给参议院，成为《2023 年反犹太主义意识法案》。到 5 月初，参议院还没有通过该提案。

[②] 在美国经济模式下，大量自由竞争的私有企业是最主要的市场决策主体。它们主要通过公开金融市场获得资本，劳动力市场受政府规制力度较小，政府的作用主要是市场规制而不是经济管理。在以日韩为代表的国家主导模式下，政府机构通过行政指导手段与私有企业集团联合进行经济决策，同时劳工福利主要由私有企业各自提供。在以北欧和德国为代表的协议资本主义模式下，尽管国家经济规制力度有限，但是劳工权利和福利受到政治保障，劳工组织直接参与产业决策并发挥重要作用。参见 David Coates, *Models of Capitalism: Growth and Stagnation in the Modern Era*（Cambridge, UK: Polity Press, 2000），pp. 9-10。

式在 20 世纪 30~70 年代经历了罗斯福新政和凯恩斯主义的修正，之后又大幅度回归。70 年代末以来，西方世界普遍宣扬美国经济模式不仅比社会主义经济模式更有竞争力，而且在资本主义经济模式中比国家主导模式和协议模式更具有增长优势。在美西方话语体系中，国家主导模式下的产业政策被认为扭曲了资源配置，不利于经济创新和产业升级；协议模式下的劳工组织的话语权则被认为会在全球化时代损害投资的吸引力。但是近年来，美国政府大规模介入市场运行，并宣扬政府在市场介入方面的政绩，这与美国传统经济模式信条直接相悖。

1. 对经济理念的迷惘

近年来拜登团队所宣扬的经济理念，冲击着美国传统的主流经济信条。首先，拜登团队执政以来，不断强调发挥政府在美国经济中的作用，抨击新自由主义经济理念，向传统美国经济模式引入国家主导模式和协议模式的重要经济理念。2023 年 6 月 28 日，拜登在芝加哥演讲时，正式扛起美联社等媒体冠名的"拜登经济学"（Bidenomics）旗号，大力批评里根等新自由主义者所提倡的涓滴经济学（trickle-down economics），指出美国的经济增长不应通过给富人和大企业减税，激励其投资并把经济利益自上而下滴灌给民众来实现，而应从内向外和自下而上地让民众得到经济增长的利益。拜登强调，"拜登经济学"着力实现三大基本变化：一是在美国进行战略性公共投资；二是对工人赋权赋能以壮大中产阶级；三是协助小企业降低成本。[1]

其次，拜登团队大力否认中国社会主义市场经济的市场属性，宣扬所谓非市场经济模式相对于市场经济模式的竞争优势。2023 年 4 月 27 日，美国国家安全顾问杰克·沙利文（Jake Sullivan）在布鲁金斯学会演讲时声称，中国大规模的产业扶持政策给美国带来重大挑战，使美国不仅丢掉了制造业，还损伤了关键技术领域的竞争力。沙利文呼吁西方盟国和美国一道达成

[1] Joe Biden, "Remarks by President Biden on Bidenomics," The White House, June 28, 2023, https://www.whitehouse.gov/briefing-room/speeches-remarks/2023/06/28/remarks-by-president-biden-on-bidenomics-chicago-il/.

"新华盛顿共识"（new Washington consensus），共同采取现代产业和创新战略应对来自中国的挑战。① 2024 年 4 月 4 日，美国贸易代表戴琪（Katherine Tai）在赴比利时鲁汶（Leuven）参加欧盟-美国贸易和技术理事会（EU-US Trade and Technology Council）之前，在布鲁塞尔参加了卡耐基欧洲中心的对话活动。她在对话活动中表示，不仅西方企业需要在与中国这个"非常有效的经济体系"之间的竞争中生存下来的能力，而且基于市场的西方体系在不以市场为基础、滋养方式完全不同的中国体系面前，也将艰难地竞争和生存。②

拜登团队的上述观点强调政府干预和劳工权能的重要性，贬低市场经济的有效性，不仅严重冲击了美国民众对美国经济模式的信心，而且在世界范围内令相当数量的大众对传统资本主义的基本经济信条产生困惑。

2. 对微观规制的迷惘

近年来，美国政府在多个领域采取和传统模式相悖的微观规制政策，直接扭曲了市场运行机制。首先，美国大力推动多项产业政策，其中 2022 年 8 月以立法形式确立的两项产业政策影响巨大。一是《芯片与科学法》（CHIPS and Science Act）。该项立法的着眼点是半导体产业政策，目的是刺激和鼓励半导体产业扎根美国，特别是在美国生产更多芯片，一方面提高美国制造业的水平，降低美国家庭生活成本；另一方面打击中国芯片产业，提高美国半导体产业乃至相关产业的竞争力。具体手段是使用高达 2800 亿美元的公共支出，为美国半导体生产企业提供政府资金补贴和税收抵免，同时着力打造研发生态系统，培育半导体高技能劳动力，以支持美国长期拥有技

① Jake Sullivan, "Remarks by National Security Advisor Jake Sullivan on Renewing American Economic Leadership at the Brookings Institution," The White House, April 27, 2023, https://www.whitehouse.gov/briefing-room/speeches-remarks/2023/04/27/remarks-by-national-security-advisor-jake-sullivan-on-renewing-american-economic-leadership-at-the-brookings-institution/.

② Thomas Moller-Nielsen, "US, EU Economic System Struggling to 'Survive' against China, US Trade Chief Warns," Euractiv, April 4, 2024, https://www.euractiv.com/section/economy-jobs/news/us-eu-economic-system-struggling-to-survive-against-china-us-trade-chief-warns/.

术领先优势。二是《通胀削减法》（Inflation Reduction Act）。清洁能源产业政策是该项立法的重要内容之一，主要是通过税收抵免和退税手段刺激太阳能、风能和电动汽车等清洁能源产业在美国的发展，把应对气候变化的环境保护道义大旗和抢占新能源产业优势的商业目的有机地结合起来。这和美国社会长期以来对中国和日本、韩国等国实施的产业政策的批评是背道而驰的。

其次，美国通过多种非市场手段在跨国投资和国际贸易领域搞盟友经济。其一，美国从两方面着手，拉拢经济盟友建设美国主导的全球供应链。一方面，美国通过拉拢和压制结合的手段，让盟友企业到美国投资。美国政府除了在《芯片与科学法》下通过产业补贴政策吸引半导体企业的投资之外，还动用地缘政治压力促使台积电赴美开设工厂，通过支持三星集团继承人李在镕大力推动三星在美建厂投资。这些努力帮助美国制造业投资在2023年显著增加。另一方面，美国通过友岸外包（friend-shoring）等手段，增强经济盟友的产业能力，强化美国主导的供应链。① 美国财政部部长耶伦（Janet Yellen）2022年4月13日在大西洋理事会演讲时，特别针对俄罗斯并在一定程度上针对中国，提出美国要通过友岸外包的方式和自己信赖的国家打造供应链，并在演讲问答环节中详细阐述了友岸外包的含义和政策导向。② 一些美国企业已尝试把投资从中国和俄罗斯等国转移到伙伴国家。2023年6月，美国政府超规格接待对美国进行国事访问的印度总理莫迪，除安全合作考虑之外，也希望在"印太经济框架"下推进友岸外包。其二，美国从两方面显著加码，打击中国等所谓的对手国家。一方面，美国加大了

---

① 友岸外包造成的投资和采购转移，不同于2005年以来企业主导的"中国+1"供应链多元化，后者更多起因于中国多种成本特别是劳动力成本上升，而前者更多缘于地缘政治造成的所谓安全隐患。

② Atlantic Council，"Transcript：US Treasury Secretary Janet Yellen on the Next Steps for Russia Sanctions and 'Friend-shoring' Supply Chains," Atlantic Council, April 13, 2022, https：//www. atlanticcouncil. org/news/transcripts/transcript-us-treasury-secretary-janet-yellen-on-the-next-steps-for-russia-sanctions-and-friend-shoring-supply-chains/.

对外国在美投资的管制力度。① 拜登于 2022 年 9 月 15 日发布的第 14083 号行政令，明确要求美国外来投资委员会在审查受管辖交易时，要特别加强对影响国家安全的特定交易的审查，并明确列出需要保持美国领先优势的技术领域，提出需要关注网络安全和敏感数据等一些附加领域。② 另一方面，美国进行多重努力，进一步限制美国资本对中国特定领域的投资。③ 拜登 2023 年 8 月 9 日发布的第 14105 号行政令试图精准设限，只把中国列为"受关注国"，明确禁止包括个人和实体在内的美国主体就"所规定的国家安全技术和产品"进行对华投资，包括半导体和微电子、量子信息技术以及人工智能行业中对中国的军事、情报、监控和网络能力至关重要的敏感技术和产品。具体范围由财政部部长与商务部部长磋商确定，必要时也与其他相关部门负责人磋商。④

（二）对宏观经济体系的迷惘

美西方长期普遍肯定美国宏观经济体系的有效性，只在其中某些问题上存在较大争议，比如对美国联邦储备体系的实质以及终极服务对象的质疑。然而近年来，特别是 2023 年，美国宏观经济体系凸显出一些过去鲜有暴露的问题，这些问题明显背离了人们的传统认知。

---

① 《2018 年外国投资风险评估现代化法》（Foreign Investment Risk Review Modernization Act of 2018）于 2020 年 2 月 13 日生效，已经显著扩大了美国外来投资委员会（Committee on Foreign Investment in the United States）对外来投资的审查权限，把非控制性投资纳入审查范围，并增加了强制申报要求。

② The White House, "Executive Order 14083 of September 15, 2022: Ensuring Robust Consideration of Evolving National Security Risks by the Committee on Foreign Investment in the United States," *Federal Register*, Vol. 87, No. 181, September 20, 2022, pp. 57369 - 57374, https://www.govinfo.gov/content/pkg/FR-2022-09-20/pdf/2022-20450.pdf.

③ 2018 年以来，美国政府已经先后尝试建立对华投资全面审查制度和设置中国所谓"涉军"企业投资黑名单。前者主要因美国商界反对而失败，后者主要因相关企业与美国关联甚少而收效微弱。

④ The White House, "Executive Order 14105 of August 9, 2023 Addressing United States Investments in Certain National Security Technologies and Products in Countries of Concern," *Federal Register*, Vol. 88, No. 154, August 11, 2023. pp. 54867 - 54872, https://www.govinfo.gov/content/pkg/FR-2023-08-11/pdf/2023-17449.pdf.

1. 对金融体系的迷惘

2023 年，美国金融体系中出现三大不寻常的现象，引发了美国社会的迷惘。首先，美国联邦储备体系持续激进加息，但仍不足以对付顽固的通货膨胀。为了降低高企的通胀率，美联储 2022 年 3 月开始实施激进的加息政策。市场主流预期会在 2023 年初之前降息，但 2023 年随着减通胀的预期未能实现，美联储在 1 月、3 月、5 月和 7 月的货币政策会议上 4 次决定加息，每次加息 25 个基点。这样，在 1 年多时间内，经过 11 次持续加息，美国联邦基金利率目标区间从 0%～0.25% 升至 5.25%～5.5%，达到 2001 年以来的最高水平。但是到 2024 年 2 月，不仅美国消费者价格指数和生产者价格指数的涨幅双双高于预期，而且美联储依然维持高利率，这和社会预期大相径庭。

其次，美国联邦储备银行历史上首次年度运营巨亏。从 2022 年秋季开始，储备银行净收入就已经转盈为亏，停止了每周向财政部上缴盈余。不过，2022 年全年度储备银行仍然实现了 588.36 亿美元的上缴前盈余。加上联储体系的其他盈余 18.19 亿美元，美联储体系还是实现了年度总计盈余 606.55 亿美元。2023 年，储备银行出现了 1916 年以来的首次年度运营亏损，上缴前亏损金额高达 1143 亿美元。加上联储体系其他损失 2.76 亿美元，美联储体系总计亏损高达 1145.76 亿美元。[1] 根据《联邦储备法》（Federal Reserve Act）的要求，储备银行总计超过 67.85 亿美元的盈余部分，须通过联邦储备委员会上缴财政部。历史上储备银行上缴的盈余增长明显，2022 年之前的 10 年中向财政部累计上缴近万亿美元，是联邦政府的重要收入来源之一。由于储备银行亏损严重，从 2022 年秋季开始计算延期资产上缴，到亏损清算完结之前不会再上缴盈余，这给财政收入带来额外的压力。[2]

---

[1] "Federal Reserve Banks Combined Financial Statements as of and for the Years Ended December 31, 2023 and 2022 and Independent Auditors' Report," Federal Reserve, March 18, 2024, pp. 61-62, https：//www.federalreserve.gov/aboutthefed/files/combinedfinstmt2023.pdf.

[2] "Federal Reserve Banks Combined Financial Statements as of and for the Years Ended December 31, 2023 and 2022 and Independent Auditors' Report," Federal Reserve, March 18, 2024, pp. 21-22, https：//www.federalreserve.gov/aboutthefed/files/combinedfinstmt2023.pdf.

　　最后，美国三家中型银行倒闭，特别是硅谷银行（Silicon Valley Bank）的倒闭引起轩然大波。硅谷银行是美国第 16 大银行，以聚焦服务科创企业和风险投资机构而闻名全球，其投贷联动的业务模式广受认可。1983 年成立以来，该银行的历史业绩良好，2021 年的净资产收益率为 15%，被认为是一家基本面和管理水平俱佳的商业银行，连续 5 年登上了福布斯最佳银行榜单。硅谷银行大量使用储户存款购买流动性比较差的证券产品，在不少企业储户因为银根紧缺现金而需要提现时，被迫于 2023 年 3 月 9 日发布公告，突然宣布将在亏损 18 亿美元的情况下出售 210 亿美元可销售证券，并计划通过出售普通股和优先股募资 22.5 亿美元，以避免流动性危机。这一消息迅速引发市场恐慌，出现储户取款挤兑。3 月 10 日，硅谷银行的特许部门加州金融保护和创新部宣布关闭该银行，并任命美国联邦存款保险公司为接管人。3 月 12 日，财政部、联邦储备委员会和联邦存款保险公司发表联合声明，宣布采取行动保障存款机构储户的资金安全。联邦存款保险公司成立了过桥银行，并任命董事会进行运营。硅谷银行破产与美国通过提高利率治理通胀有直接关系。硅谷银行破产时资产规模达到 2090 亿美元，成为美国历史上在联邦存款保险公司投保的第二大倒闭银行，仅次于 2008 年破产的华盛顿互助银行（破产时资产规模约为 3070 亿美元，折合 2023 年现值美元 4340 亿美元）。之后，恐慌情绪快速蔓延，签名银行（Signature Bank）和第一共和银行（First Republic Bank）也相继宣布破产。其中第一共和银行破产时资产规模达到 2290 亿美元，超过硅谷银行。签名银行破产时资产规模也高达 1180 亿美元，高居联邦存款保险公司投保银行历史破产名单第 4。

2. 对财税体系的迷惘

　　美国公众尽管对社会保障等一些具体项目的资金可持续性存在疑虑，但对于美国财税体系的整体可靠性抱有相当的信心。在他们眼里，美国拥有比较成熟的财政收支体系，政府预决算体系比较成熟，长期保持高档次政府信用评级，能够通过较低成本发债融资维持赤字财政。然而近年来，美国财税体系凸显出一些问题，特别是预算争议加剧、债务上限急升和国债发行困难等问题对传统信念形成较强冲击，引发公众对美国财税体系的迷惘。

首先，美国联邦政府预算争议加剧。在大多数民众宁愿政府关门也不愿妥协的既有民意基础上，出现了愿意妥协的国会领导人惨遭抛弃的现象。政府中两党之间就联邦可支配开支（discretionary spending）进行预算安排的争斗越来越令人侧目。① 2019财年出现了长达34天的跨自然年财政缺口，导致美国历史上时间最长的联邦政府关门事件发生。② 这次事件中，出现了绝大多数民众不愿意为结束政府关门而做出妥协的情况。③ 在这样的民意下，政府关门危机最终不仅依靠两党在预算上妥协，而且依靠特朗普政府动用行政权力变相挪用资金才得以解除。2023年9月30日，出现了众议院议长为避免政府关门而在预算上让步，从而被本党议员推动罢免的事件。尽管在边境问题和缩减非国防预算等事项上未得到民主党的足够妥协，但在拜登政府同意把非国防开支维持在之前水平的情况下，共和党籍议长麦卡锡为避免政府关门促使众议院通过续延拨款议案，提供续延资金至2023年11月17日。这引起了本党强硬派议员和选民的不满，在众议院自由党团的发起和推动下，麦卡锡被罢免。麦卡锡的政治命运加剧了人们对预算斗争激烈程度的忧虑。

---

① 美国联邦财政支出中，大约只有不足1/3是国会通过拨款法律决定的可支配开支，其他2/3是专门法律要求必须实施的强制性支出（mandatory spending），后者自2010年以来也被称为"直接开支"（direct spending）。

② 美国政府无法在每个财政年度开始之日（即前一自然年的10月1日）前使所有常规拨款法（appropriations acts）生效的情况，已经成为惯例。1977财年至2024财年，只有1977财年、1989财年、1995财年和1997财年的所有拨款法都按期生效。若干拨款法乃至所有拨款法未能及时生效的时候，国会通过相应的续延决议（continuing resolutions）向相关部门进行拨款授权，但在拨款用途、有效期和数目上比拨款法约束严格，特别是严格限制相关部门资助上个财年没有资助过的项目。当续延决议也出现断档的时候，就会出现联邦政府资金断档，相应的政府部门只能维持最低限度的活动，导致联邦政府除必要部分外全面或部分关门停运。1977财年至2023财年，发生过20次1~34天的全天财政缺口情况，不足1天的财政缺口为数更多。

③ 皮尤研究中心2019年1月在政府部分关门期间进行的民调显示，反对和支持增建美墨边境墙的民众分别占58%和40%。反对者中有88%的人表示，即使结束政府关门唯一的出路是通过一项包含特朗普建墙资金要求的预算法，他们也不能接受。支持者中有72%的人表示，即使结束政府关门唯一的出路是通过一项不包含特朗普建墙资金要求的预算法，他们也不能接受。参见"Most Border Wall Opponents, Supporters Say Shutdown Concessions Are Unacceptable," Pew Research Center, January 2019, https://www.pewresearch.org/politics/wp-content/uploads/sites/4/2019/01/1-16-19-Shutdown-FOR-RELEASE-2.0.pdf。

其次，美国债务上限急剧上升，引发国内外对美国政府财政纪律的忧虑。① 债务上限制度自1917年建立以来，经历了至少110多次上限调整。债务上限从1982财政年度调高达到万亿美元之后增长迅猛，2008年6月调高至10.615万亿美元，2021年12月调高至31.4万亿美元，占当年美国国内生产总值23.32万亿美元的134.6%以上。2021年和2023年两次发生债务上限危机，债务增长幅度之大、速度之快，引起社会普遍忧虑。2021年7月，随着债务上限暂停期限的到来，在民主党寻求提高债务上限的同时，财政部采取了暂停多项政府基金项目展期等特别措施，以避免政府关门乃至债务违约。共和党议员则使用参议院议事阻挠等多种手段进行讨价还价，最终两党做出妥协，将债务上限提高了2.5万亿美元，达到31.4万亿美元。但是，伴随着激进的财政政策，美国债务在2023年1月19日再次达到上限，而联邦财政同时还有强劲的举债需求，经过财政部使用特别措施极限拖延才能避免在6月3日前出现财政缺口。两党最终火速在6月2日完成立法，暂停推高债务上限，决定如果没有新的立法行动调整债务上限，在2025年1月1日之前可以在已有的债务上限基础上继续举债。本次债务上限暂停以来，美国国债增长明显，2024年4月25日达到34.55万亿美元。与2023年4月25日的约31.46万亿美元相比，1年之间暴涨超过3.09万亿美元。②

最后，美国国债的可持续性受到巨大的冲击和怀疑。③ 1814年以后，除

---

① 美国政府1917年通过《第二次自由债券法》（Second Liberty Bond Act）设立债务上限的目的，本来就是通过简化发债程序放松财政约束，不用每次发债都经过国会审批立法，但是对不同种类的债务有严格的项目种类上限控制。1939年和1941年的《公众债务法》进一步放松了财政纪律约束，取消了对不同种类债务的单独设限，改为总负债单一限额，以便于财政部进行大幅度的再融资操作。

② Department of the Treasury, "Debt to the Penny," Fiscal Data, https://fiscaldata.treasury.gov/datasets/debt-to-the-penny/debt-to-the-penny.

③ 美国国债指的是联邦政府债务，不含州和地方政府债务，分为两部分，即公众持有的财政债券和政府账目持有的财政债券。公众指的是联邦政府之外的所有投资者，包括个人、企业、美联储、外国政府以及州和地方政府；政府账目指的是联邦政府所管理项目（比如社会保障信托基金）的账户，这些项目通过投资财政债务获取利息收入。从1789年宪法生效以来，美国联邦政府除1835~1836年之外，都保持一定数量的国债。公众对一定数量的国债习以为常，乃至认为适度的赤字财政有益于促进经济社会的发展。

了如 1979 年出于技术原因少量债券迟兑等个别情况之外，美国政府没有出现过债务违约情况。在 2011 年之前，美国的长期主权信用评级在全球三大评级体系中一直维持最高级。但是近年来，随着美国每年巨额财政赤字之下国债不断快速累积，美债的可持续性受到几方面的冲击并引发怀疑。一是美国长期主权信用评级继续恶化：继标准普尔（Standard & Poor's）2011 年将其从 AAA 下调至 AA+ 之后，惠誉（Fitch Ratings）在 2023 年 8 月也做了相同的下调，穆迪（Moody's Corporation）则在维持其原评级的同时于 2023 年 11 月将其前景从"稳定"下调至"负面"。二是美债规模和利息开支惊人。2023 财年末，美国国债规模达到 33.17 万亿美元，占国内生产总值的 123%，其中公众持有 26.33 万亿美元国债，占国内生产总值的 97%。美国国债利息支出在 2023 财年达到 8750 亿美元，其中支付公众持有和政府账目持有国债的利息额分别为 6780 亿美元和 1970 亿美元。[1] 三是美国国债收益率飙升，甚至出现国债收益率倒挂，反映了国际国内市场对美国经济前景的担忧。债务上限暂停后，财政部在 2023 年 8 月份进行了 2500 亿巨额中长期国债拍卖，大幅增加美债供给。在美联储加息缩表，公众不再展期甚至抛售美债、需求剧减的情况下，美债收益率大幅度上涨。2023 年初，10 年期国债收益率为 3.8%，到 10 月中旬一度飙升至接近 5%，创 2008 年金融危机以来的新高。同样令公众不安的是国债利率长期倒挂问题，其中 2 年期国债收益率于 2023 年 11 月 9 日达到 5.033%，更是突破了 5% 的市场心理门槛。

三 步入社会迷惘

美西方长期把美国社会宣扬为人类现代社会的楷模。然而近年来，美国社会的诸多严重问题凸显，在国内国际黯淡了过去的光芒。

---

[1] "The Long-Term Budget Outlook: 2024 to 2054," Congressional Budget Office, March 2024, https://www.cbo.gov/system/files/2024-03/59711-Long-Term-Outlook-2024.pdf.

（一）对"山巅之城"的迷惘

20世纪80年代，里根多次在政治意义上转借1630年时任马萨诸塞湾总督温斯罗普（John Winthrop）提出的在宗教意义上的"山巅之城"概念，大力鼓吹美国要做"世界自由和希望的灯塔"，要成为世界上所有国族的楷模。[①] 随着美国赢得冷战，"美国例外论"和"全球楷模论"甚嚣尘上，并且没有因为"历史终结论"的起伏而受到实质性的负面影响。但是近年来，美国不仅在社会道德方面，而且在基本公共安全保障方面引起国际国内的广泛疑虑，与"山巅之城"或"世界灯塔"的形象差距显著。

1. 对社会道德的迷惘

近年来，美国人对美国道德状况的评价持续走低。盖洛普公司2023年5月发布的民调数据显示，美国成年人当中认为美国道德价值观状况差、一般、好、很好的比例分别为54%、33%、10%和1%。其中，认为差的比例创下22年来的历史新高，认为一般以及好或很好的比例则为历史最低值。同时，认为美国道德价值观现状正在变差的人占83%，也创下22年来的最高纪录。[②] 在这样的大背景之下，美国社会发生了一系列出人意料的事件，其中两个事件进一步严重冲击了公众对美国社会道德的信心。[③]

首先，爱泼斯坦案档案解密事件再次强烈冲击了公众对美国社会精英的

[①] Daniel Rodgers, *As a City on a Hill: The Story of America's Most Famous Lay Sermon* (Princeton: Princeton University Press, 2018), p. 2.

[②] Megan Brenan, "Views of State of Moral Values in U. S. at New Low," Gallup, June 9, 2023, https://news.gallup.com/poll/506960/views-state-moral-values-new-low.aspx? version=print.

[③] 有研究认为，世界上至少有60多个国家的人相信过去70年里道德水平在下降，并将这种下降主要归因于个人道德随年龄增长而下降以及代际道德水平下降。研究者认为这在相当程度上是一种错觉，是信息获取偏差和信息记忆偏差造成的。参见 Adam M. Mastroianni and Daniel T. Gilbert, "The Illusion of Moral Decline," *Nature*, Vol. 618, No. 7966, 2023, pp. 782-789。

道德的信心。① 2023 年 12 月 18 日，联邦纽约南区地区法院法官洛蕾塔·普雷斯卡（Loretta A. Preska）发布法庭令，要求向公众披露爱泼斯坦性奴役案件相关法庭文件所涉及的人员的身份，允许相关人员在 2024 年 1 月 1 日之前提出申诉。2024 年 1 月 3~9 日，总计 4553 页的数百份法庭文件被公开，其中包含 150 人以上的身份信息。② 这些文件显示，大量美欧名流曾乘坐爱泼斯坦的私人飞机赴其私人岛屿小圣詹姆斯岛（Little Saint James）玩乐。长期跟踪并揭露爱泼斯坦案的《迈阿密先驱报》（*Miami Herald*）记者朱莉·布朗（Julie K. Brown）指出，解密的一系列档案中仍然有一些内容没有披露，其中高层政客的名字依然被遮掩。③ 以前美国人对社会精英道德水准的怀疑主要集中在个体和小团体身上，爱泼斯坦档案所揭示的是大范围、多领域的社会精英阶层的道德操守乃至守法问题，所以冲击尤为强烈。

其次，美国强制中国字节跳动公司出售 TikTok 事件进一步强烈冲击了公众对美国社会商业伦理的认知。2023 年 3 月 23 日，众议院能源和商业委员会举行了主题为"数据隐私和儿童安全"的听证会，其实质是通过封禁威胁为强迫收购 TikTok 寻找"国家安全"理由。尽管 TikTok 首席执行官周受资强调 TikTok 并不受任何政府的控制，会把美国数据存储在美国本土，由美国公司存储，受美国人员监督，但是多名议员指责 TikTok 源自中国公司，声称其算法是中国对美国社会发动心理战的工具。议员们多次表现出对互联网常识的欠缺，且态度蛮横。本次听证会视频在互联网大量传播，大量 TikTok 用户对议员表示不满。2024 年 3 月 5 日，众议院"美中战略竞争特

---

① 此前，爱泼斯坦于 2019 年 8 月在无人在场的情况下在监狱死亡，尸检结果显示其舌骨骨折但仍被认定为自杀。这引起广泛怀疑，加剧了美国公众当中已有的社会精英层阴谋论，但这些关于阴谋论的怀疑缺乏切实的档案证据。

② Adam Reiss, Tom Winter, and Sarah Fitzpatrick, "Last Batch of Unsealed Jeffrey Epstein Documents Released," NBC News, January 10, 2024, https://www.nbcnews.com/news/us-news/last-batch-unsealed-jeffrey-epstein-documents-released-rcna132936.

③ Geoff Bennett and Dorothy Hastings, "What the Newly Released Jeffrey Epstein Documents Reveal about His Sex-trafficking Ring," PBS News, January 11, 2024, https://www.pbs.org/newshour/show/what-the-newly-released-jeffrey-epstein-documents-reveal-about-his-sex-trafficking-ring#transcript.

别委员会"主席迈克·加拉格尔（Mike Gallagher）向众议院能源和商业委
员会提交《保护美国人免受外国对手控制应用程序侵害法案》（Protecting
Americans from Foreign Adversary Controlled Applications Act），要求字节跳动
公司在 180 天内出售 TikTok。法案获得委员会通过后被提交给全院。TikTok
进行了大规模动员予以反击，鼓励用户拨打议员电话，要求对方反对该法
案，很多议员办公室的电话被打爆，引起了广泛关注和争议。该法案 3 月
13 日在众议院获得通过。之后，经过修订的法案版本又作为《2024 年国家
安全法》（National Security Act 2024）的一部分，分别于 4 月 20 日和 23 日
获得众议院和参议院通过，并于 4 月 24 日经拜登签署生效。该法案禁止分
发、维护或升级"外国对手控制的应用程序"，规定如果字节跳动不在 2025
年 1 月 19 日之前出售 TikTok，就会面临封禁。该法案引发了较大争议，周
受资表示该法案违宪，将依靠美国法院系统维护企业的正当权益。一些美国
商业大亨组团试图趁机低价收购 TikTok，特朗普认为这个法案只会让支持民
主党的脸书（Facebook）获益。美国民众对强迫收购 TikTok 事件的看法分
歧较大。2024 年 3 月 15～19 日美国消费者新闻与商业频道全美经济调查
（CNBC All-America Economic Survey）发布的数据显示，20% 的受访者认为
TikTok 无论如何都应该被禁止，27% 的受访者认为 TikTok 如果不出售给非
中国的企业就该被禁，31% 的受访者则认为 TikTok 不应被禁。① 实际上，资
本力量深度介入本案，比如，不停抹黑 TikTok 的维诺德·科斯拉（Vinod
Khosla）和雅各布·黑尔贝格（Jacob Helberg）② 都是在对手企业中有巨大
经济利益的投资人。这一事件在 2013～2018 年的弗雷德里克·皮耶鲁齐

---

① Steve Liesman and Zach Vallese, "Close to Half of Americans Back a Ban or Sale of TikTok, CNBC
Survey Found," CNBC, March 27, 2024, https：//www.cnbc.com/2024/03/27/close-to-half-
of-americans-back-a-ban-or-sale-of-tiktok-cnbc-survey-found.html.
② Rohan Goswami, "Vinod Khosla and Palantir's Jacob Helberg Call on Senate to Ban TikTok: It's 'a
Weapon of War'," CNBC Washington, April 11, 2024, https：//www.nbcwashington.com/news/
business/money-report/vinod-khosla-and-palantirs-jacob-helberg-call-on-senate-to-ban-
tiktok-its-a-weapon-of-war/3589497/.

（Frédéric Pierucci）事件①以及 2018~2022 年的"孟晚舟事件"之后，再次引发了人们对美国商业伦理的争议。人们在质疑，美国政府和资本阶层是否会为了攫取巨额经济利益不择手段地构陷、打击竞争对手。

此外，来自纽约州的共和党籍众议员乔治·桑托斯（George Santos）因欺诈和腐败指控被众议院以 311 票∶114 票开除，也对社会道德带来负面影响。这是 2002 年之后首位、历史上第 6 位众议员被国会开除，备受媒体关注。

2. 对公共安全的迷惘

美国社会对公共安全的迷惘也日益加重。首先，药物过量和毒品泛滥问题愈演愈烈。一是药物过量导致死亡人数占比增长显著。美国疾病预防与控制中心的统计数据表明，2019 年、2020 年、2021 年和 2022 年，15 岁以上人口因药物过量而死亡的人数分别约为 7.1 万人、9.2 万人、10.7 万人和 10.8 万人，增长幅度明显。2002 年略低于 2.4 万人，20 年间净增 3.5 倍。同时，15 岁以上人口中每 10 万人中因药物过量而死亡的人数也从 2019 年的 21.6 人增至 2022 年的 32.6 人，而 2002 年这一数值仅为 8.2 人。② 根据美国疾病预防与控制中心的暂定数据，因药物过量而死亡的人数在 2023 年初继续增长。在 2022 年 4 月至 2023 年 4 月的为期 12 个月的考察周期中，死亡人数已经超过 11.1 万，创历史新高。③ 二是毒品滥用情况非常普遍。美国国家药物滥用统计中心发布的 2020 年毒品使用和健康状况调查数据显

---

① 皮耶鲁齐是法国阿尔斯通（Alstom）公司在菲律宾的高管，美国联邦调查局以皮耶鲁齐涉嫌国际商业腐败为名将其逮捕关押。美国司法部胁迫皮耶鲁齐认罪换轻刑，并以此为突破口迫使阿尔斯通公司承认腐败罪并同意支付 7.72 亿美元巨额罚款，最终迫使阿尔斯通把核心业务出售给美国通用电气公司。皮耶鲁齐痛斥美国披着全球反腐败的伪装展开地下经济战。参见 Frédéric Pierucci and Matthieu Aron, *The American Trap*（London：Hodder & Stoughton，2019）。

② National Center for Health Statistics, "Data Brief 491. Drug Overdose Deaths in the United States, 2002 - 2022," CDC, March 2024, https：//www.cdc.gov/nchs/data/databriefs/db491 - tables.pdf#1.

③ Deidre McPhillips, "Overdose Deaths Continue to Rise in the US, Reaching Another Record Level, Provisional Data Shows," CNN, September 13, 2023, https：//edition.cnn.com/2023/09/13/health/overdose-deaths-record-april-2023/index.html.

示，12 岁及以上的美国人当中，分别有 13.5%、21.4% 和 50.0% 的人在调查前一个月、一年或任何时期内非法使用过毒品，其中之前一个月内非法使用毒品的年度增长率为 3.8%。① 凯泽家族基金会（Kaiser Family Foundation, KFF）2023 年 7 月 11~19 日进行的健康跟踪调查数据显示，有 66% 的成年人本人或者至少一名家庭成员曾经至少对一种管制品成瘾，本人或家庭成员曾对非法毒品成瘾的比例高达 27%。② 三是美国毒品泛滥的严重状况近年来非常直观地呈现在公众面前。2021 年以来，社交媒体上广泛流传诸多"瘾君子"在美国费城肯辛顿大街以及洛杉矶和旧金山等城市的街头像行尸走肉一般行动的画面，引起美国社会的极大震动。这一景象和美国毒品消费种类的变化密切相关。能够造成"丧尸"效果的毒品甲苯噻嗪（xylazine）2017 年才开始在美国本土和加拿大成规模地加速传播。吸食者通常将它与芬太尼或海洛因共同使用。这种"丧尸毒品"已成为传统媒体和新媒体大规模报道的热点。③ 2023 年 4 月 12 日，拜登政府把芬太尼与甲苯噻嗪混合剂确定为美国面临的新兴威胁，原因是合成毒品致死案中涉及甲苯噻嗪的占比增长太快，从 2019 年 1 月的 2.9% 增加至 2022 年 6 月的 10.9%，激增了 276%。④

其次，暴力犯罪重新抬头。自 20 世纪 80 年代开始，特别是 90 年代以

---

① National Center for Drug Abuse Statistics, "Drug Abuse Statistics," National Center for Drug Abuse Statistics, https：//drugabusestatistics.org/.

② Grace Sparks, Alex Montero, Ashley Kirzinger, Isabelle Valdes, and Liz Hamel, "KFF Tracking Poll July 2023：Substance Use Crisis and Accessing Treatment," KFF, August 15, 2023, https：//www.kff.org/report-section/kff-tracking-poll-july-2023-substance-use-crisis-and-accessing-treatment-findings/.

③ 甲苯噻嗪是用于动物的强力镇静药物，是不能用于人的新型毒品，甚至都不在美国法定的管制品清单上，2001 年首次在美国海外领地波多黎各检出被人使用，2007 年首次于费城检出在波多黎各之外被人使用。参见 Jeanette M. Bowles, Elizabeth C. Copulsky, and Megan K. Reed, "Media Framing Xylazine as a 'Zombie Drug' Is Amplifying Stigma onto People Who Use Drugs," *International Journal of Drug Policy*, Vol. 125, March 2024, p. 104338。

④ The White House, "Biden-Harris Administration Designates Fentanyl Combined with Xylazine as an Emerging Threat to the United States," The White House, April 12, 2023, https：//www.whitehouse.gov/ondcp/briefing-room/2023/04/12/biden-harris-administration-designates-fentanyl-combined-with-xylazine-as-an-emerging-threat-to-the-united-states/.

来，美国犯罪率显著下降，1991~2014 年的暴力犯罪数量和财产犯罪数量均下降了 50%。[1] 但 2014 年之后，美国在财产犯罪率继续下降的同时，暴力犯罪却重新抬头、增长迅猛，引起较广泛的民众困惑与不安。三方面的原因加剧了民众的这种情绪。一是暴力犯罪区域集中度高的特点产生放大效应。在全球范围内，暴力犯罪本身通常大量集中在特定的社区和特定的城市。[2] 美国暴力犯罪也明显集中在大中城市。对包括主要大城市在内的 38 个数据可及的城市的研究表明，2020 年以来，美国大中城市暴力犯罪数量增长特别显著，即使在情况比前一年好转的 2023 年，犯罪数量仍然显著高于 2019 年。[3] 二是随机暴力袭击事件显著增加。随机暴力事件特别容易引起公众的关注乃至不安，是传统媒体和新媒体报道的"宠儿"，容易形成放大效应。以纽约市为例，该市在 2022 年犯罪激增之后采取了多种强力应对措施。在之后的 2023 年，尽管犯罪总数量仍然多于 2020 年和 2021 年，但比 2022 年有所改善，特别是谋杀、强奸、抢劫和枪击案件的数量都下降了 10%以上。但是，同期的袭击犯罪事件增加了 6.3%，刺伤和砍伤犯罪增加了 5%。纽约市的各种暴力攻击案在 2023 年全年经常占据全国性媒体的头条，特别是诸多地铁随机暴力攻击案的视频让公众触目惊心。[4] 三是近年来大规模枪击案急剧飙升，引起广泛关注。一方面，大规模枪击案数量剧增。美国非营利组织枪支暴力档案（Gun Violence Archive）发布的数据显示，不含加害者在内至少 4 人被击中的大规模枪击案，从 2019 年的 414 起猛增至 2020 年的 610

[1] 在社会各界普遍乐观之际，学者们对犯罪率下降的原因进行了多方面的探讨，其中统计学意义上最具有解释力的原因是堕胎合法化的积极影响。该因素据测算对同期暴力犯罪和财产犯罪减少的贡献率分别达到 47%和 33%。参见 John J. Donohue III and Steven D. Levitt, "The Impact of Legalized Abortion on Crime over the Last Two Decades," *American Law and Economics Review*, Vol. 22, No. 2, 2020, pp. 241-302。

[2] John R. Hipp and Seth A. Williams, "Advances in Spatial Criminology: The Spatial Scale of Crime," *Annual Review of Criminology*, Vol. 3, 2020, pp. 75-95.

[3] Ernesto Lopezand Bobby Boxerman, "Crime Trends in U. S. Cities: Year-End 2023 Update," Council on Criminal Justice, January 2024, https://counciloncj.org/year-end-2023-crime-trends/.

[4] Jacob Flanagan, "NYC Crime Stats 2023: Are Crime Rates up or down in the City?" Fox5 New York, January 3, 2024, https://www.fox5ny.com/news/nyc-crime-rate-2023-statistics.

起之后居高不下，2021 年、2022 年和 2023 年分别高达 690 起、644 起和 655 起。① 另一方面，大规模枪击案的致死数量增加。美联社、今日美国和东北大学大规模杀戮联合数据库（Associate Press/USA Today/Northeastern University Mass Killing Database）的数据显示，2023 年是自 2006 年以来 24 小时内不含加害者致死 4 人以上大规模枪击案和针对陌生人的大规模公众枪击案数量最多的一年，分别高达 39 起和 10 起，而受害者人数也仅次于 2017 年和 2019 年。② 2022 年的得克萨斯州尤瓦尔迪市（Uvalde）罗伯小学（Robb Elementary School）枪击案和 2023 年的缅因州刘易斯顿市（Lewiston）枪击案，分别导致 21 人和 18 人死亡，都是震动全国的枪击大案。

3. 对阶层分化的迷惘

长期以来，美国人普遍把中产阶级视为社会稳定的中流砥柱。但经历 1971 年之后的人口占比和收入占比持续下降后，2015 年美国中产阶级家庭成年人口的数量首次低于高收入和低收入家庭成年人口数的总和；中产阶级家庭总收入占美国社会家庭总收入的比重也从 1970 年的 62% 持续下滑到 2014 年的 43%。③ 这一历史拐点引起极大的社会关切。

近年来，美国阶层分化问题更显严重，一些重大发展趋势和事件进一步引发了人们对社会分化问题的忧虑。首先，巨富阶层的收入和财富增长十分惊人。美联储的美国家庭财富分布统计数据显示，拥有财富最多的 0.1% 家庭自 2020 年第四季度占美国家庭财富的总份额达到 13% 以来，比重虽有波动但一直维持在 13% 以上，其中 2023 年第四季度为 13.6%，比 1989 年第三季度开始统计时的 8.5% 增长了 5.1 个百分点，

① Janie Boschma, Curt Merrill and John Murphy-Teixidor, "Mass Shootings in the US Fast Facts," CNN, February 15, 2024, https://edition.cnn.com/us/mass-shootings-fast-facts.

② "Mass Killing Database: Revealing Trends, Details and Anguish of Every US Event since 2006," USA Today, August 18, 2022, updated February 10, 2024, https://www.usatoday.com/in-depth/graphics/2022/08/18/mass-killings-database-us-events-since-2006/9705311002/.

③ "The American Middle Class Is Losing Ground: No Longer the Majority and Falling behind Financially," Pew Research Center, December 2015, http://www.pewsocialtrends.org/files/2015/12/2015-12-09_middle-class_FINAL-report.pdf.

比 2020 年第三季度的 12.5% 增长了 1.1 个百分点。① 美国人口普查局
（U. S. Census Bureau）发布的当前人口报告统计数据显示，收入最高的
5% 巨富家庭，收入占比从 2017 年突破 23% 之后，一直保持在 23% 以上，
2022 年占比为 23.5%，不仅比 50 年之前 1972 年的 17.0% 增长了 6.5 个
百分点，也比 10 年之前的 22.3% 增长了 1.2 个百分点。美国家庭收入基
尼系数自从 2013 年突破 0.48 以后，除 2015 年之外一直维持在 0.48 以
上，2021 年甚至达到创纪录的 0.494，是 1967~2022 年唯一一次突破
0.49。2022 年，该数值又回落至 0.488，是 1967 年以来的历史第 3 高
值，而 1967 年的基尼系数仅为 0.397。②

其次，近年来，在多起重大事件的处理中，下层美国民众的利益被严重
轻视，导致公众对精英阶层感到深切的失望。其中，俄亥俄州东巴勒斯坦村
（Village of East Palestine）火车出轨致危险化学品泄漏事件较为典型。2023
年 2 月 3 日，载有危险化学品的诺福克南方铁路（Norfolk Southern）32N 货
运列车在东巴勒斯坦村脱轨，发生爆炸和危险化学品大规模泄漏事故。事故
发生后，政府官员和诺福克南方铁路公司一再向当地居民保证空气和水源的
安全——直至美国疾病预防与控制中心的工作人员到现场工作时同样发病。
这一情况导致民众严重不满。③ 由于脱轨事故处理过程中拜登总统因访问乌
克兰而没有给予足够的重视，不少民众批评拜登政府漠视普通公众的基本
权益。

（二）对族群关系的迷惘

自民权运动 1968 年伴随着《公平住房法》（Fair Housing Act）的颁布取得

---

① "Distribution of Household Wealth in the U. S. Since 1989," Board of Governors of the Federal
Reserve System, https://www.federalreserve.gov/releases/z1/dataviz/dfa/distribute/table/#
quarter：129；series：Net%20worth；demographic：networth；population：all；units：shares.

② Gloria Guzman and Melissa Kollar, *Income in the United States*：*2022* (Washington, DC：U. S.
Government Publishing Office, 2023), pp. 34–35.

③ Brenda Goodman, "First on CNN：CDC Team Studying Health Impacts of Ohio Train Derailment
Fell Ill During Investigation," CNN, March 31, 2023, https://edition.cnn.com/2023/03/31/
health/ohio-train-derailment-cdc-team-symptoms.

胜利以来，美国公众在很长时间里对美国族群关系的前景持较为乐观的态度。[①] 20 世纪 90 年代，有学者畅想"美利坚国族"（American nation）不但跨过了白人"大熔炉"（melting pot）阶段，而且正在超越多元"拌菜碗"（salad bowl）阶段，将进入个人更自主地确定群体归属的"后族群"阶段。[②] 然而，进入 21 世纪以来，这种乐观情绪受到有力挑战，美国公众近年来对族群关系的疑虑趋于加深。

1. 对国族成分的迷惘

美国白人长期占据人口比例的绝对优势，盎格鲁-撒克逊白人新教徒被视为社会主流，其上层处于社会的绝对领导地位。[③] 21 世纪初，随着西班牙语裔人口增长迅猛，占全国人口的比例从 1970 年的 4.4% 增加到 2000 年的 12.5%，不少人担忧西班牙语裔人口的大量增加会严重冲击美国的国族属性。塞缪尔·亨廷顿（Samuel P. Huntington）发出了"我们是谁"这一疾呼，直指美国国族身份受到的多重分化因素的挑战，[④] 在美国社会引起广泛争议。

近年来的几个新动向，进一步导致人们对美国国族到底在多大程度上必须具有共同性更加迷惘。一是西班牙语裔人口持续攀升加剧了融入迷惘。在

---

① 自 1977 年管理和预算办公室发布第 15 号指令以来，联邦统计和行政报告都在一级必选项中把种族和族群标准并列，5 个种类中加一个西班牙语裔族群类，直至 2024 年种族分类把中东北非裔从白人中单列出来。种族类选项之下的细分项则属于族群范畴。在学术界，唐纳德·霍罗威茨（Donald Horowitz）囊括性的族群概念受到比较广泛的接受，种族是族群分野的重要维度之一。本报告也在霍罗威茨的族群概念意义上把种族分野包含在内。参见 Donald Horowitz, *Ethnic Groups in Conflict* (Berkeley, CA: University of California Press, 1985), p. 53。美国国民包含众多族群，仅 1980 年《哈佛美国族群百科全书》有专门词条介绍的族群就有 106 个，其中不少族群还可以进行较大数量的细分，比如美国印第安人就可以按 170 个以上不同部落细分为不同族群。参见 Stephan Thernstrom, Ann Orlov and Oscar Handlin eds., *Harvard Encyclopedia of American Ethnic Groups* (Cambridge, MA: Harvard University Press, 1980), p. vi。

② David A. Hollinger, *Postethnic America: Beyond Multiculturalism* (New York, NY: Basic Books, 1995), pp. 65, 116.

③ E. Digby Baltzell, *Philadelphia Gentlemen: The Making of a National Upper Class* (Glencoe, IL: Free Press, 1958), p. 9.

④ 在亨廷顿眼中，美国的"独特性很大程度上是由其盎格鲁-新教文化及其宗教性定义的"，进入美国的移民族群必须接受这些因素才能真正成为美国国族的有机部分。参见 Samuel P. Huntington, *Who Are We? The Challenges to America's National Identity* (New York, NY: Simon & Schuster, 2006), pp. 9, 365。

2020 年人口普查中，西班牙语裔人口达到 6208 万，占全国人口总数的比例大幅度上升至 18.7%。西班牙语裔不仅在宗教信仰上绝大多数是天主教徒，而且大量使用西班牙语，并认为西班牙语对后代比较重要。皮尤研究中心 2022 年 8 月 1~14 日的全国拉丁裔调查数据显示，① 75% 的拉丁裔能够比较熟练或者很熟练地使用西班牙语交流，85% 的拉丁裔认为说西班牙语对美国拉丁裔未来世代比较重要。② 益普索集团 2023 年 3 月 21~29 日进行的民调显示，不少美国人认为说英语对美国国族身份相当重要，对于不能流利说英语的归化公民是不是真正的美国人，67% 的受访者认为是，16% 的受访者认为不是，15% 的受访者不能确定，还有 2% 的受访者没有回答。③

二是美国社会对穆斯林的忧虑加深。④ 尽管美国人口普查中不提宗教问题，没有官方的穆斯林统计数据，但据皮尤研究中心估算，穆斯林人数一直在增长，2007~2017 年，从约 235 万上升到 345 万，占全国人口的比重达到 1%，人数上仅次于基督徒和犹太教徒。预计到 2040 年，穆斯林的数量将超过犹太教徒，伊斯兰教将成为美国第二大宗教；到 2050 年，穆斯林人口将上升至 810 万人，占全国人口的 2.1%。⑤ 加沙事件发生后，美国穆斯林的抗争运动虽然得到了一些民众的支持，但也引发了不少民众的忧虑。2024 年 4 月 7 日，大批穆斯林在密歇根州迪尔伯恩市（Dearborn）庆祝斋月最后一天。这一天是伊朗已故宗教领袖霍梅尼确定的"国际圣城日"

---

① 在美国，拉丁裔和西班牙语裔意义略有差别，但因为涉及的差异人口较少，二者近乎通用。差异在于，前者包括巴西裔等说葡萄牙语的拉丁美洲人口，后者包括来自西班牙和其他拉美之外地区说西班牙语的人口。

② Lauren Mora and Mark Hugo Lopez, "Latinos' Views of and Experiences with the Spanish Language," Pew Research Center, September 2023, https://www.pewresearch.org/race-and-ethnicity/2023/09/20/latinos-views-of-and-experiences-with-the-spanish-language/.

③ "System is Broken Survey," Ipsos, June 2023, https://www.ipsos.com/sites/default/files/ct/news/documents/2023-06/System%20is%20Broken%20Topline_0.pdf.

④ "9·11"事件之后，尽管美国政府一再强调伊斯兰教以及穆斯林和恐怖主义无关，但是美国社会中出现较强的伊斯兰恐惧现象。特朗普任职期间对 7 个以穆斯林为主体的国家的旅行禁令更是被视为"禁穆令"而引起国内外争议。

⑤ Besheer Mohamed, "New Estimates Show U.S. Muslim Population Continues to Grow," Pew Research Center, January 3, 2018, https://www.pewresearch.org/short-reads/2018/01/03/new-estimates-show-u-s-muslim-population-continues-to-grow/.

(International Al-Quds Day)，强调"耶路撒冷属于巴勒斯坦"。当地的美国穆斯林活动积极分子塔里克·巴齐（Tarek Bazzi）激烈谴责美国和以色列的演讲录像在互联网上被广泛传播。①

三是被捕的未经授权移民数量激增，引发更多争议。2007 年之后，在美未经授权移民数量达到顶峰之后呈回落状态。特朗普执政期间对未经授权移民不友好的阻吓态度以及新冠疫情期间的"第 42 条"快速遣返政策，都在一定程度上减少了移民非法入境的数量。但是 2021 财年、2022 财年和 2023 财年，移民非法入境被捕数量激增，分别达到约 196 万、277 万和 320 万，引起社会强烈关注和争议，加重了社会迷惘。2023 年 3 月 21~29 日益普索公司的民调显示，美国成年人中认为终身没有合法证件的移民是真正的美国人的占 28%，认为不是的占 48%，不确定的占 22%，还有 2% 未作答。②

四是人们对犹太裔的控制能力的忧虑加深。约翰·米尔斯海默（John J. Mearsheimer）和斯蒂芬·瓦尔特（Stephen M. Walt）2007 年出版专著《以色列游说集团与美国对外政策》（*The Israel Lobby and U. S. Foreign Policy*），批评以色列院外游说集团过度影响美国的外交政策，认为这不仅危害美国的国家利益，也严重损害以色列的国家利益。这些言论迅速引起争议。2023 年 10 月，哈马斯突袭以色列并招致以色列对加沙地带的毁灭性打击。尽管犹太裔中也有大量反对以军暴行和支持巴勒斯坦权益的群体，但美国社会中对犹太裔的控制能力的非议加重。在此背景下，三大名校校长受质疑事件引起了广泛的关注和争议。2023 年 12 月 5 日，美国众议院教育与劳动力委员会举行听证会，主题是"学校领导担责与对抗反犹主义"。哈佛大学、宾夕法尼亚大学和麻省理工学院三校的校长克劳丁·盖伊（Claudine Gay）、伊丽莎白·马吉尔（Elizabeth Magill）和莎莉·科恩布鲁特（Sally

---

① Niraj Warikoo, "Dearborn's Mayor and Arab American Leaders Condemn Controversial Chants at Protest," Detroit Free Press, April 9, 2024, https://www.freep.com/story/news/local/michigan/wayne/2024/04/09/dearborn-mayor-rejects-death-to-america-chants-at-protest/73254682007/.

② "System Is Broken Survey," Ipsos, June 2023, https://www.ipsos.com/sites/default/files/ct/news/documents/2023-06/System%20is%20Broken%20Topline_0.pdf.

Kornbluth）受到制止反犹主义不力的严厉指责。三位校长在谴责反犹主义的同时，表达了在言论自由和校园安全保护之间寻求平衡的主张，主张用教育和言论来反对有问题的言论，通过知识来反对植根于无知的反犹主义。①来自纽约州的共和党众议员伊莉斯·斯蒂芬尼克（Elise Stefanik）把抗议者呼吁"反抗"（intifada）等同于呼吁对犹太人实行种族灭绝，严厉抨击盖伊等人关于维护言论自由的立场在道德上含糊其词。② 听证会之后，在部分犹太人群体主导的社会压力之下，马吉尔和盖伊先后辞去了宾大和哈佛校长的职位。2024 年众议院通过《反犹太主义意识法案》进一步掀起轩然大波。

2. 对族群冲突的迷惘

首先，美国社会对族群平权的迷惘显著加深。③ 2023 年，大学招生中的平权行动被判定违宪，标志着族群平权行动受到重大挫折，也引发了相当严重的社会意见分歧。6 月 29 日，在学生公平录取组织诉北卡罗来纳大学（*Students for Fair Admissions v. University of North Carolina*）以及学生公平录取组织诉哈佛大学（*Students for Fair Admissions v. Harvard*）两个案件中，美国最高法院以 6∶3 裁定，北卡罗来纳大学和哈佛大学在本科招生过程中将个人种族出身作为考虑因素，既违反了宪法第 14 条修正案中的平等保护条款，也违反了《1964 年民权法》（Civil Rights Act of 1964）第 4 条的规定——第 4 条要求所有接受联邦资助的大学或学院，无论公立私立，都要服

---

① Rachel Treisman, "Lawmakers Grill the Presidents of Harvard, MIT and Penn over Antisemitism on Campus," National Public Radio, December 5, 2023, https：//www.npr.org/2023/12/05/1217459477/harvard-penn-mit-antisemitism-congress-hearing.

② "反抗"这个概念并不必然意味着暴力，更不意味着种族灭绝。1987 年巴勒斯坦发起的第一次反抗运动的主流是和平抗议运动。参见 Mira Fox, "So What does 'Intifada' Actually Mean?" Forward, December 15, 2023, https：//forward.com/culture/573654/intifada-arabic-israeli-hamas-war-meaning-linguistics/。

③ 美国平权行动从 1961 年肯尼迪总统 10925 号行政令（Executive Order 10925）提出时的平等对待，逐渐演变为优待扶助，对象是各种处于不利地位的群体，这些群体分野并不局限于族群划分，例如《美国残疾人法》所扶助的对象是残疾群体。但是，平权行动的主要对象是处于不利地位的各种族群成员。尽管族群平权行动也涉及一些其他领域，比如联邦政府中的弱势企业（Disadvantaged Business Enterprise）项目扶助少数族群企业家承接联邦合同，但是族群平权行动中影响最大、最受重视的是教育平权行动，特别是高等教育录取中的平权行动。

从平等保护条款。① 这一裁决推翻了 45 年来最高法院的一系列先例——从确立只要不设立固定配额则考虑种族因素的平权招生就不违宪的加州大学董事会诉巴基案（*Regents of Univ. of California v. Bakke*），到确认这一原则的格鲁特尔诉博林杰案（*Grutter v. Bollinger*），再到加以重申的费舍尔诉得克萨斯大学案（*Fisher v. University of Texas*）。这一颠覆性判决一方面有赖于保守派法官在最高法院的数量优势，另一方面也具有比较有利的社会基础。目前，美国有 9 个州已经禁止在招生中采取种族平权行动。皮尤研究中心 2023 年 3 月 27 日至 4 月 2 日开展的一项调查显示，对于招生挑剔的大学为增加种族和族群多元性而在招生过程中考虑种族和族群因素，50% 的受访者表示不赞成，33% 的受访者表示赞成，还有 16% 的受访者不确定。②

其次，对种族歧视的迷惘因新案例而强化。③ 2023 年 5 月 1 日，丹尼尔·彭尼（Daniel Penny）在纽约地铁车厢裸绞乔丹·尼利（Jordan Neely）致其死亡，再次引发争议。对此事件出现了两种表述、多种态度。④ 彭尼是 24 岁的白人，也是海军陆战队退役军人。尼利则是有精神疾病史且当时无家可归的非裔，曾经 44 次出于各种原因被捕。该事件的视频在网上广泛流传，引起全国性争议和全球网民的关注，成为 2023 年美国最受关注和最有争议的事件之一。支持彭尼的人认为他见义勇为，保护了车厢里的乘客免受威胁——其中包括少数族裔妇女儿童。支持尼利的人认为，尼利并没有实施

---

① 关于最高法院裁决的辩论过程和辩论意见，参见 "Students for Fair Admissions, Inc. v. President and Fellows of Harvard College," Supreme Court of the United States, No. 20 - 1199, https：//www. supremecourt. gov/opinions/22pdf/20 - 1199_ hgdj. pdf。

② "More Americans Disapprove Than Approve of Colleges Considering Race, Ethnicity in Admissions Decisions," Pew Research Center, June 2023, https：//www. pewresearch. org/wp - content/ uploads/sites/20/2023/06/PP_ 2023.06.08_ college-admissions_ REPORT. pdf.

③ 针对美国公民的制度性种族歧视因违宪违法而罕见其迹，显性种族歧视言行也在法律约束和政治正确的压力下难行其道，但是隐性种族歧视以及过往系统性歧视导致的不公平结果随处可见。人们对种族歧视的感知往往和自身的身份与先验立场密切相关。存在解释争议的极端事件往往深刻影响美国人内心对种族关系的评判。1991 年的罗德尼·金（Rodney Glen King）被殴事件以及 1995 年对 O. J. 辛普森（O. J. Simpson）案的"世纪审判"都是如此。

④ 当时尼利在地铁车厢乞讨并高喊，彭尼在两名乘客的帮助下摔倒尼利，并用背后裸绞姿势控制尼利超过 3 分钟，导致尼利昏迷并在送医后死亡，死因被判定为窒息。

暴力攻击行为，彭尼在并不知道尼利过往被捕史的情况下强力控制尼利是出于种族歧视。也有人认为，即使彭尼不是出于种族歧视而行事，尼利的人生悲剧本身就是种族歧视的产物。部分由于难以判定种族因素的作用，部分由于并非执法暴力侵害，正值10周年的"黑命攸关"（Black Lives Matter）运动相当克制，没有就此事鼓动激烈抗议。大陪审团决定对彭尼提起控告，彭尼对二级谋杀和过失致死罪的指控拒绝认罪。彭尼的律师团队以车厢内乘客关于尼利逼近时担心自己会死的证词，提请法官驳回案件，但被法官拒绝。本案将持续引发社会关注。① 对彭尼和尼利的支持不仅体现在言论上，也体现在捐款上。2023年8月初的新闻报道显示，彭尼筹集到290万美元的辩护基金，而尼利家属在关闭筹款账户前得到了15万美元资助。②

四　走出迷惘时代

如前文所述，美国步入迷惘时代的根本原因在于经济变迁过于剧烈，经济变迁又通过现存政治社会机制导致多方面的剧烈社会变迁。美国要想走出迷惘时代，有赖于社会意识和社会变迁的重新契合。走出迷惘时代的速度，一方面取决于经济社会基本要素适应社会变迁的程度，另一方面取决于全社会针对现实达成应对共识的速度。如果经济社会基本要素坍塌，那么公众将不得不降低价值标准，放松逻辑信条，从迷惘转向躺平，以适应社会变迁。如果经济社会基本要素得以维持，但是无法有效形成适应社会变迁的社会共识，那么迷惘时代可能将长期存在，甚至因丧失发展机会而陷入以10年计的"失去的年代"。如果经济社会基本要素状况良好，新的社会共识形成比较顺利，那么社会将较快走出迷惘时代，重新走向发展之路。

① "Judge won't Dismiss Subway Chokehold Death Case against U. S. Marine vet Daniel Penny," NBC New York, January 17, 2024, https：//www. nbcnewyork. com/news/local/daniel - penny - homicide-jordan-neely-chokehold-subway/5047919/.

② Kiara Alfonseca, "Crowdfund Gives Daniel Penny Millions for Legal Defense in Alleged Killing of Homeless Man Jordan Neely," ABC News, August 8, 2023, https：//abcnews. go. com/US/ crowdfund-daniel-penny-millions-legal-defense-alleged-killing/story？id＝102017362.

（一）何以迷惘

1.经济增长模式变化的烈度及后果超越传统信条

美国经济增长不仅越来越脱离传统制造业，而且越来越脱离传统服务业，转而更多地依赖信息技术和生物工程等高端创造以及战略咨询和金融投资等高端服务，并不断向人工智能等超高端产业迈进。这些高端产业的特点在于岗位容量极小，生产效率惊人，报酬高度集中，淘汰异常惨烈。在这样的产业中，非常少量接受过超级精英教育并拥有超级工作技能的人士取得了巨大的收入分配，不仅在劳动收益中占比甚高，而且能够因人力资本极度稀缺而经由劳动取得红利、股权和期权等资本和管理收益。①

新经济增长模式带来的收入分配方式的改变让美国人熟知的传统税收体系难以适应，导致财政赤字以及政府债务不可避免地走上不归路。美国的税收体系资本利得税远远低于工资收入税，当更大比例的精英劳动收入转变为资本收益时，政府税收就形成了净损失；加上高收入人群避税能力和避税积极性远高于中低收入人群，政府财政收入进一步减少不可避免。

新经济增长模式带来的社会阶层改变深刻地动摇了中产阶级的社会地位及其对未来的信心。新经济增长模式不仅使传统产业中的蓝领工人和白领阶层被大量边缘化，而且使大量传统的中层管理岗位急剧消失，在顶尖家庭收入和财富占比不断增加的同时，一部分中产阶级快速沉沦。

新经济增长模式之下的就业岗位变革深刻动摇了劳动阶层对工会组织的信心和对未经授权移民的容忍度。传统制造业的衰落在缩减产业工人队伍的同时也削弱了传统工会组织及其活动能力，影响了政治博弈中的群体力量对比。而且在传统制造业和服务业劳动岗位缺失情况下，未经授权移民的增加进一步加剧了对普通劳动者的就业威胁。

2.美国利用经济霸权牟利的手段受到挑战

首先，美国惯用的国际经济胁迫手段的有效性受到挑战。美国长期

---

① Daniel Markovits, *The Meritocracy Trap*: *How America's Foundational Myth Feeds Inequality*, *Dismantles the Middle Class*, *and Devours the Elite*（New York，NY：Penguin Press，2019）.

使用经济胁迫手段迫使他国企业和政府屈从于美国的意志，为美国政府和企业谋取利益，而受到经济胁迫的他国政府和企业多数选择退让。① 美国20世纪80年代中后期对日本的制裁和威胁，迫使日本这个全球第二大经济体全面就范，接受日元大幅升值，接受半导体等产品出口自我设限和本国市场给外国产品预留份额，令世界各国和非美国企业深感震撼。2022年2月乌克兰危机全面升级以来，美国迅速升级2014年"克里米亚事件"以来对俄罗斯的制裁，成立了包括欧盟在内的48个国际和地区制裁联盟，对俄罗斯经济、政治、文化、教育等领域进行极限制裁。制裁对象包括个人和各种实体，在金融领域的制裁尤其令全球瞩目，特别是把俄罗斯多家银行剔除出全球最大的金融报文系统，即"环球同业银行金融电讯协会"（SWIFT）报文系统，从而重创了俄罗斯跨境支付体系。不过，俄罗斯经济受损有限，2023年还实现了经济反弹和增长，并呈现经济结构调整从量变走向质变的趋势。② 这一状况严重打击了美国经济制裁的有效性神话。

其次，美国利用政治经济霸权掩护资本获利的传统手段正在受到挑战。美国金融资本把对外债务收割作为重要的获利方式，在发展中国家和地区高息放贷，遇到债务违约时推动美国政府和国际组织附加相关政治条件进行债务重组，通过美国政府和国际组织把美国和全球公众纳税所得投入债务重组，以掩护美西方私人金融资本顺利获利退出，从而形成私人资本获利、美国政府政治获益而纳税人遭受损失的双重套利模式。③ 近年来，由于中国等新兴国家经济实力上升，在一定程度上有能力对发展中国家提供资金支持，

---

① 经济胁迫是博弈过程，更多国家和企业在制裁威胁之下屈服，在制裁威胁之下不退让的国家和企业有一部分也会在受到制裁之后退让。对美国来讲，制裁威胁的成功率比实际制裁的成功率更高。参见 Daniel W. Drezner, "The Hidden Hand of Economic Coercion," *International Organization*, Vol. 57, No. 3, 2003, pp. 643-659.

② 徐坡岭、聂志宏：《欧美制裁对俄罗斯经济增长的影响》，《俄罗斯东欧中亚研究》2024年第1期，第68~92页。

③ John Perkins, *The New Confessions of an Economic Hit Man* (Oakland, CA: Berrett-Koehler Publishers, Inc., 1996).

影响了美西方金融资本的获利，刺激美国政府寻求极端手段压制相关国家，并寻找种种借口向普通公众掩盖其真实意图。

（二）走出迷惘时代

1. 走出迷惘时代的条件

迷惘的本质是社会面对现实与信念之间的严重背离而失去自信心和方向感。走出迷惘时代的关键在于采取有效措施，使现实和信念相向而行，让二者重新契合，

首先，需要有足以在相当程度上解决现实问题所必需的经济社会基本要素。对于美国而言，其经济社会基本要素状况依然良好。一是美国人力资本及其潜质在主要大国中居领先地位，人口数量、人口年龄结构和人口受教育程度都有相当优势，且美国依然能吸引全球各领域的顶尖人才支撑其创新能力。二是美国的社会协作能力依然相对强劲。其国内市场安排和政治参与途径依然能够使整个国家、市场和社会比较有效地运转。三是美国依然拥有相对完善的科技和产业创新支撑体系，在产权、税收和人员流动等方面拥有良好的支持体系。四是美国在国际规则制定和国际治理中依然有比较强大的支撑协调能力，拥有可观的盟友资源。五是美国拥有较强的纠错能力，仍然有一定的讨论、反思环境和社会活力。[1]

其次，需要显示真实信念和偏好的社会氛围，以利于形成契合新现实的新共识。美国尽管在宪法和法律层面保障公民言论自由，但是来自社会乃至政府的"政治正确"压力长期存在，经常迫使人们在公开场合伪装自己的偏好，使社会偏好的显示和表达出现错误，进而阻碍社会发展。例如在种族隔离时期，美国南方很多希望摒弃种族隔离制度的人出于担心被支持种族隔离的人孤立，而在公开场合假装支持种族隔离，给自己和社会造成了不必要的损失。[2] 21世纪，"政治正确"依然是美国社会前进的障碍之一。特朗普

---

[1] 王欢：《美国经济增长的社会与政治潜质分析》，《人民论坛》2015年第26期，第14~16页。

[2] Timur Kuran, *Private Truths, Public Lies. The Social Consequences of Preference Falsification* (Cambridge, MA: Harvard University Press, 1997), p. 321.

之所以能在 2016 年当选总统，主要原因之一就是其冲破了"政治正确"的束缚，就未经授权移民、极端势力、国际自由贸易制度安排以及美国同盟体系中的负担等敏感问题发声，从而获得了不少不满"政治正确"的公众的支持。当前，《反犹太主义意识法案》这样的极端"政治正确"文件，即使最终不能完成立法程序，也将对人们的真实偏好显示构成巨大的压力。

2. 走出迷惘时代的前景

美国想要走出迷惘时代，主要有两条路径。一条是通过经济发展摆脱迷惘。其重中之重是解决经济发展和赤字财政问题。为此，美国需要建立适应新经济发展方式的税务设计，通过适度的资本收益税解决严重的税收不足问题，通过适度的国际收缩缓解财政赤字问题。同时，美国还需要利用比较优势规律在自由贸易体系中争取最大的经济收益，特别是获取创新能力红利，并通过适当的制度安排安抚新经济形势下相对受损的群体，通过整体经济活力缓解移民带来的就业压力问题。此外，清醒地认识中美之间非零和的互利关系结构，是美国集中精力把有效资源用于发展经济，进而解决各种困难的关键一步。对于美国而言，由于有较好的经济社会基本要素作为支撑，不大可能像日本那样，出现"低生育率和寿命不断延长造成的人口老龄化"从而出现经济发展无力回天的状况。①

另一条走出迷惘的路径是政治妥协，即在大体维持现有经济发展格局的基础上，在并不解决现实经济问题的情况下，追求达成社会新共识，通过修正已有信念，使其与新形势相契合。对于财政赤字严重、收入分配严重不平等、精英和平民都严重趋于政治极端化的美国来说，政治妥协的道路很难在国民经济不堪重荷之前走通。不过，政治妥协之路也有可能随着人口代际更迭而在不远的将来实现。美国当前人口数量最多的代际群体是千禧一代和 Z 世代。他们对于时代变革的适应能力更强，对全球化利益的认识更深，对人类命运共同体的憧憬更强。他们如果能够较快地成长为美国政治的主导者，

---

① Reiko Aoki, "A Demographic Perspective on Japan's 'Lost Decades,'" *Population and Development Review*, 2012, Vol. 38, pp. 103-112.

或许可以带领美国从塑造信念共识走向改变社会现实，最终走出迷惘时代。

两相比较，更可靠的路径是通过经济基础改变上层建筑，通过发展使现实和理念重新契合。然而，美国资本阶层让步的意愿和难度让这一路径困难重重。

（审读　倪　峰　袁　征）

形 势 报 告

B.2

2023年的美国政治：
党争极化加剧　政府失衡失能

石培培*

摘　要：　2023年，美国政治经历了一系列复杂的变化和挑战。随着2022年中期选举的落幕，民主党以微弱优势在参议院保持多数席位，共和党重掌众议院后开启了第118届国会与白宫的府会分立格局，这一政治现实增加了拜登政府施政的阻力与难度。政党对抗、党争激化进一步侵入美国政治的方方面面，除了共和党与民主党的极端对抗外，共和党的内斗在2023年尤为突出。混乱的党争导致府会分裂、国会立法效率低下、联邦政府数次面临关门危机；同时，在对外政策上也出现党争恶斗的局面。临近2024美国大选年，两党之间的斗争持续升级，特朗普面临的诉讼让美国最高法院乃至整个司法系统不得不卷入党争极化。这也预示了美国最高法院在大选中的关键角色以及2024年大选在美国政治中的特殊性。

* 石培培，中国社会科学院美国研究所助理研究员，主要研究领域为美国政治、美国国会。

关键词：　美国政治　政治极化　特朗普　美国司法　美国大选

一　2023年的美国政治概况

2023年拜登政府在内政方面受到国会牵制、党内压力、社会分裂等因素的影响。在内政方面，拜登政府实施了经济救济措施以缩小贫富差距，并通过基建投资参与全球竞争。拜登政府的重心是短期经济救济和基础设施建设，同时注重气候变化和绿色经济战略。在外交政策方面，拜登政府着重修复与盟友的关系，重返亚太，更加注重国际合作，尤其是贸易规则和气候协定等方面的合作，以恢复美国在全球治理中的领导地位。总体来看，拜登政府在2023年的执政策略是对内注重经济恢复和社会发展、对外寻求与盟友合作并制衡中国影响力。美国国内政治的复杂性以及不确定的地缘政治形势给拜登政府带来一定的执政挑战和阻力。

（一）拜登政府执政状况

拜登政府在2023年初面临一系列挑战，如债务上限威胁、高通货膨胀率、国内劳工骚乱以及俄乌冲突等。随着竞选活动持续升温，拜登政府开始注重经济政策的落地。然而，尽管拜登执政期间美国经济增长和就业状况表现良好，但美国民众对拜登的支持率持续低迷，这对民主党在2024大选的选情较为不利。2023年，拜登政府在经济、医疗、消除种族歧视、能源环境和移民等领域有所推进，但民众对经济通胀、巴以冲突、拜登高龄执政等存在不满情绪。

1. 为实现经济"软着陆"重点调整经济顾问团队

2023年，拜登政府宣布了一些关键的人事变动，白宫负责内务、经济政策和外联的核心成员接连出现变动。

年初，前总统奥巴马的经济顾问杰弗里·津茨（Jeffrey Zients）被任命

为拜登政府白宫办公厅主任。① 津茨擅长问题解决及政策执行，被美国媒体视作白宫应对执政挑战的可靠人选。他从政前的商业管理经验丰富，曾经在多家咨询和投资类公司供职。津茨的任职被视为拜登政府上任两年来的首次重要人事调整。据媒体分析，此举预示着拜登政府的施政重心将由立法转为执行。同时，津茨还需带领白宫团队应对拜登所涉私留密件风波，以及国会共和党人可能针对拜登及其家属发起的调查。

国家经济委员会和白宫经济顾问委员会是美国总统两大主要经济顾问班子。拜登任命联邦储备委员会副主席莱尔·布雷纳德（Lael Brainard）为国家经济委员会主任，任命贾里德·伯恩斯坦（Jared Bernstein）为白宫经济顾问委员会主席。② 除上述关键职位变动，拜登还宣布了三项调整：国家经济委员会副主任巴拉特·拉马穆尔蒂（Bharat Ramamurti）兼任经济战略沟通顾问；白宫经济顾问委员会成员希瑟·布希（Heather Boushey）兼任一个专注投资的专家小组的首席经济学家；劳工部首席经济学家乔尔·甘布尔（Joelle Gamble）出任国家经济委员会副主任。拜登在抑制通胀、力争实现经济"软着陆"的重要节点调整经济顾问团队，意在向民众展示本届政府正在为实现"更强劲、更具包容性和韧性的经济"而努力。

2. 府会分立加大拜登执政的阻力

拜登政府在其执政的第 3 年受到政治僵局的困扰、通货膨胀遗留问题的拖累、民众对高龄的拜登能否胜任的怀疑，同时面临全球地缘政治紧张局势、南部边境的移民问题以及低迷的民意支持。这些都构成了拜登政府执政的不确定因素。具体而言，拜登政府面临以下挑战。

一是国会的牵制。2022 年中期选举后，民主党失去了对众议院的掌控。这意味着共和党控制的众议院将利用其财政权、立法权和监督权等

---

① Tyler Pager and Yasmeen Abutaleb, "Jeff Zients to Be Biden's Next Chief of Staff," *The Washington Post*, January 22, 2023, https：//www. washingtonpost. com/politics/2024/04/23/biden-gaza-protests-trump/.

② The White House, "National Economic Council," https：//www. whitehouse. gov/nec/.

核心权力对拜登政府展开攻势，阻碍其国内政策议程的推进——包括调查拜登政府的决策（如美军从阿富汗撤军），追究大选舞弊、家族商业丑闻等——以此来弱化民主党的声誉和选举动员能力。二是拜登政府与新一届国会在财政问题上的博弈成为焦点，尤其是关于联邦债务和政府预算问题。2023年1月，美国联邦债务规模触及上限，提高债务上限成为白宫的紧迫任务。共和党主张减少政府开支，并要求在提高债务上限的同时采取削减赤字的措施。民主党则倾向于通过提高债务上限来保证政府能够继续运作，并避免经济动荡。债务上限议题成为两党进行谈判并实现其他政治目标的重要筹码。三是应对全球性挑战。美国政府的产业政策直接关系到对外经贸和产业供应链，并对2023年的全球经济形势产生了影响。持续的俄乌冲突和巴以冲突带来的地缘政治紧张局势为金融和大宗商品贸易带来更大的风险。四是社会分裂与挑战。白人至上主义的抬头、新冠疫情对少数族裔社区的影响以及经济衰退等问题，都对拜登政府的国内政策构成了考验。五是低迷的民意支持。虽然经济数据向好，但就民众的认知而言，这对拜登并非有利。民众特别是受到新冠疫情影响较大的人群可能依然面临失业、收入下降等问题。根据盖洛普（Gallup）的数据，在2023年的大部分时间里，拜登的民众支持率一直保持在30%~40%。[①] 这个数字显示出民众对拜登政府的执政状况并不买账。

3. 在第一任期的立法基础上艰难执政

拜登政府2023年开展的工作是在前两年通过的大量立法的基础上进行的。《两党基础设施法》（Bipartisan Infrastructure Law）、《通胀削减法》（Inflation Reduction Act）、《芯片与科学法》（CHIPS and Science Act）以及《美国救援计划》（the American Rescue Plan）都是拜登政府"投资美国"（Investing in America）议程的关键部分。这些立法关注基础设施、经济复苏、社会正义和气候变化。拜登通过"投资美国"这一拜登经济学的核心

---

① "Presidential Approval Ratings: Joe Biden," Gallup, https://news.gallup.com/poll/329384/presidential-approval-ratings-joe-biden.aspx.

支柱，实现"基础设施10年"的目标，释放经济机会，创造高薪工作，促进国内制造业，并自中而上、自下而上地发展美国经济。[①]

在基础设施与环境方面，通过《两党基础设施法》，拜登政府对道路、桥梁、铁路和环境项目进行了投资，包括资助桥梁修复、铁路升级，并努力清理污染场地和关闭孤立的油气井。[②] 就经济与劳动力发展而言，拜登政府通过《美国救援计划》和《通胀削减法》的相关经济措施创造就业机会，降低医疗保健成本，并在清洁能源和制造业方面进行了重大投资。[③] 此外，《芯片与科学法》在振兴美国半导体行业方面发挥了关键作用，促成了对国内微芯片制造业的大量投资。在医疗保健方面，拜登政府的政策包括对胰岛素价格设限和扩大某些群体接种免费疫苗，以及通过历史性的债务减免举措来减轻学生的财务负担。[④] 在气候变化与清洁能源领域，拜登政府通过主要经济体能源和气候论坛（Major Economies Forum on Energy and Climate）来催化全球的气候行动——特别是减排、清洁能源经济和社区保护方面的行动。[⑤] 拜登政府通过《通胀削减法》实施美国的清洁能源投资，减少美国的碳排放，加速发展清洁能源经济，保护社区免受气候影响，发展零排放车

① The White House, "Biden-Harris Administration Celebrates Historic Progress in Rebuilding America ahead of Two-Year Anniversary of Bipartisan Infrastructure Law," November 9, 2023, https：//www. whitehouse. gov/briefing-room/statements-releases/2023/11/09/fact-sheet-biden-harris-administration-celebrates-historic-progress-in-rebuilding-america-ahead-of-two-year-anniversary-of-bipartisan-infrastructure-law/.

② Ibid.

③ The White House, "In 2023, President Biden's Investing in America Agenda Delivered Results for American Families," https：//www. whitehouse. gov/briefing-room/blog/2023/12/22/in-2023-president-bidens-investing-in-america-agenda-delivered-results-for-american-families/.

④ The White House, "The Biden-Harris Record," https：//www. whitehouse. gov/therecord/#：~：text＝To%20strengthen%20public%20safety%20and，the%20transfer%20of%20military%20equipment.

⑤ U. S. Department of Agriculture, "Biden-Harris Administration Delivers on Its Promises to Invest in Rural Communities, Nutrition Security, Climate-Smart Agriculture, More and Better Markets and Lower Costs for Families," https：//www. usda. gov/media/press-releases/2023/02/06/fact-sheet-biden-harris-administration-delivers-its-promises-invest.

辆，并加速零排放车辆（ZEVs）的部署。①

　　然而，拜登政府在应对气候变化等全球性挑战方面面临共和党的牵制。共和党在气候变化问题上的态度更为消极，通过预算控制等手段限制拜登政府在这一领域的投入。

（二）第118届国会持续混乱与分裂

　　第118届国会众议院由共和党掌控，在参议院民主党也只占微弱多数。参众两院党派的分歧增加了国会立法进程的复杂性和挑战性，影响了立法效率和相关决策。2023年，国会历经众议长的难产、罢免和更替，共和党籍众议员因贪腐等行为被开除，国土安全部部长遭弹劾和调查等事件，导致国会遭遇政治功能障碍，两院立法成效低下，美国政治体制无法有效运转，无法有效回应民意，美国政治制度的失灵和政治极化态势加剧。

　　从议员组成来看，总的来说，第118届国会是历史上种族最多元化以及女性议员占比最高的一届。因此，有更多的女性和少数族裔议员关注社会公正和平等的议题。在年龄结构上，国会议员呈年轻化特征，年轻议员的增加可以在技术、环境保护和教育等领域带来新的观点和创新的解决方案。同时，新一届议员呈现宗教信仰的多样性。虽然基督教仍是主要宗教，但也有其他宗教背景的议员，包括犹太教、伊斯兰教、印度教，还有无宗教信仰者。这种多样性可能影响与宗教或道德有关的议题的讨论和立法。

　　1. 麦卡锡闹剧凸显共和党内斗的白热化

　　第118届国会上任伊始，共和党内部就出现了众议长人选上的严重分歧。时任多数党领袖、共和党人凯文·麦卡锡（Kevin McCarthy）遭到了党

---

① The White House, "Biden - Harris Administration Celebrates Historic Progress in Rebuilding America ahead of Two - Year Anniversary of Bipartisan Infrastructure Law," November 9, 2023, https://www.whitehouse.gov/briefing - room/statements - releases/2023/11/09/fact - sheet - biden-harris-administration-celebrates-historic-progress-in-rebuilding-america-ahead-of-two-year-anniversary-of-bipartisan-infrastructure-law/.

内极右翼成员的抵制，导致众议长人选的选举在一个多世纪以来首次陷入僵局。历经15轮投票最终当选后，麦卡锡又再次创造历史，成为史上首位被投票罢免的在任议长，由此国会陷入近3周的混乱与瘫痪。在此次闹剧中，众议员马特·盖茨（Matt Gaetz）作为共和党中的极右翼保守派议员，是共和党激进保守派逼宫麦卡锡的核心力量。

盖茨所代表的是共和党内极端保守的自由党团（Freedom Caucus）。他们通常主张更激进的政策改革，反对联邦政府的扩张，并且在移民、健康保险和税收政策上持有强硬立场。麦卡锡虽然同是保守派，但相对而言其立场更为温和，更倾向于党内主流。自由党团认为麦卡锡在对抗民主党议程方面立场不够坚定。同时，盖茨的行动也可以被看作一种权力斗争。通过挑战麦卡锡的领导地位，盖茨试图推动更激进的议程，并增强自由党团在共和党内的影响力。这种逼宫行为一方面反映出传统的保守主义者希望保持政治上的中间立场，另一方面体现了像盖茨这样的极端保守派倾向于更激进、更具对抗性的策略。这种分歧自特朗普时代之后变得更加显著。特朗普的政治风格和策略对党内极端保守派有很大的吸引力。通过对麦卡锡的逼宫，盖茨不仅展现了对这部分极端保守派选民的回应，也试图巩固自己在选民中的地位。

众议长人选的难产和罢免反映出当下美国政治生态中的两党间对立在激化，共和党内部的碎片化在加剧。众议院共和党内部的矛盾激化则反映出美国政党政治意义上的困境已经延续到制度层面，导致整个美国政治机构出现失衡失序，美国的政治环境变得不稳定和不可预测，进而增加了内政外交的不确定性。从制度安排上看，在共和党内部存在少数极右翼力量的情况下，共和党内的权力动态可能会发生变化，使少数的极右翼反对力量有机会挑战党内主流。这将对众议院的议事程序和政策制定产生影响，甚至对共和党的整体政治方向产生影响。在政治体系和制度中，权力的转移和重新分配可能导致制度和政治格局的变化。尽管麦卡锡2023年初为了谋求更大的权力和影响力接受了极端右翼提出的妥协条件，却最终导致共和党内部的进一步分裂和动荡。

2. 立法效率最低的一届国会

从国会推行立法的情况看，第118届国会的立法效率是自尼克松政府以来最低的一届，即两院通过的法案数量最少、最没有成果。本届国会在 2023 年共提出法案 10461 项，但最终经两院审议、表决通过并经总统签字正式成为法律的只有 47 项（见图 1），创下美国立法史上的最低纪录。本届国会通过的法律多是争议较少、涉及非核心议题的法案，如指定密歇根退伍军人事务部社区诊所名称的法案，[①] 以及为纪念海军陆战队成立 250 周年而铸造硬币的相关法案。[②] 通过的另一类立法，则是必须通过的提高债务上限和维持政府资金的法案。相比之下，民主党控制参众两院和白宫的第 117 届国会，在立法方面富有成效，通过了《两党基础设施法》和《2022 年通胀削减法》等重要立法。

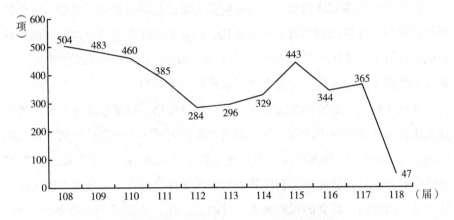

图 1　第 108 届国会以来各届国会成法数量

资料来源：笔者根据国会图书馆立法数据自制，数据更新截至 2024 年 3 月 1 日。

究其主要原因，第 118 届国会的低效率主要是两党之间以及两党内部的严重分歧所致；紧张的政治氛围中对立法和监督职能的政治化运用也是原因之一。长期以来，美国两大政党之间的政治极化加剧，导致立法协商变得越来越困难，尤其是在共和党内部存在显著的分歧和冲突。这种内部的不稳定

---

① H. R. 3672 - To Designate the Clinic of the Department of Veterans Affairs in Indian River, Michiganas the "Pfc. Justin T. Paton Department of Veterans Affairs Clinic," https：//www. congress. gov/bill/118th-congress/house-bill/3672？s＝1&r＝11.

② H. R. 1096 - 250th Anniversary of the United States Marine Corps Commemorative Coin Act, https：//www. congress. gov/bill/118th-congress/house-bill/1096？s＝1&r＝22.

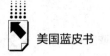
性消耗了大量的时间和资源，影响了国会的整体功能。同时，由于两党都在为即将到来的选举做准备，很多时候更倾向于采取能够吸引选民的政治立场，而不是寻求解决问题的务实方案。这种以选举为导向的策略使立法活动更加政治化，减少了跨党派合作的可能性。另外，共和党控制的众议院将很大一部分精力用于对拜登政府的监督和调查，这在一定程度上分散了国会处理立法工作的注意力和资源。

（三）陷入党派政治泥潭的最高法院

作为美国最高司法机构，最高法院是宪法的最终解释者，负责对案件进行最终审判。在美国国内政治愈发极化、社会矛盾激化并导致政治制度频频失能的态势下，美国政治极化下的两党竞斗使司法系统更难以独善其身，[①]最高法院成为参与和塑造党派和选举政治的重要角色。

最高法院的大法官由总统提名，享有终身任期。目前最高法院有 5 名男性大法官和 4 名女性大法官，其中两名是非裔美国人——克拉伦斯·托马斯（Clarence Thomas）和凯坦吉·杰克逊（Ketanji Jackson）。拜登总统于 2022年任命的杰克逊是最高法院首位非洲裔美国女性大法官。大法官人选的政治倾向对美国政治、社会的影响重大。对两党来说，谁能控制多数的大法官，谁就能利用美国宪法在国内关键议题上掌握更多的话语权和决策权。前总统特朗普在任内成功任命 3 名保守派大法官之后，最高法院逐步形成保守派与自由派 6 比 3 对阵的格局。完成全面"右转"的美国最高法院不仅权力上升，而且所受的制衡下降。[②] 由此，最高法院近几年在涉及堕胎、控枪、教育等敏感议题的判决中，越发凸显了其在解决影响美国法律和社会的复杂问题上的关键作用。

1. 重点案件的判决凸显司法系统的政治化倾向

最高法院 2022~2023 年的审理周期从 2022 年 10 月开始，至 2023 年 10

① 陈长宁：《特朗普面临的刑事诉讼：美国司法政治视域下的分析》，《美国研究》2023 年第 6 期，第 85 页。

② 张毅：《美国最高法院完成全面右转》，《美国研究》2023 年第 1 期，第 36 页。

月结束。在此期间，联邦最高法院审理了多个重要案件，58 份案件判决书中涵盖教育平权、公民投票权、社交媒体和言论自由等两党斗争较为激烈、民意较为分裂的重要议题领域。从判决意见来看，最高法院多数做出了有利于保守派共和党的裁决。

（1）教育平权行动

关于教育平权行动的案件起因于哈佛大学和北卡罗来纳大学基于平权行动①的招生政策。该政策优先考虑非洲裔和西班牙裔学生，而不是亚裔和白人申请者。是否应该允许大学将种族因素作为录取的关键，是案件最核心的问题。哈佛大学和北卡罗来纳大学都承认，其在招生过程中将种族作为考虑因素，但辩称其政策符合 2003 年最高法院的裁决，即格鲁特诉博林格案（*Grutter v. Bollinger*）的裁决。② 在那个案件中，法院判定学校可以出于某些有限的目的，将种族作为录取过程的一部分。

但在此案中，最高法院最终裁定，哈佛大学和北卡罗来纳大学在高校录取中系统性地考虑种族因素的做法违宪。这项裁决推翻了此前奉行的基于"平权行动"的招生政策。该政策旨在推动校园中的种族多元化，并在一定程度上补偿在美国漫长的种族歧视过程中受到迫害的少数群体。此裁决意味着美国许多大学需要改变其招生标准。这项判决继堕胎案之后再一次成为党争攻讦的话题。美国两党对此反应呈现两极化，共和党人为之雀跃，以拜登为首的民主党人则抨击该裁决"违背美国基本价值观"。最高法院的这一裁决是当前保守派大法官占多数的最高法院权力格局衍生的结果，凸显了美国政治对立和分化的现状。

（2）州地方立法机构的选举权

在 2020 年人口普查之后，亚拉巴马州和北卡罗来纳州根据人口普查结果进行了国会众议院席位的确定。亚拉巴马州为其七个国会选区绘制

---

① *Students for Fair Admissions，Inc. v. President and Fellows of Harvard College*，No. 20-1199. Argued October 31，2022—Decided June 29，2023，https：//www. supremecourt. gov/opinions/22pdf/20-1199_ hgdj. pdf.

② *Grutter v. Bollinger*，https：//www. oyez. org/cases/2002/02-241.

了一张地图，其中仅包括一个少数族裔占多数的选区。该计划立即引发了争议，因为亚拉巴马州的非洲裔居民占比接近27%。北卡罗来纳州的立法机构在重新划分国会选区时提出了一套新的选区地图。① 反对者认为，这张地图存在严重的党派操纵（Gerrymandering），旨在最大化共和党在选举中的优势。

在上述两个案例中，最高法院都驳回了立法者的论点。在亚拉巴马州的案件中，最高法院以5∶4的表决结果裁定，亚拉巴马州的选区划分确实违反了《投票权法》（Voting Rights Act）第2条。原告提供了足够的证据表明，亚拉巴马州的选区划分稀释了非洲裔选民的投票权。最高法院要求亚拉巴马州重新划分选区，以确保非洲裔选民有合理的机会选出自己的代表。就北卡罗来纳州的判决，最高法院以6∶3的表决结果裁定，州立法机关在制定选举规则和划分选区时，不能完全脱离州宪法的约束，并且州法院有权对这些规则进行审查。最高法院维持了北卡罗来纳州法院的裁决，即该州的新选区地图确实存在党派操纵，需要重新划分选区。

（3）拜登政府减免学生贷款

拜登诉内布拉斯加州案（*Biden v. Nebraska*）和教育部诉布朗案（*Department of Education v. Brown*）② 的争议点，在于拜登政府试图免除某些学生贷款是否违反法律，以及教育部部长是否有权对联邦学生贷款给予部分豁免，各州和个人是否有权质疑部长的行动。2022年，拜登政府宣布了一项学生贷款减免计划，③ 其主要内容是个人年收入低于12.5万美元或家庭年收入低于25万美元的学生，可以在申请后获得1万美元的联邦贷款减免。然而，该计划在国会共和党人的阻挠下未能通过。拜登遂以发布总统行政令

---

① *Moore v. Harper & Merrill v. Milligan*, https：//www. supremecourt. gov/opinions/22pdf/21-1271_3f14. pdf, https：//www. supremecourt. gov/opinions/22pdf/21-1086_ 1co6. pdf.

② *Biden v. Nebraska & Department of Education v. Brown*, https：//www. supremecourt. gov/opinions/22pdf/22-506_ nmip. pdf, https：//www. supremecourt. gov/opinions/22pdf/22-535_ i3kn. pdf.

③ "President Biden Announces Student Loan Relief for Borrowers Who Need It Most," https：//www. whitehouse. gov/briefing - room/statements - releases/2022/08/24/fact - sheet - president - biden-announces-student-loan-relief-for-borrowers-who-need-it-most/.

的形式强制推行减免学生贷款计划，依据《学生高等教育救济机会法》（Higher Education Relief Opportunities for Students Act）授权以此证明行动的合理合法性。

最终，最高法院以"违反重大问题原则"为由裁定拜登提出的学生贷款减免计划违法，导致关乎 4300 亿美元和 4000 万美国借款人的免债计划正式宣告破产。法院也裁定教育部部长无权根据《学生高等教育救济机会法》免除学生贷款。早在竞选总统期间，拜登便承诺要减免学生贷款，以此争取大学生群体的选票。最高法院的判决意味着拜登以行政命令实施该政策的努力以失败告终。拜登本人直接表示"当前的最高法院不是一个正常的法院"。①

以上最高法院在关键议题上的判决反映了美国司法系统在处理关键性社会问题上的立场转变；特别是在互联网法律、教育平等和女性权利方面，显示出法院在保守派大法官占多数的情况下，对一系列社会政策进行了重大的法律解释和调整。这种立场的转变也在一定程度上表现出近年来美国司法在涉及国家安全等领域时从司法尊让转向司法监督。② 而且这种政治立场的调整正从最高法院向州地方法院蔓延。基于以上原因，美国司法部门作为美国国内平衡民主的作用正在不断减弱，其在关键议题上的立场反而加剧了社会分裂。

2. 司法公正性受到质疑

随着美国大选拉开帷幕，特朗普本人在初选资格以及宪法、刑事和民事等方面面临多项司法诉讼，让最高法院不得不卷入两党政治当中，最高法院的态度和立场也因此备受关注。特朗普案件将考验法院是否能以某种方式抛开其政治偏好和偏见。考虑到法官的政治倾向和立场，特

---

① "'This Is Not a Normal Court': Joe Biden Condemns Affirmative Action Ruling," https://www.theguardian.com/us-news/2023/jun/29/joe-biden-affirmative-action-supreme-court-reaction#：~：text = Joe%20Biden%20slammed%20the%20US，student%20diversity%20in%20higher%20education.
② 陈长宁：《美国法院对美外交事务的影响》，《当代美国评论》2023 年第 4 期，第 93 页。

朗普的诉讼案件对法院和法官都十分具有挑战性。上一次最高法院在总统选举中扮演如此重要的角色，是 2000 年最高法院裁定停止佛罗里达州的重新计票案。从历史上看，司法机构一直被视为只对法律负责的机构，能够在政治中保持中立、客观，但近年来这种形象在民众心中已经被动摇。据统计，最高法院的民众支持率近年跌至历史最低点。2023 年的皮尤研究中心民调结果显示，只有 44% 的美国人对法院持积极态度，民众认为"最高法院已是政治的附庸"。[①] 这也是自 1987 年以来最高法院所遭遇的首次信任滑铁卢。出现这一现象的主要原因在于联邦最高法院近几年对堕胎和平权行动的有争议的判决，以及特朗普所涉诉讼的高度政治敏感性对司法系统的破坏性冲击。美国司法体系的政治化反过来又加速了美国政治的混乱。

二 2023年美国政治乱象频出

2023 年的美国政治局势动荡而混乱，主要表现为政党内部激烈斗争、长时间的政治僵局导致国内政治不稳定、国会议长难产、在任众议长被罢免、共和党议员被从众议院开除、众议院对国防部部长及总统弹劾调查、各地法院对特朗普的刑事和宪法诉讼等。这些事件反映出国内政治的分裂给美国国内政策和立法进程的推进带来极大的阻力，政治的不稳定使解决重要的国内和国际问题变得更加困难。

（一）国会众议长任命一波多折

2023 年美国政治最引人关注的事件之一，是麦卡锡竞选众议院议长一职，但最终失利。2023 年 1 月，共和党时隔 4 年重新掌控国会众议院，众

---

① Katy Lin and Carroll Doherty, "Favorable Views of Supreme Court Fall to Historic Low," Pew Research Center, July 21, 2023, https：//www.pewresearch.org/short － reads/2023/07/21/favorable-views-of-supreme-court-fall-to-historic-low/#：~：text＝Fewer%20than%20half%20of%20Americans，Americans%20had%20a%20favorable%20impression.

议长麦卡锡经历多轮投票艰难当选，但9个月后就被极端保守派罢免。这将共和党的内斗推向高潮，导致国会几近陷入瘫痪。

面对共和党右翼的强烈反对，经过历史性的15轮艰难投票，共和党人麦卡锡最终以最低票数当选议长。这是美国众议长选举创下的百年来用时最长的纪录。这场激战充分暴露了众议院共和党议员的内部分歧。这次旷日持久的议长选举也预示着麦卡锡在未来数月中将面临一系列的挑战。在争夺议事槌的过程中，麦卡锡做出了重大让步，同意降低提出罢免议长动议的门槛。根据这些修订后的规则，一名议员就可以启动这样的程序。而就是这个妥协让麦卡锡领导的众议院围绕债务上限、支出优先事项等议题，经历了一系列两党之间与共和党党内的冲突，最后麦卡锡被赶下议长宝座。2023年10月3日，共和党内的极端保守派不满麦卡锡在经济议题上对民主党的妥协，以盖茨为代表的极端保守派提出对议长的罢免动议，8名共和党人与众议院民主党人一起以216∶210的票数将议长罢免。麦卡锡成为美国史上首位被投票罢免的众议长。从提出罢免动议到通过，仅用时1天。随着众议长遭罢免，国会众议院陷入了瘫痪，而这一瘫痪持续了三周之久。瘫痪的背后是美国两党之间甚至两党内部的分裂。混乱的党争、无序的政府政策运作，导致两党在债务上限和联邦预算问题上激烈博弈，美国国债规模居高不下，让美国政府两度面临关门风险。

在国会陷入僵局的22天里，众议院共和党人经历了三次提名失败，最终在党内一致支持下选出了众议员迈克·约翰逊（Mike Johnson）出任众议院议长。约翰逊的上台有点出人意料，因为在被提名之前他在政坛默默无闻，从未担任过众议院任何主要委员会的主席职位。与前任议长们相比，他是近年来资历最浅且缺乏高层政治领导经验的议长。

（二）特朗普的司法漩涡造成政治动荡

2023年针对特朗普的司法诉讼是史无前例的，特朗普成为唯一一位在任期内被弹劾、卸任后又遭到刑事指控的美国总统。粗略统计，特朗普在纽约州、佐治亚州、佛罗里达州、华盛顿特区深陷91项指控，背负

多项罪名。其一是处理机密文件不当。特朗普因为没有妥善处理存放在其海湖庄园的机密文件而被起诉。指控罪名包括妨碍司法公正、非法移除政府记录和违反《间谍法案》等，共有 40 项重罪指控。其二是干预 2020 年选举。特朗普面临联邦指控，涉嫌试图推翻 2020 年总统选举的结果。指控详情包括妨碍国会认证选举结果的官方程序、通过不正当手段影响选举结果以及在调查过程中提供虚假陈述、妨碍司法调查等。其三是伪造商业记录。特朗普因隐瞒给两名女性封口费而被控伪造商业记录。此次指控包括 34 项重罪。其四是涉嫌民事诈骗。纽约州总检察长莱蒂希娅·詹姆斯（Letitia James）对特朗普提起民事诉讼，称其涉嫌夸大房地产的资产价值，以获得贷款和保险利益。其五是试图操纵选举。在佐治亚州，特朗普及几名同伴被控试图影响该州的选举结果，施压官员和伪造虚假选举人名单。该案涉及违反该州的有组织犯罪法，如果定罪，特朗普可能面临入狱。但特朗普本人对上述所有指控均不认罪，并坚称这些案件"荒谬且毫无根据"，是对他的"政治迫害"，是为了阻止他夺回白宫而进行的"围猎"行动。特朗普及其团队指责司法过程被政治化，这进一步激化了政治对立。

随着 2024 年大选的临近，两党的竞争愈演愈烈，特朗普诉讼案件的走向也受到格外关注，引发了特朗普的坚定支持者与批评者之间激烈的辩论。就影响来看，尽管特朗普面临多项重大指控，但他依然在共和党内占据主导地位。这些法律问题并没有明显阻碍他的政治活动，反而可能强化他在某些选民眼里的受害者形象。这些选民认为，这些指控是受政治驱动的。在民众对政府和联邦执法机构的信任度不断下降的态势下，对特朗普的诉讼反而提高了他的支持率。但是，面对多起诉讼和刑事指控，特朗普及其组织可能需要支付巨额的法律费用和赔偿金。在纽约的民事诈骗案中，法官已经裁定特朗普及其公司需支付超过 4.5 亿美元的罚款。所以，这些法律挑战有可能削弱他的商业信誉和金融稳定性。同时，特朗普的法律问题引发了广泛的媒体关注和公众讨论。从长远来看，这些案件的结果可能对特朗普的长期政治前景和商业活动产生决定性影响。无论特朗普被定罪与否，这些案件的司法结果都将面临党派的质疑和抨击，考验美国的政治和司法制度。①

（三）众议院共和党人一致同意授权对拜登进行弹劾调查

2023 年 9 月，时任众议长麦卡锡宣布众议院将对拜登总统开展弹劾调查，指责拜登就其家族的商业交易撒谎，弹劾的主要焦点包括"滥权、妨碍与贪污腐败指控"。白宫发言人伊恩·萨姆斯（Ian Sams）称共和党的指控毫无证据，是"最差劣的极端政治"。② 共和党内极右翼党员向众议长施压，要求尽快开展弹劾程序。特朗普也敦促他在国会的共和党盟友迅速采取行动弹劾拜登。最终，2023 年 12 月 13 日，众议院以 221∶212 的投票结果授权对总统拜登进行弹劾调查。

众议院同意对拜登进行弹劾调查，从法律角度来说，这一决定正式开启了众议院收集证据以确定是否存在弹劾可能性的程序，即拜登本人是否存在涉嫌滥用权力或腐败等问题。从政治角度来看，这反映了深刻的党派分歧，因为这项调查是由共和党多数派推动的，并且遭到民主党的强烈反对。在民主党看来，这一弹劾调查是出于政治动机，而且没有事实依据。值得注意的是，弹劾调查是一项初步调查，不是有罪的判定。它的目的是评估是否存在足够的理由和证据触发弹劾条款。如果调查发现有关重大罪行或不端行为的可信证据，可能会导致正式的弹劾指控被提出，然后由众议院进行表决。如果众议院通过任何弹劾条款，将移至参议院进行审判。调查重点是拜登之子亨特·拜登（Hunter Biden）是否涉及商业交易，以及拜登是否不正当地从中受益。③

---

① Jill Lepore, "What the January 6th Report Is Missing?" *The New Yorker*, January 9, 2023, https：//www.newyorker.com/magazine/2023/01/16/what-the-january-6th-report-is-missing.

② Carl Hulse, Luke Broadwater and Annie Karni, "McCarthy, Facing an Ouster and a Shutdown, Orders an Impeachment Inquiry," *The New York Times*, September 12, 2023, https：//www.nytimes.com/2023/09/12/us/politics/mccarthy-biden-impeachment-inquiry.html.

③ "Comer Releases Third Bank Memo Detailing Payments to the Bidens from Russia, Kazakhstan, and Ukraine," Committee on Oversight and Accountability, August 9, 2023, https：//oversight.house.gov/release/comer-releases-third-bank-memo-detailing-payments-to-the-bidens-from-russia-kazakhstan-and-ukraine%ef%bf%bc/.

众议院民主党人一致反对弹劾程序，称这是共和党用来转移人们对特朗普及其法律困境的注意力的闹剧。马萨诸塞州民主党众议员吉姆·麦戈文（Jim McGovern）在一场辩论中表示："整件事是一个极端的政治噱头。它没有可信度、没有合法性，也没有诚信。这只是一场闹剧。"①

在2024年大选如火如荼之际，共和党对拜登及其家族的调查更是一个政治策略，具有操纵公众情绪、影响政策制定进程和为选举布局等多重目的，将进一步加剧两党之间的对抗和紧张关系。共和党对拜登及其家族的调查可能意在强调民主党领导下的潜在腐败或不当行为，通过塑造公众对拜登政府的负面看法来巩固其党派基础并吸引选民。如果调查揭示出任何不当行为，将对民主党的选举前景产生负面影响。

（四）共和党议员首次被从国会驱逐

2023年12月1日，共和党籍纽约州联邦众议员乔治·桑托斯（George Santos）成为美国内战后第六名被驱逐出国会的议员，也是有史以来第一名被驱逐出国会的共和党人。桑托斯出生于1988年，作为新生代议员，因其在家庭履历、教育背景和工作经历等信息上造假而被指控和起诉。

2023年5月，纽约检方宣布对桑托斯提起13项刑事指控，罪名包括电信欺诈、洗钱、盗窃公共资金以及对众议院做重大虚假陈述等。2023年10月，美国司法部也指控桑托斯涉嫌23项罪名。对于这些指控，桑托斯均表示不认罪。2023年11月，众议院道德委员会公开了一份关于桑托斯的调查报告。②报告指出，桑托斯不当挪用竞选资金用于个人用途，"公然从他的竞选活动中

① "How Republicans Overhype the Findings of Their Hunter Biden Probe," *The Washington Post*, August 17, 2023, https://www.washingtonpost.com/politics/2023/08/17/how-republicans-overhype-findings-their-hunter-biden-probe/.

② "In the Matter of Allegations Relating to Representative George Santos," Committee on Ethics, November 16, 2023, https://ethics.house.gov/committee-reports/matter-allegations-relating-representative-george-santos-0.

偷钱"，并"试图欺诈性地利用他众议院候选人资格谋取个人经济利益"。[1]
随后该委员会主席麦可·盖斯特（Michael Guest）在众议院推出《将乔治·
桑托斯议员驱逐出众议院》（Providing for the Expulsion of Representative
George Santos from the United States House of Representatives）决议案。[2] 该决
议案于 12 月 1 日在众议院无异议获得通过。从政治角度来看，桑托斯的被
驱逐反映了他在众议院同僚中的支持率较低。尽管他之前幸免于被驱逐，但
这次 311∶114 的跨党派投票结果凸显了国会对议员非法行为的零容忍态度。

三　2024美国政治走向前瞻

2024 年是美国大选年，拜登政府的国内执政环境将面临多方面的挑战
和博弈。一是立法方面的博弈。由于参议院的民主党占微弱多数，众议院
由共和党控制，立法过程将非常复杂。共和党人可能会在参议院阻止拜登
政府的提名和政策，尤其是在重要的司法提名和关键立法上，拜登政府将
继续面临两党在国会的激烈对抗。随着共和党可能在众议院和参议院争夺
更多的席位，拜登的政策推动将更加困难。共和党可能会利用其在国会的
力量来阻止拜登的重要立法提案，特别是在医疗保健、移民和气候变化等
关键问题上。二是关于联邦财年拨款预算的博弈。共和党可能会将预算谈
判作为筹码，试图削减拜登政府的开支计划，并推动自己的优先事项。三
是共和党可能会发起对拜登政府的各种调查和听证，包括对拜登家庭商业
交易的调查以及对政府处理疫情的质询。四是司法系统政治介入最高法院

---

[1] Katherine Tully - McManus, Sarah Ferris and Olivia Beavers, "Santos Ethics Report Finds 'Substantial Evidence' of Criminal Wrongdoing," Politico, https://www. politico. com/news/ 2023/11/16/santos - ethics - reports - finds - substantial - evidence - of - criminal - wrongdoing - 00127527.

[2] H. Res. 878-Providing for the Expulsion of Representative George Santos from the United States House of Representatives, https://www.congress.gov/bill/118th - congress/house - resolution/ 878/all-actions? s = 1&r = 1&q = %7B%22search%22%3A%22Providing+for+the+expulsion+of+ representative+George+Santos+from+the+united+states+house+of+representatives%22%7D.

对重要社会问题的判决将继续影响拜登政府的政策。例如，关于堕胎药物的裁决可能引发各州与联邦政府之间的法律冲突，并在全国范围内引发广泛的政治和社会动荡。拜登政府将继续需要克服共和党人的阻力，推动联邦司法系统的多元化和改革。五是社会和文化的挑战。拜登政府在推动民权和平等方面面临着巨大的社会压力，其在性别平等、同性恋权利和种族平等领域的政策，往往会引发广泛的社会辩论和抗议。六是外交政策的影响。国际事务尤其是与中国和俄罗斯的关系将对美国国内政策产生影响。拜登政府需要在全球舞台上展示强大的领导力，同时平衡国内的外交政策压力。综上所述，拜登政府在 2024 年面临多方面的挑战。这些挑战不仅涉及国内的立法和司法博弈，还包括社会和文化领域的广泛问题以及国际关系的复杂局势。这些因素将共同决定拜登政府的政策能否顺利推进，以及美国国内的政治环境将如何演变。

同时，2024 年美国大选也将是美国政治历史上创造性的一年。自 2016 年大选以来，美国政治进入一个调整周期。2016 年特朗普的出现掀起民众针对建制派的社会抗争，2020 年拜登与特朗普之间对白宫的争夺体现了美国政治精英对非理性的政治纠偏。基于以上所述的特殊性和复杂性，2024 年美国大选也将是观察美国政治各种变量因素的重要样本和契机，经济状况、移民议题、人工智能技术、地缘政治等都是影响 2024 年大选走向的关键因素。

（一）经济表现与选举年政治

美国经济状况对 2024 年大选的影响可能是决定性的，选民通常将经济表现作为评估执政党和挑战者的重要标准。2023 年美国经济的表现与预期呈现积极的态势。尽管年初市场和观察者普遍预测经济衰退，但实际上美国在经济增长、通胀缓解和就业韧性等方面表现强劲。这种经济表现与拜登政府的政策紧密相关，尤其是在创造就业和推动经济增长方面。然而，根据密歇根大学消费者信心指数（University of Michigan's Index of Consumer Sentiment），公众仍然对经济感到沮丧，对经济的看法并不完全乐观。① 这可能与持续的高通胀和生活成本上升有关。民调机构和经济学家表示，经济的基本健康状况与公众的看法之间从未出现过如此大的差距。

（二）边境安全成为竞选政治的工具

随着 2024 年美国大选正式拉开大幕，愈演愈烈的边境安全问题成为影响选情的关键因素之一。边境移民安全议题可能主导此次大选。② 2024 年 1 月的数据显示，35% 的受访者将移民与边境管控列为他们最关心的问题，已超越经济通胀成为选民最关注的政策议题。③ 因为移民与边境管控议题不但涉及国内利益的分配与再分配等重大经济事务，还涉及当前两党争夺激烈的身份认同政治，完全可能更刺激选民的内心。④

共和党试图利用边境议题削弱民主党的支持率。在得克萨斯州州长格雷格·阿博特（Greg Abbott）向拜登发难后，25 个共和党州长发布联合声明，支持得州"在美国宪法下的自卫权力"。从选举角度来看，这更像是共和党对民主党发起的冲击。特朗普更是对州长阿博特动用宪法的行为表示赞赏，并承诺如果他当选会公开增援该州。特朗普试图将边境危机归咎于拜登政府的"不作为"，将美国民众导向"美国正处于危机"的判断，从而营造混乱气氛和反建制的剧变情绪。所以，边境议题是特朗普塑造选民政治情绪、导向强人政治的重要工具。

拜登的进退两难导致民主党内部的分裂。在共和党的极端施压下，拜登政府在边境议题上逐渐采取强硬态度。参议院发布的边境法案对庇护制度和总统利用假释让移民进入美国都进行了严格限制。拜登公开表示该法案是

---

① University of Michigan, "Surveys of Consumers," https：//data. sca. isr. umich. edu/.
② Mike Allen, "The Immigration Election：Big Issue for Biden, Trump as Rematch Looms," Axios, January 28, 2024, https：//www. axios. com/2024/01/28/immigration-southern-border-biden-trump-2024-election.
③ Rafael Bernal, "Immigration Overtakes Inflation as Top Voter Concern：Poll," The Hill, January 22, 2024, https：//thehill. com/homenews/campaign/4422273-immigration-overtakes-inflation-top-voter-concern-poll/.
④ 刁大明：《美国共和党"特朗普化"的新发展》，《现代国际关系》2024 年第 2 期，第 17 页。

"几十年来最严格、最公平的边境改革，我强烈支持它"。① 这受到民主党左翼激进派和其他左翼进步派人士的批评。他们认为拜登背叛了他扭转前总统特朗普的强硬移民政策的承诺。此外，许多选民表示，拜登的移民政策未能反映他们所期望的前进方向。

美墨边境的非法移民问题由来已久，近年来愈演愈烈。得州事件恰逢美国大选造势之时，共和党利用该事件加大了丑化、抹黑民主党的力度。特朗普一方不惜以国家动乱为代价，煽动其他共和党州卷入对峙。拜登则冻结了液化天然气的出口审批，希望借此威慑液化天然气出口大州得州，拉拢环保人士及年轻选民。在大选的刺激下，两党通过引爆边境危机互相"泼脏水"，使之成为捞取选票的政治工具。

（三）两党各自面临的党内挑战

2024 年的美国大选中，民主党与共和党都将面临各自的党内挑战，这些挑战将塑造两党的选举战略，影响大选的最终走向。两党都需要在维持党内团结和扩大选民基础之间找到平衡。

共和党面临的挑战是党内的分裂。共和党内部存在显著的意见分歧，尤其是关于本党的未来方向和领导人的选择。共和党的"特朗普化"在 2024 年大选周期中再次凸显，导致共和党之间的分歧甚至大于两党之间的分歧。民主党则面临领导层年龄老化和代际建设不力等问题。民主党内部在经济政策、健康保险改革和环境政策等问题上也存在一定分歧，这种分歧可能影响选民对民主党的看法和支持度。在高度极化的政治环境中，民主党需要找到既能激励基础选民，又能吸引中立或不满现状的选民的策略。

（四）人工智能对美国政治的影响

2023 年 12 月 31 日，美国最高法院首席大法官约翰·罗伯茨（John

---

① The White House, "Statement from President Joe Biden on Bipartisan Senate National Security Agreement," February 4, 2024, https：//www.whitehouse.gov/briefing–room/statements–releases/2024/02/04/statement–from–president–joe–biden–on–bipartisan–senate–national–security–agreement/.

Roberts）发布的美国联邦法院 2023 年年终报告重点阐述了人工智能在法律体系中可以发挥的积极作用及其构成的威胁。[①] 报告强调，在认识人工智能的运行逻辑及其给司法裁决带来的便利和深刻影响的同时，也要对人工智能的司法应用保持适度的警醒，充分认识到人工智能无法取代法官在司法过程中的审慎判断；联邦法院正在关注和研究如何权衡利弊，使人工智能的司法应用更为适当和有益。

2024 年美国大选将是首次在人工智能技术被广泛应用的环境下进行的大选。这一新变量对美国政治的冲击和影响表现在多个方面。一是在选举活动和竞选策略方面，政党和候选人越来越依赖人工智能来分析数据，预测选民行为，优化其营销策略和定制广告。人工智能可以帮助识别关键选区和潜在的摇摆选民，使竞选活动更加有针对性和高效。二是在舆论分析和社交媒体方面，人工智能工具能够监控和分析社交媒体上的讨论，了解公众对候选人的看法和关注点。这些工具还可以被用于检测和应对虚假信息或操纵性信息——尽管这方面的效果和道德问题还在讨论中。三是在虚假信息和"深度伪造"（deepfakes）技术方面，人工智能技术可以创建极其逼真的假视频和音频，并被用来误导选民，影响其投票决定。识别和防范这种技术的滥用成为新的挑战。四是在选举安全与人工智能防御方面，虽然人工智能可以用以加强选举的安全性，如提高投票系统的安全性和准确性，但需要防范利用人工智能进行的干预和攻击。总之，人工智能在美国政治和选举中扮演着越来越重要的角色，既带来了机遇，也带来了挑战。政策制定者、选民和候选人都需要适应这种新的技术环境，确保技术的利用促进而非破坏民主进程。2024 年美国大选中对人工智能的应用与管控，将为人们观察新技术对政治的影响提供重要的样本参考。

（五）全球地缘政治对美国大选的影响

美国大选历来与国际形势相互影响。俄乌冲突和巴以冲突是目前影响美

---

① "2023 Year-End Report on the Federal Judiciary," Supreme Court of the United States, https://www.supremecourt.gov/publicinfo/year-end/2023year-endreport.pdf.

国政治最大的不确定的地缘政治因素。两党内部对是否继续支持乌克兰以及援助的力度无法达成一致意见。目前俄乌冲突的发展方向依然存在较大变数。同样，巴以冲突的走向也会影响选情。此外，世界经济的发展可能面临逆全球化与保护主义趋势加深的消极影响。从某种意义上讲，难以预测的2024年美国大选将给世界政治和经济带来很大的不确定性。面对全球复杂多变的地缘政治因素，民主党政府的应对策略将直接导致大选结果是否利好。美国民众对民主党政府处理俄乌冲突和巴以冲突等国际事务的政策支持与否，也将会直观地反映在大选的选票中。

（审读　刘卫东）

B.3

2023年的美国经济：
超预期强劲增长　高通胀迅速回落

罗振兴 *

摘　要： 2023年美国经济创造了"奇迹"，不仅没有陷入衰退，反而实现了超预期强劲增长，制造业投资亮眼，失业率仍处低位，高通胀迅速回落，金融市场惊奇连连，年终强势收官。究其原因，一是实际个人可支配收入增长、超额储蓄、财富效应和向疫情前趋势回归的服务消费支撑了消费的稳健增长；二是企业自有资金相对充足，5.25%~5.5%的联邦基金利率并未对企业投资造成较大负面影响；三是供应链紧张缓解，通胀迅速回落，以失业率大幅上升为代价遏制通胀的必要性降低，失业率得以继续保持在相对低位；四是美国政府对银行危机进行了及时有效的干预。不过，选民对此"奇迹"并不买账，主要原因在于他们对经济形势的感知与经济表现存在差距。展望2024年的美国经济，其增长基础仍然比较扎实强健，保持2.2%左右增速的可能性很大。

关键词： 美国经济　通货膨胀　选民感知　经济预测

继2021年增长5.8%、2022年增长1.9%之后，美国实际国内生产总值（Gross Domestic Product，GDP）在2023年增长了2.5%。这一增速远超预期。在美联储实施紧缩货币政策、联邦基金利率处于5.25%~5.5%的高位

---

* 罗振兴，中国社会科学院美国研究所副研究员、经济研究室主任，主要研究领域为分工理论、美国经济、美国能源、中美经贸关系。

情形下，与市场预期美国经济将陷入衰退或软着陆不同，美国经济在 2023 年实现了强劲增长，而且通胀持续回落，失业率保持在 3.6%。美国总统前经济顾问、现芝加哥联储主席奥斯坦·古尔斯比（Austan Goolsbee）直言，2023 年美国经济正在踏上"黄金之路"（golden path）。①

一　2023年美国宏观经济形势

2023 年，随着疫情对经济的负面影响逐渐远去，以及《基础设施投资和就业法案》（Infrastructure Investment and Jobs Act）、《芯片与科学法》（CHIPS and Science Act）和《通胀削减法》（Inflation Reduction Act）等大规模财政刺激政策相继实施，尽管面临利率高企、全球经济复苏乏力、外部需求不振以及地缘政治动荡和地缘经济分割等负面影响，与市场预期将陷入衰退或疲软增长不同的是，美国经济仍然实现了强劲增长。

（一）超预期经济增长，制造业投资亮眼

总体来看，2023 年美国经济增长强劲，超出了市场预期。大部分经济指标不仅恢复甚至好于疫情之前。具体来看，实际 GDP 增长 2.5%，不仅远高于 2022 年的 1.9%，也远超出 2023 年 2 月国会预算办公室（Congressional Budget Office，以下简称 CBO）估算的美国潜在 GDP 增长率（1.8%），还超过了 2000~2022 年 2% 的年均复合增长率。2023 年的实际 GDP 水平甚至超过了疫情前 CBO 预测的水平。这一增长率也远远超过国际货币基金组织、世界银行和经济合作与发展组织等国际机构在 2022 年底和 2023 年初的预测，并高于美联储、白宫管理和预算办公室（Office of Management and Budget，以下简称 OMB）、CBO 等美国政府机构的预测（所有这些机构的预测没有超过 1.5% 的）。

① Austan D. Goolsbee, "The 2023 Economy: Not Your Grandpa's Monetary Policy Moment," The Federal Reserve Bank of Chicago, September 28, 2023, https://www.chicagofed.org/publications/speeches/2023/september-28-peterson-institute.

分项来看，如表 1 和表 2 所示，2023 年，美国私人消费支出增长了 2.2%，对实际 GDP 增长贡献了 1.51 个百分点，其中商品消费支出和服务消费支出分别增长了 2% 和 2.3%，对实际 GDP 增长分别贡献了 0.46 和 1.05 个百分点；私人国内总投资下降 1.2%，对实际 GDP 增长贡献了-0.23 个百分点，其中固定投资增长 0.6%，对实际 GDP 的增长贡献了 0.11 个百分点，库存变动额为 536 亿美元，贡献了-0.34 个百分点；在固定投资中，非住宅投资增长了 4.5%，住宅投资下降 10.6%，对实际 GDP 的贡献分别为 0.6 和-0.48 个百分点；商品与服务净出口对 2023 年实际 GDP 增长贡献了 0.57 个百分点，其中出口贡献了 0.31 个百分点，进口贡献了 0.25 个百分点——净出口不仅改变了连续 9 年拖累 GDP 增长的态势，而且是自 2009 年以来对 GDP 增长拉动最多的一年；出口增长 2.6%，其中商品出口和服务出口分别增长 2.6% 和 2.5%；进口下降 1.7%，其中商品进口和服务进口分别下降 1.6% 和 1.7%；政府消费支出和总投资增长 4.1%，对实际 GDP 增长贡献了 0.7 个百分点，其中联邦政府消费支出和总投资增长 4.2%，州和地方政府消费支出和总投资增长 4%，它们对实际 GDP 增长分别贡献了 0.27 和 0.43 个百分点。

表 1　2017~2023 年美国实际 GDP 及其主要构成的年增长率

单位：%

项目	2017 年	2018 年	2019 年	2020 年	2021 年	2022 年	2023 年
实际 GDP	2.5	3.0	2.5	-2.2	5.8	1.9	2.5
私人消费支出	2.6	2.7	2.0	-2.5	8.4	2.5	2.2
私人国内总投资	4.4	5.8	3.1	-4.7	8.7	4.8	-1.2
出口	4.1	2.9	0.5	-13.1	6.3	7.0	2.6
进口	4.7	4.0	1.2	-9.0	14.5	8.6	-1.7
政府消费支出和总投资	0.6	2.0	3.9	3.2	-0.3	-0.9	4.1

资料来源：美国商务部经济分析局（U.S. Bureau of Economic Analysis，以下简称 BEA），https：//www.bea.gov/。

表 2 2022～2023 年美国实际 GDP 年度和季度增长率及各要素贡献率

单位：百分点,%

项目	2022 年	2023 年	2022 年				2023 年			
			第一季度	第二季度	第三季度	第四季度	第一季度	第二季度	第三季度	第四季度
GDP 实际增长率	1.9	2.5	-2.0	-0.6	2.7	2.6	2.2	2.1	4.9	3.4
私人消费支出	1.72	1.51	-0.03	1.32	1.05	0.79	2.54	0.55	2.11	2.20
商品	0.07	0.46	-0.30	-0.09	-0.18	-0.01	1.14	0.11	1.09	0.67
服务	1.65	1.05	0.27	1.41	1.23	0.80	1.40	0.44	1.02	1.54
私人国内总投资	0.86	-0.23	1.16	-2.10	-1.45	0.62	-1.69	0.90	1.74	0.15
固定投资	0.24	0.11	1.23	-0.05	-0.79	-0.99	0.53	0.90	0.46	0.61
非住宅	0.68	0.60	1.32	0.68	0.62	0.24	0.76	0.98	0.21	0.50
住宅	-0.44	-0.48	-0.09	-0.73	-1.41	-1.23	-0.22	-0.09	0.26	0.11
库存变动	0.62	-0.34	-0.07	-2.05	-0.66	1.61	-2.22	0.00	1.27	-0.47
商品与服务净出口	-0.48	0.57	-2.59	0.56	2.58	0.26	0.58	0.04	0.03	0.25
出口	0.76	0.31	-0.50	1.19	1.80	-0.41	0.76	-1.09	0.59	0.55
进口	-1.24	0.25	-2.08	-0.63	0.77	0.66	-0.18	1.13	-0.56	-0.30
政府消费支出和总投资	-0.16	0.70	-0.52	-0.34	0.49	0.90	0.82	0.57	0.99	0.79
联邦	-0.19	0.27	-0.47	-0.26	0.07	0.59	0.33	0.07	0.45	0.15
州和地方政府	0.03	0.43	-0.04	-0.08	0.41	0.31	0.49	0.50	0.53	0.64

注：各要素贡献率经季度调整，按年率折算。

资料来源：BEA, https://www.bea.gov/。

　　从季度走势来看，2023年第一季度和第二季度实际GDP环比折年率分别增长2.2%和2.1%，第三季度和第四季度分别增长4.9%和3.4%。从同比增速来看，2023年第一季度和第二季度实际GDP增速分别为1.7%和2.4%，第三季度和第四季度分别为2.9%和3.1%，上半年的增长比较平稳，而下半年则呈加速走势。

　　与2022年相比，2023年美国经济增长的基础更为扎实和稳健。2022年，尽管美国实际GDP增长了1.9%，但库存变动贡献了0.62个百分点，而商品与服务净出口、政府消费支出和总投资的贡献都为负数。2023年则除了存货变动的贡献为负数外，其他项的贡献都为正数。与此相对应的是，2022年以不变价计算的国内产品的最终销售仅增长1.9%，而2023年则增长2.9%，部分原因在于美国出口的改善和进口的下降；反映国内需求的国内购买者的最终销售以不变价计算，2022年仅增长1.7%，而2023年则增长了2.3%，主要是政府需求的大幅改善。

　　2023年最为亮眼的是制造业建筑投资。非住宅建筑投资在连续下降3年之后，2023年大幅增长至6261亿美元（相比2019年的6448亿美元尚有一定距离），增速达到了13.2%，是自2012年以来最大的增幅。2023年非住宅建筑投资对经济增长贡献了0.37个百分点，是自2007年以来最高的。按照白宫经济顾问委员会（the Council of Economic Advisers）的分析，主要有两个原因：一是疫情期间向商品消费的转移，促使企业重新审视它们的供应链并加强国内生产能力；二是《通胀削减法》和《芯片与科学法》大力刺激了清洁能源制造的国内投资。[①] 值得一提的是，非住宅建筑投资的增长主要集中在制造业建筑投资。如图1所示，以2017年不变美元计算，美国制造业建筑投资从775亿美元跃升至1271亿美元，增长了64%，投资规模和增速都创下了2007年以来的最高。而其他非住宅建筑投资，特别是办公和商业建筑投资，仍然没有恢复至疫情前水平。2023年制造业建筑投资对

---

① The Council of Economic Advisers, "Economic Report of the President（2024），" p.67, https://www.govinfo.gov/content/pkg/ERP-2024/pdf/ERP-2024.pdf.

实际私人固定投资增长贡献了1.65个百分点,如图2所示,制造业建筑投资对实际私人固定投资增长的贡献接近历史最高水平。制造业建筑投资的增长是美国制造业复苏的前兆,因为随着新建制造业厂房和设施的完成,企业将安装新设备和招聘新员工,即设备和无形资产的投资将在随后几年大幅增加。

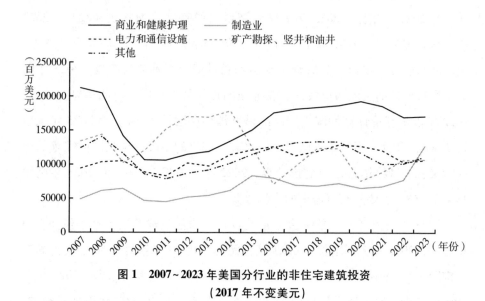

图1　2007~2023年美国分行业的非住宅建筑投资
（2017年不变美元）

资料来源:BEA,https://www.bea.gov/。

（二）失业率仍处低位,高通胀迅速回落

2023年美国失业率保持在较低水平,劳动力市场供不应求的紧张局面有所缓解。2023年美国失业率为3.6%,与2022年持平,不仅低于2019年的3.7%,也是自1969年以来的最低水平。但从月度数据来看,从2022年12月的3.5%下降到2023年1月的3.4%之后,全年基本上呈缓慢上升趋势。上半年的失业率除了5月曾达到3.7%之外,其他月份大多在3.4%~3.6%之间,下半年则只有7月为3.5%,8月、9月、10月都达到了3.8%的水平,11月和12月都为3.7%。这一失业率水平,显著低于2023年2月

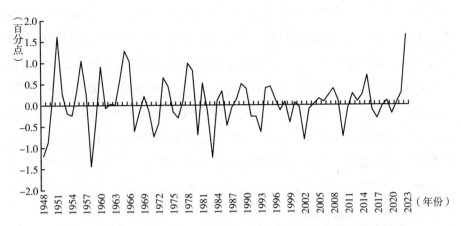

图 2　1948～2023 年制造业建筑投资对实际私人固定投资增长的贡献

资料来源：BEA，https：//www.bea.gov/。

CBO 测算的非周期性失业率水平（4.4%）。据白宫经济顾问委员会估计，要与移民和劳动参与率变动速度保持平衡，平均每月所需新增就业数量应在 8 万~10 万人之间，而 2023 年平均每月就业人数增长 25.5 万人，是前者的两倍还多。[①]

大部分劳动力市场供求的指标表明，劳动力市场供不应求的局面已经在 2023 年大幅缓解，供求逐渐趋于平衡（如图 3 所示）。如图 4 所示，雇佣率在 2020 年、辞职率在 2022 年达到峰值之后开始下降，到 2023 年 12 月分别达到 3.7% 和 2.2%，已经低于 2019 年全年平均水平（分别为 3.9% 和 2.3%）。辞职率这一指标主要衡量工资压力和工人短缺程度，该指标的下降表明工人们对于主动辞职并在其他地方获得薪水更高的工作的信心下降，而更愿意留职。雇佣率的下降表明用人单位的需求在下降。两个指标的同时下降相互印证了劳动力市场的需求已经放缓，并正在回归疫情之前的状态。近年来美联储较为关注的职位空缺率和每个失业者对应的职位空缺数（见图 3）也已从 2022 年的历史高位（分别为 3 月的 7.4% 和 2.03）回落，

[①] The Council of Economic Advisers, " Economic Report of the President（2024），" p.70, https：//www.govinfo.gov/content/pkg/ERP-2024/pdf/ERP-2024.pdf.

2023年12月为5.3%和1.42，但尚未回落到2019年的月度平均水平（分别为4.53%和0.99），这似乎表明劳动力市场还是比2019年紧张得多。但根据白宫经济顾问委员会的分析，职位空缺率通常可能比雇佣率或辞职率对商业周期更为敏感，而且新冠疫情以来更是如此。其中原因可能在于职位空缺与劳动力市场紧张程度之间的关系是非线性的，即与劳动力市场更为正常的情况相比，当企业急需劳动力时，它们更有可能对外发布不空缺职位，囤积或备份所需劳动力。因此，职位空缺的增加可能夸大了劳动力市场紧张的真实程度。如果职位空缺数很快赶上辞职数和雇佣数的走势，那么在不久的将来，职位空缺数可能会迅速下降。①

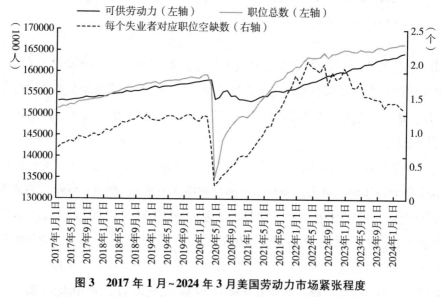

图3　2017年1月~2024年3月美国劳动力市场紧张程度

资料来源：美国劳工统计局（U.S. Bureau of Labor Statistics，以下简称BLS），https：//www.bls.gov/。

　　2023年的劳动力供应较为平稳。如图5所示，从劳动参与率来看，2023年年均为62.6%，2023年12月为62.5%，相比2022年12月的62.3%

---

① The Council of Economic Advisers, "Economic Report of the President（2024），" pp. 72-73，https：//www.govinfo.gov/content/pkg/ERP-2024/pdf/ERP-2024.pdf.

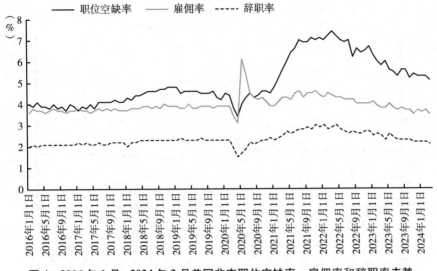

图4　2016年1月～2024年3月美国非农职位空缺率、雇佣率和辞职率走势

资料来源：BLS，https://www.bls.gov/。

略有提高，但与2020年2月的63.3%相比仍相差0.8个百分点，不过比CBO 2023年6月预测的61.9%高出0.6个百分点。值得注意的是，美国壮年劳动力（25～54岁）的劳动参与率2023年12月为83.2%，6月和9月一度达到83.5%，已经超过2020年1月最高的83.1%，是2002年6月以来的最高水平。壮年女性的劳动参与率在2023年6月一度达到77.8%，是有统计以来的最高水平。分年龄组的劳动参与率，除了55岁及以上的劳动力之外，其他组别的劳动参与率都有所提高。分性别来看，女性劳动参与率已经非常接近疫情之前的水平。

　　2023年，美国的高通胀迅速回落，但仍高于美联储2%的通胀目标。如图6所示，本轮通货膨胀从2021年3月开始抬头，当月消费者物价指数（Consumer Price Index，CPI）和个人消费价格指数（Personal Consumption Expenditures，PCE）同比分别上涨2.7%和2.6%（上月同比分别上涨1.7%和1.9%），此后一路攀升，直到2022年6月才见顶，当月CPI和PCE同比分别上涨9%和7%。也就是说，在16个月里，CPI通胀和PCE

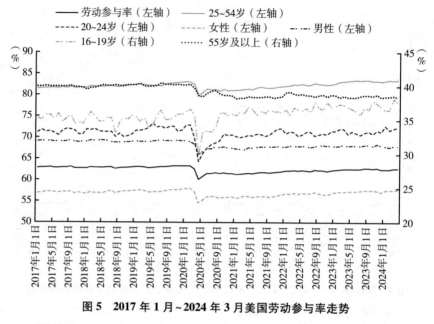

图5　2017年1月~2024年3月美国劳动参与率走势

资料来源：BLS，https：//www.bls.gov/。

通胀分别增加了7.3个百分点和5.1个百分点。这么高的通胀和如此幅度的快速增长是自1981年来的首次。在1980年通胀最严重的时期，CPI通胀从1978年6月的7.4%快速上升至1980年3月的14.6%，增加了7.2个百分点，历时21个月。相比之下，尽管本轮通胀峰值没有1980年高，但增速要快得多。2022年6月通胀见顶之后，又出现了快速回落的现象。到2023年12月，CPI通胀和PCE通胀同比分别为3.3%和2.6%，即在18个月里分别回落6.7个百分点和4.3个百分点。从年度数据看，CPI通胀从2020年的1.2%上升至2021年的4.7%和2022年的8%，2023年回落至4.1%；PCE通胀从2020年的1.1%上升至2021年的4.2%和2022年的6.5%，2023年回落至3.7%。尽管通胀大幅回落，但仍高于美联储2%的年通胀目标。

总体来看，通胀很难在近期迅速回落到美联储2%的目标附近。通胀回落主要是食品、能源和商品等的价格增长大幅放缓或下跌所致。服务行业的通胀回撤更为缓慢，主要是因为服务生产成本大部分由工资构成。2023年服务消费占个人消费支出的比例为67%左右，这意味着工资增长如不能大幅放缓，通胀在近期很难迅速回落至美联储2%的目标附近。同时，住房及相关支出占CPI的权重在2022年高达45%左右。由于租房的合约很难频繁变动，合约期一般至少持续半年，即房租的价格黏性很强，不容易调整，而且房租与房产价格联动性较强。这意味着在美国房价持续高企的情形下，CPI通胀也很难迅速回落至2%附近。从图6中可以看出，尽管总体CPI通胀和PCE通胀都出现了显著回落，但核心CPI通胀和核心PCE通胀以及黏性CPI通胀等指标仍远高于2%。这意味着美国通胀在近期很难快速回落至2%附近。

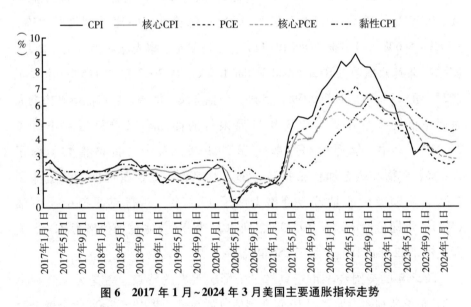

图6　2017年1月~2024年3月美国主要通胀指标走势

资料来源：BLS，https：//www.bls.gov/；亚特兰大联储（Federal Reserve Bank of Atlanta），https：//www.atlantafed.org/。

（三）金融市场惊奇连连，年终强势收官

2023年初，金融市场被美国经济将陷入衰退的预期所笼罩，突如其来

的银行业危机更震惊了市场，但出乎所有人的预料，美国金融市场最终强势收官。一是股市大涨。美国三大股指齐涨，其中，2023年标普500指数上涨24.2%，道琼斯指数上涨13.7%。纳斯达克综合指数更是飙升43.4%，创下2020年以来的最佳年度表现。该指数在2023年上半年表现尤为突出，上涨31.7%，创下了自1983年以来的最大半年度涨幅。根据美国证券行业与金融市场协会（the Securities Industry and Financial Markets Association，SIFMA）数据，2023年美国企业股票融资总额为1389亿美元，同比增长39.7%。二是债券市场表现平稳。2023年债券市场融资额为7.12万亿美元，同比增长13.4%。其中，新发国债、房产抵押债、公司债、地方政府债、机构债、资产抵押债分别为2.37万亿美元、1.31万亿美元、1.44万亿美元、0.39万亿美元、1.34万亿和0.27万亿美元，同比分别增长95%、-39%、5.6%、-1.5%、58%和-11%。三是美元汇率先涨后跌，全年微跌。实际广义美元指数（Real Broad Dollar Index）从2022年的115.07下跌至2023年的114.48，下跌0.5%。此外，包括金属、能源、农产品等在内的大宗商品市场表现不一。2023年世界银行的商品名义价格指数下降了24.22%，其中，能源价格指数下降29.91%，农产品价格指数下降了7.19%，矿物和贱金属价格指数下降了9.59%，贵金属价格指数上涨了7.7%。比较突出的是黄金价格上涨了13.45%，西得克萨斯中质原油（WTI）每桶价格下跌了10.73%，到2023年12月底每桶价格为71.65美元，较2022年的高点下跌了25%以上。①

　　2023年的美国金融市场具有三个影响重大的特点。一是无风险利率（尤其是长期利率，如美国10年期国债收益率等）攀升至2008年全球金融危机爆发以来的最高水平，然后在年底前回落，抵消了大部分涨幅。尽管全年净变动不大，但和过去10年相比，长期无风险利率仍处于高位，将导致企业、消费者和政府的借贷成本上升。同时，美国10年期国债收益率是全

① The Council of Economic Advisers, "Economic Report of the President（2024）," p. 89, https：//www.govinfo.gov/content/pkg/ERP-2024/pdf/ERP-2024.pdf.

球金融资产定价之锚，其变动不仅将影响美国金融市场和实体经济，还会通过影响全球金融市场和实体经济，再反过来影响美国经济。二是银行危机导致短暂的信贷紧缩。2023年春季，硅谷银行、签名银行和第一共和银行等美国中小银行相继破产倒闭，引发了金融市场的剧烈震荡，影响了贷方提供信贷的意愿，借贷成本相对于无风险利率上行的压力增大，导致银行进一步收紧了信贷。部分由于美国政府迅速有效的政策应对，这些负面影响较为短暂。三是实际利率大幅上升。实际利率是名义利率扣除通胀影响的利率之后剩余的组成部分。如图7所示，实际利率由实际期限溢价、短期预期实际政策利率和长期中性实际利率组成，是名义利率减去预期通胀以及通胀风险溢价之后的余值。尽管大部分长期实际利率的增幅在年底前被回落所抵消，且各期限利率相对于金融危机后那一时期的利率仍保持高位，但2023年实际利率仍保持在高位。

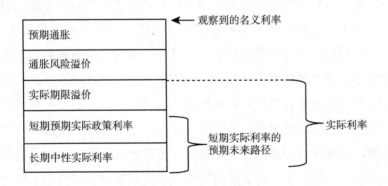

图7　名义利率与实际利率

资料来源：The Council of Economic Advisers，"Economic Report of the President（2024），" p. 95，https：//www.govinfo.gov/content/pkg/ERP－2024/pdf/ERP－2024. pdf。

二　衰退预测为什么会失误

拜登政府称2023年的美国经济为"奇迹"，并归因于"拜登经济学"。

在拜登政府看来，2023年是原本预计会出现衰退但反而创造了经济"奇迹"的一年，是"超出预期"而且是"普通美国工人的福音——也是一代人中工会最成功的一年"，是"具有非凡韧性的一年"。[①] 正如上文所言，2023年美国经济不仅没有陷入衰退，反而出现了强劲增长。那么人们不禁要问：衰退预测为什么会失误？

（一）衰退预测为什么会失误

预测美国经济将陷入衰退，其背后的经济逻辑主要有三点。一是美国失业率已经连续多月低于CBO测算的4.4%的非周期性失业率。在通胀高企的情况下，按照菲利普斯曲线，要降低通胀，必须以提高失业率为代价，即美联储不能再保持利率中性或宽松政策，要转而实施货币紧缩政策，进行大幅加息。这将降低总需求，进而导致衰退和大量失业。二是财政刺激消退，支撑美国消费支出的超额储蓄已经耗尽，而且由于工资增速没有追上通胀，美国消费者实际个人可支配收入下降，购买力随之下降，消费乏力；同时，加息导致信贷紧张，将增加消费信贷的成本，对消费造成负面影响，进而导致衰退。三是经济周期使然。一种观点是，失业率已经低于自然失业率较长时间，在这种情况下经济过热，表明本轮复苏周期已经快见顶，随后即将衰退。另一种说法是，疫情的外生冲击导致的衰退和美国政府前所未有的救助政策使美国经济迅速走出衰退，但衰退时间太短，市场并未出清，上一轮复苏周期中积累的问题并未得到根本解决。因此，从上一轮复苏来看，后续应发生衰退。此外，各种先行指标，特别是预测衰退的经济指标已经发出衰退的信号，如长期国债和短期国债的收益率倒挂、作为经济晴雨表的标普指数在2022年大跌18.1%、消费者信心指数和企业信心指数创下近期新低，以及大型企业联合会的领先指标连续下降等。

---

① Joseph R. Biden, "ICYMI: The Economic 'Miracle' of 2023," The American Presidency Project, January 3, 2024, https://www.presidency.ucsb.edu/documents/icymi-the-economic-miracle-2023.

　　然而，上述衰退预测非但没有实现，美国经济反而实现了超预期的强劲增长，究其原因主要有以下四点。

　　一是实际个人可支配收入增长、超额储蓄、财富效应和向疫情前趋势回归的服务消费支撑了消费的稳健增长。首先，收入增长奠定了消费增长的基础。在没有实行财政大规模刺激政策的情形下，按 2017 年不变美元计算，2023 年美国实际个人可支配收入达到 16.78 万亿美元，同比增长 4.1%，这与 2022 年下跌 6% 形成了鲜明对比。与 2019 年的 15.61 万亿美元相比，2023 年增长了 7.5%。2023 年实际可支配收入的增长奠定了 2023 年消费稳健增长的基础。其次，超额储蓄为 2023 年消费增长提供了额外的保障。在当期收入不足以支撑当期消费的时候，可以支取储蓄来保障消费。超额储蓄是超出正常储蓄水平的额外储蓄的累积，在当期收入不足以满足当期消费需要的时候，超额储蓄被支取用以满足消费，因而是消费增长的额外保障。按照不同方法测算的超额储蓄规模，2022 年 12 月在 1.09 万亿~1.33 万亿美元之间。随着人们不断支取超额储蓄用于消费，到 2023 年 9 月，超额储蓄下降至 0.48 万亿美元~0.81 万亿美元之间。[①] 按照旧金山联储学者的统计，到 2023 年 12 月，超额储蓄仅剩下 1883 亿美元。再次，在财富效应的作用机制下，家庭财富的增长进一步促进了消费增长。因股价飙升和房价上涨，2023 年美国家庭财富创下新高。按照美联储的统计，2023 年美国家庭和非营利组织的净财富增加 5.16 万亿美元（增速为 3.5%），达到了 151.97 万亿美元。家庭和非营利组织直接或间接持有的股票价值增加近 4 万亿美元

---

① 按照时间变化趋势进行测算的超额储蓄则在 2023 年第一季度耗尽，参见 François de Soyres, Dylan Moore, and Julio Ortiz, "An Update on Excess Savings in Selected Advanced Economies," FEDS Notes, December 15, 2023, https：//doi.org/10.17016/2380-7172.3426。另有学者计算，到 2023 年 9 月超额储蓄仍有 4300 亿美元，到 2024 年上半年才会耗尽。最新的数据则是 2024 年 1 月超额储蓄为 1064 亿美元，2 月为 170 亿美元，3 月和 4 分别为 -753 亿美元和 -1696 亿美元，参见 Hamza Abdelrahman and Luiz Edgard Oliveira, "Data Revisions and Pandemic-Era Excess Savings," The Federal Reserve Bank of San Francisco, November 8, 2023, https：//www.frbsf.org/research-and-insights/blog/sf-fed-blog/2023/11/08/data-revisions-and-pandemic-era-excess-savings/。月度数据参见 The Federal Reserve Bank of San Francisco, "Pandemic-Era Excess Savings," https：//www.frbsf.org/wp-content/uploads/excess_savings_data.xlsx? 20240426。

（增速为 8.3%），房地产价值增长 8758 亿美元（增速为 1.8%）。① 最后，疫情结束后服务消费回归疫情前趋势的过程仍在继续，意味着服务消费仍将增长，并支撑消费的增长。以 2017 年不变美元计算，服务消费从 2019 年的 9.42 万亿美元下降到 2020 年的 8.87 万亿美元；2021 年恢复至 9.48 万亿美元；2022 年达到 9.84 亿美元，已经超过 2019 年的水平；2023 年为 10.07 万亿美元。从趋势来看，2022 年美国服务消费仍未回到 2015～2019 年的趋势线上。2015～2019 年美国服务消费年均增长 1.9%，如 2019～2024 年保持这一增速的话，2022 年、2023 年和 2024 年分别可达 9.97 万亿美元、10.15 万亿美元和 10.35 万亿美元。2022 年服务消费与趋势水平相比，尚差 1296 亿美元，这意味服务消费增长仍有潜力。2023 年服务消费距离趋势水平尚差 882 亿美元。

二是企业自有资金相对充足，5.25%～5.5%的联邦基金利率并未对企业投资造成较大的负面影响。总体看，企业部门不缺资金。从储蓄看，2022 年，美国企业储蓄额为 7790 亿美元，同比增长 10.75%，比 2019 年的 7561 亿美元多 229 亿美元；2023 年进一步提高到 8241 亿美元，创下自 2010 年以来的新高。从利润看，国内企业未分配利润 2022 年为 1.09 万亿美元，创历史新高；2023 年进一步提高到 1.13 万亿美元。从投资看，2022 年美国企业投资达到 3.51 万亿美元，远超过 2019 年的 2.97 万亿美元；2023 年进一步提高到 3.66 万亿美元，创历史新高；政府投资在 2022 年和 2023 年分别为 8768 亿美元和 9925 亿美元，都远高于 2019 年 7750 亿美元的水平，接连创下历史新高。② 理论上，5.25%～5.5%的联邦基金利率已经处于相对较高的水平，会相应抬高企业的借贷成本，但相对于美国企业投资的利润率而言，并非达到了不可承受的地步，相反只会让企业放弃一些利润率较低的投资机会。而且，在拜登政府推行所谓的"现代产业战略"的情形下，美国政府

---

① 2023 年第四季度，美国家庭和非营利组织的净财富额为 156.21 万亿美元，同比增长近 11.59 亿美元；直接或间接持有的股票价值为 47.55 万亿美元，同比增长近 7.85 万亿美元；房地产价值 49.09 万亿美元，同比增长 1.97 万亿美元。

② 从净投资来看，2023 年企业净投资额为 6928 亿美元，比 2022 年的 7543 亿美元少 615 亿美元；政府的净投资额为 2288 亿美元，比 2022 年的 1544 亿美元多 744 亿美元。因此，企业和政府的净投资额在 2023 年仍然是增长的。

对芯片等产业提供了大量的补贴，降低了企业投资成本。因此，高企的利率短期内并未对企业投资造成较大的负面影响，这从美国制造业建筑投资在2023年的井喷也能反映出来。当然，联邦基金利率保持在 5.25%~5.5% 的相对高位使 30 年期抵押贷款率也相应上升了：2023 年 10 月 26 日当周达到 7.79%，是自 2000 年 11 月 10 日当周以来的新高；2023 年全年平均为 6.81%，是 2001 年以来的新高。房地产行业属于利率敏感型行业，房地产企业的投资成本和消费者的购房成本需求也因此大幅提高。因此，住房投资出现下降是合理的。但是，由于美国住房供应处于严重不足的状态，而且疫情期间政府的大额财政转移使部分消费者增加了储蓄，部分消费者在利率高企的情形下选择用现款购买，从而部分缓解了需求的问题，房价得以继续上涨。这反过来又促使房地产企业维持一定数量的投资，导致住宅投资下降的幅度比预期小。

三是供应链紧张得到缓解，通胀迅速回落，以失业率大幅上升为代价遏制通胀的必要性降低，失业率得以继续保持在相对低位。本轮通胀是多重内外因素冲击和相互作用以及货币政策和财政政策综合影响的结果。概括起来，影响本轮通胀的主要影响因素包括俄乌冲突对能源、食品和其他大宗商品价格造成的冲击；与疫情相关的供应链问题；零利率货币政策的延长和随后的量化宽松；《新冠病毒援助、救济与经济安全法》（CARES Act）、《美国救助计划》（American Rescue Plan）和《2021 年综合拨款法 M 和 N 部分》（Divisions M and N of the Consolidated Appropriations Act，2021）等立法提供的家庭转移支付；家庭"超额储蓄"的积累。[①] 地缘政治冲突导致的石油冲击和新冠疫情导致的供应链压力都属于典型的供应冲击。[②] 如图 8 所

---

① The Council of Economic Advisers, "Economic Report of the President (2023)," p. 71, https：//www. govinfo. gov/content/pkg/ERP-2023/pdf/ERP-2023. pdf.

② Melih Firat and Otso Hao, "Demand vs. Supply Decomposition of Inflation：Cross-Country Evidence with Applications," IMF Working Paper No. 2023/205, October 17, 2023, https：//www. imf. org/-/media/Files/Publications/WP/2023/English/wpiea2023205 - print - pdf. ashx； Adam Hale Shapiro, "Decomposing Supply and Demand Driven Inflation," October 2022, https：//doi. org/10. 24148/wp2022-18.

示，全球供应链承受了两次重大的供应冲击，一次是新冠疫情，另一次是俄乌冲突。由于这两次冲击几乎接踵而至，因此对通胀的影响是显而易见的。叠加美国政府应对疫情实行的大规模财政刺激政策和货币极度宽松政策，尤其是疫情期间服务消费减少而商品消费大幅增加，加上疫情对交通运输的负面影响，商品供应压力陡增。随后的俄乌冲突又导致全球食品、能源和化肥供应紧张。这些因素都使商品通胀持续至 2022 年 10 月。

图8 全球供应链压力指数

资料来源：Federal Reserve Bank of New York，"Global Supply Chain Pressure Index，" https：//www. newyorkfed. org/research/policy/gscpi。

客观上，对于地缘政治、疫情、自然灾害等供给冲击导致的通胀，美联储的货币紧缩政策只能从降低需求的角度加以间接缓解。特殊情况下，大幅加息造成企业生产成本增加或财务风险增加，甚至还有可能导致生产企业减少生产或破产，从而加剧供应链中断问题。由于疫情的结束以及拜登政府采取的一系列缓解供应链紧张的政策，[①] 全球供应链压力已基本消失，供应冲击的负面影响逐渐缓解，商品价格的增速开始大幅放缓甚至下降。如图9所示，2022 年 10 月以后，供应冲击导致的通胀显著回落。供应冲击导致的通

---

① The Council of Economic Advisers，"Economic Report of the President（2023），" pp. 78-79，https：//www. govinfo. gov/content/pkg/ERP-2023/pdf/ERP-2023. pdf.

胀回落在联邦基金利率已经达到 5.25%~5.5%的水平之后，在长期通胀预期并没有大幅攀升的情形下，美联储无需继续提高联邦基金利率来大幅降低需求、以经济衰退和失业率的大幅攀升为代价来遏制通胀，只需静等加息导致需求减少的效果逐渐显现，从而使失业率得以继续保持在相对低位。换言之，供应限制的缓解使美联储在寻求降低通胀时更为从容，不至于采用极高利率导致失业率大幅上升和经济衰退的硬着陆方法，使软着陆有了可能性。①

　　四是美国政府对银行危机进行了及时有效的干预。2023 年 3 月 10 日，业务主要针对科技行业的公司和个人的全美第 16 大银行硅谷银行宣布倒闭，成为当时美国历史上第二大倒闭银行，规模仅次于 2007~2009 年大衰退期间倒闭的华盛顿互惠银行。3 月 12 日，签名银行破产，成为美国历史上第三大银行破产案。5 月，第一共和银行破产，其资产规模达 2130 亿美元，甚至超过了硅谷银行，从而一跃成为美国有史以来"新的"第二大银行破产案。② 硅谷银行等的破产引发了美国 2007~2008 年金融危机以来最大的地区银行危机和中小银行危机，带来了资本市场的动荡和金融市场的恐慌。例如，从 2023 年初到 2023 年 3 月 17 日，区域性银行股（如 KBW 纳斯达克区域性银行指数，KBW Nasdaq Regional Bank Index）下跌近 20%，不过整体股市表现（例如标准普尔 500 指数）同期小幅上涨 2%。硅谷银行的破产引发了广泛的资本市场反应，包括避险、市场波动、传染效应、对利率上升环境的担忧、信贷条件收紧等。这甚至引发了更大的疑问：硅谷银行是否代表了"煤矿中的金丝雀"？即硅谷银行的倒闭并非孤立事件，而是资本市场更广泛的结构性不稳定的体现。如果应对不当，可能引发地区性银行的连锁反应，促使它们收紧贷款标准并减少贷款，从而导致另一个潜在的去杠杆周

---

① Lida R. Weinstock, "State of the U.S. Economy: Policy Issues in the 118th Congress," Congressional Research Service R48054, April 30, 2024, https://crsreports.congress.gov/product/pdf/R/R48054.

② Andrew Metrick, "The Failure of Silicon Valley Bank and the Panic of 2023," *Journal of Economic Perspectives*, Volume 38, Number 1, Winter 2024, pp. 133-152.

美国蓝皮书

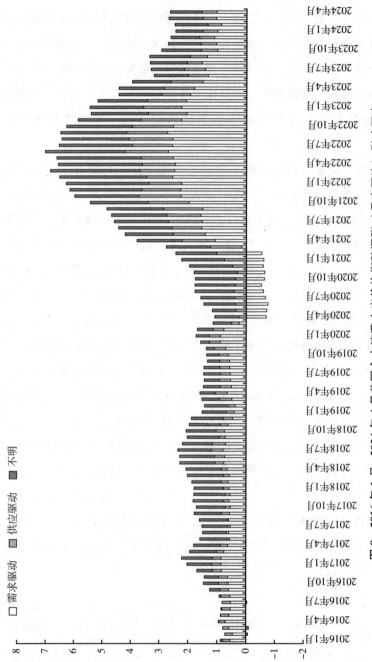

图 9 2016 年 1 月~2024 年 4 月美国个人消费支出价格指数通胀（月度同比）影响因素

注：统计上无法显著区分是供应驱动还是需求驱动的部分被称为“不明”（ambiguity）。

资料来源：The Federal Reserve Bank of San Francisco, "Supply and Demand-Driven PCE Inflation," https://www.frbsf.org/wp-content/uploads/supply-demand-pce-inflation.xlsx? 20240105。

期，这可能会对金融体系和经济产生广泛影响，叠加债务周期的影响，甚至不排除经济陷入衰退的可能。[1] 这种危机也有可能触发全球银行危机，如2023 年 4 月瑞士信贷（Credit Suisse Group AG）倒闭事件就是警示信号，其成为有史以来全球最大的银行破产案。在美国银行系统面临大规模挤兑风险、危机可能迅速蔓延的情形下，美国联邦存款保险公司（Federal Deposit Insurance Corporation）和美联储各自援引了法律规定的紧急条款加以应对。美国联邦存款保险公司援引 1991 年法律中包含的"系统性风险例外"条款立即采取了行动，在获得美联储赞成并经财政部批准后宣布，即使是没有保险的存款人也将在硅谷银行和签名银行获得全面保障，而无须花时间寻找解决银行破产问题的最低成本的方法。美联储则援引了 1935 年《联邦储备法》（Federal Reserve Act）修订版中关于在"异常和紧急情况"下采取行动的权力的条款，推出了银行定期融资计划（Bank Term Funding Program），以提供慷慨的紧急贷款。该计划改变了美联储使用证券市场价值作为抵押品价值的历史，允许将抵押品价值提高到政府证券的票面价值。这使得拥有大量美国国债的银行可以将国债面值作为抵押品向美联储申请紧急贷款而无须出售国债。这样一来，票面损失不会变成实际损失，增强了问题银行的偿付能力，降低了遭遇利率风险而破产的可能性。[2] 这些快速、有效的政策和举措成功地化解了可能蔓延的金融危机，避免了美国经济陷入衰退。

（二）另类解释

对于美国亮眼的 2023 年经济数据还存在另类解释。宋效军等学者指出了美国经济数据之间的"矛盾"或不一致，认为存在美国经济数据与实际

---

[1]　Eva Su, "The Silicon Valley Bank Failure's Capital Markets Implications," Congressional Research Service IN12141, April 7, 2023, https://crsreports.congress.gov/product/pdf/IN/IN12141.

[2]　Andrew Metrick, "The Failure of Silicon Valley Bank and the Panic of 2023," pp. 133-152.

状况可能不符的问题。① 比如，GDP 增长但用电量下降，物流数据表现不佳，BLS 和美国自动数据处理公司各自公布的就业数据相差巨大，等等。对此，他们指出三种可能的解释。一是统计方法存在误差。2023 年以来，美国官方多次大幅下调先前公布的就业数据——首次公布的数据一般都特别"靓丽"，随后美联储进行加息操作，之后美国官方会"向下"修正一两次。这些学者认为，不能用"统计误差"对此加以解释，并断定这要么是统计方法存在严重问题，要么是旨在"引导"市场、管理"预期"的"操弄"。二是虚报数据获取政府补贴。三是存在一种"隐秘的大战略"，意在掩盖经济的深层问题，引诱更多资本涌入美国，用资本项下盈余对冲经常项下亏损。换言之，他们认为美国的经济数据"不准""失真""造假"，2023 年美国官方数据与实际经济表现是不一致的、不能相信的。

在经济数据领域，美国确实有需要改进之处。一是就业数据等指标的准确性。这个问题有时已经严重误导了美联储的决策。例如，2021 年 8~12 月，初次汇报的 BLS 新增就业人数合计为 136.9 万人，实际（修正后）的数据为 285.3 万人，二者相差 148.4 万人，误差太大了。美联储理事克里斯多福·沃勒（Christopher J. Waller）曾指出，修订后的数据表明美国劳动力市场很强劲，如不存在误差，美联储在 2021 年下半年就会加息了。② 就业月度调查数据之所以需要频繁修正，主要源于更为全面、准确的季度调查和其他可获得的数据并非同时发布，而是后续获得的。修正数据是所有统计机构的正常操作，其实质是通过逐步修正来实现数据的及时性、准确性和全面性之间的平衡。就业数据的另一个问题是不同数据之间存在差异或无法保持一致。BLS 的就业数据主要来自针对机构的薪资调查和针对家庭的住户调查，这两个调查因数据来源和方法不同而存在差异，

① 宋效军、余翔：《美国亮眼经济数据背后的隐秘现实》，《世界知识》2023 年第 23 期，第 56~58 页。

② Christopher J. Waller, "Reflections on Monetary Policy in 2021," Federal Reserve Board, May 6, 2022, https://www.federalreserve.gov/newsevents/speech/files/waller20220506a1.pdf.

但趋势基本上一致，不过，在经济形势急剧变化的时候，则容易出现较大的不一致。这个问题也早已被 BLS 和其他机构的研究人员发现，通常可以通过找出原因之后进行调整来纠正。[1]　二是联邦统计的政治化在上升，面临政治干扰的风险在增大。[2]　联邦统计受到政治干扰的事情历史上时有发生，如特朗普政府向美国人口普查局员工施压，要求其操纵 10 年一次的人口普查以获取政治利益。比如，1971 年，因 BLS 的专业工作人员对失业率的解释与总统任命的政治官员相矛盾，尼克松总统及其政府成员取消了该局举行的新闻发布会，通过暂时停止城市就业调查来干扰数据收集工作，并对人员进行重组，导致大量人员提前退休。当前，政治干扰美国联邦统计的问题主要反映在以下几个方面：违背主管政府部门利益的数据收集活动可能已被限制或取消；统计报告被推迟或隐瞒，与媒体的沟通也被封锁；董事和委员被强制离职，专业人员被重新分配；不合格的政治人员被安排担任专业职业级别的职位，咨询委员会成员也需要获得政治许可。

但总体上看，美国官方经济数据是可信的，系统性造假或战略性操纵的可能性不大。[3]　第一，美国官方统计系统是分散而非集中的，主要统计机构之间是相互独立的。美国联邦统计系统由美国首席统计师（Chief Statistician of the United States，CSOTUS）和统计政策跨部门委员会领导，主要统计机构有 13 家，最重要的统计机构有 3 家。其中，独立机构 2 家，另外 11 家分属政府不同部门。此外，联邦统计系统还包括 24 名统计官员（分布在 24 个

---

[1] Chinhui Juhn and Simon Potter, "Explaining the Recent Divergence in Payroll and Household Employment Growth," *Current Issues in Economics and Finance*, Volume 5, Number 16, December 1999, https：//www.newyorkfed.org/medialibrary/media/research/current_ issues/ci5 - 16.pdf; James Piereson, "Employment's Hidden Figures," February 13, 2024, https：//www.city - journal.org/article/ employments-hidden-figures.

[2] Jonathan Auerbach, "Safeguarding Facts in an Era of Disinformation：The Case for Independently Monitoring the U.S. Statistical System," *Harvard Data Science Review*, 5（3）, July 28, 2023, https：//hdsr. mitpress. mit. edu/pub/qgbl0eb5/release/2.

[3] Jennifer H. Childs et al., "Trust and Credibility in the U.S. Federal Statistical System," https：//surveyinsights. org/? p=10663.

主要内阁部门)、大约 100 个从事统计活动的联邦统计项目以及多个跨系统的部门和咨询机构。① 同时,各州和地方政府也有自己的统计体系,互不隶属。这从体制设计上基本堵死了系统性造假的可能性。而且,只要有某家机构操纵非独有数据,也很容易通过其他机构的统计数据进行印证。第二,1971 年以后,美国逐步建立了较为系统的统计法规体系,统计专业化和规范化日渐完善,并建立了由专家组成的相对独立的咨询机构。政府内部监督、议会监督、党派监督、司法监督、媒体监督、专业监督等监督机制相对完善,而且包括统计方法、数据来源等在内的信息发布相对公开透明。一般情况下,官方统计机构没有操纵统计数据的动机,而且系统性造假的成本非常高,可能性几乎不存在。第三,重要经济数据受相关法规严格监管,被操纵的可能性更小。鉴于联邦经济统计数据为重要决策提供信息的重要性,因此,联邦政府目前将 36 项统计数据,如国内生产总值、就业情况、月度批发贸易、每周天然气储存、农作物产量、消费者信贷等列为"主要联邦经济指标"。管理和预算办公室的第 3 号《统计政策指令》(Statistical Policy Directive Number 3)要求相关统计机构在指定的日期发布这些指标,并按照旨在保护估计的完整性和可信度的程序发布,以确保估计不受操纵,不会给任何用户带来不公平的优势,令企业和公众可以确信统计数据是客观的。② 这意味着重要经济数据被操纵的可能性更小。第四,市场是美国官方数据准确和可信的保障和补充。美国官方数据为商业决策提供信息,而且是美国高度发达的数据产业的基础。市场不仅为美国官方维护数据的可信度和准确度提供了动力,也在时刻检验与监督官方的统计。同时,市场不断提供新的数据产品,对官方数据起到了补充的作用。美国数据产业目前每年收入高达

① Taylor R. Knoedl, "The Federal Statistical System: A Primer," Congressional Research Service IN12197, July 10, 2023, https://crsreports.congress.gov/product/pdf/IN/IN12197; Office of the Chief Statistician of the United States, "The Federal Statistical System," https://www.statspolicy.gov/about/.

② National Academies of Sciences, *Principles and Practices for a Federal Statistical Agency*, Seventh Edition (Washington, D. C.: The National Academies Press, 2021), pp. 11-12.

2210亿美元，本身就远远超过了联邦政府为制作统计数据所支付的费用。[①]因此，数据产业中的企业有监督政府统计的动力，即保障数据的质量。反过来，政府也有动力提供更好的数据，以促进数据产业的发展。同时，各种资讯、信息、调查、咨询和数据服务企业还根据市场需求提供非官方数据，起到了补充作用——如美国自动数据处理公司（Automatic Data Processing Inc，ADP）的私营就业（又称小非农）报告，美国供应管理协会提供的制造业采购经理指数（Purchasing Managers' Index，PMI），世界大型企业联合会的消费者信心指数、企业信心和领先指标，密歇根大学的消费者信心指数、通胀预期值，标准普尔公司的500指数、美国制造业和服务业以及综合采购经理指数（PMI），盖洛普公司的民调数据等。

如果美国经济数据基本可信，那么，2023年超预期的经济表现无疑是拜登政府值得推销的成绩。亮眼的经济数据本应让拜登的支持率上涨，但为什么选民还是对他不满意，认为美国的经济很差？

三　选民为什么不买"拜登经济学"的账

（一）经济数据与选民感知

根据盖洛普公司2024年1月的调查，美国人的经济信心指数为-26，仅仅略好于1992年的-39。这表明美国人对当前的经济持悲观态度，认为经济在变糟。被调查者对经济形势的具体感受也普遍反映出他们对当前经济形势的不满。比如，47%的美国人认为自己现在的生活没有比3年前更好，48%的人认为更好；59%的美国人表示在商店买东西比3年前更不容易；45%的美国人表示他们的经济状况变差。[②]为什么普通美国人对经济形势的

[①] National Academies of Sciences, *Principles and Practices for a Federal Statistical Agency*, Seventh Edition, p. 12.

[②] Jeffrey M. Jones and Megan Brenan, "Political, Economic Indicators not Promising for Biden," Gallup, February 16, 2024, https://news.gallup.com/poll/610349/political-economic-indicators-not-promising-biden.aspx.

评价与美国经济的实际表现存在如此大的差异？主要有以下几种解释。① 一是经济指标或各种统计数据是错误的或不真实的，美国经济的真实状况和民意调查显示的一样糟糕。二是存在党派偏见，负面的调查结果主要反映了共和党的党派偏见。耶鲁大学政治学教授艾伦·格伯（Alan S. Gerber）等人认为，当所支持的政党不执政时，该党的支持者对经济的评价会更差。② 这种观点的说服力也不强，因为目前民主党执政，尽管共和党的支持者对拜登政府经济业绩的评价存在偏见，评价会偏低，但民主党的支持者也可能存在拔高拜登政府经济业绩的党派偏见，评价会偏高，二者有相互抵消的效果。同时，更为重要的是，大部分持中间立场的独立人士对拜登政府经济业绩的评价也不高，这表明党派偏见无法对此进行充分的解释。三是媒体更倾向于关注负面经济消息的放大效应。因为负面消息更容易吸引人们的注意力，被新闻和社交媒体广泛传播，特别是社交媒体平台的算法和投喂，更容易固化对经济持负面看法的人的观点，从而使他们轻易地忽略了经济改善的事实。研究表明，自 2018 年以来，经济新闻报道变得越来越负面，并且"越来越脱离经济基本面"——2021～2023 年这种情况尤为严重。③ 四是感知落后于现实。消费者感知或确认经济形势已经发生了变化需要较长的过程。例如，通货膨胀的变化需要两年才能对消费者情绪产生 3/4 的长期累积影响，而美国的通货膨胀率在 2022 年 6 月才开始下降。五是消费者不仅关心物价上涨的速度，也在意物价水平。因为物价上涨的速

① Jeffrey Frankel, "Explaining Americans' Pessimism about a Strong Economy," Project Syndicate, February 22, 2024, https：//www. project - syndicate. org/commentary/explaining - disconnect - between-us-economic-performance-and-public-opinion-by-jeffrey-frankel-2024-02.

② Claire Cain Miller and Francesca Paris, "The Great Disconnect：Why Voters Feel One Way about the Economy but Act Differently," November 20, 2023, https：//www. nytimes. com/2023/11/ 20/upshot/economy-voters - poll. html；Alan S. Gerber and Gregory A. Huber, "Partisanship, Political Control, and Economic Assessments," *American Journal of Political Science*, Vol. 54, No. 1, January 2010, pp. 153-173.

③ Ben Harris and Aaron Sojourner, "Why Are Americans So Displeased with the Economy? Measuring Whether Economic News Has Become More Negative," The Brookings Institution, January 5, 2024, https：//www. brookings. edu/articles/why - are - americans - so - displeased - with - the - economy/.

度会直接引发消费者对收入增长赶不上物价上涨的担忧。而物价上涨到一定的水平，如果没有下降，那么即使不再上涨，消费者也可能感到难以承受。六是美国人对其他社会问题不满，连带着对经济也增加了不满。例如，美国人对以下问题长期存在不满，包括不平等，因人工智能、地缘政治冲突和气候变化等而增加的对职业和经济前景的不确定性，社会阶层的固化，制度和公共生活的整体衰败等。^① 但是，正因为这些问题长期存在，而并非当下最突出的问题，所以对人们不满当前经济的表现无法进行正确的解释。

实际上，选民对经济形势的感知与经济表现的差距在于比较基准的不同。消费者总是将现在的情况与他们记忆中最好的时期相比较，而评估经济数据的表现则必须采取相对客观的、统一的比较基准，二者存在差异是正常的。同时，消费者更多地通过自身的体验或与所熟悉的人的交流以及媒体阅读到的信息来评判经济的好坏。这与反映全局、客观现实的经济数据自然会存在差别。而且，消费者感知经济的变化需要一个过程，存在滞后现象也比较正常。由于 2022 年以来的这轮通胀是 40 多年来最高的，相当于有两代人没有经历过这样的高通胀，其冲击力自然是非常大且持续时间较长的。同时，尽管通胀的速度回落了，但价格水平仍保持上升，使得绝对价格和疫情前相比仍处于非常高的水平，消费者自然对此不满，或者说需要较长的时间与之相适应。与新冠疫情期间的 2020 年 2 月相比，2023 年 12 月的消费者价格指数上涨了 19%。同时，从 2021 年 4 月本轮通胀开始到 2023 年 12 月，消费者价格指数上涨了近 16%，而 2021~2023 年美国人名义工资和薪水仅上涨了 14%，所以消费者感觉不好是有一定理由的。特别是在 2017~2020 年特朗普执政期间，美国人名义工资和薪水尽管上涨近 12%，但同期消费者价格指数（2017 年 1 月至 2020 年 12 月）仅上涨不到 5%，消费者的实际收入上涨幅度是远超拜登执政这 3 年的，所以消费者自

① Pinelopi Koujianou Goldberg, "Why Are Americans Dissatisfied Despite a Strong Economy？" Project Syndicate, January 19, 2024, https：//www.project-syndicate.org/commentary/us-economy-strong-so-what-explains-bidens-low-approval-by-pinelopi-koujianou-goldberg-2024-01.

然对拜登政府的经济表现不满。此外,尽管 2022 年和 2023 年的失业率为 3.6%,但 2019 年的失业率也仅为 3.7%,相差不大,因此选民对此不会有太深的印象。

四　2024 年美国经济展望

美国经济超预期增长是否会在 2024 年重演?从 2023 年底和 2024 年初一些机构的预测来看,它们普遍对 2024 年经济增长的预测偏低。如表 3 所示,管理和预算办公室在 2023 年 11 月、世界银行在 2024 年 1 月和 CBO 在 2024 年 2 月分别预测 2024 年美国实际 GDP 增速为 1.7%、1.6% 和 1.8%。它们预测偏低的原因在于,这三家机构预测时 2023 年全年数据尚未发布,对 2023 年美国实际 GDP 的预测偏低。比如管理和预算办公室对 2023 年第四季度同比经济增长率的预测为 2.6%,实际为 3.1%;国会预算局对 2023 年第四季度环比折年率的预测为 0.8%,实际为 3.4%;世界银行预测 2023 实际 GDP 增长率为 0.5%,实际增长率为 2.5%。

表 3　主要机构对 2024 年美国主要经济指标的预测

单位:%

	实际 GDP	消费者价格指数(CPI)[1]	核心消费者价格指数(Core CPI)[2]	失业率	3 个月期国库券	10 年期国债
管理和预算办公室	1.7	3	–	4	5.1	4.4
CBO	1.8	2.6	3.1	4.2	4.9	4.6
专家预测调查(Survey of Professional Forecasters,SPF)	2.5	3.1	3.4	3.9	–	–
美联储	2.1	2.4	2.6	4	–	–
国际货币基金组织	2.7	2.9	*	4	–	–

续表

	实际GDP	消费者价格指数（CPI）①	核心消费者价格指数（Core CPI）②	失业率	3个月期国库券	10年期国债
经合组织	2.6	2.4	2.6	3.9	–	–
世界银行	1.6	–	–	–	–	–

注：①美联储和国际货币基金组织使用的是 PCE，PCE 通胀通常比 CPI 通胀略少 0.3 个百分点。②美联储和国际货币基金组织使用的是 Core PCE。管理和预算办公室的 CPI 是第四季度同比数据。–表示无数据。

资料来源：笔者根据国际货币基金组织和 CBO 等机构的数据自制。

2024 年 3 月以后一些机构的预测可能存在偏高的情形。如表 3 所示，美联储在 2024 年 3 月、国际货币基金组织在 2024 年 4 月、经合组织在 2024 年 5 月和专家预测调查在 2024 年 5 月对 2024 年实际 GDP 增速的预测，分别达到 2.1%、2.7%、2.6% 和 2.5%。其中，后三家的预测可能存在偏高的情形。第一，美国的消费动能之所以减弱，主要因为以下几点。超额储蓄已经耗尽；长期保持在高位的利率已经对利率敏感型的耐用品消费等逐渐产生负面影响；消费信贷也已经趋紧，证据之一就是汽车信贷、学生贷款和信用卡贷款的违约率已经超过疫情前的水平；通胀水平仍然较高，保持在相对较高位的物价水平对消费也有一定的抑制作用。第二，高利率对投资的负面影响仍在加大，住宅投资和设备投资预计仍将拖累全年的经济增长。更为重要的是，美国仍然在去库存，库存投资如果在 2024 年三季度和四季度不大幅提高，那么将拖累全年 GDP 的增长。第三，净出口拖累经济增长的可能性大。与 2023 年不同，随着美国经济增长回归疫情前的趋势，进出口模式大概率也会回归，2024 年进口增速很可能超过出口增速，进而拖累全年经济增长。第四，联邦支出受限，将略微拉低 2024 年 GDP 的增长。在美国联邦债务已经超过 34 万亿美元的情况下，受已生效的《2023 年财政责任法》（Fiscal Responsibility Act of 2023）影响，联邦财政支出受限，财政政策中性偏紧，对经济增长将造成轻微负面影响。第五，写字楼和购物中心等商业地产的问题及其贷款和学生贷款也可能拖累 GDP 增长。商业地产面临较大的

问题。一是办公楼租赁率下降，空置率上升，租金收入下降，资产价格仍然下跌，即资产质量在恶化；二是商业地产贷款一年内面临到期的有1万亿美元，大约有3000亿美元存在问题，近期商业地产抵押支持证券市场（商业抵押贷款支持证券市场）的违约率在明显上升，地区商业银行或中小银行控股公司持有到期的商业地产贷款大约有4750亿美元，存在潜在的商业地产危机引发地区商业银行或中小银行控股公司危机的风险。[①] 学生贷款恢复偿还也将拖累GDP增长。拜登政府2022年为4300万名借款人减免4000亿美元学生贷款的计划遭到最高法院的阻止。大约1.4万亿美元的未偿还学生贷款将恢复因疫情在2020~2023年暂停期间冻结的学生贷款还款。据牛津经济研究院估计，暂停令的结束将导致2024年的GDP增长下降0.3个百分点。[②]

但总体来看，2024年美国经济增长的基础仍然比较扎实强健，保持在其潜在增长率附近的可能性很大。例如，美国GDP构成中波动最小、最稳定的实际私人国内最终购买量（Real Private Domestic Final Purchases）——美国商务部经济分析局给出的正式名称为对实际私人国内最终购买量（Real Final Sales to Private Domestic Purchasers）——的增长，比GDP本身更能揭示经济发展的趋势，预测未来的GDP增长。实际私人国内最终购买量等于GDP减去存货变动、净出口、政府支出（这三项波动大），或者私人消费和私人固定投资（这两项波动小）的总和。私人消费和投资是美国经济增长的基础，即实际私人国内最终购买量最能反映美国经济稳健与否，增长是否坚实。其增速从2021年的8.1%放缓至2022年的2.3%和2023年的1.9%。

① Tobias Adrian et al. , "Transcript of Global Financial Stability Report April 2024 Press Briefing," International Monetary Fund, April 16, 2024, https：//www. imf. org/en/News/Articles/2024/04/16/tr041624-transcript-of-gfsr-april-2024-press-briefing; Miguel Fariae Castro and Samuel Jordan Wood, "Commercial Real Estate Exposure and Bank Stock Returns," The Federal Reserve Bank of St. Louis, April 9, 2024, https：//www. stlouisfed. org/on-the-economy/2024/apr/commercial-real-estate-exposure-bank-stock-returns#.

② Lida R. Weinstock and Marc Labonte, "Risks to the 2024 Economic Outlook," Congressional Research Service IF12649, April 30, 2024, https：//crsreports. congress. gov/product/pdf/IF/IF12649.

尽管增速放缓，但总体来看，接近 GDP 潜在增长率。同时，其 2019~2023 年的年均增长率为 2.4%，正在趋近 2015~2019 年的年均增长率（2.7%）。这也表明美国经济相当稳健，增长基础较为坚实，同时预示着 2024 年美国经济保持在 2024 年 2 月 CBO 测算的潜在增长率（2.2%）附近的可能性很大。更为重要的是，美国劳动力市场的表现仍然相对强劲。即使上述机构对非周期性失业率最悲观的预测是 4.2%，也仍然低于 CBO 估算的 4.4%。而只要失业率不大幅上升，仍接近于充分就业水平，美国消费就具备坚实的基础。此外，虽然通胀回落速度放缓，但总体趋势仍缓慢向美联储 2% 的通胀目标趋近。也正因为通胀回落不及预期，上述大部分机构对美联储降息的预测难以成为现实。不过，由于个人可支配收入增速超过通胀，即个人实际可支配收入是正增长的，所以一定程度上可以缓解高通胀和高利率对消费的负面影响。综上所述，尽管面临各种挑战，但由于美国经济的基本面表现较好，2024 年美国经济增长不会如 2023 年那么强劲，但应能保持在其潜在增长率附近。

（审读　袁　征）

B.4
2023年的美国社会：从碎裂化到空心化

张佳俊*

摘　要：　政治生态的恶化无疑会污染乃至破坏社会生态。随着美国政治的恶斗升级，2023年的美国社会进一步碎裂化，社会之争反过来也成为党派恶斗的筹码。一方面，不同党派、不同群体、不同阶层之间的分歧进一步凸显，种族问题、移民问题、性别问题等不断激化升级；另一方面，美国两党把社会问题作为党争工具，利用这些议题挑动民意，扩大选民基本盘。这不仅无法解决贫富极度分化、隐性失业加剧、生活成本高企、仇恨犯罪飙升、社会治理恶化等实际问题，还使这些问题雪上加霜，导致民众权利进一步空心化。恶斗政治与碎裂社会的双重强化趋势对美国社会造成的负面影响无疑是深重的。

关键词：　美国社会　社会碎裂化　权利空心化　代际分化　文化战争

引言：恶斗政治与碎裂社会的双重强化

　　好的政治生态是推动社会发展和进步的基本前提。政治生态的恶化无疑会污染乃至破坏社会生态。2023年，美国政治呈现恶斗升级的鲜明趋势。从年初引发全球关注的"议长难产危机"，到年尾再次上演的"政府关门危机"拉锯战，两党政治精英反复操弄政治把戏，毫无顾忌地追求党派私利、个人私利最大化，导致整个政治生态更为恶化。

---

* 张佳俊，中国社会科学院美国研究所助理研究员，主要研究领域为美国政治与社会。

在政治衰败、治理失灵、党争恶斗的背景下，2023年的美国社会进一步碎裂化，社会发展议程被拖累，社会之争反过来也成为党派恶斗的筹码。一方面，在政治恶斗、反平权判决、巴以冲突等因素的持续刺激下，不同党派、不同群体、不同阶层之间的分歧进一步激化，种族矛盾、移民冲突、性别对立等再次升级转移；另一方面，民主党与共和党把这些社会问题和文化冲突作为党争工具，利用这些议题挑动民意，扩大选民基本盘。这不仅无法解决贫富极度分化、隐性失业加剧、生活成本高企、仇恨犯罪飙升、社会治理恶化等实际问题，还使这些问题雪上加霜。

由于社会基本诉求难以得到有效回应，人们对美国政府与政治极度失望。皮尤研究中心等美国多家民调机构发布的数据显示，2023年美国民众对联邦政府的信任度仅为16%，[①] 76%~81%的受访者不满意美国的发展态势，[②] 许多人认为国家正走在错误的发展方向上。[③] 可以说，恶斗政治与碎裂社会的双重强化，损害的是美国普通人生存发展和幸福生活的权利，对美国社会造成的负面影响无疑是深重的。

一　社情：碎裂化与空心化

美国价值观的核心是个人主义，其社会模式的基本原则是经济自立和个人责任。而美国政府虽然把"民有、民治、民享"作为政治口号，行动上却没有承担起与其不断膨胀的巨大权力相匹配的公共责任。从社会形态看，近年来美国社会撕裂加剧，社会群体日益部落化，政治精英本应为增进社会

---

① "Public Trust in Government: 1958－2023," Pew Research Center, September 19, 2023, https://www.pewresearch.org/politics/2023/09/19/public-trust-in-government-1958-2023/.

② "Satisfaction with the United States," Gallup, https://news.gallup.com/poll/1669/general-mood-country.aspx.

③ Meredith Deliso, "Heading into 2024, Most Americans Believe Country Headed in the Wrong Direction: Poll," ABC News, November 5, 2023, https://abcnews.go.com/Politics/americans-country-headed-wrong-direction-poll/story? id=104633234.

团结、包容、和睦而努力，却为了私利而有意扩大社会分歧，导致社会形态更加碎裂化。从社会权利看，不断拉大的贫富鸿沟实际上掏空了普通美国人的"美国梦"，种族歧视、性别对立、移民冲突等问题愈演愈烈，导致民众权利进一步空心化。

（一）贫富鸿沟加深

美国是贫富分化最严重的西方国家，贫富差距主要体现在不同阶层、种族及企业高管与员工之间的收入不平等上。美国当前的贫富差距已经达到1929年经济大危机以来最严重的程度，近几年美国实施的财政刺激和扩张性货币政策更加剧了贫富悬殊。全球统计数据库（Statista）2023年11月3日公布的数据显示，2022年的美国贫困率为11.5%。[1] 美联储的调查显示，截至2023年6月，80%的美国家庭的超额储蓄已耗尽，但在最富有的20%家庭中，现金储蓄仍比新冠疫情发生时的水平高出约8%，同期40%最贫困的底层美国人的收入则下降8%。[2] 2023年第三季度，美国总财富的66.6%由收入最高的10%的人拥有。相比之下，收入最低的50%的人只拥有总财富的2.6%。[3]

长期以来，美国自诩为一个人们只要努力工作、自力更生就能取得成功的国家，但事实往往并非如此。过去50年，美国经济保持了持续增长，但由于劳动力市场状况发生了结构性的变化，低薪岗位、灵活就业和缺乏监管

① US Census Bureau, "Poverty Rate in the United States from 1990 to 2022," Statista Research Department, September 13, 2023, https://www.statista.com/statistics/200463/us-poverty-rate-since-1990/.

② Alexandre Tanzi, "Only Richest 20% of Americans Still Have Excess Pandemic Savings," Bloomberg, September 25, 2023, https://www.bloomberg.com/news/articles/2023-09-25/only-richest-20-of-americans-still-have-excess-pandemic-savings.

③ Federal Reserve, "Wealth Distribution in the United States in the Third Quarter of 2023," Statista Research Department, March 22, 2024, https://www.statista.com/statistics/203961/wealth-distribution-for-the-us/.

情况普遍存在。[①] 有大批"工作穷人"（the working poor）终日劳作，其工资水平却难以维持个人或家庭的基本生计。他们所在的工作岗位提供的社会保障不足，也没有什么晋升机会。美国联邦最低时薪标准自 2009 年以来一直没有上调。[②] 目前，美国有 1150 万个低收入工薪家庭，包括 1480 万儿童在内的 2990 多万美国人生活在这些低收入工薪家庭。[③] 美国经济学家马修·德斯孟德（Matthew Desmond）一针见血地指出，2023 年，大多数美国人在辛勤工作，然而富者越来越富，那些挣扎在社会底层的人则深陷于根深蒂固的贫困。美国社会的机会被囤积、社会流动性降低，根植于三重制度性设计：第一，剥削穷人；第二，补贴富人；第三，隔离富人和穷人。[④] 陷入结构性贫困之中的"工作穷人"既缺乏机会平等，也难以向上流动，这极大地降低了他们对"美国梦"的信念。[⑤]

截至 2023 年 11 月，美国过去 12 个月的平均通货膨胀率为 3.1%。[⑥] 通货膨胀率虽然有所下降，但是价格水平并未下降，加上持续加息带来的负担等，美国人的生活费用持续几年上涨。美国人的工资收入和财产收入（股息、利息和租金）的增长部分被持续高企的通货膨胀、持续减少的转移收入等所抵消。[⑦] 根据美国劳工统计局公布的消费者价格指数（CPI），2023年 1 美元的购买力仅相当于 2009 年的 70%。低收入家庭难以支付食品、房

---

① Didimo Castillo Fernandez and Martha Otis, "Hegemony and the U. S. Labor Model," *Latin American Perspectives*, Vol. 34, No. 1.

② Ben Zipperer, "The Impact of the Raise the Wage Act of 2023," Economic Policy Institute, July 25, 2023, https：//www. epi. org/publication/rtwa-2023-impact-fact-sheet/.

③ Population Reference Bureau, "The Working Poor Families Project," https：//www. prb. org/ projects/working-poor-families-project/.

④ Matthew Desmond, *Poverty, by America* (New York：Crown, 2023).

⑤ Benjamin J. Newman, "Economic Inequality, the Working Poor, and Belief in the American Dream," *Public Opinion Quarterly*, Vol. 86, Issue 4, Winter 2022, pp. 944-954.

⑥ "Current US Inflation Rates：2000 - 2023," US Inflation Calculator, December 12, 2023, https：//www. usinflationcalculator. com/inflation/current-inflation-rates/.

⑦ "Gross Domestic Product by State and Personal Income by State, 4th Quarter 2022 and Year 2022," BEA, March 31, 2023, https：//www. bea. gov/news/2023/gross-domestic-product-state-and-personal-income-state-4th-quarter-2022-and-year-2022.

租和天然气等基本生活所需，甚至储蓄耗尽，负债累累。[①] 2023 年英国《金融时报》和密歇根大学罗斯商学院联合进行的民意调查显示，74%的受访者表示，食品价格上涨对他们的财务状况影响最大。[②] 由于工资上涨速度赶不上物价上涨速度，在收入停滞甚至变相缩水以及利息不断上涨的情况下，越来越多的美国家庭背负债务，贫困家庭借款以维持生计，不那么贫困的家庭借款以维持生活水平。[③] 美联储公布的《家庭债务和信用报告》（Household Debt and Credit Report）显示，美国的家庭债务在 2023 年第三季度增加了 2280 亿美元，达到历史性的 17.29 万亿美元，自 2019 年底以来增加了 3.1 万亿美元。[④] 其中，抵押贷款余额增加到 12.14 万亿美元，学生贷款余额增加到 1.6 万亿美元。[⑤] 值得注意的是，美国人的信用卡余额创下了 1.08 万亿美元的历史新高，比上一季度增加了 480 亿美元，比上年同期增加了创纪录的 1540 亿美元，这是 1999 年以来的最大同比增幅；同时，信用卡拖欠率和严重拖欠率（逾期 90 天以上）则达到 2011 年底以来的最高水平。[⑥] 这表

① D. Parvaz, "Minimum‑wage Workers in 22 States will be Getting Raises on Jan. 1," National Public Radio, December 26, 2023, https：//www.npr.org/2023/12/26/1221521157/minimum‑wage‑states‑raises‑jan‑1.

② Christina Pazzanese, "Economists Explain Why Americans Feel Inflation, Economy Are Much, Much Worse Than They Actually Are," The Harvard Gazette, November 21, 2023, https：//news.harvard.edu/gazette/story/2023/11/why‑americans‑feel‑inflation‑economy‑are‑much‑worse‑than‑they‑are/.

③ Ray Boshara, "Mapping and Understanding the Impact of Debt on Household Financial Well‑being," Federal Reserve Bank of St. Louis, June 9, 2016, https：//www.stlouisfed.org/household‑financial‑stability/tipping‑points/impact‑of‑debt‑on‑household‑financial‑well‑being‑and‑economic‑growth#endnote2.

④ Alicia Wallace, "US Credit Card Balances See Largest Yearly Leap on Record," CNN, November 7, 2023, https：//edition.cnn.com/2023/11/07/economy/household‑debt‑credit‑card‑delinquencies‑q3/index.html.

⑤ Research and Statistics Group, "Quarterly Report on Household Debt and Credit," Federal Reserve Bank of New York, November 2023, https：//www.newyorkfed.org/medialibrary/interactives/householdcredit/data/pdf/HHDC_ 2023Q3.

⑥ Alicia Wallace, "US Credit Card Balances See Largest Yearly Leap on Record," CNN, November 7, 2023, https：//edition.cnn.com/2023/11/07/economy/household‑debt‑credit‑card‑delinquencies‑q3/index.html.

明，在高利率高通胀环境下，债务成本越来越高，越来越多的美国人在拖欠还款，经济不平等在持续恶化，越来越多的美国家庭处于经济不安全境地。

美国住房和城市发展部发布的年度报告则显示，美国现阶段无家可归者数量超过65万人，创2007年有统计数据以来的新高。其中40%的无家可归者只能居住在缺乏庇护的街道、废弃的建筑或其他恶劣环境中，生存条件日益恶化，并引发治安、卫生、毒品等种种问题。该人数达到新高的主要原因是首次流落街头的人群急剧增加，即许多有产者变成无家可归者。[1] 住房成本高昂是最重要的原因，2022年的美国租房条件"异常具有挑战性"，从2020年7月到2022年7月，美国租金价格上涨近24%。[2] 此外，经济适用房严重短缺和移民人数激增等，也是无家可归者人数自2017年以来一直上升的重要原因。[3] 针对不断增长的无家可归者，许多美国城市颁布了"反露营条例"等限制个人在公共场所活动的法规，导致无家可归者面临罚款和刑事处罚。[4]

与之形成鲜明对比的是美国巨富群体的继续壮大。英国恒理环球顾问事务所有限公司（Henley & Partners）发布的2024年《美国财富报告》显示，目前全球37%的百万富翁居住在美国，即美国约有550万名持有超过100万美元流动可投资资产的高净值个人——这一数字在过去10年增长了62%，远超38%的全球增速。美国拥有9850名亿万富翁，其中10亿级富翁人数高

---

[1] Office of Community Planning and Development, "The 2023 Annual Homelessness Assessment Report," Department of Housing and Urban Development (HUD), December 15, 2023, https://www.huduser.gov/portal/sites/default/files/pdf/2023-AHAR-Part-1.pdf.

[2] Apartment List, "Average Monthly Apartment Rent in the United States from January 2017 to November 2023, by Apartment Size (in U.S. Dollars)," Statista Research Department, November 28, 2023, https://www.statista.com/statistics/1063502/average-monthly-apartment-rent-usa/.

[3] Jennifer Ludden, "Homelessness in the U.S. Hit a Record High Last Year as Pandemic Aid Ran Out," NPR, December 15, 2023, https://www.npr.org/homelessness-affordable-housing-crisis-rent-assistance.

[4] Anna Marchiony, "A Legal Right to Shelter: The Response to Ending the Criminalization of Homelessness," *University of Cincinnati Law Review*, Vol. 92, 2023.

达 788 名。① 美国联邦和州的税制很少对最富裕家庭的财富持有征收直接税，而往往倾向于征收个人所得税。美国税务和经济政策研究院（Institute on Taxation and Economic Policy）的研究报告显示，美国超过 1/4 的财富由净资产超过 3000 万美元的极少数家庭持有。② 根据美联储圣路易斯分行（Federal Reserve Bank of St. Louis）的分析，美国最富有的 10% 家庭拥有美国近 80% 的财富，这些家庭的成员都接受过良好的教育。③ 这些巨富阶层的地理分布具有不均衡性：14 个州和哥伦比亚特区拥有高于平均水平的巨富密集度，其中美国东北部的巨富阶层比其他任何地区都更密集，特别是纽约市，拥有 34.95 万名百万富翁（包括 744 名亿万富翁和 60 名 10 亿级富翁），是美国乃至全球巨富最集中的城市。而以科技产业和娱乐产业优势著称的湾区，则拥有 30.57 万名百万富翁，也是巨富阶层的集中之地。随着财富的不断集中，掌控巨额财富、打通政商关系的巨富群体必然会通过各种方式巩固自己的权力和影响力，美国社会的机会平等原则已然空洞化。

（二）种族差距拉大

近年来，美国社会悄然发生的一个重大变化就是人口结构的剧变：白人人口比重持续下降，已不足六成，预计到本世纪中期将降至总人口半数以下；少数族裔人口比重持续上升。然而，美国的种族不平等问题依然持续，不同种族在家庭财富、公共服务、法律待遇、发展权利等方面的差异仍然突出，少数族裔仍然面临系统性的种族歧视。

---

① Henley & Partners, "USA Wealth Report 2024," March 19, 2024, https：//www. henleyglobal. com/newsroom/press-releases/usa-wealth-report-2024.

② Carl Davis, Emma Sifre, and Spandan Marasini, "The Geographic Distribution of Extreme Wealth in the U. S. ," Institute on Taxation and Economic Policy, October 13, 2022, https：//itep. org/the-geographic-distribution-of-extreme-wealth-in-the-u-s/.

③ Ana Hernández Kent and Lowell R. Ricketts, "Has Wealth Inequality in America Changed over Time? Here Are Key Statistics," Federal Reserve Bank of St. Louis, December 2, 2020, https：// www. stlouisfed. org/open-vault/2020/december/has-wealth-inequality-changed-over-time-key-statistics.

从家庭财富看，巨大的种族差距仍然存在，白人家庭拥有的财富明显多于非洲裔和拉美裔家庭。美联储圣路易斯分行的研究报告指出，1989年以来的30余年间，非洲裔和拉美裔家庭的净资产中位数有相当增长，但相对于白人家庭的财富差距仍然很大。白人和非洲裔家庭之间的财富差距中位数在过去30年中几乎没有变化。[1] 到2023年第三季度，与白人家庭相比，非洲裔家庭的平均财富要少约98.3万美元，拉美裔家庭的平均财富要少约104.2万美元（见图1）。白人家庭继续在家庭总财富中占有不成比例的更大份额（见图2）。到2023年第三季度，白人家庭占家庭总数的66.3%，但他们拥有84.5%的家庭财富。相比之下，非洲裔家庭占家庭总数的11.5%，仅拥有家庭总财富的3.4%；拉美裔家庭占家庭总数的9.4%，仅拥有家庭总财富的2.3%。

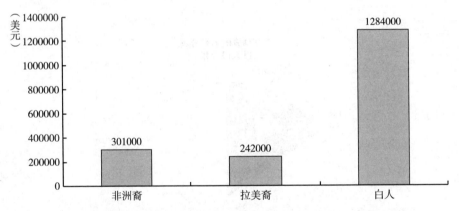

图1　2023年第三季度美国主要种族或族裔的家庭平均财富

资料来源：Ana Hernández Kent and Lowell R. Ricketts, "The State of U. S. Wealth Inequality," February 5, 2024, https://www. stlouisfed. org/institute – for – economic – equity/the – state – of – us – wealth – inequality。

---

[1] "Racial and Ethnic Household Wealth Trends and Wealth Inequality," Federal Reserve Bank of St. Louis, November 29, 2022, https://www. stlouisfed. org/institute – for – economic – equity/the – real – state – of – family – wealth/racial – and – ethnic – household – wealth; Ana Hernández Kent and Lowell R. Ricketts, "The State of U. S. Wealth Inequality," Federal Reserve Bank of St. Louis, May 3, 2024, https://www. stlouisfed. org/institute – for – economic – equity/the – state – of – us – wealth – inequality.

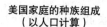

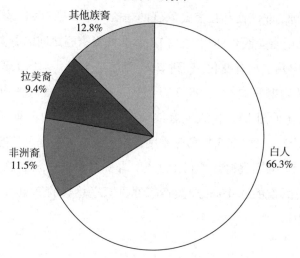

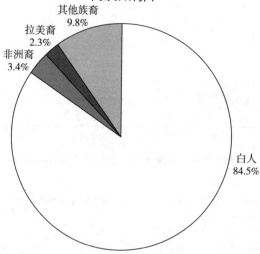

图2　2023年第三季度按主要种族或族裔划分的美国家庭和财富分布

资料来源：Ana Hernández Kent and Lowell R. Ricketts，"The State of U. S. Wealth Inequality，"February 5，2024，https：//www. stlouisfed. org/institute-for-economic-equity/the-state-of-us-wealth-inequality。

从就业来看，美国的非洲裔、拉美裔等少数族裔在工作资源、工作时长、薪资待遇等方面都面临着各种"双重标准"。招聘软件公司温室公司（Greenhouse）发布的2023年《求职者面试经历报告》显示，招聘过程中的歧视现象"相当令人担忧"，近1/5的求职者曾试图通过在简历中更改姓名来避免歧视性招聘行为的影响，其中有45%的求职者是为了让自己听起来"不那么有种族特点"。[1] 不仅如此，非洲裔一直比白人挣得少。非洲裔的时间价值明显低于白人，为了弥补歧视造成的工资差距，非洲裔工人每天必须多工作2.7小时。[2] 在美国大学与科研机构中，种族歧视现象也普遍存在。白人科学家通常比非洲裔、拉丁裔和其他非白人科学家更容易从美国国家科学基金会获得联邦研究资金。[3] 值得注意的是，对华裔科学家的歧视仍在持续。在美国国立卫生研究院（National Institutes of Health，NIH）要求协助调查的246人中，81%的科学家是亚裔；在被审查的合作中，91%的合作是与中国开展的合作。[4]

从医疗健康领域看，种族失衡现象也十分突出。例如，与白人群体相比，美国非洲裔和西班牙裔成年人获取可以预防或治疗常见心脏病的他汀类药物的难度更大。在患心脏病的高风险群体中，能使用该药物的白人比例达到37.6%，而仅有23.8%的非洲裔和23.9%的西班牙裔能够

① Ece Yildirim, "Nearly 20% of Workers Have Changed Their Name on a Resume Because of Discrimination Concerns, Says New Report," CNBC, October24, 2023, https：//www.cnbc.com/2023/10/19/nearly-20percent-of-job-candidates-have-changed-their-names-on-resumes-because-of-discrimination-concerns. html.

② Sean Collins and Izzie Ramirez, "Discrimination Isn't Just Infuriating. It Steals Black People's Time," The Vox, June 12, 2023, https：//www.vox.com/race/23739082/discrimination-racism-black-people-time-juneteenth.

③ Kenneth Chang, "Asian Researchers Face Disparity with Key U.S. Science Funding Source," *The New York Times*, January 4, 2023, https：//www.nytimes.com/2023/01/04/science/asian-scientists-nsf-funding. html.

④ Jeffrey Mervis, "Pall of Suspicion: The National Institutes of Health's 'China Initiative' has Upended Hundreds of Lives and Destroyed Scores of Academic Careers," *Science*, March 23, 2023, https：//www.science.org/content/article/pall-suspicion-nihs-secretive-china-initiative-destroyed-scores-academic-careers.

用到此类药物。① 又如，在美国，非洲裔妇女在怀孕或分娩期间的死亡率是最高的——每10万名孕妇和产妇中有69.9人丧命，几乎是白人女性的3倍，并且这种差异在不同教育与收入水平的非洲裔妇女群体中普遍存在。② 另据美国疾病控制与预防中心（Centers for Disease Control and Prevention）发布的数据，在婴儿死亡率方面，非洲裔新生儿的死亡率最高，每1000名活产婴儿中有近11人死亡，大约是平均死亡率的2倍。③ 弥漫在医疗保健体系中的结构性种族主义形成一种隐性偏见，造成不同种族人群获得的医疗服务明显不同。

从法律领域看，种族不平等屡见不鲜。联合国人权事务高级专员办公室网站2023年9月发布的一份报告指出，针对非洲人后裔的系统性种族主义弥漫在美国警察部队和刑事司法系统中。美国的种族主义仍然以按种族定性、不正当的警察击杀（Unjust Police Killing）以及其他侵犯人权的形式存在。美国非洲裔被警察杀害的可能性是白人的3倍，被监禁的可能性是白人的4.5倍。在每年1000多起警察杀人案件中，只有1%的案件导致警察被指控。④ 在美国，非洲裔司机比白人司机更有可能被警察拦截，且一旦被拦下更有可能被开罚单、搜查和逮捕。如果司机无法支付罚款，他们可能会收到越来越多的罚单，导致债务增加，执照被吊销，甚至入狱。⑤《华盛顿邮报》

---

① Kyla Russell, "Black, Hispanic Adults Are Less Likely to Get Statins for Heart Disease, Study Finds," CNN, March 23, 2023, https://edition.cnn.com/2023/03/22/health/statin-black-hispanic-adults-study/index.html.

② Kat Stafford, "Why do So Many Black Women Die in Pregnancy? One Reason: Doctors don't Take Them Seriously," AP News, May 23, 2023, https://projects.apnews.com/features/2023/from-birth-to-death/black-women-maternal-mortality-rate.html.

③ Keren Landman, "It's Getting Increasingly Dangerous to be a Newborn in the US," The Vox, November 9, 2023, https://www.vox.com/23952456/syphilis-mortality-death-infant-newborn-congenital-babies-prenatal-maternity-pregnancy-desert.

④ "Systemic Racism Pervades US Police and Justice Systems, UN Mechanism on Racial Justice in Law Enforcement Says in New Report Urging Reform," Office of the United Nations High Commissioner for Human Rights (OHCHR), September 28, 2023, https://www.ohchr.org/en/press-releases/2023/09/systemic-racism-pervades-us-police-and-justice-systems-un-mechanism-racial.

⑤ Marin Cogan, "How Cars Fuel Racial Inequality," The Vox, June 13, 2023, https://www.vox.com/23735896/racism-car-ownership-driving-violence-traffic-violations.

网站 2023 年 12 月 16 日曾报道，在过去 12 个月中，有 1120 个人被警察击杀，其中少数族裔群体的死亡率远高于白人。[1]

从生存现状看，少数族裔仍然面临困境。例如，与其他族裔的美国人相比，印第安和阿拉斯加原住民的健康状况长期较差，原住民的预期寿命低、医疗负担重是普遍存在的问题。[2] 20%的原住民家庭年收入不足 5000 美元，儿童受教育机会严重不足，原住民的儿童辍学率是所有族群中最高的。[3] 又如，美国社会对亚裔的歧视变本加厉。美国皮尤研究中心的一项调查结果显示，近六成的亚裔美国人表示曾因种族或族裔面临歧视，32%的亚裔成年人表示其认识的在美其他亚裔人士因族裔而受到威胁或攻击。[4]

（三）移民冲突升级

在美国，移民问题是一个高度政治化的问题。美国人口普查局的数据显示，2023 年美国人口达到 3.35 亿，在新增的 175 万人中，2/3 以上来自国际移民。移民人数的跃升不仅推动了美国整体人口的增长，也关系着美国人口素质的变化，更关乎两党选民票仓。于是，移民问题成为党争博弈与利益角力的工具，移民政策在政治纷争中也反复变化。美国政客对移民权利和福祉漠不关心，既无力提高边境地区对移民的安置能力，也无心改善移民入境后的生存境遇，移民问题陷入无解的恶性循环，围绕移民问题的政治矛盾也愈演愈烈。

随着美国大选进程提速，2023 年移民问题再次成为美国政治的博弈焦

---

[1] "1, 120 People have been Shot and Killed by Police in the Past 12 Months," *The Washington Post*, December 16, 2023, https：//www. washingtonpost. com/graphics/investigations/police - shootings-database/.

[2] "Native American Health and the Environment," National Institute of Environmental Health Sciences, November 20, 2023, https：//www. niehs. nih. gov/health/topics/population/native/ index. cfm.

[3] "The Issues Surrounding Native American Education," Native Hope, August 17, 2023, https：// blog. nativehope. org/the-issues-surrounding-native-american-education.

[4] Ayana Archie, "Most Asian Americans Say They Face Discrimination and are Often Treated as Foreigners," NPR, November 30, 2023, https：//www. npr. org/2023/11/30/1216121806/anti- asian-american-discrimination-pew-survey.

点。此前，大量非法移民的涌入让得克萨斯州、佛罗里达州等边境州不堪重负，部分共和党籍州长多次对拜登政府表示不满，认为拜登政府开放的移民政策导致了边境的移民危机。而民主党人则坚持开放的移民政策，因为民主党受益于大量移民的涌入，如得克萨斯州的人口结构正在持续变化，从美国最大的红州变为蓝州。① 在此背景下，2023 年 12 月，得克萨斯州州长、共和党人格雷格·阿博特（Greg Abbott）签署边境法案，将移民非法越境进入得州的行为定为犯罪行为。该法案授权得州警察逮捕被认为非法进入美国的移民，并赋予当地法官发布命令将非法移民驱逐出境的权力，违抗者可能会以更严重的罪名指控再次被捕。由于寻求庇护和跨越得州边境的人数创下历史新高，为了阻止非法移民入境，得州在边境口岸部署了数百名国民警卫队士兵。② 同时，该州将 5 万多名非法移民送往美国民主党主政的其他州，在纽约、华盛顿、丹佛和芝加哥等城市引发了移民安置危机。

2023 财年，在美国南部边境遭逮捕或驱逐的移民总数达 240 多万人，再创历史新高。③ 仅 2023 年 9 月的前 20 天，就有大约 14 万名未经授权越过美墨边境的移民被逮捕，平均每天约 6900 人。在此过程中，移民死亡悲剧频发，2023 年共计死亡 500 多人。④ 大量入境移民被关押在由私营公司所有或运营的拘留场所，遭受酷刑及其他不人道待遇。拜登在竞选总统时曾承诺停止使用私人监狱公司拘留移民，但他上台以后，政府移民拘留系统却越来越严重地依赖私人监狱公司。截至 2023 年 7 月，被美国移民和海关执法局

① Steve Peoples, "GOP's Hard-line Tactics on Migrants Refocus Midterm Debate," The Associated Press, September 21, 2022, https：//apnews. com/article/2022-midterm-elections-abortion-new-york-city-florida-56296b9482e2308f3b1e23203d4b9055.

② Arelis R. Hernández, Molly Hennessy-Fiske, and Frances Vinall, "Texas Sued Over Law Allowing State, Local Police to Make Immigration Arrests," The Washington Post, December 19, 2023, https：//www. washingtonpost. com/politics/2023/12/19/texas-greg-abbott-migrant-bill-sb4/.

③ "Southwest Land Border Encounters," U. S. Customs and Border Protection, November 14, 2023, https：//www. cbp. gov/newsroom/stats/southwest-land-border-encounters.

④ Mary Ann Martinez, "Migrant Deaths Crossing US-Mexico Border Hit 500, Extra Agents Dispatched to Help Prevent Them：'Some Just don't Make It'," New York Post, September 8, 2023, https：//nypost. com/2023/09/08/migrant-deaths-crossing-us-mexico-border-hit-500-in-2023/.

（U. S. Immigration and Customs Enforcement，ICE）拘留中心收押的移民日均达 30003 人，其中 90.8% 被关押在由私营监狱公司所有或经营的设施中，遭到了野蛮对待。[①] 据美国国家公共广播电台新闻网（National Public Radio，NPR）报道，美国移民和海关执法局的拘留设施内存在野蛮对待被拘留移民、报复投诉者、忽视医疗问题、环境脏乱差以及种族虐待等现象。[②] 不仅如此，大量移民儿童遭受残酷的强迫劳动和剥削。据《纽约时报》网站报道，大量移民童工的身影出现在全美数十个州的危险行业中，如建筑工地和屠宰场。报道还指出，移民童工数量的增长是企业、学校、政府部门等故意视而不见所造成的结果。[③]

总的来看，美国党派之争加剧了非法移民潮。与非法移民潮同时存在的是以科学、技术、工程和数学（STEM）人才为代表的合法移民数量的增长难以满足美国经济发展的需要。对于 STEM 人才，美国的需求极为迫切。近年来，美国政府几乎所有与技术相关的官方文件都把发展劳动力，尤其是培养 STEM 人才作为优先事项。目前，对于生物能源、云计算、数理经济学等 22 个可被纳入 STEM 领域的新专业，美国国土安全部将其毕业生的实习期延长至 3 年。[④] 然而，美国的 STEM 人才培养趋势并不乐观，最终能够完成 STEM 学位的本科生不到 40%。美国量子信息、半导体和关键矿产等战略科技行业的 STEM 人才短缺现象尤其严重。尽管美国试图利用移民政策重塑人

---

① Eunice Cho, "Unchecked Growth: Private Prison Corporations and Immigration Detention, Three Years into the Biden Administration," American Civil Liberties Union, August 7, 2023, https://www.aclu.org/news/immigrants-rights/unchecked-growth-private-prison-corporations-and-immigration-detention-three-years-into-the-biden-administration.

② Leila Fadel and Tom Dreisbach, "NPR Investigation Reveals Significant Failures at Immigrant Detention Facilities," NPR, August 16, 2023, https://www.npr.org/2023/08/16/1194115251/npr-investigation-reveals-significant-failures-at-immigrant-detention-facilities.

③ Hannah Dreier, "Alone and Exploited, Migrant Children Work Brutal Jobs Across the U.S," The New York Times, February 25, 2023, https://www.nytimes.com/2023/02/25/us/unaccompanied-migrant-child-workers-exploitation.html.

④ "DHS Expands Opportunities in U.S. for STEM Professionals," U.S. Department of Homeland Security, January 21, 2022, https://www.dhs.gov/news/2022/01/21/dhs-expands-opportunities-us-stem-professionals.

才优势，但因为移民政策已沦为党争工具，各种变数频繁出现，实际执行效果不佳。美国新国家安全中心（Center for a New American Security，CNAS）研究人员塞姆·霍薇尔（Sam Howell）认为，复杂的美国移民法律越来越妨碍顶尖个人和组织为美国的STEM生态系统做出贡献。如果不进行移民改革，美国的法律体系可能会成为人力资本积累的制约因素。[①]

（四）性别对立加剧

作为一个重要的身份政治议题，性别问题在2023年的美国政治与社会生活中热度不减。民主党向来把女性、性少数（LGBT+）群体作为其票仓，在性别政策上颇为激进。共和党则基于其价值立场，在性别政策上更为保守。党争之下，性别认同冲突、性别对立以及女性权益等问题受到更大关注。

在性别认同上，如今，越来越多的州法律严格限制基于性取向或性别认同的人的权利。一些州的法律禁止变性人的性别确认医疗，或者将其定为刑事犯罪；禁止跨性别者使用与其生理性征不符的洗手间或利用生理性征的优势参加体育活动；限制在学校讨论性取向和性别认同问题。随着反同性恋法案浪潮的兴起，美国的性少数群体组织与佛罗里达州《家长教育权法案》（Parental Rights in Education Bill）等"勿提同法案"（Don't Say Gay Bill）展开持续斗争。同时，针对跨性别群体的暴力行为开始出现。美国人权运动基金会（Human Rights Campaign Foundation）在《美国针对跨性别和性别不一致群体的暴力流行病：2023年报告》（The Epidemic of Violence Against the Transgender and Gender Non-Conforming Community in the United States：The 2023 Report）中指出，自2013年以来，针对跨性别群体的杀戮事件频发，使美国此类死亡总数增至335人。[②] 美国威廉姆斯研究所（Williams

---

[①] Sam Howell, "Technology Competition：A Battle for Brains," Center for a New American Security （CNAS）, July 24, 2023, https：//www.cnas.org/publications/reports/technology-competition-a-battle-for-brains.

[②] Don Jacobson, "Dozens Killed in U.S. Transgender Violence 'Epidemic,' Report Says," UPI, November 20, 2023, https：//www.upi.com/Top _ News/US/2023/11/20/dozens - killed - transgender-violence-epidemic-last-year/2441700513451/.

Institute）的研究显示，性少数群体在几乎所有类型的暴力犯罪中都更容易受到侵害；枪支暴力对跨性别女性的影响尤为严重，而且主要针对非洲裔跨性别女性。① 美国公共宗教研究所（Public Religion Research Institute，PRRI）的一项调查显示，79%的美国人支持保护同性恋、双性恋和变性者在工作、公共住宿和住房方面免受歧视的法律；68%的美国人表示支持同性婚姻；最不支持性少数群体权利的是共和党人与白人福音派新教徒。②

在职业平权方面，性别歧视依然顽固地存在。③ 根据美国平等与人权委员会（Equality and Human Rights Commission，EHRC）发布的数据，美国每年约有5.4万名妇女因怀孕歧视而失业。在许多州，怀孕在法律上被视为"残疾"，无处求助的孕妇只能依赖残疾福利。④ 英国《泰晤士报》2023年8月8日的报道指出，美国男女工资差距持续拉大，2019年美国妇女的平均工资收入较男性低20.3%；到了2022年，这一差距扩大到22.2%。在影视行业，好莱坞投资最大的电影仍然主要由白人男性拍摄。在影院上映的电影的导演中，白人男性导演占73%。女性电影制作人和有色人种导演的预算往往较低。⑤ 在硅谷的顶级科技公司中，白人男性和女性晋升为高管的可能性是亚裔男性和女性的2倍。亚裔美国女性处于双重不利地位：无论

① Eliza Siegel Stacker, "LGBTQ + Individuals Are Disproportionately Impacted by Gun Violence. Here's What the Data Shows," Northwell Health, May 2, 2023, https：//www. northwell. edu/news/the-latest/lgbtq-individuals-impacted-by-gun-violence.

② "Americans' Support for Key LGBTQ Rights Continues to Tick Upward, " PRRI, March 17, 2022, https：//www. prri. org/research/americans-support-for-key-lgbtq-rights-continues-to-tick-upward/.

③ Danielle Renwick, "The US Needs 1m More Electricians to Hit Climate Goals. Can it Recruit More Women?" The Guardian, April 20, 2023, https：//www. theguardian. com/environment/2023/apr/20/us-electricians-shortage-recruit-women.

④ Hollie McKay, "Pregnant, Laid off and Unable to Find New Work：The US Moms-to-be with No Healthcare and No Rights," The Independent, May 11, 2023, https：//www. independent. co. uk/news/world/americas/pregnant-laid-off-maternity-discrimination-twitter-google-meta-b2336568. html.

⑤ Jake Coyle, "Study：Biggest Hollywood Films Still Go Mostly to White Men," The Independent, March 30, 2023, https：//www. independent. co. uk/news/hollywood-ap-study-new-york-ucla-b2310973. html.

她们的教育、经验和行为如何，她们都是最不可能被提拔到领导职位的群体。[①]

在女性权益方面，2022年6月24日，美国最高法院推翻确立堕胎权的"罗伊诉韦德案"（*Roe v. Wade*）的判决后，美国数百万妇女和女童的健康权和生殖保健权的法律保障受到毁灭性打击。

2023年，文化战争仍是两党党争的重要议题。随着选举政治炒作边缘群体议题，美国文化越来越呈现多样性，美国的文化战争也越来越纷繁复杂。[②] 其核心点就在于种族和性少数群体的身份认同问题。美国《教育周刊》（*Education Week*）指出，美国教育系统成了被压制的对象，围绕新冠肺炎安全措施和疫苗、关键种族理论或性少数群体问题的争论正在影响学校教育。[③] 美国图书馆协会（American Library Association，ALA）2023年4月发布的《2023年美国图书馆状况报告》（State of America's Libraries Report 2023）指出，美国多地出现所谓"禁书令"，也就是地方立法禁止某些图书进入当地公立学校的图书馆。这些作品绝大多数是由性少数群体的成员和少数族裔写的，或者是关于他们的。2022年，美国限制获取图书和图书馆资料的事件达到创纪录的1269次，是20年来的最高水平，并且"禁书令"绝大部分针对少数族裔及性少数群体的作者和相关书籍。[④] 哥伦比亚大学历史系教授马克·里拉（Mark Lilla）指出，美国在发展多元文化的同时炒作身份政治，一方面关注各种边缘群体的个人权利，另一方面却不鼓励通过社

① Jennifer Lee, " ' Bamboo Ceiling ' Asian Americans Face in the Workplace is Disconcertingly Sturdy," San Francisco Chronicle, October 12, 2023, https: //www.sfchronicle.com/opinion/openforum/article/bamboo-ceiling-mighty-sturdy-workplace-18397939.php.

② Kiara Alfonseca, "Culture Wars: How Identity Became the Center of Politics in America," ABC News, July 7, 2023, https: //abcnews.go.com/US/culture-wars-identity-center-politics-america/story? id=100768380.

③ Denisa R. Superville, "5 Things to Know About How the Culture Wars Are Disrupting Schools," *Education Week*, January 27, 2023, https: //www.edweek.org/leadership/5-things-to-know-about-how-the-culture-wars-are-disrupting-schools/2023/01

④ "State of America's Libraries Report 2023," American Library Association（ALA），April 2023, https: //www.ala.org/news/state-americas-libraries-report-2023,

会动员来维护中下阶层民众的经济社会权益。① 美国文化认同冲突凸显，与美国内部贫富悬殊、社会分化、阶层固化等问题的恶化密不可分；同时，它也被用来掩盖、缓解或转移经济社会不平等带来的社会压力。

二 民情：大分化与大反弹

如果说社会形态的碎裂化和民众权利的空心化构成当前美国社会的底色，进而为美国社会的持续冲突埋下火种，那么，2023 年美国民情的大分化和大反弹则是一条导火索，直接引发了美国的社会性动荡。一方面，新老人群所呈现的代际之别，巴以冲突所引发的思潮之争，以及美国人在堕胎权、教育平权等问题上的高度分歧，都加剧了社会大分化。另一方面，无声躺平和激烈罢工同时出现，毒品泛滥与药物滥用交相强化，社会抗议与仇恨犯罪此起彼伏，这一切汇聚成一种社会性的大反弹，对美国之治发出深刻的拷问。

（一）代际分化与思潮之争

美国社会正处于新老代际交替的历史性时刻。以"千禧一代"与"Z世代"为主体的美国新生代，在 2019 年时规模就已达到 1.66 亿人，超过全美总人口比重的半数（50.7%）。2024 年，"千禧一代"和"Z 世代"将占到美国选民的 44%，成为 2024 年总统大选的关键因素。然而，与此前几代人相比，美国新生代是美国历史上最多样化、受教育程度最高的一代。他们没有美国团结一致的集体记忆，经历了经济衰退周期，背负着较大的经济压力。② 他们在生活道路和事业选择上表现出更强的自主性和务实性，高度关切个人权利和自由、性别平等、教育平权、安全等问题，其价值理念和社会参与模式都大为不同。他们注重政治立场的自我表达，对民主政治实践普遍

① Mark Lilla, *The Once and Future Liberal: After Identity Politics* (New York: Harper, 2017).

② Christina Pazzanese, "Rising Political Tide of Young Adults, Gen Z," *The Harvard Gazette*, April 14, 2023, https://news. harvard. edu/gazette/story/2023/04/rising - political - tide - of - young - adults-gen-z/.

不满，对政治阶层深切厌恶。对他们来说，"政治打破了美国梦，而不是构建了美国梦"。① 他们被高等教育学费和债务、环保、医保、移民等事关切身利益的问题裹挟进入政治博弈进程，又囿于美国政界长期缺乏年轻人的声音，因而逐渐形成一种不依赖于传统的政党政治模式、以议题为导向的政治参与模式。作为在互联网和社交媒体环境下成长起来的一代，他们基于其看重平等、反建制、反政府越权和霸凌的价值取向，通过熟练运用"线上+线下"组织动员的模式，越来越积极地参与美国社会争议问题的讨论，从而发挥越来越大的公共影响力。②

在 2023 年巴以冲突所引发的美国社会思潮之争中，美国年轻人扮演了极为重要而醒目的角色。2023 年 10 月巴以冲突爆发后，全美爆发抗议潮，美国多个城市出现大规模抗议，巴勒斯坦和以色列双方支持者在街头"混战"。数万人在华盛顿举行集会，呼吁以色列和哈马斯停火，并要求美国政府停止援助以色列。美国大学校园仿佛也成为巴以冲突的"第二战场"，哈佛大学、哥伦比亚大学、耶鲁大学、斯坦福大学和宾夕法尼亚大学等著名高校都卷入了这场抗议旋涡。支持巴以双方的不同学生群体之间相互抗议和对峙，甚至爆发了暴力冲突。许多年轻人针对以色列在巴以历史问题上的冲突和责任发表了严厉的批判言论。最新民意调查显示，美国人普遍不赞成拜登总统对此轮巴以冲突的处理方式，其中年轻人对现政府的批评更多。③

事实上，巴以冲突爆发后，美国反犹太主义思潮空前高涨，"伊斯兰恐惧症"也急剧加重。据美国有线电视新闻网（CNN）报道，2023 年 10~11月，美国-伊斯兰关系委员会（Council on American-Islamic Relations，

---

① Elena Moore, "For Young Americans, Politics Breaks the American Dream Instead of Building It," NPR, September 14, 2023, https://www.npr.org/2023/09/14/1199336114/for-young-americans-politics-breaks-the-american-dream-instead-of-building-it.

② 王聪悦：《美国"千禧一代"的政治观及其社会影响力分析》，倪峰主编《美国研究报告（2020）》，社会科学文献出版社，2020，第 272~296 页。

③ Steve Gorman and Kanishka Singh, "Dozens Arrested in Pro-Palestinian Protests at Two Major US Airports," Reuters, December 28, 2023, https://www.reuters.com/world/dozens-arrested-pro-palestinian-protests-two-major-us-airports-2023-12-28/.

CAIR）史无前例地收到 1283 份涉及穆斯林被歧视事件的报告，数量与前一年相比显著增加。① 美国反诽谤联盟（Anti-Defamation League，ADL）的调查结果显示，巴以冲突爆发仅一个月，美国各地就发生了 832 起反犹太主义的袭击、破坏和骚扰事件，平均每天近 28 起，比 2022 年同期报告的 200 起事件增加了 316%。② 这些事件的发生无疑加剧了社会的紧张和混乱，使原本碎裂化的美国社会更加撕裂。

（二）堕胎之争与教育平权

堕胎权之争是美国社会"文化战争"的核心议题之一。自 2022 年 6 月美国联邦最高法院推翻 1973 年"罗伊诉韦德案"的历史性裁决，取消 50 年来对美国女性堕胎权的宪法保护以来，美国数百万妇女和女童的健康权和生殖保健权的法律保障受到毁灭性打击。28 个州根据胎龄限制堕胎，禁令范围从 6 周到 24 周以上。截至 2023 年 1 月，已有 14 个州宣布禁止堕胎。③ 在这 14 个州，堕胎服务基本无法获得。一些州的法律还对提供或寻求堕胎护理的各类行为人定罪。这些法律限制妇女到其他州寻求堕胎护理，禁止药物流产，并利用数字技术监视妇女的行为。低收入、生活在农村地区的妇女和儿童，以及属于少数种族和少数民族的妇女和女童尤其受到这些法律的影响。④ 即使在允许堕胎的州，从限制严格的州涌入的病人等待堕胎的时间也很漫长，在这些州内部，少数族裔、低收入者、性少数群体和年轻女性也有

① Chelsea Bailey, "CAIR Received an 'Unprecedented' 1, 283 Reports of Anti-Arab and Islamophobic Bias in the Last Month, New Data Shows," CNN, November 9, 2023, https://www.cnn.com/2023/11/09/us/cair-unprecedented-surge-anti-muslim-bias-reaj/index.html.

② "One Month Following Hamas Massacre, ADL Documents Dramatic Surge in Antisemitic Incidents in the U.S.," ADL, November 13, 2023, https://www.adl.org/resources/press-release/one-month-following-hamas-massacre-adl-documents-dramatic-surge-antisemitic.

③ "United States: Abortion Bans Put Millions of Women and Girls at Risk, UN Experts Say," Office of the United Nations High Commissioner for Human Rights (OHCHR), June 2, 2023, https://www.ohchr.org/en/press-releases/2023/06/united-states-abortion-bans-put-millions-women-and-girls-risk-un-experts-say.

④ "Human Rights Committee, Concluding Observations on the Fifth Periodic Report of the United States of America," CCPR/C/USA/CO/5, December 7, 2023, para 28.

可能因受教育水平偏低、意外怀孕率较高、生活境遇堪忧等因素而难以获得堕胎服务。①

同时，值得注意的是，积极限制自由堕胎权的多为社会福利与税收水平均偏低的共和党州，而民主党人主政的州则大多积极推动对堕胎权的保护，通过增加政府资金和承认更广泛的堕胎提供者来增加女性堕胎的机会。这意味着不同的州对待堕胎权的差异正演化为两种生活方式和价值理念的隔离，美国的文化战争将因此进一步加剧。不仅如此，堕胎权问题也成为 2024 年美国总统大选的关键议题。这次选举的结果将决定美国妇女的生育权是受到进一步保护还是面临进一步打击。无论结果如何，美国社会中支持堕胎选择权与支持生命权的两大群体间的尖锐对立仍将持续下去。

与"文化战争"直接相关的另一大社会争议是教育平权问题。20 世纪 60 年代，美国民权运动风起云涌，教育不平等问题被诟病。作为回应，美国国会制定了平权法案（Affirmative Action）。平权法案致力于消除种族歧视，规定美国高校招生、政府招聘要照顾少数族裔和女性等弱势群体，给予其更多优惠政策。但在实践中，有些大学硬性规定某类族裔学生的招录比例，又引发了"逆向歧视"的争议。其中，哈佛大学被指多年来在招生过程中蓄意歧视亚裔申请学生而遭到起诉，北卡罗来纳大学也被指在招生时将种族因素纳入考量而遭到起诉。2023 年，美国最高法院 6 名保守党大法官以绝对多数宣布哈佛大学和北卡罗来纳大学将种族因素包含在内的招生计划无效。美国最高法院大法官索尼娅·索托马约尔（Sonia Sotomayor）反对道："（基于黑人等少数族裔难以获得优质教育的事实），法院进一步巩固了教育中的种族不平等，颠覆了平等保护的宪法保障。"② 美国两党对

① Elizabeth Nash and Peter Ephross, "State Policy Trends 2022: In a Devastating Year, US Supreme Court's Decision to Overturn Roe Leads to Bans, Confusion and Chaos," Guttmacher Institute, December 19, 2022, https://www.guttmacher.org/2022/12/state-policy-trends-2022-devastating-year-us-supreme-courts-decision-overturn-roe-leads.

② Nina Totenberg, "Supreme Court Guts Affirmative Action, Effectively Ending Race-conscious Admissions," NPR, June 29, 2023, https://www.npr.org/2023/06/29/1181138066/affirmative-action-supreme-court-decision.

此的反应截然不同。共和党人对联邦最高法院的裁决表示欢迎，民主党人则批评这是在平权道路上开历史倒车。美国媒体分析认为，该裁决将对美国大学招生政策产生重大影响，白人和亚裔将从中受益，非洲裔和拉丁裔将受到冲击。

（三）缺工缓解与罢工浪潮

自新冠疫情暴发以来，美国劳动力市场一直存在劳工短缺和裁员、辞职并存的现象。随着美国政府推出一系列经济刺激措施，美国经济逐渐从疫情低谷中恢复过来，劳动力市场也有所回暖。据美联储圣路易斯分行的分析，从 2022 年 12 月到 2023 年 12 月，美国劳动力市场的需求和供给之间的差距缩小了 50%。在 2022 年劳动力市场最紧张的时期，劳动力供给无法满足需求，职位空缺是失业工人数量的 2 倍。到了 2023 年，劳动力供需失衡的状况有所缓解，劳动力缺口缩小至 280 万。从各州的情况看，内华达州、华盛顿州、新泽西州和加利福尼亚州出现了劳动力盈余的趋势。前三者都是因为劳动力供应有所增加导致劳动力盈余，加州则是因为一些科技企业大规模裁员，劳动力需求明显下降——空缺职位减少 41.4 万个，就业人数减少 10.8 万名。27 个州的劳动力需求持续增加，亚利桑那州拥有全国最平衡的劳动力市场，华盛顿特区、北达科他州、南卡罗来纳州、明尼苏达州和南达科他州则是劳动力市场最紧张的州。总的来看，2023 年美国劳动力市场的缺工现象有所缓解，不过仍然存在一定程度的供需紧张。[①]

那么，为什么近年来美国劳动力市场会存在缺工的情况，工人去哪儿了？这与疫情造成的人口变化有一定关系。据布鲁金斯学会估计，有 400万美国劳动力受困于新冠病毒带来的长期后遗症，他们的工作时长减少，工作效率降低。还有大批全职工作者变为兼职工作者，甚至退出了劳动力

---

① Charles S. Gascon and Joseph Martorana, "Labor Market Conditions Have Eased, but Why? A State - level View," Federal Reserve Bank of St. Louis, February 22, 2024, https://www.stlouisfed.org/publications/regional - economist/2024/feb/labor - market - conditions - eased - state-level-view.

市场，另有一些劳动力人口提前退休。此外，移民政策收紧、劳动力人口老龄化、高昂的儿童保育费用都迫使美国女性退出劳动力市场，导致年轻人自愿选择"躺平"。① 2021年，美国工人的辞职数量创下纪录，被经济学家称为"大辞职"。2022年，全美又有超过5000万工人辞职，打破了2021年创下的纪录。② 2023年，这股离职潮转向"悄然退出"（quiet quitting）。美国学者调查发现，新冠疫情后的美国劳动力市场同时表现出工作人数减少和工人工作时间减少两种现象。其中，男性工人工作时间的下降幅度大于女性，男性中拥有学士学位者比受教育程度较低者的下降幅度更大，黄金年龄的工人比老年工人的下降幅度更大。另一个引人注目的事实是，没有学士学位的年轻男性群体的劳动参与率较低，比同龄的老年群体低7个百分点。尽管一些在离职潮中辞职的人确实退出了劳动力市场，但其他很多人只是找到了一份工作时间和安排更灵活的新工作。那些悄悄退出的人实际上并没有真正退场，而是停止过度工作，以寻求更好地平衡工作与生活。③ 相比之下，超过26%的年届65岁的美国人仍需为生活而劳作，他们大多数从事运输、清洁、超市零售等工作。大约一半的私营部门雇主根本不提供职业养老金，有1/4退休人员的绝大部分收入依赖社会保障，而社会保障所能够提供的保障水平很低。因此，他们越来越不愿意或者说不能退休。④

正当美国劳动力市场的缺工状况开始缓解而一部分劳动者无声退出之时，一场大面积的罢工潮在全美多个行业爆发。过去40多年来，美国劳资

① Atta Tarki, "Despite Layoffs, It's Still a Workers' Labor Market," *Harvard Business Review*, January 30, 2023, https: //hbr. org/2023/01/despite-layoffs-its-still-a-workers-labor-market.

② Greg Iacurci, "2022 was the 'Real Year of the Great Resignation,' Says Economist," CNBC, February 1, 2023, https: //www. cnbc. com/2023/02/01/why-2022-was-the-real-year-of-the-great-resignation. html.

③ Dain Lee, Jinhyeok Park, and Yongseok Shin, "Where are the Workers? From Great Resignation to Quiet Quitting," *Federal Reserve Bank of St. Louis Review*, Vol. 106, No. 1, 2024.

④ Ina Jaffe, "Older Americans are Increasingly Unwilling—Or Unable—To Retire," NPR, October 2, 2019, https: //www. npr. org/2019/10/02/751797229/the-new-realities-of-work-and-retirement.

收入增长悬殊的趋势有增无减。自 1978 年以来，美国企业的 CEO 薪酬飙升 1209.2%，而普通工人的薪酬仅增长 15.3%。CEO 们的薪酬之所以如此暴涨，并非因为他们的管理能力有所提升，而是因为他们有更强的议价能力。① 与此相反，普通工人的维权机制却在弱化。1981 年里根开启的反工会运动使工会的影响力和工人们集体行动的能力急剧萎缩，美国工人罢工数量和规模都急剧下降。美国劳工部的数据显示，美国工人参加工会的比例已经从 1983 年的 20%下降到 2022 年的 10%。② 种种矛盾之下，2023 年美国发生了 21 世纪以来波及范围最广的罢工潮，包括影视、制造、医疗、教育、零售、酒店、媒体在内的多个行业都爆发了大规模罢工。其中，5 月初开始的美国编剧协会（Writers Guild of America，WGA）罢工持续 148 天，7 月开始的美国影视演员协会（Screen Actors Guild-American Federation of Television and Radio Artists，SAG-AFTRA）罢工持续 118 天，这也是 63 年来美国演员和编剧首次联合大罢工。9 月，全美汽车工人联合工会（United Auto Workers，UAW）宣布针对三大汽车制造商——通用汽车公司（General Motors Company）、福特汽车公司（Ford Motor Company）和斯特兰蒂斯汽车集团（Stellantis）——举行罢工。10 月，美国最大的私营医疗机构美国凯撒医疗集团（Kaiser Permanente）的 7.5 万余名医护人员举行罢工，这是美国历史上规模最大的一次医疗罢工行动。据统计，2023 年，超过 50 万名美国工人参加罢工并在工会组织下进行工资谈判，罢工总人数几乎达到 2022 年的 3 倍。截至 12 月 20 日，2023 年全美共发生 405 起罢工。③ 持续蔓延的罢工潮给美国经济造成冲击，其中对经济影响最大的全美汽车工人

---

① "CEO Pay Slightly Declined in 2022," Economic Policy Institute, September 21, 2023, https://www.epi.org/publication/ceo-pay-in-2022/.

② "Why Workers are Resorting to More Strikes This Year to Pressure Companies," NPR, October 28, 2023, https://www.npr.org/2023/10/28/1209109868/strikes-largest-number-unions-labor-historical-uaw.

③ "Unions Made 2023 the Year of the Strike. What will Happen Next?" ABC News, December 26, 2023, https://abcnews.go.com/Business/unions-made-2023-year-strike-happen/story? id = 105556127.

联合工会的罢工行动，让汽车制造商、零部件供应商、经销商、货运公司甚至航空公司都感受到压力。总体来看，这一轮罢工潮的主要原因是连年加剧的通货膨胀和不断扩大的劳资收入差距。人们对几十年来薪资福利停滞不前的现状表达不满，各行业的罢工诉求主要集中在提高收入、改善待遇和保障就业上。罢工期间，美国两党纷纷下场，拜登和特朗普分别出席工人集会，试图在"摇摆州"争取选票。劳工选民群体将是两党的另一个关键争夺战场。

（四）控枪不力与仇恨犯罪

通货膨胀、贫富分化、种族歧视、外部冲击等对美国人的社会关系、身体健康、心理健康等产生了一系列负面影响，这直接体现为犯罪案件数量激增，其中仇恨犯罪尤为突出。2022 年 6 月 23 日，联邦最高法院对"纽约州步枪和手枪协会诉布鲁恩"（*New York State Rifle & Pistol Association*，*Inc. v. Bruen*）案的裁决以 6 票赞成、3 票反对的结果推翻了纽约州和其他 6 个州长达半个世纪的控枪立法。这是最高法院十多年来首次做出的重大枪支裁决。根据该裁决，这些州的居民在街道上可以携带枪支，其影响范围将覆盖约 1/4 的美国人口。

美国最高法院对持枪采取更加积极的支持态度，导致一些州对枪支的管制大幅放松，也给其他州对枪支采取严格管制措施的合法性蒙上不确定的阴影。[①] 据统计，2023 年美国至少发生了 627 起大规模枪击事件，相比 2022 年有所增加。[②] 令人痛心的是，枪支伤害是美国儿童和青少年死亡的主要原因。[③] 截至 12 月 7 日，美国 2023 年共有 1306 名青少年和 276 名儿童死于枪

① Sean Morales-Doyle, Robyn Sanders, Allison Anderman, and Jessica Ojeda, "Guns and Voting," Brennan Center for Justice, September 18, 2023, p. 3, https：//www. brennancenter. org/our-work/policy-solutions/guns-and-voting.

② "Gun Violence Archive 2023," Gun Violence Archive, https：//www. gunviolencearchive. org/.

③ Melissa Jenco, "Study：Adolescent School Shooters Often Use Guns Stolen from Family," American of Academy of Pediatrics, November 27, 2023, https：//publications. aap. org/aapnews/news/27379/Study-Adolescent-school-shooters-often-use-guns.

支暴力。① 即便大规模枪击事件频频发生，控枪问题不仅仍然难以解决，而且还成为政治博弈的工具。美国皮尤研究中心网站 2023 年 6 月 28 日发布的调查报告显示，枪支政策仍是美国政治中最两极分化的问题之一。共和党人与民主党人在枪支所有权对公共安全的影响上存在严重分歧：79%的共和党人与独立人士表示拥有枪支可以提高安全性，而 78%的民主党人和民主党倾向者表示拥有枪支会降低安全性。②

除了控枪不力外，美国社会的仇恨犯罪也明显增多。其中，基于种族因素的仇恨犯罪最多，第二位是性取向，第三位是宗教。③ 近年来，针对少数族裔的仇恨犯罪有增无减。仅以加利福尼亚州为例，该州检察署发布的 2022 年仇恨犯罪报告显示，州内仇恨犯罪事件报告数量从 2021 年的 1763 起增至 2022 年的 2120 起，增加 20.2%。在报告的仇恨犯罪中，针对非洲裔的攻击最为普遍。④ 截至 2023 年 8 月 2 日，纽约曼哈顿地区检察官办公室处理的 131 起仇恨犯罪案件中，有约 1/3（41 起）的反亚裔案件待决。⑤ 同时，宗教偏见引起的犯罪也在持续增加。美国联邦调查局 2023 年 10 月发布的 2022 年仇恨犯罪统计报告显示，2022 年发生了 2042 起基于宗教信仰的仇恨犯罪案件，其中 1122 例是反犹太事件，158 件是反穆斯林事件，107 例

① 高琳琳编译《2023 年美国枪支暴力死亡人数已超 4 万 美媒：没人知道还会有多少人丧命于枪口》，中国日报网，2023 年 12 月 11 日，https：//cn. chinadaily. com. cn/a/202312/11/WS6576b204a310c2083e41254c. html。

② "Gun Violence Widely Viewed as a Major-and Growing-National Problem," Pew Research Center, June 28, 2023, https：//www. pewresearch. org/politics/2023/06/28/gun - violence - widely - viewed-as-a-major-and-growing-national-problem/.

③ "FBI Releases 2021 Hate Crime Statistics," U. S. Department of Justice, https：// www. justice. gov/hatecrimes/hate-crime-statistics.

④ "Attorney General Bonta Releases 2022 Hate Crime Report, Highlights Continued Efforts to Combat Hate," State of California Department of Justice, June 27, 2023, https：//oag. ca. gov/news/ press-releases/attorney-general-bonta-releases-2022-hate-crime-report-highlights-continued.

⑤ Rachel Phua, "The Pandemic Emergency May Be Over, But Anti-Asian Hate Is Not," As Am News, August 21, 2023, https：//asamnews. com/2023/08/21/Anti-asian-hate-underreported-fear-pandemic-xenophobia-racism/#google_ vignette.

是反天主教事件，78 例是反东正教事件。[1]

此外，自杀率持续上升也是一个不容忽视的问题。据《今日美国》（*USA Today*）报道，美国人的自杀率在过去 18 年中持续上升，2022 年每 10 万人中有 14.3 人自杀，达到 1941 年以来的最高点。根据美国疾病控制与预防中心发布的报告，2022 年估计有 49449 人死于自杀，比 2021 年的 48183 人增加 2.6%。[2] 2018~2021 年，10~24 岁人群的自杀率上升 36.6%，是所有人口中增幅最大的。[3]

（五）毒品泛滥与药物滥用

美国是全世界毒品问题最严重的国家，吸毒人数约占全球的 12%，是其人口占全球比例的 3 倍。按照美国国家药物滥用统计中心（National Center for Drug Abuse Statistics，NCDAS）的分类标准，美国的毒品类型主要包括酒精、大麻、可卡因、芬太尼、鸦片类药物（主要指受管制的精神药物）、处方兴奋剂、甲基苯丙胺以及海洛因。其中，有吸食大麻和使用处方兴奋剂经历的人数占比约为 46%；鸦片类和甲基苯丙胺的吸食者占比约为 36%；处方兴奋剂、海洛因和可卡因的吸食者占比分别为 31%、15% 和 10%。在 12 岁及以上年龄的约 2.8 亿美国人中，目前有 3190 万吸毒者，其中有 11.7% 的人使用非法药物，有 19.4% 的人在过去 1 年内使用过非法药物或滥用处方药。青少年群体是美国死于吸毒过量的人群中增长最快的年龄组。在这一群体中，18~25 岁人群的吸毒率最高，为 39%；26~29 岁人群的吸毒率为 34%。13 岁之前尝试非

① "Hate Crime in the United States Incident Analysis," Federal Bureau of Investigation (FBI), https：//cde. ucr. cjis. gov/LATEST/webapp/#/pages/explorer/crime/hate-crime.

② George Petras, "US Suicide Rate Reaches Highest Point in More Than 80 Years: See What Latest Data Shows," *USA Today*, November 29, 2023, https：//www. usatoday. com/story/graphics/2023/11/29/2022-suicide-rate-historical-chart-comparison-graphic/71737857007/.

③ Marc Ramirez, "Black Suicide Rates, Once among the Nation's Lowest, Have Risen Dramatically Among Youths," *USA Today*, July 16, 2023, https：//www. usatoday. com/story/news/nation/2023/07/16/suicide-rates-among-black-youth-outpacing-other-groups-in-recent-years/70403743007/.

法药物者占比达 70%，吸食毒品低龄化趋势明显。[①]

面对日益严重的毒品危机，美国联邦和地方政府虽然均宣称严控毒品问题，但在各种利益集团的游说下，反而出于经济利益考虑，推动大麻等毒品合法化。截至 2023 年 11 月，美国已有 24 个州将娱乐性大麻合法化。[②] 到 2023 年底，美国大麻市场的年销售额达到 318 亿美元以上，预计到 2028 年将增至 507 亿美元。[③] 美国国立卫生研究院 2023 年 8 月发布的一份报告显示，2022 年美国 35~50 岁成年人吸食大麻和使用致幻剂的人数达到历史最高水平，占比分别为 28% 和 4%；在 19~30 岁的年轻人中，一年内吸食过大麻的比例达 44%，每天吸食大麻的比例达 11%，使用过致幻剂的比例达 8%。[④]

三 展望：美国社会向何处去

回顾 2023 年的美国社会，种种矛盾和冲突背后的根本问题还在于利益分配的高度失衡。如今的美国，跨国资本与美国国家力量相结合所形成的霸权利益，与美国作为政治国家和民族国家的国家利益之间存在根本性冲突，且这种冲突越来越难以协调。作为全球霸主的美国，其利益已高度嵌入世界资本链条。这意味着作为民族国家的美国已成为资本链条的一环，不仅享受其中的红利，也要承受资本全球逐利所带来的政治、经济代价。然而，这种

---

① 《美国国内毒品问题现状》，新华网，2023 年 2 月 9 日，http：//www.xinhuanet.com/world/2023-02/09/c_1129350857.html。

② Sultan Khalid, "24 States that Legalized Recreational Weed in the US," Insider Monkey, December 28, 2023, https://www.insidermonkey.com/blog/24-states-that-legalized-recreational-weed-in-the-us-1243392/.

③ Iris Dorbian, "Despite Some Stumbles, Total Sales in U.S. Cannabis Market Could Soar to $50.7 Billion by 2028, Says Top Researcher," Forbes, February 15, 2023, https://www.forbes.com/sites/irisdorbian/2023/02/15/despite-some-stumbles-total-sales-in-us-cannabis-market-could-soar-to-507-billion-by-2028-says-top-researcher/? sh=fc1f488164dc.

④ "Marijuana and Hallucinogen Use, Binge Drinking Reached Historic Highs Among Adults 35 to 50," Department of Health and Human Services (HHS), August 17, 2023, https://www.nih.gov/news-events/news-releases/marijuana-hallucinogen-use-binge-drinking-reached-historic-highs-among-adults-35-50.

红利与代价的分配在美国内部是极不公平的。长期以来，由华尔街金融资本、军工资本、大宗商品资本、科技资本等组成的垄断财阀与美国政治权贵结盟，并在议员、执法机关、司法机构、情报机构、律师、企业高管、基金会、媒体等构成的"深层国家"（Deep State）的配合下操控美国的政治和法律，吞食全球化和美国霸权带来的垄断红利，实现"赢者通吃"。然而，美国的广大中下层人民特别是劳工群体却承担了代价。他们起初是全球化物质丰裕的受益者，但在产业转移和技术升级之后逐渐丧失竞争力。随着美国资本向外寻找低成本洼地，他们事实上已被抛弃。而外来移民的大量涌入更加剧了美国内部的族群冲突。于是，被身份政治割裂的美国广大底层人民陷入社会矛盾的泥潭。面对这些亟待解决的矛盾和问题，代表不同利益集团的美国政客频频上演极化恶斗和"否决政治"，玩弄"不解决问题"的精英戏法。① 究其原因，乃是美国统治精英们缺乏意愿和能力解决根本性矛盾，所以才放任甚至故意放大社会冲突和矛盾，进而转嫁危机，以实现其政治、经济利益。这导致美国社会在包括种族、性别、堕胎、教育、移民、控枪、医疗、毒品在内的一系列问题上分歧越来越大。美国社会多种极端思潮与上述议题相互交织，形成了错综复杂的文化认同冲突。

着眼未来，从短期看，2024 大选年必定又是社会文化议题被工具化炒作之年。从长期看，今日美国正在发生的、潜在的三大变化——由少数族裔规模性增长带来的人口结构之变，由社交媒体多元化和分众化带来的舆论认同之变，由新生代逐步成为美国选民主力军带来的新老代际之变——将汇聚成摧枯拉朽的力量，推动美国社会的结构性巨变。在巨变来临之前，如何妥善应对各类社会冲突，避免潜在的和显性的各种矛盾对社会秩序和人民福祉造成冲击伤害，是 2024 年美国社会亟待解决的问题。

（审读　魏南枝）

---

① 张佳俊：《隐形"世界帝国"：一种重新认识美国的元框架》，《中央社会主义学院学报》2023 年第 5 期。

2023年的美国外交：
拜登政府"战略竞争"推进及挑战

刘得手*

摘　要：　经过执政前两年的铺陈和实践，拜登政府的"大国竞争"战略框架基本成型。2023 年，美国外交战略进一步细化，先后出台《国家网络安全战略》《太空外交战略框架》《2023 年国防科技战略》《2023 年国家情报战略》等重要战略文件，引领美国"战略竞争"进一步推进。在地区层面，拜登政府继续聚焦印太地区，通过强化同盟伙伴关系，不断推动对华战略竞争；在欧洲，不断强化跨大西洋关系，推动欧洲盟友"战略东移"；在中东，受"大国竞争"战略影响，对该地区的战略重视趋于弱化。在重大议题上，美国外交致力于应对俄乌冲突、巴以冲突、气候变化等问题。同时，美国外交遭遇了显而易见的困境。

关键词：　美国外交　拜登政府　战略竞争

自 2021 年执政以来，拜登政府先后出台了《临时国家安全战略指南》（Interim National Security Strategy Guidance）、《国家安全战略》（National Security Strategy）、《2022 年美国国防战略》（2022 National Defense Strategy）、《美国印太战略》（Indo-Pacific Strategy of the United States）等战略文件，推出了《本届政府对中国方针》（The Administration's Approach to

---

＊　刘得手，中国社会科学院美国研究所研究员，主要研究领域为美国外交、美欧关系、中美关系。

the People's Republic of China），进一步确立了美国以印太地区为重点并聚焦中国的"战略竞争"框架。

拜登政府的"战略竞争"基于这一战略认知：冷战后的世界正处于一个转折点，决定未来的激烈竞争正在进行之中。具体而言，美国正面临两大类挑战。第一类是由美国的"战略竞争对手"构成的，包括俄罗斯带来的直接而严重的威胁和来自中国的长期挑战。第二类是共同的全球性考验构成的，包括气候危机、移民问题、粮食危机、能源不安全和流行病等。所有这些都直接影响美国人和世界各地人民的生活和生计。① 为应对这两类挑战，美国致力于进行两大战略投资：在国内对美国的竞争力、军事、基础设施、技术和制造业基地进行投资；在国外振兴和重新激发美国的联盟和伙伴关系网络。

2023 年 2 月，拜登总统在国情咨文演讲中称，"我们处于几十年来最强大的地位，可以与中国或世界上任何其他国家竞争。"② 本着这样的认知，拜登政府继续推进其"战略竞争"。本文将以梳理 2023 年拜登政府发布的主要战略文件为切入点，从地区和重大外交议题两个层面探讨美国"战略竞争"的推进及其面临的挑战，并对 2024 年美国外交的走向做出判断。

一 2023年拜登政府发布的主要战略文件

2023 年，拜登政府以《国家安全战略》《2022 年美国国防战略》等为指导，先后发布《国家网络安全战略》（National Cybersecurity Strategy）、《太空外交战略框架》（A Strategic Framework for Space Diplomacy）、《国防科

---

① The US Congress, "Secretary of State Antony J. Blinken Written Statement: The State of American Diplomacy in 2023: Growing Conflicts, Budget Challenges, and Great Power Competition," March 23, 2023, https://www.congress.gov/118/meeting/house/115512/witnesses/HHRG - 118 - FA00-Wstate-BlinkenA-20230323-U2.pdf.

② The White House, "President Biden's State of the Union Address," February 7, 2023, https://www.whitehouse.gov/state-of-the-union-2023/.

技战略》（National Defense Science and Technology Strategy）、《2023 年国家情报战略》（2023 National Intelligence Strategy）等一系列外交战略报告，引领美国"战略竞争"进一步向前推进。

2023 年 3 月 2 日，美国白宫发布《国家网络安全战略》报告。该报告概述了美国在网络空间中分配角色、责任和资源将面临的两个根本性转变。报告称："美国将重新平衡网络安全责任，使其更加有效和公平；重新调整激励措施，以支持对安全性、弹性和有前景的新技术的长期投资；与盟友和伙伴合作，加强负责任的国家行为规范，追究各国对网络空间不负责任的行为，并瓦解全球危险网络攻击背后的犯罪分子网络；与国会合作，提供必要的资源和工具，以确保在美国最关键的基础设施中开展有效的网络安全实践。"①

5 月 2 日，美国国务院发布首份《太空外交战略框架》报告。该报告概述了国务院的外交工作将如何推动美国继续发挥太空领导的作用，扩大互利太空活动的国际合作，同时促进所有太空行为者的负责任行为，增强全球对美国国家太空政策和计划的理解和支持，促进美国太空能力、系统和服务的国际利用。② 该报告引用美国国家情报总监办公室发布的《2023年度威胁评估》报告中的相关表述，认为"中国的太空活动旨在提升其全球地位，并加强其削弱美国在军事、技术、经济和外交领域的影响力的努力"。③ 由此可见，《太空外交战略框架》将中国视为挑战旨在服务于美国的"战略竞争"。

---

① The White House, "National Cybersecurity Strategy," https：//www. whitehouse. gov/oncd/national - cybersecurity-strategy/#：~：text=ONCD%20The%20Biden-%E2%81%A0Harris%20Administration% 20released%20the%20National%20Cybersecurity, safe%20and%20secure%20digital%20ecosystem%20for %20all%20Americans.

② U. S. Department of State, "A Strategic Framework for Space Diplomacy," May 2, 2023, https：//www. state. gov/wp-content/uploads/2023/05/Space-Framework-Clean-2-May-2023- Final-Updated-Accessible-5. 25. 2023. pdf.

③ Office of the Director of National Intelligence, "Annual Threat Assessment of the U. S. Intelligence Community," February 6, 2023, https：//www. dni. gov/files/ODNI/documents/assessments/ ATA-2023-Unclassified-Report. pdf.

5月9日，美国国防部发布《国防科技战略》报告，报告提出，"在确定和投资未来的关键技术领域时，将重点关注'国防战略'。美国将与盟友和伙伴以及相关行业合作，将研究和工程与采购相结合，以快速、大规模地部署新能力；同时，还将通过投资于我们的人员及其所需的基础设施，确保为未来的研发奠定基础"。报告还声称，"国防部将紧急采取行动，应对我国面临的各种复杂挑战，保护美国人民的安全，扩大经济繁荣和机会，实现和捍卫美国生活方式的核心价值观"。[①] 从中可以看出，美国国防部重弹所谓"中国是战略竞争对手"的老调，并自视为美国安全、经济繁荣、价值观的"保护伞"。

8月9日，美国国家情报总监办公室发布《2023年国家情报战略》报告。该报告是国家情报总监为情报界未来4年的工作提供的战略指导。该报告是情报界的基础文件，反映了18个情报部门中每一个部门领导人的意见，为情报界的行动、投资和优先事项提供指导。这份报告为美国情报界设定了6个目标，其中第1个目标是"以强化战略竞争来定位情报界"。报告基于这一目标提出，"情报界必须深化和扩大其专业知识，加强其收集和分析能力，并接受新的合作伙伴关系和外部视角，以满足决策者在竞争激烈的环境中的需求"。报告声称，情报界将通过加强语言、技术和文化专业知识方面的能力，并利用公开的信息来源、大数据、人工智能和先进分析，提高其及时准确地洞察竞争对手的意图、能力和行动的能力。[②]

二　拜登政府"战略竞争"的推进

在地区层面，拜登政府继续聚焦印太地区，通过强化同盟伙伴关系不断

[①] U. S. Department of State, "National Defense Science and Technology," May 9, 2023, https：//media. defense. gov/2023/May/09/2003218877/-1/-1/0/NDSTS-FINAL-WEB-VERSION. PDF.

[②] Office of the Director of National Intelligence, "2023 National Intelligence Strategy," August 9, 2023, https：//www. dni. gov/files/ODNI/documents/National_ Intelligence_ Strategy_ 2023. pdf.

推动对华"战略竞争"。在欧洲，拜登政府不断强化跨大西洋关系，推动欧洲盟友"战略东移"。在中东，受"大国竞争"战略影响，拜登政府对该地区的战略重视趋于弱化。

（一）印太地区

与特朗普政府相比，拜登政府对印太地区的重视有增无减。2021 年 12 月 14 日，布林肯在印度尼西亚雅加达发表演讲时表示："美国认识到，我们星球的大部分未来将在印太地区书写。我们对该地区的持久承诺以及与盟友和伙伴的合作将有助于我们打造一个自由开放、互联互通、繁荣、有韧性和安全的地区。"① 2022 年 2 月 11 日，拜登政府发布《印太战略》报告以指导美国在该地区的行动。2023 年，美国继续强化其在印太地区的盟伴关系，扩大其在该地区的外交影响力。

1. 加强与印太国家的双边同盟伙伴关系

2023 年，美国与日本继续在"2+2"会谈、七国集团和亚太经合组织领导人会议等机制下，促进双方在经济、外太空、气候变化、关键矿产供应链等领域的合作，加强对华政策方面的协调，强化美日同盟关系。与此同时，美国与韩国、澳大利亚通过元首会晤等继续加强双边同盟关系。4 月 26 日，拜登总统与尹锡悦总统举行元首会晤并共同发表《华盛顿宣言》（Washington Declaration），重申发展更加牢固的共同防御关系，并以最强烈的措辞申明美国对《美韩共同防御条约》（Mutual Defense Treaty Between the United States and the Republic of Korea）规定的联合防御的承诺。② 5 月 20 日，拜登总统与澳大利亚总理阿尔巴尼斯举行会晤，会后发表《澳美领导人联合声明：我们时代的同盟》（Australia - United

---

① U.S. Department of State, "Secretary Blinken's Remarks on a Free and Open Indo - Pacific," December 13, 2021, https://www.state.gov/fact - sheet - secretary - blinkens - remarks - on - a - free-and-open-indo-pacific/.

② The White House, "Washington Declaration," April 26, 2023, https://www.whitehouse.gov/briefing-room/statements-releases/2023/04/26/washington-declaration-2/.

States Joint Leaders' Statement-An Alliance for Our Times）。该声明表示，美澳双方将加强在应对气候变化、加强防务能力、利用新兴技术、探索外太空及加强经济韧性等领域的合作。① 美国与菲律宾加强防务合作关系。菲律宾又为美军提供了 4 个军事基地，使美国在菲律宾的基地增至 9 个。美方则增加对菲防务援助，重申《美菲共同防御条约》（Mutual Defense Treaty Between the Republic of the Philippines and the United States of America）第 4条适用于第三方在南海对菲律宾海警、军方和公共船只与飞机发动武力袭击的情况。

2023 年，通过领导人级别的会晤，拜登政府将美国与越南和印度尼西亚的双边关系提升为全面战略伙伴关系。美国与印度通过领导人互访、二十国集团峰会、"四方安全对话机制"（QUAD）等加强双方在经贸、芯片、量子计算、供应链、太空和人工智能等领域的合作，进一步提升双边关系。美国还加强了与东盟的关系，并于 2023 年 12 月启动位于华盛顿特区的"美国-东盟中心"（U. S. -ASEAN Center）。

2. 深化美日韩三边合作

2023 年 8 月，美国总统拜登、日本首相岸田文雄和韩国总统尹锡悦在戴维营举行三边领导人峰会，会后发布《戴维营精神：日本、韩国和美国的联合声明》（The Spirit of Camp David: Joint Statement of Japan, the Republic of Korea and the United States of America）和"戴维营原则"（Camp David Principles）。这次峰会加强了美日韩三边伙伴关系，促进了三方在安全、经济、技术、卫生及人文等领域的合作。同年 11 月 8 日，美日韩就太空安全问题举行对话，并发表了《美日韩太空安全三方对话的联合声明》（Joint Statement on the Japan-ROK-U. S. Trilateral Dialogue on Space Security）。这次三边对话的重点是与太空安全有关的问题，特别是与太空领域的威胁、国家

---

① The White House, "Australia-United States Joint Leaders' Statement-An Alliance for Our Times," May 20, 2023, https://www.whitehouse.gov/briefing-room/statements-releases/2023/05/20/australia-united-states-joint-leaders-statement-an-alliance-for-our-times/.

太空战略和负责任地利用太空相关的问题。①

3. 美英澳"三边安全伙伴关系"

3月13日，美国总统拜登在加州圣迭戈美国海军基地与澳大利亚总理阿尔巴尼斯以及英国首相苏纳克举行会晤，就"三边安全伙伴关系"举行会谈，为澳大利亚尽早获得常规武装的核动力潜艇提出最佳途径，加强美英澳三方在安全、经济、人道主义救援等方面的合作。

4. 强化美日印澳"四方安全对话机制"

美国继续加强与其"四方安全对话"伙伴国澳大利亚、印度和日本合作。在2023年5月的广岛峰会上，"四方安全对话机制"启动了"四方投资者网络"（Quad Investors Network），以促进对关键技术的共同投资，宣布了第一个"四方STEM奖学金"（Quad STEM Fellows）和1800个新的"四方基础设施奖学金"（Quad Infrastructure Fellowship），并在"有线连接和弹性四方伙伴关系"（Quad Partnership for Cable Connectivity and Resilience）下培训了1000多名官员和高管。"四方安全对话机制"还在卫生、关键和新兴技术、海上安全、气候和清洁能源等方面取得了进展。②

5. 将欧洲和大西洋盟友与印太地区联系起来

拜登政府积极推动其在印太地区的盟友与欧洲和大西洋盟国的合作。美国与英国、加拿大和欧盟举行了定期磋商和对话，并通过"蓝太平洋伙伴"（Partners in the Blue Pacific）、北约、七国集团和二十国集团论坛加强接触。拜登政府认为，这种合作可强化集体能力，以支持一个支撑其安全、繁荣和

---

① U. S. Department of State, "Joint Statement on the Japan‐ROK‐U. S. Trilateral Dialogue on Space Security," November 8, 2023, https：//www. state. gov/joint‐statement‐on‐the‐japan‐rok‐u‐s‐trilateral‐dialogue‐on‐space‐security/#：～：text＝In%20accordance%20with%20%E2%80%9CThe%20Spirit%20of%20Camp%20David%3A，space%20strategies%2C%20and%20the%20responsible%20use%20of%20space.

② U. S. Department of State, "The United States' Enduring Commitment to the Indo‐Pacific：Marking Two Years since the Release of the Administration's Indo‐Pacific Strategy," February 9, 2024, https：//www. state. gov/the‐united‐states‐enduring‐commitment‐to‐the‐indo‐pacific‐marking‐two‐years‐since‐the‐release‐of‐the‐administrations‐indo‐pacific‐strategy/.

价值观的国际体系，应对从俄乌冲突到朝鲜的威胁、气候变化、经济安全、网络安全等全球挑战。①

6. 发掘新资源，扩大美国在印太地区的存在

2023 年，美国扩大了在印太地区的外交活动范围，在所罗门群岛、汤加和马尔代夫开设了大使馆。拜登政府主办了"美国-太平洋岛国论坛"（U. S. -Pacific Island Forum）。5 月，国务卿布林肯做出承诺，美国将在未来20 年向密克罗尼西亚联邦、马绍尔群岛和帕劳等"自由联系国"（Freely Associated States）提供超过 71 亿美元的资助。②

7. 承认库克群岛和纽埃

2023 年 9 月 25 日，美国宣布承认库克群岛和纽埃是主权和独立国家，并与其建立了外交关系，深化了双边关系，推动了双方基于共同价值观和利益的合作。

（二）欧洲地区

2023 年，拜登政府在欧洲不断强化跨大西洋关系，推动欧洲盟友"战略东移"。美国通过美欧峰会、北约、美欧贸易和技术理事会及七国集团等机制，加强美欧在安全、经济、新兴技术等领域的协调，双边关系进一步得到加强。

1. 北约峰会与北约扩员

2023 年，拜登政府加紧塑造北约，积极推动北约东扩。美国国务院声称："2023 年我们坚持不懈地团结盟友和合作伙伴……我们与北约联盟所做的事情比以往任何时候都更加重要。北约已经在一些重要方面加强应对我们

---

① U. S. Department of State, "The United States' Enduring Commitment to the Indo-Pacific: Marking Two Years Since the Release of the Administration's Indo-Pacific Strategy," February 9, 2024, https://www.state.gov/the-united-states-enduring-commitment-to-the-indo-pacific-marking-two-years-since-the-release-of-the-administrations-indo-pacific-strategy/.

② U. S. Department of State, "Secretary Antony J. Blinken at the U. S. -Pacific Islands Forum Dialogue," May 22, 2023, https://www.state.gov/secretary-antony-j-blinken-at-the-u-s-pacific-islands-forum-dialogue/.

现在面临的挑战，并正在为我们未来面临的挑战做准备。"①

俄乌冲突爆发后，拜登政府积极推动北约东扩。2022 年 7 月 5 日，北约盟国签署芬兰和瑞典的《加入议定书》（Accession Protocol），之后所有 30 个成员国的议会率先投票批准了芬兰的成员资格。2023 年 4 月 4 日，芬兰在布鲁塞尔北约总部向美国交存了加入北约的文书，成为北约第 31 个成员国。12 月 18 日，布林肯与芬兰国防部部长安蒂·哈卡宁（Antti Häkkänen）签署一项美芬政府间《防务合作协议》（Defense Cooperation Agreement），旨在深化两国的防务和安全合作，并加强北约的互操作性。7 月 11~12 日，北约峰会在立陶宛首都维尔纽斯召开，并发表《维尔纽斯峰会公报》（Vilnius Summit Communiqué）。该公报一方面对中国进行无端指责，另一方面表示"对与中国的建设性接触持开放态度，以维护联盟的安全利益"。②

在这次北约峰会期间，土耳其总统埃尔多安放弃了阻止瑞典加入北约的做法。在这个问题上，拜登政府对于土耳其政府所施加的影响不容低估。2024 年 3 月 7 日，瑞典正式加入北约，成为北约的第 32 个成员国。北约秘书长延斯·斯托尔滕贝格（Jens Stoltenberg）认为："这是历史性的一天。瑞典将在北约的谈判桌上占据其应有的地位，在制定北约的政策和决定方面拥有平等的发言权。经历 200 多年的不结盟时期，瑞典现在享有北约第 5 条款赋予的保护，这是对盟国自由和安全的最终保障。瑞典带来了强大的武装力量和一流的国防工业。瑞典的加入使北约更加强大，瑞典更加安全，整个联盟更加安全。今天瑞典的加入表明，北约的大门仍然敞开，每个国家都有权选择自己的道路。"③ 同日，瑞典首相乌尔夫·克里斯特松（Ulf Kristersson）受邀参加拜登总统的"国情咨文"演讲集会。可见，拜登将北约东扩作为其执政业绩，以此为其竞选连任造势。

---

① U. S. Department of State, "Diplomacy at Work in 2023," December 29, 2023, https://www. state. gov/dipnote/diplomacy-at-work-in-2023/.

② NATO, "Vilnius Summit Communiqué," July 11, 2023, https://www. nato. int/cps/en/natohq/official_ texts_ 217320. htm.

③ NATO, "Sweden Officially Joins NATO," March 7, 2024, https://www. nato. int/cps/en/natohq/news_ 223446. htm.

2. 加强美国与欧盟的双边协调

美欧贸易和技术理事会（U. S. -E. U. Trade and Technology Council）是美国和欧盟在贸易和技术事务上合作的重要论坛。2023 年 5 月 31 日，第四次美欧贸易和技术理事会部长级会议召开，并发表联合声明。2024 年 1 月，美国和欧盟召开第五次美欧贸易和技术理事会会议，双方强调了加强集体经济安全的重要性，讨论了扩大跨大西洋关键技术和新兴技术合作的重要性。此外，美国和欧盟还听取了 6G 智能网络和服务行业协会和下一代 G 联盟关于美国-欧盟超越 5G/6G 路线图的简报——该路线图将为美国和欧盟政府制定 6G 共同愿景的努力提供信息。① 这也表露出美欧在智能网络领域的雄心。

2023 年 10 月 20 日，美国与欧盟举行峰会并发表《美欧峰会联合声明》（U. S. -EU Summit Joint Statement）。该声明强调加强双方在全球和地区事务上的协调和经济合作，包括在巴以冲突、俄乌冲突、对华关系、非洲和印太地区的安全与防务方面的合作，以及与新兴经济体和发展中国家的伙伴关系方面的协调。在对华关系上，美国和欧盟表示，愿与中国建立建设性的稳定关系和可持续的经济关系。它们还表示，没有对华"脱钩"或转向内向型发展，但为了确保经济韧性，需要采取"去风险"和"多样性"措施。此外，美欧还就东海、南海等问题表达"关切"，并呼吁中国在解决俄乌冲突方面发挥作用。② 由此，美欧双方向中国传递了错综复杂的政策信号。

2023 年 9 月 18 日，美国和欧盟启动"大西洋合作伙伴关系"（Partnership for Atlantic Cooperation）论坛，并通过了《大西洋合作宣言》（Declaration on Atlantic Cooperation）。该宣言称这一论坛将提供一种手段，

---

① The White House, "Readout of U. S. - EU Trade and Technology Council Fifth Ministerial Meeting," January 31, 2024, https: //www. whitehouse. gov/briefing-room/statements-releases/ 2024/01/31/readout-of-u-s-eu-trade-and-technology-council-fifth-ministerial-meeting/.

② The White House, "U. S. - EU Summit Joint Statement," October 20, 2023, https: // www. whitehouse. gov/briefing-room/statements - releases/2023/10/20/u-s-eu-summit-joint-statement/.

本着包容、信任、相互理解和尊重的精神，促进大西洋国家之间在科学技术和可持续经济发展方面的专门合作与互动。① 借此，美欧双方将开展更为密切的科技、经济合作。

3. 美欧关于中国的对话及美欧印太高层磋商

2023 年 6 月 25 日，美国与欧盟举行了"美欧关于中国的对话"（U. S. -EU Dialogue on China）第五次高级别会议和"美欧关于印太地区的高级别磋商"（U. S. -EU High-Level Consultations on the Indo-Pacific）第四次会议。欧盟对外行动署秘书长斯特凡诺·桑尼诺（Stefano Sannino）和美国时任副国务卿维多利亚·纽兰（Victoria Nuland）讨论了最近与中国的接触以及各自对华双边关系的发展轨迹、加强经济韧性的必要性、中国在俄乌冲突问题上的立场和作用、美欧在台湾问题上的立场以及加强与印太地区开展网络合作和协调的重要性。② 2024 年 2 月 7~8 日，"美欧关于中国的对话"第六次高级别会议和"美欧关于印太地区的高级别磋商"第五次会议举行。美欧双方代表重申，愿意在有共同利益和分歧的领域继续与中国进行实质性接触，并声称"为了实现与中国的可持续经济关系，加强国际贸易体系，有必要为各自的工人和公司争取一个公平的经济竞争环境"。③

4. 介入亚美尼亚和阿塞拜疆的紧张局势

2023 年初，亚美尼亚和阿塞拜疆的关系陷入紧张。美国国务卿布林肯

---

① The White House, "Declaration on Atlantic Cooperation," September 18, 2023, https：//www. whitehouse. gov/briefing-room/statements-releases/2023/09/18/declaration-on-atlantic-cooperation/.

② The Department of State, "U. S. -EU：Consultations Between U. S. Under Secretary of State Victoria Nuland and European External Action Service Secretary General Stefano Sannino," June 25, 2023, https：//www. state. gov/u-s-eu-consultations-between-u-s-under-secretary-of-state-victoria-nuland-and-european-external-action-service-secretary-general-stefano-sannino/.

③ European Union External Action, "EU-US：Consultations Between European External Action Service Secretary General Stefano Sannino and United States Under Secretary Victoria Nuland," February 23, 2024, https：//www. eeas. europa. eu/eeas/eu-us-consultations-between-european-external-action-service-secretary-general-stefano-sannino-and-0_ en.

任命资深职业外交官路易斯·博诺（Louis Bono）为"高加索谈判"高级顾问（Senior Advisor for Caucasus Negotiations）。白宫国家安全事务助理沙利文和国务卿布林肯也参与其中。拜登政府在专注于敦促各方重返谈判的同时，也呼吁恢复拉钦走廊的商业交通。

（三）中东地区

自上任以来，拜登政府聚焦在印太地区的对华"战略竞争"，并于2022年初选择性地介入在欧洲地区爆发的俄乌冲突。在此背景下，拜登政府对中东地区的战略重视进一步下降。2023年10月，巴以冲突发生后，拜登政府的外交关注点重新转向该地区。

2023年，拜登政府积极开展外交活动，以推动以色列和沙特阿拉伯实现外交关系正常化。在华盛顿和利雅得之间进行了数月的穿梭外交之后，拜登政府实现以沙关系正常化的计划取得重要进展。9月，美国国家安全委员会新闻发言人约翰·柯比（John Kirby）公开透露，"各方已经敲定了一个基本的框架"。他同时表示，"正如任何复杂的安排一样，这是不可避免的，每一方都必须做点什么。每一方都将不得不在某些事情上做出妥协"。作为潜在协议的一部分，拜登政府敦促以色列向巴勒斯坦人做出让步，但内塔尼亚胡受到极右翼联盟伙伴的掣肘，因为后者反对巴勒斯坦建国。沙特阿拉伯也一直在寻求美国提供安全保障，以作为对它与以色列关系正常化的回报。[①]

2023年9月8日，美国和沙特阿拉伯政府宣布，双方已签署《谅解备忘录》（Memorandum of Understanding）。该备忘录为制定一份议定书提供了框架。该议定书的内容是关于通过沙特阿拉伯建立连接亚洲大陆和欧洲大陆的洲际绿色过境走廊计划。

---

① AFP and TOI Staff, "Basic Framework' in Place for Israel - Saudi Normalization, US Says," September 30, 2023, https://www.timesofisrael.com/basic-framework-in-place-for-israel-saudi-normalization-us-says/.

（四）西半球

在多边层面，2023 年 4 月 26 日，首届"美洲城市峰会"（Cities Summit of the Americas）在科罗拉多州首府丹佛市召开。这次峰会涉及加强区域合作、支持民主、打击芬太尼贩运、打击腐败等多项外交政策目标。会议履行了多项承诺，包括在整个西半球有效促进民主治理、包容性经济增长、人道有序的移民等。[①]

11 月 3 日，白宫网站发布《美洲经济繁荣伙伴关系领导人宣言》（Declaration of the Leaders of the Americas Partnership for Economic Prosperity）。在该宣言中，美国与巴巴多斯、加拿大、智利、哥伦比亚、哥斯达黎加、多米尼加、厄瓜多尔、墨西哥、巴拿马、秘鲁和乌拉圭等国领导人宣称，对建立一个更加开放、公平、包容、可持续和繁荣的西半球有着共同的愿景。[②]

在双边关系层面，10 月 18 日，美国财政部宣布有条件地解除对委内瑞拉的多项制裁，包括对其石油和天然气交易的限制。

（五）非洲地区

2023 年 11 月 1 日，美国和非洲联盟委员会（the African Union Commission，AUC）在华盛顿特区举行了第九届"美国-非洲联盟委员会年度高级别对话会"（Annual U. S. -AUC High-Level Dialogue），由美国国务卿布林肯和非洲联盟委员会主席穆萨·法基·马哈马特（Moussa Faki Mahamat）主持对话。对话的重点是共同的优先事项，包括通过促进民主治

[①] U. S. Department of State, "Diplomacy at Work in 2023," December 29, 2023, https：// www. state. gov/dipnote/diplomacy-at-work-in-2023/.

[②] The White House, "Declaration of the Leaders of the Americas Partnership for Economic Prosperity," November 3, 2023, https：//www. whitehouse. gov/briefing - room/statements - releases/2023/11/03/ east-room-declaration-of-the-leaders-of-the-americas-partnership-for-economic-prosperity/#：~： text=At%20this%20inaugural%20Leaders%E2%80%99%20Summit%20of%20the%20Americas，the% 20climate%20and%20environment%205%20Promoting%20healthy%20communities.

理遏制最近的军事接管潮，并确保国际机构的组成和领导层能反映非洲的声音在全球治理中的关键作用。①

三 拜登政府的重大外交议题

2023年，在重大议题层面，美国外交致力于应对俄乌冲突、巴以冲突、气候变化等问题。

（一）俄乌冲突

2022年2月24日，俄罗斯对乌克兰发动"特别军事行动"，俄乌冲突爆发。在俄乌冲突问题上，美国的外交政策目标是团结盟友和伙伴。② 为达此目标，拜登政府联合盟友对乌克兰提供军事援助、外交支持、经济援助、人道主义援助，对俄罗斯则实施经济制裁和外交孤立。

2023年，拜登政府继续坚持其支持乌克兰的立场。2月20日，拜登总统突访乌克兰首都基辅，这也是这场冲突爆发以来拜登首次到访乌克兰。在这次访问中，双方讨论了美国对乌克兰的援助计划。③ 布林肯国务卿还与乌克兰领导层和驻基辅的美国大使馆雇员会面，并参观了边境警卫队的补给点，展示了美国对乌克兰的持续支持。自俄乌冲突爆发以来，美国向乌克兰提供了数百亿美元的援助。美国与盟友和伙伴国家一道，坚定地致力于支持乌克兰——只要乌克兰需要。④

在多边框架下，5月19日，七国集团广岛峰会召开，会议发表了《七

---

① U.S. Department of State, "Diplomacy at Work in 2023," December 29, 2023, https： // www. state. gov/dipnote/diplomacy-at-work-in-2023/.

② U.S. Department of State, "Secretary Antony J. Blinken at a Press Availability," December 22, 2022, https： //www. state. gov/secretary-antony-j-blinken-at-a-press-availability-27/.

③ The White House, "Statement from President Joe Biden on Travel to Kyiv, Ukraine," February 20, 2023, https： //www. whitehouse. gov/briefing-room/statements-releases/2023/02/20/statement-from-president-joe-biden-on-travel-to-kyiv-ukraine/.

④ U.S. Department of State, "Diplomacy at Work in 2023," December 29, 2023, https： // www. state. gov/dipnote/diplomacy-at-work-in-2023/.

国集团领导人关于乌克兰的声明》（G7 Leaders' Statement on Ukraine）。① 峰会期间，美国总统拜登与乌克兰总统泽连斯基会晤。拜登总统宣布对乌克兰提供 3.75 亿美元的最新军事援助，并同意欧洲向乌克兰供应 F-16 战机。7 月 11~12 日，泽连斯基总统参加了 2023 年度北约维尔纽斯峰会，出席了"北约-乌克兰理事会"（NATO-Ukraine Council）成立会议。"北约-乌克兰理事会"是使乌克兰更接近北约的一揽子支持计划的一部分。该一揽子计划还包括一项多年援助计划，以帮助重建乌克兰的安全和国防部门，使乌克兰完全被纳入北约的互操作性系统，并重申乌克兰将在盟国同意和满足条件后成为北约成员国。每个北约盟国和乌克兰作为平等参与者参加理事会会议。理事会可以在国家元首和政府首脑、外长和防长、大使级别或相应军事级别召开会议。② 但是，这次北约峰会没有回答乌克兰总统泽连斯基最紧迫的要求：乌克兰成为北约成员国的官方时间表。

（二）巴以冲突

2023 年 10 月，巴以冲突爆发。对于这场冲突，拜登政府的核心政策目标是支持以色列，同时防止冲突升级外溢。美国官员公开反对无限期停火的呼吁，称以色列有自卫权。美国政府多次表示支持以色列根据国际法采取军事行动自卫，包括在加沙地区。

巴以冲突将美国外交的关注点再次引向中东，特别是巴以地区。自冲突爆发以来，美国总统拜登、国务卿布林肯、国防部部长奥斯汀和其他美国政府官员先后访问以色列和该地区其他国家。特别是布林肯多次前往该地区③，

① The White House, "G7 Leaders' Statement on Ukraine," May 19, 2023, https://www.whitehouse.gov/briefing-room/statements-releases/2023/05/19/g7-leaders-statement-on-ukraine/.

② NATO, "NATO-Ukraine Council," May 13, 2024, https://www.nato.int/cps/en/natohq/topics_217652.htm.

③ 从 2023 年 10 月至 2024 年 1 月 6 日，布林肯已 4 次前往中东。参见 The Department of State, "Secretary Antony J. Blinken Remarks to the Press," January 6, 2024, https://www.state.gov/secretary-antony-j-blinken-remarks-to-the-press-19.

强调美国支持以色列自卫，参加释放人质的谈判，敦促暂时停火和为加沙平民提供救生援助，并强调以色列采取一切可能措施防止平民受伤是道义上和战略上的当务之急。美国仍然认为，确保可持续的和平与以色列的安全的最佳途径是作为两国方案的一部分——推动巴勒斯坦建国。①

拜登政府利用多种外交、军事手段支持以色列，试图防止巴以冲突蔓延。10月22日，拜登与加拿大总理特鲁多、法国总统马克龙、德国总理朔尔茨、意大利总理梅洛尼及英国首相苏纳克发表了《关于以色列的联合声明》（Joint Statement on Israel）。他们"重申支持以色列及其自卫反对恐怖主义的权利，并呼吁遵守国际人道主义法，保护平民"。他们"承诺继续加强外交协调，包括与该地区主要伙伴的外交协调，以防止冲突蔓延，维护中东的稳定，并致力于相关问题的政治解决与持久和平"。② 此前一天，美国国防部部长奥斯汀发表声明称："在与拜登总统就伊朗及其代理人部队最近在中东地区的升级进行详细讨论后，今天我已指示采取一系列额外措施，进一步加强国防部在该地区的部署。这些措施将强化美国在该地区实施威慑的努力，加强对驻该地区美军的保护，并协防以色列。首先，我将艾森豪威尔号航母打击群调到中央司令部责任区。我还启动了在整个地区部署'萨德'反导连以及额外的'爱国者'防空导弹营的方案，以加强对美军的保护。最后，作为审慎应急规划的一部分，我已增派了一些部队，准备部署命令，以提高他们的准备程度和根据需要快速反应的能力。"③

（三）气候变化

拜登政府对于气候变化问题的严峻性以及应对的紧迫性有比较清醒的认

① U.S. Department of State, "Diplomacy at Work in 2023," December 29, 2023, https://www.state.gov/dipnote/diplomacy-at-work-in-2023/.

② The White House, "Joint Statement on Israel," October 22, 2023, https://www.whitehouse.gov/briefing-room/statements-releases/2023/10/22/joint-statement-on-israel-2/.

③ U.S. Department of State, "Statement from Secretary of Defense Lloyd J. Austin III on Steps to Increase Force Posture," October, 21, 2023, https://www.defense.gov/News/Releases/Release/Article/3564874/statement-from-secretary-of-defense-lloyd-j-austin-iii-on-steps-to-increase-for/.

识，以推动落实联合国气候变化年会的成果为抓手，积极塑造美国在该领域的领导地位。

在第 28 届联合国气候变化大会上，拜登政府敦促其他主要经济体在未来具有决定性的 10 年里加快气候行动，并宣布了新的举措，以激励全球努力，使 1.5℃ 的韧性未来目标①触手可及。美国副总统哈里斯在《联合国气候变化框架公约》（United Nations Framework Convention on Climate Change）第 28 次缔约方大会（COP28）上宣布了一系列举措，包括向绿色气候基金认捐 30 亿美元、美国将与国际伙伴合作、以所需的速度和规模筹集资金等。②

在气候变化领域，2023 年美国总统气候问题特使克里与中国气候变化事务特使解振华通过视频会谈、面对面会谈等方式，保持经常性沟通。双方就 COP28 的重点议题及《中美应对气候危机联合声明》（China-US Joint Statement Addressing the Climate Crisis）、《中美关于在 21 世纪 20 年代强化气候行动的格拉斯哥联合宣言》（China. - U. S Joint Glasgow Declaration on Enhancing Climate Action in the 2020s）深入交换意见，推动中美双方合作应对气候变化问题。双方组织相关部门、企业、专家等进一步开展交流对话与合作，共同应对气候变化挑战，为推动气候变化多边进程及 COP28 的成功举办做出积极贡献。

美国国务院对其 2023 年在气候领域的工作进行了总结，认为"在 COP28 上，我们在应对气候变化方面取得了前所未有的进展。来自世界各地的国家承诺采取必要行动，避免气候危机的最严重影响"。该总结指出，

---

① 《巴黎协定》设定的长期目标是，将本世纪全球气温升幅限制在 2℃ 以内，同时寻求将气温升幅进一步限制在 1.5℃ 以内。详见《巴黎协定》，参见联合国官网，https://www.un.org/zh/climatechange/paris-agreement。

② The White House, "Fact Sheet: Biden-Harris Administration Leverages Historic U. S. Climate Leadership at Home and Abroad to Urge Countries to Accelerate Global Climate Action at U. N. Climate Conference（COP28），" December 2, 2023, https://www.whitehouse.gov/briefing-room/statements-releases/2023/12/02/fact-sheet-biden-harris-administration-leverages-historic-u-s-climate-leadership-at-home-and-abroad-to-urge-countries-to-accelerate-global-climate-action-at-u-n-climate-conference-cop28/.

"应对气候危机的大胆行动比以往任何时候都更加紧迫。破纪录的高温、洪水、风暴、干旱和野火摧毁了世界各地的社区，凸显了我们已经面临的严重风险"。"通过我们在国内的行动和在国外的领导，美国正在尽自己的一份力量，建设一个净零排放、有韧性的未来，创造就业机会，确保子孙后代拥有一个健康宜居的星球。"①

结　语

综上所述，2023 年拜登政府持续推动其"大国竞争"战略，但美国外交也遭遇了显而易见的困境。自执政以来，拜登政府不断推动"大国竞争"战略，致使其外交政策总是陷入矛盾之中。这突出体现在：一边聚焦对中国和俄罗斯的"战略竞争"，一边呼吁为应对共同挑战而加强合作；一边聚焦应对俄乌冲突，一边坚称中国是美国最大的"竞争对手"；一边拉拢盟友推动美国的对华"战略竞争"，一边声称不会迫使盟友选边站队；一边强调同盟是美国力量的倍增器，一边不惜损害盟友的利益。

2023 年，美国推行的"大国竞争"战略的内在矛盾进一步加剧，美国外交也由此陷入难以摆脱的困境。其一，在对华关系方面，拜登政府既强调"激烈的竞争"，又强调"以密集的外交管理竞争"。它在对华关系上所扮演的这一矛盾角色，不可避免地使中美关系总是处于"颠簸"之中，损害了中美两国的利益。其二，在地区层面，拜登政府聚焦在印太地区的对华"战略竞争"，并推动欧洲地区盟友配合其在印太地区的"战略竞争"，弱化了对中东地区的战略关注，这在不同程度上给上述三个地区的安全稳定带来了消极影响。其三，在全球层面，美国难以平衡竞争与合作的关系，其以竞争为主的战略对全球治理造成严重冲击。

2024 年是美国的大选年，拜登政府的外交政策倾向于推行维稳外交，

---

① U. S. Department of State, "Diplomacy at Work in 2023," December 29, 2023, https：//www. state. gov/dipnote/diplomacy-at-work-in-2023/.

但其推动"战略竞争"的政策基调不会改变。在对华关系上，拜登政府会继续以其对华战略认知为出发点，以"投资""结盟"为手段，不断推动在经济、科技、安全、意识形态等领域的全面对华"战略竞争"。与此同时，拜登政府将保持对华高层沟通的渠道，特别是两军之间的交流，减少误判和冲突发生的可能性，并谋求在打击芬太尼、人工智能等领域的合作。在地区问题上，拜登政府会继续加大对乌克兰的军事、经济援助，以确保俄罗斯的"战略失败"；同时继续关注巴以冲突，致力于解决核心优先事项，即维护以色列的安全，尽快结束冲突，最大限度地减少平民伤亡和痛苦，推动人质与家人团聚，打破暴力的破坏性循环，走向持久和平。[1] 在全球性问题上，拜登政府将继续塑造和发挥领导作用，其努力的方向包括应对食品不安全问题、人工智能安全问题、合成毒品危机等。总之，2024年拜登政府的外交政策会以相对稳健的方式继续推进。

（审读　王　玮）

---

[1] The Department of State, "Secretary Antony J. Blinken at a Press Availability," December 20, 2023, https://www.state.gov/secretary-antony-j-blinken-at-a-press-availability-44/.

B.6
2023年的美国军事：
护持霸权　竞赢对手

季　澄*

摘　要：　2023年是拜登政府国家安全与防务团队加快落实新版《国家安全战略》、《国防战略》和《国家军事战略》等文件中确立的相关防务与军事准则及目标的"元年"，对外界审视美国国防和军备建设及其发展走向具有重要意义。一年来，美国将应对"大国竞争"作为"未来决定性10年"的优先事项，以"一体化威慑战略"为牵引，在不断高企的国防预算加持下，加速优化全球军力部署与资源配置，按照传统作战力量与新型作战力量建设同步推进、军种日常建设与战备演训齐抓并举的总思路，持续推进国防和军事力量转型升级的进程，企图进一步夯实军事手段在美国"护持霸权、竞赢对手"战略中扮演的重要角色。然而，美国政府长期秉持的错误安全观以及自身存在的诸多问题，不仅使其系列"强军"举措难见成效，而且会加剧国际安全困境。

关键词：　美国军事　大国竞争　一体化威慑

国际纷争频仍与军事冲突多点爆发，是2023年国际安全形势的显著特征。全球冲突的数量、强度和持续时间均达到冷战结束以来的最高值。①"战争与和平""发展与安全""合作与对抗"等多对要素间张力的持续拉

---

*　季澄，军事科学院战争研究院助理研究员，主要研究领域为国际战略与安全。
①　信强：《变乱交织：2023年的国际政治》，《动荡与变革——复旦国际战略报告2023》，复旦大学国际问题研究院，2024年1月，第3页。

大，加剧了国际安全环境面临的不稳定性与不确定性。

面对变乱交织的世界，拜登政府出于维护霸权的私利，优化了在全球关键地区的军事部署与资源配置，持续追加国防预算投入，更新作战概念，推进军力转型升级，在确保可靠威慑的同时，为未来可能爆发的高端战争做足准备。由此产生的负面效应将加速国际社会的"阵营化"、"军事化"和"对抗化"趋势，[①] 并对国际战略格局与安全走势产生了复杂而深远的影响。

一　明确安全环境与"威胁"判断

2023 年，拜登政府对国际安全环境及美国国家安全面临"威胁"的界定与判断，大体延续了新版《国家安全战略》（National Security Strategy）和《国防战略》（National Defense Strategy）中的相关论述，并在此基础上加以细化，最终形成较为系统全面的"威胁"矩阵。其间充斥的霸权主义价值理念与零和博弈思维方式，成为美国运用大国竞争"工具箱"中各种要素强化针对主要对手"一体化威慑战略"的底层逻辑。

（一）渲染夸大安全环境的"紧迫性与严峻性"，制造紧张对立氛围

拜登政府高层通过公开演讲和刊发文章等途径，反复向国际社会灌输和兜售所谓的"世界进入拐点"等消极悲观论调，意图营造集团对抗和阵营对立的舆论环境。美国国务卿安东尼·布林肯（Antony Blinken）2023 年 6 月和 9 月在出席美国外交关系协会和约翰·霍普金斯大学举办的活动时表示："世界正处在关键转折期，美国面临的不是后冷战时代国际秩序的考验，而是后冷战时代的彻底终结，美国当下所做决定将深刻影响未来数十年

---

① 中国现代国际关系研究院：《国际战略与安全形势评估（2023/2024）》，时事出版社，2023，第 32 页。

的世界走势。"① 美国总统国家安全事务助理杰克·沙利文（Jake Sullivan）在为《外交事务》杂志撰写的《美国实力的来源：服务于变化世界的外交政策》一文中指出，"后冷战时代已告结束，如何在一个相互依存的时代应对愈发激烈且贯穿国际政治各领域的战略竞争，成为现阶段美国外交面临的主要挑战"。"美国的'全球角色'也随之进入自第二次世界大战结束以来的第三个阶段，即如何在一个相互依存和公共挑战并存的时代赢得竞争性优势地位，进而塑造一种'自由、开放、繁荣和安全'的世界图景。"②

（二）优化安全评估体系，形成"2+2+1+1"威胁矩阵

作为年度例行性情报评估产品，美国国家情报总监办公室于 2023 年 2 月发布新版《美国情报界年度威胁评估》（Annual Threat Assessment of the U. S. Intelligence Community，以下简称《评估》），旨在为 2023 年美国国家安全与防务政策的制定与实施提供情报支撑。③

《评估》将美国面临的"威胁"划为四类：以中国、俄罗斯为代表的全球性大国；以伊朗、朝鲜为代表的地区性国家；以"基地"组织、"伊斯兰国"等暴力极端组织为代表的非国家行为体；以及气候变化、粮食安全等全球性挑战。④

---

① U. S. Department of State, "Secretary Antony J. Blinken in a Conversation with Council on Foreign Relations President Richard Haass," June 28, 2023, https：//www. state. gov/translations/chinese/secretary-antony-j-blinken-in-a-conversation-with-council-on-foreign-relations-president-richard-haass-zh/; U. S. Department of State, "Secretary Bliken Outlines the Power and Purpose of American Diplomacy in a New Era in Speech at Johns Hopkins SAIS," September 13, 2023, https：//www. state. gov/secretary-blinken-outlines-the-power-and-purpose-of-american-diplomacy-in-a-new-era-in-speech-at-johns-hopkins-sais/.

② Jake Sullivan, "The Sources of American Power: A Foreign Policy for a Changed World," *Foreign Affairs*, November/December 2023, pp. 2, 22.

③ Office of the Director of National Intelligence, "Annual Threat Assessment of the U. S. Intelligence Community, " February 6, 2023, https：//www. dni. gov/files/ODNI/documents/assessments/ATA-2023-Unclassified-Report. pdf.

④ Office of the Director of National Intelligence, "Annual Threat Assessment of the U. S. Intelligence Community," February 6, 2023, pp. 4 - 5, https：//www. dni. gov/files/ODNI/documents/assessments/ATA-2023-Unclassified-Report. pdf.

二　优化全球军力部署与资源配置

2023 年，国际和地区安全形势经历了复杂深刻的变化，和平赤字、安全赤字持续加重，以武力解决争端的行动显著增多。[①] 此外，战争风险不断积聚，战争底线不断被打破，战争新形态不断涌现，促使大国加速向实战化备战转型。[②] 其中，美国分别将中国、俄罗斯视为"最重大的长期性挑战"（the most significant long-term challenge）和"最严重的即时性威胁"（the most immediate，the most acute threat）。[③]美国伙同盟伴加大了在全球关键地区的军事资源调配和预置力度，战略威慑与实战化备战的色彩浓厚。

（一）多管齐下，推动印太军力部署发生质变

在明确将印太地区视为形塑所谓"中国周边战略环境"的关键地区和美军全球"首要战区"的背景下，美国国防部印太安全事务助理部长伊利·拉特纳（Ely Ratner）表示，美国 2023 年印太地区军力部署将发生"革命性变化"。[④] 这具体表现在以下方面。

一是依托关岛、菲律宾、澳大利亚、巴布亚新几内亚等支点，加快军事资源的分散与纵深配置。美国印太司令部将打造"增强型综合防空反导系

[①] 唐永胜：《2023 年国际安全形势：在动荡不安中寻求秩序变革与重塑》，《当代世界》2024年第 1 期，第 24 页。

[②] 中国现代国际关系研究院：《国际战略与安全形势评估（2023/2024）》，时事出版社，2023，第 32 页。

[③] U. S. Department of State，"Secretary Bliken Outlines the Power and Purpose of American Diplomacy in a New Era in Speech at Johns Hopkins SAIS，" September 13，2023，https：//www. state. gov/secretary-blinken-outlines-the-power-and-purpose-of-american-diplomacy-in-a-new-era-in-speech-at-johns-hopkins-sais/.

[④] Jim Garamone，"Official Says 2023 was 'Most Transformative' for DOD in Indo-Pacific，" DOD News，December 5，2023，https：//www. defense. gov/News/News - Stories/Article/Article/3607785/official-says-2023-was-most-transformative-for-dod-in-indo-pacific/.

统"作为关岛军事枢纽建设的首要优先事项。该系统由"萨德""爱国者""宙斯盾""标准-3""标准-6"等系列导弹组成,可有效抵御弹道导弹、巡航导弹和高超声速导弹的攻击,整个系统于2024年底具备初始作战能力。① 根据美菲《加强防务合作协议》(Enhanced Defense Cooperation Arrangement,EDCA),美国于2023年2月获得菲律宾境内4个军事基地的使用权,② 使美国在菲军事基地总数增至9个,其中6个直面台海和南海方向。2023年7月,美国和澳大利亚就增加美国对澳军事基础设施投资达成共识。美国还承诺扩大驻澳军力规模,加强水面舰艇、巡逻机与核潜艇在澳轮换部署的力度。③ 为弥补对华军事遏压"短板",美国通过与巴布亚新几内亚新签署双边防务合作协议,使本国舰机、人员可以"不受限"地使用巴布亚新几内亚境内多处机场、港口等军事和民用设施,为在南太平洋地区建立实质性军事存在铺路。④

二是强化与地区盟伴的联演联训,提升军事协同性与互操作性。2023年以来,美国以地区敏感热点问题为抓手,以域内盟友为骨干,拉拢域外国家开展大规模实战化军事演训,参演人数、装备数量、演训科目等多项指标均达到历史峰值,体现出极强的现实针对性和军事对抗性。2023年4月以来,美国相继与菲律宾、韩国、澳大利亚等国举行了数场双边和多边联合军演。其中,美菲启动38年来最大规模的"肩并肩"演习,约1.2万名美军

① Statement of Admiral John C. Aquilino, U. S. Navy Commander, U.S. Indo-Pacific Command, "U.S. Indo-Pacific Command Posture," April 18, 2023, p. 21, https://www.congress.gov/118/meeting/house/115680/witnesses/HHRG-118-AS0-Wstate-AquilinoJ-20230418.pdf.

② U.S. Department of Defense, "Philippines, U.S Announce Locations of Four New EDCA Sites," April 3, 2023, https://www.defense.gov/News/Releases/Release/Article/3349257/philippines-us-announce-locations-of-four-new-edca-sites/.

③ U.S. Department of State, "Joint Statement on Australia-U.S. Ministerial Consultations 2023," July 29, 2023, https://www.state.gov/joint-statement-on-australia-u-s-ministerial-consultations-ausmin-2023/.

④ U.S. Embassy to Papua New Guinea Solomon Islands, and Vanuatu, "The United States and Papua New Guinea Sign New Defense Cooperation Agreement and Shiprider," May 22, 2023, https://pg.usembassy.gov/the-united-states-and-papua-new-guinea-sign-new-defense-cooperation-agreement-and-shiprider/.

士兵、5400 名菲军士兵及 100 余名澳军士兵参演，科目横跨海上安全、两栖作战、网络安全、减灾救援和人道主义行动等多个领域。① 演习期间，美菲两国还实现了"两个首次"：首次动用实弹开展"沉船"火力实射；首次部署"爱国者"防空导弹系统和"海马斯"多管火箭炮系统。专项演习方面，美国、日本和韩国于 2023 年 2~8 月先后举行 4 次海上联合反导防御演习，并在时隔 7 年后重启海上拦截演习，为三国 2023 年底建立实时共享朝鲜导弹预警数据系统预热。②

三是小多边集团建设取得新进展，进一步壮大了所谓"集体威慑力"。美日菲三边架构逐步成型。三国于 2023 年 6 月举行首次三边安全会议，就强化海上联演、扩大防务人员交流与信息共享达成共识。③ 同期，三国海上执法力量首次在菲律宾周边海域举行联合演习，并决定将此类演习常态化和机制化。④ 日菲两国于 2023 年 11 月正式启动《互惠准入协定》（Reciprocal Access Agreement, RAA）谈判，为双边防务合作与能力建设提供更多便利。⑤ 2023 年 8 月，美日韩三国首脑首次举行三边会晤，发布《戴维营原则》（Camp David Principles）、《戴维营精神：美日韩联合声明》

---

① Geoff Ziezulewicz, "Big Balikatan: Annual US-Philippines Exercise to Be Gigger than Ever," *Army Times*, April 5, 2023, https://www.armytimes.com/news/your-navy/2023/04/05/big-balikatan-annual-us-philippines-exercise-to-be-bigger-than-ever/.

② Drirhan Mahadzir, "Japan Self-Defense Forces Participating in Second Iteration of U. S Large Scale Global Exercise," USNI News, May 26, 2023, https://news.usni.org/2023/05/26/japan-self-defense-forces-participating-in-second-iteration-of-u-s-large-scale-global-exercise.

③ The White House, "Joint Readout of Trilateral Meeting Between the National Security Advisor of the United States, Japan, and the Philippines," June 16, 2023, https://www.whitehouse.gov/briefing-room/statements-releases/2023/06/16/joint-readout-of-trilateral-meeting-between-the-national-security-advisors-of-the-united-states-japan-and-the-philippines/.

④ Rane Acosta, "Philippine Coast Guard Hold First-Ever Trilateral Exercise with U. S., Japan," USNI News, May 29, 2023, https://news.usni.org/2023/05/29/philippine-coast-guard-will-hold-first-ever-trilateral-exercise-with-u-s-japan.

⑤ Catherine Valent, "PH, Japan Work on Reciprocal Access Agreement to Boost Defense Cooperation," *The Manila Times*, November 4, 2023, https://www.manilatimes.net/2023/11/04/news/ph-japan-work-on-reciprocal-accessagreement-to-boost-defense-cooperation/1917922.

(The Spirit of Camp David：Joint Statement of Japan，the Republic of Korea，and the United States）等成果文件，将三边安全关切重点由以往的"朝鲜威胁"和东北亚安全延伸到包括台海、南海在内的印太地区。① 这标志美日韩安全关系发生了质变，东北亚"南三角"安全格局初步成型。为配合美国实施"印太战略"，日本和澳大利亚军事互动频繁，安全合作升级。2023年12月，澳军首次赴日参加以"防卫日本"为场景的"山樱"美日大规模联合兵棋推演。② 同时，日本拟于2024财年分阶段实现F-35、F-15等多型战机在澳大利亚的轮换部署，并就澳大利亚"受攻击"情况下如何行使集体自卫权与澳方展开联合训练。③ 美英澳三国还加快在深空探测雷达、人工智能和量子运算系统、高超声速武器等领域的防务技术合作，并试图拉拢更多国家加入。④ 这标志着美英澳"三边安全伙伴关系"发展已超越核潜艇合作的单一范畴，进入"第一支柱"与"第二支柱"并行推进的新阶段。

（二）借乌克兰危机收紧遏俄包围圈，执意升级对乌军援恐力有不逮

乌克兰危机延宕至今，无论是危机的直接当事方，还是"场外"援助

---

① The White House, "Camp David Principles," August 18, 2023, https：//www. whitehouse. gov/ briefing-room/statements-releases/2023/08/18/camp-david-principles/; The White House, "The Spirit of Camp David: Joint Statement of Japan, the Republic of Korea, and the United States," August 18, 2023, https：//www. whitehouse. gov/briefing-room/statements-releases/ 2023/08/18/the-spirit-of-camp-david-joint-statement-of-japan-the-republic-of-korea-and-the-united-states/.

② Australian Government of Defense, "First Time Participation in Japan-US Exercise," December 4, 2023, https：//www. defence. gov. au/news-events/releases/2023-12-04/first-time-participation-japan-us-exercise.

③ Kaigo Narisawa, "Japan to Deploy ASDF Fighters to Australia on Rotational Basis," The Asahi Shimbun, October 30, 2023, https：//www. asahi. com/ajw/articles/15042152.

④ Australian Government of Defense, "AUKUS Defense Ministers Meeting Joint Statement," December 2, 2023, https：//www. minister. defence. gov. au/statements/2023-12-02/aukus-defense-ministers-meeting-joint-statement.

的美西方，均对战局走势持有一种"输不起，也不能输"的心态。这导致危机逐渐演变为一场损失巨大的消耗战、旷日持久的拉锯战、美西方与俄的混合战，以及外延拓展的敌后战。①

受此影响，美国持续优化驻欧军力部署。拜登政府在将驻欧美军总员额维持在 10 万人规模基础上，首次以行政令方式将北约"大西洋决心行动"（Operation Atlantic Resolve）界定为应急行动，授权国防部向欧洲增派约 3000 名预备役军人。② 同时，美国以北约"东进"和"北扩"为契机，从东欧和北欧两大方向收紧遏俄军事包围圈。东欧方向，美国将波兰、罗马尼亚视为确保北约东翼安全的关键节点，通过"派驻+援建"方式加大对其军事扶持力度。作为落实 2022 年北约马德里峰会"增兵欧洲"计划的重要内容，美国常驻波兰军事基地于 2023 年 3 月正式落户波兹南。这是美国在波兰境内设立的首个、在欧洲设立的第 8 个常驻军事基地。③ 在专项建设领域，美国国务院批准向波兰出售价值 150 亿美元的"一体化防空反导作战指挥系统"，包括 48 辆"爱国者"导弹发射车、644 枚"爱国者-3"防空导弹及相关套件。④ 2023 年 9 月和 11 月，美国又先后批准向罗马尼亚出售 32 架 F-35 战机和 54 辆"艾布拉姆斯"主战坦克。⑤ 北欧方向，美国于

① 中国现代国际关系研究院：《国际战略与安全形势评估（2023/2024）》，时事出版社，2024，第 49~51 页。

② David Vergun, "Biden Approves Mobilization of Reserves to Support Eucom," DOD News, July 13, 2023, https：//www. defense. gov/News/News－Stories/Article/Article/3458135/biden－approves-mobilization-of-reserves-to-support-eucom/.

③ 该基地作为美陆军第 5 军司令部前沿指挥所，配备 13 名现役军人和 140 名文职人员，负责对部署在波兰和北约东翼的美军提供必要行动支持。参见 "US Inaugurates First Permanent Army Base in Poland," The Defense Post, March 21, 2023, https：//www. thedefensepost. com/2023/03/21/us-army-base-poland/.

④ Jen Judson, "US State Department Clears ＄15B Sale of Missile Defense System for Poland," Defense News, June 29, 2023, https：//www. defensenews. com/land/2023/06/29/us－state－dept-clears-15b-sale-of-missile-defense-system-for-poland/.

⑤ Radu Dumitrescu, "Romania Set to Buy 32 F－35 Fighter Jets from US for USD 6. 5 Billion," Romania Insider, September 26, 2023, https：//www. romania-insider. com/romania-buy-32-f-35-fighter-jets-sept-2023；Jen Judson, "State Dept. Approves ＄2. 5B Sale of Abrams Tanks to Romania," Defense News, November 10, 2023, https：//www. defensenews. com/land/2023/11/09/state-dept-approves-25b-sale-of-abrams-tanks-to-romania/.

2023 年 12 月分别与北约新成员国芬兰和"准成员国"瑞典①签署双边防务合作协议。根据协议规定，美军在两国境内共获得 30 余个军事基地的进驻权和使用权，为美国在北欧预置军事资源、提升美国与北约盟国间的军事协同性与互操作性大开"方便之门"。②

另外，美国动态地调整了对乌援助重点，以确保乌克兰在经济、军事和国家治理领域实现"自立"的同时，削弱俄罗斯为达成既定战略目标获取相关资源的能力。③ 美国国防部于 2023 年 9 月启动了为期 5~8 个月的 F-16 战机飞行员培训项目，并承诺加快批准北约成员国向乌克兰转交 F-16 战机进程。④ 美国首批 10 辆援乌"艾布拉姆斯"主战坦克已于 2023 年 9 月完成交付，总数将在未来数月内达到 31 辆。⑤ 同年 10 月，美国向乌克兰提供了约 20 套射程达 165 公里的"陆军战术导弹系统"，用于摧毁俄罗斯的直升机、弹药库和其他军事基础设施。⑥ 拜登政府甚至不顾多方谴责，执意向乌克兰提供已

① 2024 年 3 月，瑞典正式加入北约，成为北约第 32 个成员国。参见 Christian Edwards, Radina Gigova, "Sweden Officially Joins NATO, Becoming Allliance's 32nd Member," CNN, March 7, 2024, https：//edition. cnn. com/2024/03/07/europe/sweden - join - nato - official - intl/index. html。

② U. S. Department of Defense, "Readout of Secretary of Defense Lloyd Austin Meeting with Swedish Minister of Defense Pal Jonson," December 5, 2023, https：//www. defense. gov/News/Releases/Release/Article/3608006/readout-of-secretary-of-defense-lloyd-j-austin-iii-meeting-with-swedish-ministe/; U. S. Department of State, "Secretary Antony Blinken at the Defense Cooperation Agreement Signing Ceremony with Finnish Foreign Minister Elina Valtonen and Finnish Defense Minister Antti Hakkanen, " December 18, 2023, https：//www. state. gov/secretary-antony-j-blinken-at-the-defense-cooperation-agreement-signing-ceremony/.

③ U. S. Department of State, "Secretary Antony Blinken at a Press Availability, " December 20, 2023, https：//www. state. gov/secretary-antony-blinken-at-a-press-availability-4/.

④ Todd Lopez, "U. S. Open to Training Ukrainian F-16 Pilots if Needed, " DOD News, August 21, 2023, https：//www. defense. gov/News/News - Stories/Article/Article/3499633/us - open - to - training-ukrainian-f-16-pilots-if-needed/.

⑤ Yulia Kesaleva and Radina Gigova, "Zelensky Says US Abrams Tanks have Arrived in Ukraine," CNN, September 25, 2023, https：//edition. cnn. com/europe/live-news/russia-ukraine-war-news-09-25-23#h_ 453379f02edbc1d130d2f2fa0fc2c813.

⑥ Natasha Bertrand , "US has Provided Ukraine Long-range ATACMS Missiles, Sources Say," CNN, October 18, 2023, https：//edition. cnn. com/2023/10/17/politics/us - ukraine - long - range - atacm-missiles/index. html.

被国际社会广泛禁用的集束弹药，公然违背国际道德伦理和国际法基本原则。[1]

随着形势陷入胶着状态，尤其是乌方发起的所谓2023年夏季"大反攻"战果远低于预期，美国国内"无条件"援乌的热情大大降低，"疲惫感"显著上升。盖洛普2023年11月的民调显示，约41%的受访民众认为美国对乌克兰提供的援助"过多"。[2] 美国府会、两党之间围绕援乌问题产生的分歧也在加速公开化。2023年12月，在乌克兰总统泽连斯基（Volodymyr Zelenskyy）自危机爆发以来第三度访美求援之际，美国国会参议院以49票支持、51票反对，否决了一项价值610亿美元的对乌援助支出法案，[3] 取而代之的是拜登政府宣布仅向乌追加2亿美元的军事援助。[4] 面对国会的质疑，尽管拜登政府鼓吹持续援乌的"双赢"属性，并敦促盟友积极分担更多援乌责任，但效果十分有限。鉴于国会共和党内部右翼保守势力已将对乌援助问题作为迫使拜登政府和民主党在非法移民和边境安全问题上妥协与让步的"筹码"，两党未来围绕援乌问题的激辩恐更趋激烈，美持续援乌的意愿也将面临更大的不确定性。

（三）巴以冲突扰乱美国的中东战略布局，迫其陷入被动应对"抗伊"和"援以"的窘境

中东地区安全局势在2023年呈现"高开低走""先缓后急"的鲜明

① "U. S. Sending Controversial Cluster Munitions to Ukraine as Part of ＄800 Million Aid Package," CBS News, July 7, 2023, https：//www. cbsnews. com/news/cluster-bombs-ukraine-us-aid-package/.

② Lauren Irwin, "More Americans Now Say US Giving 'Too Much' Support to Ukraine：Gallup," The Hill, November 2, 2023, https：//thehill. com/policy/international/4289366 - americans - support-ukraine-waning-gallup-survey/.

③ Patrica Zengerle, "US Senate Republican Block Ukraine, Israel Aid Bill Over Border Dispute," U. S. News, December 6, 2023, https：//www. usnews. com/news/top-news/articles/2023 - 12 - 06/us-senate-sets-test-vote-on-ukraine-aid-despite-republican-opposition.

④ Bradford Betz, "Biden Announce ＄200M in Additional Military Aid to Ukraine During Zelenskyy Visit to White House," Fox News, December 12, 2023, https：//www. foxnews. com/politics/biden - announces-two-hundred-million-dollars-additional-military-aid-ukraine-zelenskyy-visit-white-house.

特征，尤其是2023年10月7日爆发的新一轮巴以冲突及其外溢效应，不仅造成重大人员伤亡和严重的人道主义灾难，① 更使美国企图通过片面推进阿以和解来整合地区盟友力量，进而组建所谓"中东版北约"对抗伊朗的策略落空。② 拜登政府的中东战略重点被迫由"阿以和解"转向"危机管控"。

巴以冲突升级前，美国采取软硬兼施的方式应对伊朗的军事力量和地区影响力。一是通过将B-52战略轰炸机、"俄亥俄"级战略核潜艇等战略打击武器前推至波斯湾周边海域，增加驻阿曼湾和波斯湾的舰艇常规轮换数量，向中央司令部下辖多座基地增派F-15和F-16等多型战机，追加部署无人艇等途径，强化对伊军事威慑;③ 二是与伊朗达成换囚协议，避免伊核问题升级导致直接军事冲突。④ 巴以冲突急剧恶化后，美国将冲突爆发，尤其是美军驻伊拉克和叙利亚军事基地屡遭当地"什叶派抵抗阵营"袭击的根源，归咎为伊朗"纵容"的结果，指控伊朗向也门胡塞武装提供武器和情报支持，传授战术战法，⑤ 这引发了伊朗高层强烈的抗议和政策反弹。

作为以色列的"铁杆盟友"，美国在巴以冲突爆发一个月后明确了其在

---

① 截至2023年12月底，新一轮巴以冲突已造成约2.4万巴勒斯坦人丧生，加沙地区200多万人几乎全部处于流离失所状态。参见邹志强《新一轮巴以冲突的影响与前景》，《动荡与变革——复旦国际战略报告2023》，复旦大学国际问题研究院，2024年1月，第89页。

② 贺文萍：《2023年中东地缘政治先缓后紧》，中美聚焦网，2024年1月2日，https://cn.chinausfocus.com/m/43088.html。

③ Sam LaGrone, "U. S. Sending Destroyer, F-35s, F-16s to Protect Merchant Ships in Middle East," USNI News, July 17, 2023, https://news.usni.org/2023/07/17/u-s-sending-destroyer-f-35s-f-16s-to-protect-merchant-ships-in-middle-east.

④ Jon Gambrell and Matthew Lee, "What's Behind the Tentative US-Iran Agreement Involving Prisoners and Frozen Funds," AP News, August 12, 2023, https://apnews.com/article/biden-iran-us-prisoners-swap-deal-billions-e17dc67521798a2836ab4a3213e9277b.

⑤ 牛新春：《伊朗与美国的对抗又上新台阶》，《世界知识》2024年第2期，第70页；李亚男：《红海危机的"三重漩涡"》，《世界知识》2024年第2期，第43页。

中东地区的四大关键目标,[①] 并在上述目标框架下给予以方持续且全方位的军事支持。在内线战场，针对巴勒斯坦伊斯兰抵抗运动（哈马斯）对以色列发起代号"阿克萨洪水"的军事行动，美国相继派遣以"福特"号航母和"艾森豪威尔"号航母为首的双航母打击群赴地中海指定海域展开相关演训活动，同步强化 F-35、F-15、F-16 和 A-10 战斗机中队在中东地区的存在，并派遣 C-17 战略运输机多次向以方运输精确制导弹药等战时紧缺物资，试图通过提升武力展示等级威慑任何试图升级或扩大巴以冲突的势力。[②] 在外线战场，为配合、策应以军对加沙地区哈马斯军事目标发起的无差别轰炸及相关军事行动，美国将矛头对准黎巴嫩真主党、也门胡塞武装、叙利亚和伊拉克"亲伊朗"民兵组织等武装团体。2023 年 12 月，美国纠集英国、法国、意大利等盟友组建"繁荣卫士"红海护航联盟，以应对也门胡塞武装在红海海域对过往"关联以色列"商船的袭击,[③] 并在时隔近 3 年后重新将该武装组织列为"特别认定全球恐怖分子"实体,[④] 对其所属军事

---

① 根据美国国防部 2023 年 11 月发布的纪要文件，美国在中东地区的四大关键目标分别是保护美国在中东地区的军队和民众；优先确保向以色列提供关键安全援助，以抵御哈马斯的后续攻击；与以色列方面展开协调，确保被哈马斯扣押的包括美国民众在内的人质安全；加强美国在中东地区的军力部署态势，阻止任何国家或非国家行为体将危机外溢到加沙以外区域。参见 David Vergun, "U.S. Has 4 Objectives in Middle East," U.S. Department of Defense, November 6, 2023, https：//www.defense.gov/News/News-Stories/Article/Article/3581319/us-has-4-objectives-in-middle-east/。

② U.S. Department of Defense, "Statement from Secretary Lloyd J. Austin on U.S. Force Posture Changes in the Middle East," October 8, 2023, https：//www.defense.gov/News/Releases/Release/Article/3551716/statement-from-secretary-lloyd-j-austin-iii-on-us-force-posture-changes-in-the-middle-east/; U.S. Department of Defense, "Statement from Secretary of Defense Lloyd J. Austin on Deployment of USS Eisenhower Carrier Strike Group to Eastern Mediterranean," October 14, 2023, https：//www.defense.gov/News/Releases/Release/Article/3557560/statement-from-secretary-of-defense-lloyd-j-austin-iii-on-deployment-of-uss-eisenhower/.

③ Megan Eckstein and Andrew Chuter, "US Unveil International Force to Defend Red Sea. Here's What We Know," Defense News, December 20, 2023, https：//www.defensenews.com/naval/2023/12/19/us-unveils-international-force-to-defend-red-sea-heres-what-we-know/.

④ Shannon Crawford, "US Redesignates Houthis as a Terrorist Group: What It Means," ABC News, January 18, 2024, https：//abcnews.go.com/Politics/us-redesignates-houthis-terrorist-group-means/story?id=106451725.

目标发起代号"波塞冬弓箭手行动"的长时段、有组织、精准化军事打击。然而，美方的种种举措未能阻止地区冲突升级蔓延，其一味地偏袒以色列的"拉偏架"行为所引发的反噬效应正逐步显现。自2023年10月至2024年1月，美军驻中东军事基地遭袭次数已高达150余次，美驻约旦军事基地更是首次出现重大人员伤亡。① 对此，美国高层扬言要动用一切手段，按照美方选择的时间和方式，对伊拉克"伊斯兰抵抗组织"等地区反美武装力量做出多层次、分阶段、长周期回应。② 未来一段时间，美国企图凭借自身在中东地区的军力存量优势解决冲突的做法只会使局势乱上加乱。

（四）借助双多边平台强化与北欧国家防务合作，打造遏俄"北极前哨"，图谋掌控北极事务主导权

2023年，拜登政府趁乌克兰危机后北欧国家加速向美靠拢的有利态势，加大对其进行"战略捆绑"，通过策动北欧、北约和北极"三北联动"，将"大国竞争"叙事强行植入北极地区，导致北极渐从"和平之极"转向"不稳定之极"。③

双边层面，美国有针对性地在靠近俄本土的北欧国家部署战略威慑和常规打击武器，打造所谓遏俄"北极前哨"。继2021年与挪威签署防务合作协议并首次将4架B-1B战略轰炸机和约200名附属后勤人员部署至奥兰德空军基地后，④ 美国北方司令部于2023年1月首次将4架可搭载核弹的F-

---

① Tom Brook and Josh Meyer, "Drone Strike on US Troops Shows How Service Members in Mideast Face Increasingly Lethal Attacks," *USA Today*, January 29, 2024, https://www.usatoday.com/story/news/world/2024/01/28/deadly-attack-us-troops-middle-east/72388580007/.

② The White House, "Statement from President Joe Biden on U.S. Military Operation in the Middle East," February 2, 2024, https://www.usatoday.com/story/news/world/2024/01/28/deadly-attack-us-troops-middle-east/72388580007/; Thomas Watkins, "US Said to Plan 'Multi-Tiered' Retaliatory Strikes in Iraq and Syria," The National News, February 2, 2024, https://www.thenationalnews.com/world/us-news/2024/02/02/us-iraq-syria-iran/.

③ 王克宇、胡欣：《"三北联动"，值得注意的战略动向》，《世界知识》2024年第3期，第54页。

④ Gareth Jennings, "US to Deploy B-1B Bombers to Norway for First Time," Janes, February 3, 2021, https://www.janes.com/defence-news/news-detail/us-to-deploy-b-1b-bombers-to-norway-for-first-time.

35A 战机部署在丹麦图勒空军基地，以强化在北极地区的战略威慑力。① 同年 3 月，美军 1 架有"核末日战机"之称的 E-6B 战机飞抵冰岛，为可能出现的对俄"极端情况"做准备。② 为凸显挪威在美国维持北极和北大西洋地区安全稳定方面的"战略合作伙伴"角色，美国海军"福特"号航母于 2023 年 5 月访问挪威首都奥斯陆。这也是美国航母时隔 65 年再度抵达挪威。③ 此外，在美国的煽动与挑唆下，英国、法国和德国等其他北约国家纷纷表示要加强在北极地区的军事存在。在可预见的未来，北极地区的安全走势或将演变为由北欧国家充当"排头兵"、由美国主导的北约国家充当"梯队力量"，与俄罗斯展开激烈博弈的两元对立新格局。

多边层面，美国在北约框架下参与由挪威、瑞典和芬兰三国联合举行的"北极挑战-2023"联合军演。除上述三国外，美国、法国、德国、荷兰等 10 余个北约成员国的近 3000 名军人和约 150 架各型战机参演。④ 挪威还特意派遣 F-35 战机参演，以测试不同代际战机的协同作战能力。鉴于演习地域靠近北极圈和俄罗斯领海领空，⑤ 俄罗斯在巴伦支海的军事存在成为演习重点针对的目标。演习凸显了以美国为首的北约试图通过大规模、多方向、实战化联合军演，检验美盟在极地的兵力协同运用能力与战术配合能力，最终实现增强北约内部凝聚力、强化对俄战略威慑力、加大对北极军事掌控力的三重战略目标。

---

① David Cenciotti, "NORAD Deploys F-35A Stealth Aircraft to Greenland for the First Time," *The Aviationist*, January 31, 2023, https://theaviationist.com/2023/01/31/norad-deploys-f-35a-stealth-jets-to-greenland-for-the-first-time/.

② Gaetan Powis, "Nuclear Deterrence: The US Navy Deploys an E-6B Mercy to Iceland," *Air&COSMOS International*, March 7, 2023, https://www.aircosmosinternational.com/article/nuclear-deterrence-the-us-navy-deploys-an-e-6b-mercury-to-iceland-3662.

③ Jan Oslen, "Carerier Ford Arrives in NATO Member Norway, to Take Part in Drills," *Navy Times*, May 24, 2023, https://www.navytimes.com/news/your-navy/2023/05/24/carrier-ford-arrives-in-nato-member-norway-to-take-part-in-drills/.

④ "Arctic Challenge Exercise 2023- Arctic Challenge Exercise, Europe's Biggest Exercise This Year," *Norwegian Armed Forces*, May 15, 2023, https://www.forsvaret.no/en/news/press/arctic-challenge-exercise-2023.

⑤ "北极挑战-2023"联合军演地域包括芬兰的罗瓦涅米和皮尔卡拉、瑞典的吕勒奥以及挪威的奥兰德。

三 持续推进国防和军备建设

在持续高企的国防预算支撑下，美国国防部和各军种以新版《国家军事战略》（National Military Strategy）中为联合部队设定的三大战略目标及对应任务为牵引，[①] 持续优化作战概念和条令，秉持日常建设和战备演训同步推进的总思路，进一步明确转型升级方向和优先建设重点，使军事手段切实成为应对潜在地缘冲突、竞赢对手的重要工具。

（一）国防预算再创新高，夹带大量涉华消极条款

2022 年 12 月，拜登总统正式签署总额高达 8579 亿美元的《2023 财年国防授权法案》（Fiscal Year 2023 National Defense Authorization Act，以下简称《法案》），超出其向国会提交的国防预算申请约 450 亿美元，较 2022 财年增长近 900 亿美元，涨幅高达 10%。[②] 具体配额划拨上，美国国防部预算为 8167 亿美元，能源部和国防核设施安全委员会预算为 303 亿美元，与国防相关的其他活动预算为 3.78 亿美元。此外，美国政府还分别设立 126 亿美元和 38 亿美元的专项资金，以应对通货膨胀对军事采购和军事建设造

[①] 2023 年版《国家军事战略》提出美军联合部队三大战略目标及对应的主要任务如下。一是强化美国本土防御水平，抵御主要对手对美本土造成的潜在全域威胁，确保本土绝对安全。涉及主要任务包括加快推进美军事现代化和"一体化威慑"能力建设，保护美自身生活方式和价值观。二是威慑对手，迫使其放弃针对美国及其盟伴的攻击和其他渗透活动。涉及主要任务包括利用地区安全伙伴关系网，持续强化与盟伴的军事合作和协调行动，持续削弱对手战争潜能，为维护"基于规则的国际秩序"提供强大军事支撑。三是加强战备水平，确保美优势作战能力，打造一支有韧性的武装力量。涉及主要任务包括使美军具备在困难环境和受挫状态下快速恢复的能力，及时整合相关先进技术，巩固并扩大作战行动优势。参见 The Joint Chiefs of Staff, "National Military Strategy," June 2023, pp. 1–6, https：//www. jcs. mil/Portals/36/NMS%202022%20_ 20Signed. pdf.

[②] Mallory Shelbourne, "Biden Signs FY 2023 National Defense Authorization Act," USNI News, December 23, 2022, https：//news. usni. org/2022/12/23/biden – signs – fy – 2023 – national – defense–authorization–act.

成的不利影响。①

为应对美国在全球关键地区面临的主要"威胁与挑战"，《法案》依据欧洲和亚太"双线战场"调配相关军事资源。在欧洲地区，《法案》着重体现美国对确保北约安全的坚定承诺，强调对乌克兰危机和其他共同安全挑战做出"集体回应"，以及确保美国对乌克兰提供长期安全援助的重要性。《法案》批准2023财年对"欧洲威慑倡议"（European Deterrence Initiative）拨款60亿美元，以强化美国驻欧洲军队的战备能力，并通过延长和修改"乌克兰安全援助倡议"（Ukraine Security Assistance Initiative）大幅提升美国对乌克兰的安全援助金额。在亚太地区，拜登政府为"太平洋威慑倡议"（Pacific Deterrence Initiative）注资115亿美元，为开展对华"战略竞争"提供足额资金支持。作为落实"一体化威慑战略"的重大举措，美国国会还将向国防安全合作局"国际安全合作项目"（International Security Cooperation Programs）拨款1.985亿美元，以加强美国盟伴的能力建设。②

尤其值得引起高度关注的是，在美国将中国视为"21世纪最严峻地缘政治挑战"并开启全面遏华打压的背景下，美国企图借助立法途径强化对台防务与军事合作，坐实美台"准同盟"防务伙伴关系。这严重违反一个中国的原则和中美三个联合公报的规定，充分暴露了美国府会和两党的"以台制华"共识正加速异变为名目繁多的"遏华挺台"实际行动。《法案》中涉台的篇幅多达50页，内容涵盖强化对台军事融资、加速对台军售、密切美台军事演训等。《法案》中夹带的所谓"强化台湾韧性法案"（Taiwan Enhanced Resilience Act, TERA），授权美国政府从2023~2027年向台湾提供100亿美元的军事援助，美国总统可凭借"总统拨款权"直接从国防部和各军种的库存中提取最高10亿美元的防卫装备供给台湾，以建立

---

① Jim Garaone, "Biden Signs National Defense Authorization Act into Law," DOD News, December 23, 2022, https：//www. defense. gov/News/News - Stories/Article/Article/3252968/biden - signs-national-defense-authorization-act-into-law/.

② Jim Garaone, "Biden Signs National Defense Authorization Act into Law," DOD News, December 23, 2022, https：//www. defense. gov/News/News - Stories/Article/Article/3252968/biden - signs-national-defense-authorization-act-into-law/.

应对紧急事态的"地区应急储备"。① 在 2023 年 12 月生效的《2024 财年国防授权法案》（Fiscal Year 2024 National Defense Authorization Act）中，美国显著加快了助台"练兵备战"的步伐。国会授权国防部部长依据所谓"强化台湾韧性法案"，在与相关人员协商的前提下，制订全面培训、咨询和机制能力建设计划；要求国防部部长和国务卿在《2024 财年国防授权法案》生效后的 180 天内就美国对台安全援助情况向国会相关委员会提交报告，并要求国防部部长提交关于美国承诺售台武器装备情况的阶段性报告；授权国防部部长强化美台军事网络安全合作，以阻止针对台湾军事设施的所谓"恶意网络活动"。② 近乎在《法案》生效的同时，美国国务院正式批准价值 3 亿美元的新一轮对台军售，这是拜登政府年内第 5 次、上任以来第 12 次对台军售，旨在强化其在指挥、控制和通信等领域的实战能力。③ 此外，台湾当局还计划向美国采购 400 枚陆基"鱼叉"反舰导弹，首批导弹将在 2026 年交付并力争在 2028 年完成全部交付工作。④

（二）持续优化作战概念和条令

2023 年 2 月，美军参谋长联席会议（以下简称"参联会"）发布《竞争联合概念》（Joint Concept for Competing）文件，旨在探究如何在战争阈值下与对手进行常态化竞争，通过将联合竞争概念引入联合战略规划和联合部队的发展与设计，牵引作战思维范式转变，用"竞争-冲突连续体"概念打

① U. S. Senate Foreign Relations Committee, "Risch Praises Inclusion of SFRC Priorities in FY2023 NDAA," December 7, 2022, https：//www. foreign. senate. gov/press/rep/release/risch – praises–inclusion–of–sfrc–priorities–in–fy2023–ndaa.

② Chiang Chin–yeh and Sean Lin, "Biden Signs into Law 2024 Defense Spending Bill with Taiwan Provision," Focus Taiwan, December 23, 2023, https：//focustaiwan. tw/politics/202312230004.

③ Joe Saballa, "US OKs ＄300M Tactical Information Systems Support for Taiwan," The Defense Post, December 18, 2023, https：//www. thedefensepost. com/2023/12/18/us – tactical – information–taiwan/.

④ Bradley Wasser, "Taiwan to Acquire 400 Land–launched Harpoon Missile," Atlas News, April 17, 2023, https：//theatlasnews. co/brief/2023/04/17/taiwan – to – acquire – 400 – land – launched – harpoon–missiles/.

破关于战争与和平的传统二元对立认知，使联合部队能够与跨机构、跨国家和跨组织一道参与"战略竞争"。① 美军认为，针对对手希望"不战而胜"的战略企图，应在保持充分战备的基础上，改变"战略竞争"方式，将应对军事挑战作为首要目标，并在以下四个方面取得实质性成果：对上，向总统和国防部部长提供军事建议，为制定国防政策提供政策依据；对下，为制定作战方案和联合规划进程提供战略指导；对外，明确并优化联合部队与盟伴的相互关系；对未来，为联合部队的发展和设计流程提供信息和指导。②

与此同时，作为联合部队面向未来的路线图，美军于 2023 年 8 月发布联合作战顶层条令 JP1 卷 1《联合作战》（Joint Warfighting），"联合作战概念 3.0"正式由作战概念升级为作战条令。这标志着美军对于如何在"快节奏、高科技、极具挑战性和致命性环境"中穿越空间和时间进行机动的思考进入新阶段，为联合部队在未来冲突中的作战提供了新思路。早在 2023 年 4 月，美国国防部负责研究与工程的副部长徐若冰（Heidi Shyu）便将推进落实"联合作战概念"（Joint Warfighting Concept）并将其转化为高强度对抗作战所需能力作为国防部重要工作事项，并着手启动对"联合作战概念 3.0"的审查程序。③ 同年 7 月，时任美军参联会主席马克·米利（Mark Milley）在《联合部队季刊》（*Joint Force Quarterly*）发表题为"战略拐点"（Strategic Inflection Point）的文章。该文详细阐述了"联合作战概念 3.0"的七大关键原则：一是一体化联合部队，强调各军种在全部作战域进行无缝整合，形成一支统一的部队并发挥作用；二是拓展机动范围，要求作战人员

① Mark Pomerleau, "Pentagon Publishes New Joint Concept for Competing, Warning That Adversaries Aim to 'Win Without Fighting'," Defense Scoop, March 7, 2023, https：//defensescoop. com/ 2023/03/07/pentagon-publishes-new-joint-concept-for-competing-warning-that-adversaries-aim-to-win-without-fighting/.

② U. S. Naval Institute Staff, "Pentagon's Joint Concept for Competing," USNI News, March 9, 2023, https：//news. usni. org/2023/03/09/pentagons-joint-concept-for-competing.

③ Laura Heckmann, "Sea-Air-Space News: Joint Warfighting Concept 3. 0 'Definitely Coming'， Official Says," National Defense, April 5, 2023, https：//www. nationaldefensemagazine. org/ articles/2023/4/5/joint-warfighting-concept-30-definitely-coming-official-says.

创造性地思考如何在陆、海、空、网络、太空、电磁频谱和认知域实施机动作战；三是脉冲式作战，精心运用联合部队力量，形成或利用己方对敌优势；四是一体化指挥和敏捷控制，以实现全域联合指挥与控制；五是集中全球火力，整合杀伤和非杀伤火力，在全域和多个责任区实现精确且同步的全球效果；六是发挥信息优势，利用人工智能、大数据等先进技术，快速搜集、分析和传递信息，以实现决策优势并促成行动；七是打造弹性后勤，建立一个能在所选时间和地点快速运送人员、设备和物资的系统。① 美军参联会副主席克里斯托弗·格雷迪（Christopher Grady）表示，"联合作战概念3.0"侧重于信息优势、指挥和控制、联合火力、在竞争环境下的后勤中取胜的能力，以及增强联合部队的机动能力。对此，美军需通过融合来自陆、海、空、太空等多个作战域的传感器信息来感知和理解作战环境，使其能够迅速供决策者使用。②

（三）加快推进军种转型升级进程

陆军将多域特遣部队作为落实"多域联合""跨域协同"理念的核心载体加以建设和部署。2023年5月，陆军第3支多域特遣部队正式组建完毕并于当月参加"北方利刃-2023"军演第一阶段行动。③ 根据规划，它将与已完成组建的第1支多域特遣部队在印太地区开展轮换部署。此外，陆军2023年持续优化火力打击能力，为落实印太"火力环"构想做准备。2023年6月，陆军使用"堤丰"陆基导弹系统发射最大射程达1800公里的"战

---

① Mark Milley, "Strategic Inflection Point," *Joint Force Quarterly*, 110, 3rd Quarter 2023, National Defense University Press, p. 12, https：//ndupress. ndu. edu/Portals/68/Documents/jfq/jfq-110/jfq-110-6-15-Milley. pdf.

② Audrey Decker, "Grady Eyes Third Iteration of JWC to Become 'Doctrine'," Inside Defense, November 3, 2023, https：//insidedefense. com/insider/grady - eyes - third - iteration - jwc - become-%E2%80%98doctrine%E2%80%99.

③ Kaitlyn Kilgore, "3ʳᵈ Multi-Domain Task Force Completes First Exercise During Northern Edge 23," The U. S. Army Pacific, June 13, 2023, https：//www. usarpac. army. mil/Our-Story/Our-News/Article-Display/Article/3427257/3rd-multi-domain-task-force-complete-first-exercse-during-northern-edge-23/.

斧"巡航导弹，有效地弥补了在中程火力打击能力上的欠缺。① 同年12月，陆军宣布接收首批最大射程达550公里、可供连级规模部队使用的"精确打击导弹"（PrSM）。② 相较"陆军战术导弹"（ATACMS），"精确打击导弹"的射程更远，打击精度更高。未来，陆军可通过机动部署配备"精确打击导弹"的"海马斯"多管火箭炮，支援地面和海上封控作战。陆军计划于2024年在印太地区部署射程在500～2700公里的陆基中程导弹。这将是美国自冷战结束以来首次在该地区部署陆基中程导弹，也是自2019年《中导条约》（Intermediate-Range Nuclear Forces Treaty, INF）失效后，美国首次部署此类武器。③

在防御端，伴随"一体化防空反导作战指挥系统"（Integrated Air and Missile Defense Battle Command System, IBCS）形成初始作战能力，美国现有的"萨德""爱国者""复仇者"等防空反导系统将在统一指挥与控制下，在探测跟踪、目标识别、作战指挥等方面实现跨系统深度协同，以及防空反导的分层联动配合。

2023年10月，美国海军部发布新版战略指南，明确了三大优先事项：强化针对主要对手的海上优势；培塑以激励人才和创新为宗旨的战斗文化；提升美国在印太地区及其他地区的战略伙伴关系。该指南旨在应对可能与势均力敌的对手之间爆发的高端冲突，维护并促进美国在全球的海上利益。④

在追求规模效应方面，美国海军部在向国会提交的新版《海军战斗部

---

① Inder Singh Bisht, "US Army Launches Tomahawk Missile from Typhon Battery," The Defense Post, July 5, 2023, https：//www.thedefensepost.com/2023/07/05/us-army-tomahawk-typhon/.

② Andrew Salerno-Garthwaite, "US Army Receives First PrSM Missile," Army Technology, December 13, 2023, https：//www.army-technology.com/news/us-army-receives-first-prsm-missile/.

③ Inder Singh Bisht, "US to Deploy Land-based Missiles in Indo-Pacific by 2024," The Defense Post, December 4, 2023, https：//www.thedefensepost.com/2023/12/04/us-missiles-indo-pacific/? expand_ article=1.

④ Department of the US Navy, "One Navy-Marine Corps Team：Advancing Department of the Navy Priorities," October 2023, p. 2, https：//media.defense.gov/2023/Oct/26/2003328880/-1/-1/1/ADVANCING%20DON%20PRIORITIES_ FINAL.PDF/ADVANCING%20DON%20PRIORITIES_ FINAL.PDF.

队舰艇评估和需求》（Battle Force Ship Assessment and Requirement）中，拟将海军未来有人作战舰艇数量增至 321～372 艘，无人作战舰艇数量增至 77～140 艘，舰队总体规模有望突破 500 艘。由此可见，美国着力打造一支规模更大、分布更广、能力更强的海上力量。① 仅 2023 财年，国会便授权拨款 326 亿美元用以新建各型海军舰艇 11 艘。②

此外，美国海军显著加快了海上无人作战平台的研发、采购和部署进程，致力于打造以大型、中型无人水面作战舰艇和水下无人潜航器为核心架构的无人作战体系。研发投入上，海军 2023 年用于研发大型、中型无人水面舰艇和大型无人潜航器的资金分别达到 1.174 亿美元、8580 万美元和 1.04 亿美元。③ 装备采购上，海军遵循"由小及大"的建设思路，计划在 2024 年和 2025 年分别采购首艘中型无人水面舰艇和首艘大型无人水面舰艇，并在 2026 年采购执行水下作战任务的大型无人潜航器。④ 力量部署上，海军"幽灵舰队"下属的 4 艘无人舰艇，包括"海猎手"号、"海鹰"号、"水手"号和"游骑兵"号，于 2024 年 1 月首次完成为期 5 个月的亚太部署。在此期间，4 艘无人舰艇共计航行 4.665 万海里，单艇航行时长至少为 50 天，完成自主运行模式下的各种性能测试，尤其是有人-无人舰艇的协同配合问题，并与日本海上自卫队、澳大利亚海军和美国海军第七舰队辖区内

① Sam LaGrone, "Navy Raises Battle Force Goal to 381 Ships in Classified Report to Congress," USNI News, July 18, 2023, https：//news. usni. org/2023/07/18/navy-raises-battle-force-goal-to-381-ships-in-classified-report-to-congress.

② 新建的 11 艘舰艇包括 3 艘"阿利·伯克"级驱逐舰、2 艘"弗吉尼亚"级潜艇、2 艘远征快速运输舰、1 艘"星座"级护卫舰、1 艘"圣安东尼奥"级两栖船坞运输舰、1 艘"约翰·刘易斯"级油料补给舰以及 1 艘"纳瓦霍"级拖曳、打捞和救援船。参见 United States Senate Committee on Armed Services, "Summary of the Fiscal Year 2023 National Defense Authorization Act," December 6, 2022, p. 6, https：//www. armed-services. senate. gov/imo/media/doc/fy23_ ndaa_ agreement_ summary. pdf。

③ "Navy Large Unmanned Surface and Undersea Vehicles: Background and Issues for Congress," Congressional Research Service, September 5, 2023, p. 2, https：//sgp. fas. org/crs/weapons/R45757. pdf.

④ "Navy Large Unmanned Surface and Undersea Vehicles: Background and Issues for Congress," Congressional Research Service, September 5, 2023, p. 17, https：//sgp. fas. org/crs/weapons/R45757. pdf.

的水面舰艇进行联合作战测试。[①]

2023 年 3 月，美国空军发布新版《未来作战概念》（Future Operating Concept，以下简称《概念》），这也是空军在时隔 8 年后首次对《概念》进行更新。《概念》明确了维持空中优势、全球打击、全球快速机动、情报监视与侦察以及指挥与控制五大核心职能。[②] 作为对"联合作战概念 3.0"中脉冲式作战原则的呼应，空军在新版《概念》中提出"脉冲式空中力量"（pulsed airpower）概念，以便在"大国竞争"背景下增强全球机动、快速反应和精确打击能力，在时间和空间两大维度集中优势，为联合部队的行动创造"机会窗口"。

在日常战备建设方面，美国空军以日本、菲律宾、澳大利亚等支点国家为依托，以强化战术协同性与互操作性为重点，将演训活动大幅前推至西太平洋及周边区域。在双边层面，"北方利刃 23-2"军演于 2023 年 7 月首次移师日本和关岛附近空域，美空军 F-15、F/A-18、F-16、F-35 等多型战机与日本航空自卫队 F-2、F-15、UH-60 等战机展开密集起降、紧急升空拦截、联合空战等科目演练，以熟悉协同流程，增强互操作性。[③] 同期，美菲两国在菲律宾境内多个基地举行"雷霆对抗 23-2"演习，美国派遣 225名官兵及 C-130、A-10、F-22 等型战机参演，体现了美国对菲律宾在争夺西太平洋制空权方面所扮演角色的倚重。[④] 多边层面，美国空军空中机动司令部举行了"机动卫士-2023"多国联合军演，测试空军在紧急状态下的远程投送

---

① Megan Eckstein, "US Navy's Four Unmanned Ships Return From Pacific Deployment," Defense News, January 2024, https://www.defensenews.com/naval/2024/01/16/us－navys－four－unmanned-ships-return-from-pacific-deployment/.

② U.S. Air Force, "Air Force Future Operating Concept Executive Summary," March 6, 2023, p. 1, https://www.af.mil/Portals/1/documents/2023SAF/Air_Force_Future_Operating_Concept_EXSUM_FINAL.pdf.

③ Japan Air Self-Defense Force, "Japan-U.S. Bilateral Exercise on Northern Edge 23-2," June 27, 2023, https://www.mod.go.jp/asdf/English_page/news/houdou/2023/20230627-2en.pdf.

④ Georgina DiNardo, "US and Philippines Strengthen Military Ties in Cope Thunder Exercise," *Air Force Times*, July 7, 2023, https://www.airforcetimes.com/news/your-air-force/2023/07/07/us-and-philippines-strengthen-military-ties-in-cope-thunder-exercise/.

能力及美国与盟伴之间区域联合空运的水平。美国、日本、英国、澳大利亚、法国等 7 国共计出动 70 余架战机，演习地域从澳北部延伸至夏威夷，地理跨度超 4500 公里，是该演习自 2017 年举办以来规模最大的一次。①

作为牵引美国海军陆战队未来 10 年能力建设的纲领性文件，新版《兵力设计 2030》（Force Design 2030）大致延续该军种过去 3 年的发展方向，并进一步明确了未来转型建设的重点。对于前者，新版文件强调要聚焦"三个现代化"，即训练与教育系统现代化，为军种战备建设提供支撑；军事设施和后勤现代化，通过对条令、组织机制、人员和设施等方面的调整，实现作战与保障的一体联动；加速推进人事改革，实现人才管理现代化。②对于后者，按照"小、快、轻、精"的建设思路，着力强化濒海威慑和两栖作战能力。装备配置上，裁撤现有坦克力量，削减重型火炮数量，增加配备高机动火箭炮；削减大型船坞登陆舰数量，增加轻型两栖登陆舰的使用。为提升远程精确打击能力，海军陆战队于 2023 年 6 月组建首支具备发射"战斧"巡航导弹能力的炮兵连，并计划在 2030 年将规模由连级提升至营级。③ 力量结构上，增加无人系统比重，通过建立通用任务控制器，串联地面、水上和空中无人系统，使决策者能够在战略和战术层面对不同的无人系统进行多域监督和控制。后勤保障上，用非线性、分布式、网络化后勤体系取代现有集中式后勤体系，以便在拒止、中断或限制等对抗环境下，实施分布式海上作战和远征前进基地作战。

太空军则加快海外力量部署进程，以提升前沿战斗力。继 2022 年 12 月正式

---

① David Roza, "Minihan: Mobility Guardian 23 will Test Airman in New Ways," *Air&Space Forces Magazine*, March 7, 2023, https://www.airandspaceforces.com/air-force-minihan-mobility-guardian-2023/.

② "Force Design 2030 Annual Update," Defense One, June 2023, https://www.defenseone.com/media/forcedesign2030annualupdatejune2030signed.pdf.

③ Aaron-Matthew Lariosa, "Marines Activate First Tomahawk Battery," USNI News, July 25, 2023, https://news.usni.org/2023/07/25/marines-activate-first-tomahawk-battery; "U.S. Marines to Set Up Tomahawk Battalion by 2030," Kyodo News, April 20, 2023, https://english.kyodonews.net/news/2023/04/581d3cfaa8c0-us-marines-to-set-up-tomahawk-battalion-by-2030.html.

组建太空军驻韩国部队后，美国于 2023 年 9 月着手筹备隶属太空军印太司令部的驻日本太空军，扩大与日本"宇宙作战群"在太空侦察、监视、情报搜集等领域的合作，为美日韩三国实时共享地区国家导弹发射相关信息提供技术支撑。① 此外，太空军将打造全方位太空侦察、预警与打击能力作为优先建设事项。根据 2022 年版《统一指挥计划》（Unified Command Plan）的安排，太空司令部于 2023 年 5 月正式从战略司令部手中接管导弹预警、导弹防御和太空作战感知三大职能，职责范围进一步扩大。② 为此，太空发展局采取商业采购模式，向美国本土军工企业采购 72 颗、总价 15 亿美元的微型卫星，作为太空军规划中的"增强作战人员太空架构"（Proliferated Warfighter Space Architecture，PWSA）第二期星群的传输层。③ 相较于传统卫星，组网运行的微型卫星具有造价成本低、开发流程短、运行轨道低等优势，能更好地探测来袭高超声速导弹。此外，2023 年 8 月，完成组建的太空军第 75 情报、监视与侦察中队，将为联合部队的动能与非动能目标打击提供支援。④

四　同步推进传统威慑力量与新型作战力量建设

2023 年，美国持续将核力量现代化作为落实"一体化威慑战略"、增加大国地缘政治博弈筹码的保底手段，在强化核武器战略威慑效应的基础上，

① "U. S. Eyes Setting up Space Force Unit in Japan Amid China's Rise," Kyodo News, September 25, 2023, https：//english. kyodonews. net/news/2023/09/7428f642363d-us-space-force-eyes-setting-up-japan-unit-amid-chinas-rise. html.

② Sandra Erwin, "U. S. Space Command Takes over New Responsibilities for Missile Defense," Space News, May 31, 2023, https：//spacenews. com/u-s-space-command-takes-over-responsibility-for-protecting-homeland-from-missile-strikes.

③ Sandra Erwin, "Space Development Agency Awards Contracts to Lockheed Martin, Northrop Grumman for 72 Satellites," Space News, August 21, 2023, https：//spacenews. com/space-development-agency-awards-1-5-billion-to-lockheed-martin-and-northrop-grumman-for-72-satellites/.

④ Brett Tingley, "US Space Force Creates 1st Unit Dedicated to Targeting Adversary Satellites," August 17, 2023, https：//www. space. com/space-force-1st-targeting-squadron.

更加注重在地区高强度冲突中的实战化运用潜能。① 美国还借大国军控体系处于"休克"状态之机，② 肆意扩大"延伸威慑"范围，加剧地区核扩散风险。另外，美国高度重视科技创新对军事力量的赋能作用，加快网络空间、电磁频谱和人工智能等新质领域的军事布局与力量建设，以契合现代战争加速由信息化向智能化演进的趋势。

（一）升级"三位一体"核打击力量与核指挥控制通信系统，加速在全球关键地区扩散核武器

美国持续加码预算投入，同步推进核载具与核战斗部现代化升级进程。陆基载具方面，美国在 2023 财年拨款 36 亿美元研发下一代"哨兵"洲际弹道导弹，预计于 2030 年前后列装部队以取代老旧的"民兵-3"洲际弹道导弹。③ 海基载具方面，"哥伦比亚"级战略核潜艇首艇的建造工作已于 2023 年 5 月正式启动。按照既定方案，美国将在 2039 年前后完成全部 12 艘该型潜艇的建造工作。④ 空基载具方面，下一代战略轰炸机 B-21"突袭者"研制工作取得重大进展。该机先后在 2023 年 7 月和 11 月完成发动机运转测试和首飞测试，⑤ 首

---

① 高歌：《全球核态势：实战部署核弹数量增加，核风险加剧》，澎湃新闻网，2023 年 12 月 26 日，https：//www.thepaper.cn/newsDetail_ forward_ 25782087。

② 核力量方面，俄罗斯于 2023 年 2 月宣布暂停履行《新削减战略武器条约》，不再与美国分享其核武库的关键数据。美国于同年 6 月决定停止与俄罗斯分享条约约定的数据；2023 年 11 月，俄罗斯正式撤销批准《全面禁止核试验条约》，美俄两国均成为已签署但未批准该条约的国家。常规力量方面，俄罗斯于 2023 年 11 月宣布正式退出《欧洲常规武装力量条约》，美国于同月宣布暂停履行《欧洲常规武装力量条约》的所有义务，北约也在随后发表类似公告宣布暂停参与该条约。

③ "Report to Congress on LGM-35A Sentinel Intercontinental Ballistic Missile," USNI News, January 16, 2023, https：//news.usni.org/2023/01/16/report-to-congress-on-lgm-35a-sentinel-intercontinental-ballistic-missile.

④ "Report to Congress on Columbia-Class Ballistic Missile Submarine Program," USNI News, April 5, 2023, https：//news.usni.org/2023/04/05/report-to-congress-on-columbia-class-ballistic-missile-submarine-program-9.

⑤ John A. Tirpak, "Successful B-21 Test Moves Bomber Closer to First Flight, Still on Track on 2023," *Air&Space Forces Magazine*, July 27, 2023, https：//www.airandspaceforces.com/successful-b-21-test-first-flight-on-track-2023/；John A. Tripak, "New B-21 Bomber Takes First Flight," *Air&Space Forces Magazine*, November 10, 2023, https：//www.airandspaceforces.com/b21-first-flight/.

架量产型 B-21 有望在 21 世纪 20 年代中期服役，并与改进后的 B-52H 战略轰炸机构成美军空中战略打击核心力量。核战斗部升级方面，美国启动 B61-13 新型核弹研制工作，该型仅限美军使用的核弹兼具 B61-7 大当量和 B61-12 高精度、可滑翔的特点，可通过战机挂载方式对敌方大型地下军事设施发起毁灭性打击。① 美国还试图打破相关军控条约对实际可部署核弹数量的限制，考虑为陆基洲际弹道导弹重新配备分导式多弹头，以应对对手的反导系统。②

同时，美国以强化地区安全为由，肆意扩大和升级"核共享"范围和模式，变相推进核武器的全球化部署。在亚太地区，美英澳三国于 2023 年 3 月公布了澳核潜艇建造具体方案。方案以 10 年为一个进阶周期，最终将在 21 世纪 50 年代前使澳方装备由英国设计、配备美制核推进系统、在澳大利亚本土建造的新型潜艇。在此之前，美英两国潜艇将从 2023 年起增加对澳大利亚港口访问的次数和轮换部署频次，并在 21 世纪 30 年代初向澳方出售 3~5 艘"弗吉尼亚"级核潜艇。③ 美韩两国于 2023 年 4 月签署了《华盛顿宣言》（Washington Declaration），并成立了旨在讨论核与战略规划问题的"核磋商小组"，并视情增加了美国战略资产在朝鲜半岛的"可视化"程度。④ 美日韩三国在戴维营峰会期间还就 2023 年底前实施共享朝鲜导弹预警数据达成共识。⑤

---

① U. S. Department of Defense, "Department of Defense Announces Pursuit of B61 Gravity Bomb Variant," October 27, 2023, https：//www. defense. gov/News/Releases/Release/Article/3571660/department-of-defense-announces-pursuit-of-b61-gravity-bomb-variant/.

② Dark Noon, "Return to ICBMs Armed with Multiple Warheads Suggested by StratCom Boss," February 29, 2024, DEFON Warning System, https：//community. defconwarningsystem. com/threads/return-to-icbms-armed-with-multiple-warheads-suggested-by-stratcom-boss. 21527/.

③ The White House, "Joint Leaders Statement on AUKUS," March 13, 2023, https：//www. whitehouse. gov/briefing-room/statements-releases/2023/03/13/joint-leaders-statement-on-aukus-2/.

④ The White House, "Washington Declaration," April 26, 2023, https：//www. whitehouse. gov/briefing-room/statements-releases/2023/04/26/washington-declaration-2/.

⑤ The White House, "FACT SHEET: The Trilateral Leaders' Summit at Camp David," August 18, 2023, https：//www. whitehouse. gov/briefing-room/statements-releases/2023/08/18/fact-sheet-the-trilateral-leaders-summit-at-camp-david/.

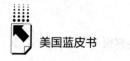

在欧洲地区，美国国会批准向空军提供 5000 万美元资金，用于为在英国拉肯希思空军基地执行"潜在安全任务"的人员建造宿舍。这表明美国正在为时隔 15 年后在英国重新部署核武器做准备,[①] 具体部署模式也将由"美国供弹、盟国出人和战机"的传统"核共享"模式，升级为"人、机、弹"全盘"美国化"。美国还将比利时、德国、意大利、荷兰和土耳其列入正在进行"特殊武器"储存地点基础设施建设的国家清单。此外，包括美国在内的 13 个北约成员国于 2023 年 10 月举行了代号为"坚定正午"的年度核威慑演习，参演国共出动可携带核弹的战斗轰炸机、侦察机和加油机等约 60 架战机，以检验核武器空中转运能力及战机在挂载核实弹条件下的飞行能力，这将加剧外界对本地区核武实战化运用风险的疑虑。[②]

（二）以新版《国防科技战略》牵引新型作战力量建设

美国国防部于 2023 年 5 月发布新版《国防科技战略》（National Defense Science & Technology Strategy），明确地将国防科技创新重点聚焦联合部队开发非对称作战能力，以最大限度地缩短技术"研发—生产—使用"周期，确保相关尖端技术能够迅速、成规模地转化为新型战斗力。[③]

受此影响，美国国防部发布新版《网络空间战略摘要》（Summary of 2023 Cyber Strategy），将确保国家安全、为打赢国家间战争做好准备、与盟伴一道保护网络空间及建立网络空间持久优势作为未来的工作重心和优先事项。[④] 具体举措上，美国对内通过构建体系化作战架构、优化人员编成等方

---

① Tony Diver and Danielle Sheridan, "US Could Again Hold Nuclear Weapons on British Soil, Documents Suggest," *The Telegraph*, August 29, 2023, https：//www.telegraph.co.uk/world-news/2023/08/29/united-states-britain-nuclear-weapons-raf-lakenheath/.

② North Atlantic Treaty Organization, "NATO Holds Long - Planned Annual Nuclear Exercise," October 13, 2023, https：//www.nato.int/cps/en/natohq/news_ 219443.htm.

③ U. S. Department of Defense, "National Defense Science & Technology Strategy," May 9, 2023, p. 2, https：//media.defense.gov/2023/May/09/2003218877/-1/-1/0/NDSTS-FINAL-WEB-VERSION.PDF.

④ U. S. Department of Defense, "Summary of 2023 Cyber Strategy，" September 2023, pp. 2-3, https：//media.defense.gov/2023/Sep/12/2003299076/- 1/- 1/1/2023 _ DOD _ Cyber _ Strategy_ Summary.PDF.

式，充分释放网络战部队在一体化威慑中的跨域赋能效应。根据规划，美国将在未来 1~2 年内部署首套联合网络作战架构，以塑造攻守更加均衡的网络作战样式，最终实现网络部队与各军种部队间的联合网络火力投射。① 此外，通过将网络战部队与各军种部队人员混合编组，组建隶属于各军种、由网络司令部提供业务指导的战术级远征网络作战部队，谋求在军事行动发起前或实施进程中，实现在前沿部署网络威慑与打击力量。对外，美国借举行"网络旗帜-2023"多国网络攻防演习等途径，强化与盟伴的实兵化合作，提升所谓"联合网络威慑与戒备态势"。

美军各级加快整合电磁频谱作战力量，实现赋能联合作战的目标。作为美军在日趋拥堵和对抗的电磁频谱环境下维持高效作战能力以确保信息域主导地位的重要举措，美国战略司令部于 2023 年 7 月按照"一总两分"架构②成立联合电磁频谱作战中心，负责为美军各作战司令部提供电磁频谱作战培训、规划和需求支持。为打造兼具可用性、完整性和弹性的电磁频谱环境，该中心将整合并简化电磁频谱管理工作，从各军事部门和机构招揽专业人才，推进电磁频谱作战的实时态势感知与协调，并与工业部门、学界和盟友密切合作，确保夺取电磁频谱作战主动权。军种层面，空军在 2023 年 12 月发布《美国空军条令出版物 3-85：电磁频谱作战》（Air Force Doctrine Publication 3-85: Electromagnetic Spectrum Operations），明确指出"电磁频谱作战"是利用、攻击、保护和管理电磁作战环境的军事行动，目标是实现电磁频谱优势，进而获得和维持信息优势和决策优势，以实现联合部队指挥官的目标。此外，条令提出应最大限度地发挥网络空间和电磁频谱作战的

---

① Mark Pomerleau, "US Cyber Command Beginning to Examine Next - Generation Weapons Platform," Defense Scoop, May 5, 2023, https://defensescoop.com/2023/05/05/us-cyber-command-beginning-to-examine-next-generation-weapons-platform/.

② 联合电磁频谱作战中心总部位于美国战略司令部奥法特空军基地，两个分部分别是位于得克萨斯州圣安东尼奥-拉克兰联合基地的联合电磁战中心和内华达州内利斯空军基地的联合电磁战备中心。整个中心预计将于 2025 财年达到全面作战能力。参见 Mark Pomerleau, "Strategic Command Officially Creates Joint Electromagnetic Spectrum Operations Center," Defense Scoop, July 25, 2023, https://defensescoop.com/2023/07/25/strategic-command-officially-creates-joint-electromagnetic-spectrum-operations-center/.

战术协同效应，以实现两者间的作战一体化。①

人工智能的军事化潜力使其成为大国军事竞争的重点领域。2023 年 1 月，美国国防部更新《自主武器系统指令》（Autonomy in Weapon Systems Directive），其中并未对拥有人工智能自主性武器系统做出相关规则约束，有意为大规模研发人工智能武器系统"开绿灯"。② 受惠于政策松绑，美国国防部于同年 8 月正式推出"复制者计划"（Replicator），拟在未来 18~24 个月内在陆海空等多个作战域生产、交付和部署数千套自主武器系统，以抵消竞争对手在武器装备上的相对规模优势，提高美军作战的灵活性和适应性，③ 仅 1 个月后，美军成立旨在加速推进该计划的"颠覆性能力办公室"（Disruptive Capabilities Office）。根据美国国防部副部长凯瑟琳·希克斯（Kathleen Hicks）的设想，"复制者计划"是对现有高性能无人作战平台的有效补充而非替代，该计划框架下所有自主武器系统均将依托现有预算资金、项目程序和技术产品完成快速研发和大规模部署。④

五　趋势与展望

2023 年，美国国防部和各军种围绕"大国竞争"全方位地推进日常建设与战备演训，旨在为掌控大国博弈主导权提供可靠军事支撑。2024 年，美国

① Mark Pomerleau, "Air Force Publishes New Doctrine on Electromagnetic Spectrum Operations," Defense Scoop, December 27, 2023, https://defensescoop.com/2023/12/27/air-force-publishes-new-doctrine-electromagnetic-spectrum-operations/.

② U. S. Department of Defense, "DoD Directive 3000.09: Autonomy in Weapon Systems," January 25, 2023, https://media.defense.gov/2023/Jan/25/2003149928/-1/-1/0/DOD-DIRECTIVE-3000.09-AUTONOMY-IN-WEAPON-SYSTEMS.PDF.

③ Matthew Beinart, "DoD Aims to Build Thousands of Autonomous Systems in Next 18–24 Months to Counter China," Defense Daily, August 28, 2023, https://www.defensedaily.com/dod-aims-to-build-thousands-of-autonomous-systems-in-next-18-24-months-to-counter-china/pentagon/.

④ Jim Garamone, "Hicks Discusses Replicator Initiative," DOD News, September 7, 2023, https://www.defense.gov/News/News-Stories/Article/Article/3518827/hicks-discusses-replicator-initiative/.

将聚焦全球重点地区和主要对手，评估本国国防预算投入，权衡军力资源配置重点，在具体应对策略上将更具指向性与针对性。这主要体现在以下几个方面。

其一，美国加码国防预算开支的势头持续且迅猛，这进一步加剧了国际安全困境。美国2024财年的国防预算高达8863亿美元，较2023财年增加280亿美元，增幅为3%。[①]其中，美国国防部获8414亿美元拨款，美国能源部获324亿美元拨款，其他国防相关活动获4亿美元拨款。[②]重点投资建设领域包括发展新一代核打击体系，增购潜艇、军舰、战机、远程火炮等装备，推进高超声速武器、人工智能、量子技术以及强化国防工业基础和国防供应链等。美国将自身面临的所谓"前所未有且迅速演变的威胁"作为扩军备战理由的错误做法，[③]充分暴露了其"以实力求和平""以权力对比关系界定安全""不追求优势实力就等于选择失败"的冷战思维与零和博弈思维的本质，[④]将导致全球安全治理面临的紧迫性与严峻性进一步抬升。

其二，美国在"大国竞争"理念的驱动下在亚太和欧洲两大地缘板块的军力部署与资源投入，加剧了大国对抗与地区动荡的风险。乌克兰危机和巴以冲突虽然对美国加快向亚太地区倾斜军事资源造成了一定的牵绊，但亚太安全议题在美国安全与防务政策中的权重依旧。2023年11月，拜登总统正式提名白宫亚洲事务高级助理、国家安全委员会印太事务协调员库尔特·坎贝尔（Kurt Campbell）出任常务副国务卿。[⑤]这表明美国政府有意在动荡

---

① Tami Luhby, "NDAA：What's in the ＄886 Billion Defense Bill," CNN, December 14, 2023, https：//edition. cnn. com/2023/12/13/politics/ndaa-defense-bill-what-is/index. html.

② United States Senate Committee on Armed Services, "Summary of the Fiscal Year 2024 National Defense Authorization Act," December 12, 2023, p. 1, https：//www. armed-services. senate. gov/imo/media/doc/fy24_ ndaa_ conference_ executive_ summary. pdf.

③ "Rogers Applauds House Passage of FY2024 NDAA," Federal Newswire, December 14, 2023, https：//thefederalnewswire. com/stories/652965839-rogers-applauds-house-passage-of-fy24-ndaa.

④ 中国现代国际关系研究院：《国际战略与安全形势评估（2023/2024）》，时事出版社，2023，第41页。

⑤ 2024年2月，美国国会参议院以92票赞成、5票反对，压倒性多数通过对于坎贝尔的任命。详情参见 Ellie Sennett, "US Senate Confirms Kurt Campbell as State Department's Number Two，" February 7, 2024, https：//www. thenationalnews. com/world/us-news/2024/02/06/us-senate-confirms-kurt-campbell-as-state-departments-number-two/。

变革期保持亚太政策的连续性和稳定性。此外，截至 2023 年末，美国国防部部长劳埃德·奥斯汀（Lloyd Austin）已先后 9 次访问亚太地区,[①] 意在通过密集防务互动，在亚太地区打造分散、灵活、弹性的军力架构，编织新型安全关系网，履行美国对盟伴的长期安全承诺，增强美国与盟伴之间的军事协同性与互操作性的"示范区"效应。资金投入方面，美国拟在 2024 财年向"太平洋威慑倡议"注资 147 亿美元，较 2023 财年增加 32 亿美元。[②]

在欧洲地区，乌克兰危机长期化、升级化、扩大化的趋势恐将继续，持续对乌"输血打气"，助其巩固并扩大战果，成为美西方的常规因应之策。美国拟将"乌克兰安全援助计划"延长至 2026 年底，并在 2024 财年和 2025 财年分别为该计划提供 3 亿美元资金。[③] 为缓解长期军援对美国自身战备造成的不利影响，该计划拟在不直接动用美国现有武器库存的前提下，支付国防工业界生产武器和向乌克兰提供安全援助的费用。美国还设立"大西洋决心行动"首席监察长一职，以监督对乌援助情况。[④] 同时，美国在《2024 财年国防授权法案》中纳入关于禁止美国总统单方面退出北约的条款，试图从法律和制度层面杜绝总统换届对跨大西洋安全伙伴关系造成的潜在破坏。[⑤]

其三，中美各层级各领域互动交流逐步恢复，为巩固两国关系"止跌企稳"态势创造了有利条件，但暂无法从根本上改变拜登政府"竞赢"

① U. S. Department of Defense, "Fact Sheet: Secretary Austin's Ninth Trip to the Indo-Pacific Region," November 7, 2023, https://www.defense.gov/News/Releases/Release/Article/3582059/fact-sheet-secretary-austins-ninth-trip-to-the-indo-pacific-region/.

② Tami Luhby, "Here's What's in the $886 Billion Defense Bill," CNN, December 14, 2023, https://edition.cnn.com/2023/12/13/politics/ndaa-defense-bill-what-is/index.html.

③ Aleksandra Srdanovic, "FY24 NDAA: Decreased Funding for Ukraine and Other Changes," Russia Matters, February 15, 2024, https://www.russiamatters.org/analysis/fy24-ndaa-decreased-funding-ukraine-and-other-changes.

④ Office of Inspector General, "Department of Defense Inspector General Designated Lead Inspector General for Operation Atlantic Resolve," September 21, 2023, https://www.stateoig.gov/uploads/notice/notice_pdf_file/oco-lead-ig-announcement-operation-atlantic-resolve.pdf.

⑤ Bryant Harris, "With Eyes on Trump, Senate Votes to Make NATO Withdrawal Harder," Defense News, July 20, 2023, https://www.defensenews.com/congress/2023/07/19/with-eyes-on-trump-senate-votes-to-make-nato-withdrawal-harder/.

中国的既定战略，且 2024 年美大选走势及结果也将考验中美关系的韧性。作为拜登执政以来中美关系中最重大的外交事件，中美元首旧金山会晤为探求两国的正确相处之道、推动双边关系健康稳定的发展开辟了新愿景。特别是双方在建立常态化军事沟通机制上达成的共识，[①] 对中美管控分歧、避免误判、降低冲突的风险至关重要。但仍需看到，美国伙同盟伴借台海、南海等地区敏感热点问题对华施压、挑衅和围堵的强度与频次或将长期处于高位状态。此外，伴随美国国内大选氛围逐步升温，美国政府或将出台更多对华遏压与限制性举措。而一旦以前总统特朗普为首的共和党在大选中胜出，其以对华极端强硬著称的安全与防务团队势必酝酿更多激进的遏华反华措施，从而拉低中美各界人士及国际社会对中美关系的期待。

然而，美国政府要想达到既定国家安全与军事战略目标，仍面临诸多掣肘与制约性因素。首先，美国两党政治极化、党内政治结构"部落化"现象加剧，会迟滞美国优化军事资源配置。国会众议院前议长凯文·麦卡锡（Kevin McCarthy）被罢免案进一步放大了美国政党政治失能、运转失灵的弊端。加之联邦政府因预算争执数度陷入"关门"危机，长期援乌、援以的可行性饱受质疑，迫使其在"自强"与"援外"间陷入"左支右绌"的两难境地。其次，训练事故频发、纪律涣散冲击着美军的日常训练与战备工作。美军"全球部署、全球行动、全球打击"的特性，对人员抗压能力和装备耐受性都提出了极高要求，潜藏的安全隐患更是层出不穷。2023 年 5 月，驻日美军 1 架 F-35B 战机在飞行训练中发生零部件松动脱落险情。[②] 海军陆战队 F/A-18 战机、MV-22B 倾转旋翼机和 F-35B 战机更因在一个月

---

① 中美双方同意在平等和尊重基础上恢复两军高层沟通、中美国防部工作会晤、中美海上军事安全磋商机制会议，开展中美两军战区领导通话。参见《国防部：中美两国防务部门沟通落实两国元首共识》，中华人民共和国国防部网站，2023 年 11 月 30 日，http://www. mod. gov. cn/gfbw/xwfyr/rdjj/16272668. html。

② Irene Loewenson, "Unlatched Parts Ingested into F-35B in Marine Corps Mishap in Japan," Marine Corps Times, June 10, 2023, https://www. marinecorpstimes. com/news/your-marine-corps/2023/06/09/unlatched-parts-ingested-into-marine-f-35b-in-mishap-in-japan/.

内接连发生三起坠机事故而被迫"停飞"。① 美军内部还因纪律涣散、监管缺失引发士兵泄密和外逃事件。2023 年 4 月，马萨诸塞州空军国民警卫队成员杰克·特谢拉（Jack Teixeira）因涉嫌在社交媒体上传播百余份国防部涉密文件而被捕。② 同年 7 月，驻韩美军士兵特拉维斯·金（Travis King）未经授权越过朝韩军事分界线。③ 状况频出致使美国民众对军队的信任度大幅下降。盖洛普民调显示，对美军持"很大"或"相当多"信心的民众已不足 60%，跌至 1998 年以来的最低值。④

总之，美国片面追求自身绝对安全、刻意忽视全球共同安全，强行将本国安全与全球其他国家和地区安全割裂开来的错误安全观，无疑将加剧大国间竞争与对抗的强度、广度和烈度，冲击本已脆弱的全球地缘政治平衡，并使自身沦为国际局势动荡与混乱的主要源头。

（审读　张　帆）

---

① Oren Liebermann, "Marine Corps Orders Pause in Flight Operations after Three Recent Crashes," CNN, September 18, 2023, https：//edition. cnn. com/2023/09/18/politics/marine – corps – flight–operations–pause/index. html.

② Eric Tucker, Tara Copp, and Micheal Balsamo, "Guardsman Arrested in Leak of Classified Military Documents," Associated Press News, April 14, 2023, https：//apnews. com/article/leaked – documents–pentagon–justice–department–russia–war–d3272b34702d564fe07a480598bcd174.

③ Vanessa Romo, "What We Know about Travis King, the US Soldier Who Crossed into North Korea," National Public Radio, July 19, 2023, https：//www. npr. org/2023/07/19/1188530348/what–we– know–about–travis–king–the–u–s–soldier–who–crossed–into–north–korea.

④ Jonathan Lehrfeld, "Poll Says Confidence in US Military Lowest in 25 Years," *Military Times*, August 1, 2023, https：//www. militarytimes. com/news/your–military/2023/07/31/poll–says– confidence–in–us–military–lowest–in–25–years/.

2023年的美国科技：强化战略布局部署前沿领域

杨水清[*]

摘　要： 2023年，拜登政府继续把保持美国科技的领先地位作为重点。在国内层面，美国国会针对重点部门增加了政府研发支出，但部分机构的拨款有所下降；美国联邦科技政策咨询机构的作用日益凸显，总统科学技术顾问委员会的工作重点从传统领域转向新兴领域；白宫科技政策办公室将2023年定义为"开放科学年"，开展了一系列活动促进开放与公平研究；国家科学技术委员会更新了关键与新兴技术清单，确定了优先发展领域；美国政府也在关键战略产业谋篇布局，围绕半导体、大容量电池、关键矿物、生物医药等产业新设31个区域技术中心。在国际合作与对华层面，出口管制与投资限制是美国对华科技政策的两大抓手。一方面，美国强化与盟友的科技合作，签署《美日荷协议》联合限制半导体设备的对华出口；美商务部多次更新出口管制条例，将大量中企加入制裁名单。另一方面，拜登政府签署行政令限制美国资本对华关键领域的投资。展望未来，中美科技博弈与竞争将加剧。

关键词： 美国科技　出口管制　投资限制　关键与新兴技术

一　2023年拜登政府的科技政策

美国拥有较为完善的国家科技决策机制，科技发展是美国政府的重

---

* 杨水清，中国社会科学院美国研究所助理研究员，主要研究领域为中美科技、中美经贸关系、美国经济。

中之重。2023 年，美国联邦科技政策咨询机构的作用日益凸显，各个部门更加关注前沿领域。美国政府新设 31 个技术中心，以提高美国的科技竞争力。

（一）美国国会收紧部分机构的研发拨款

美国国会每年初通过财年联邦研发预算拨款法案，以规定每财年美国联邦研发拨款的具体分项。拨款部门主要涉及美国国防部、美国能源部、美国国家科学基金会、美国国家航空航天局、国家标准与技术研究院、国立卫生研究院、国家海洋和大气管理局与美国地质调查局等机构。

美国国会对 2023 财年与 2024 财年的拨款已经以立法形式获得通过。美国国会研发资金拨款给上述机构的具体金额如表 1 所示。其中，美国国防部、国立卫生研究院、美国能源部、美国国家航空航天局这四大机构的拨款金额最高，分别在 2024 财年获得 1522 亿美元、485.81 亿美元、393.75 亿美元、248.75 亿美元的拨款，占国会研发总拨款的 80% 以上。不仅如此，对比 2024 财年与 2023 财年，除国防部、能源部科学办公室、能源部国家核安全局、国家海洋和大气管理局这四家机构获得的拨款有所增加外，其他机构获得的拨款均出现不同程度的下降。

表 1　2023~2025 财年美国国会研发拨款的具体分项

单位：亿美元

机构名称	2023 财年	2024 财年	2025 财年 （申请待批）	2023~2024 增长率	2024~2025 增长率
美国国防部	1437.77	1522	1448.84	5.9%	-4.8%
国立卫生研究院	489.59	485.81	—	-0.8%	—
美国能源部科学办公室	81	82.4	85.83	1.7%	4.2%
美国能源部国家核安全局	221.63	241.35	249.97	8.9%	3.6%
美国能源部应用能源办公室	71.67	70	74.83	-2.33%	6.9%
美国国家科学基金会	98.74	90.6	101.83	-8.2%	12.4%
美国国家航空航天局	253.84	248.75	253.84	-2%	2%
美国地质调查局	14.97	14.55	15.78	-2.8%	8.4%

机构名称	2023财年	2024财年	2025财年（申请待批）	2023~2024增长率	2024~2025增长率
国家标准与技术研究院	12.59	11.57	14.99	-8.1%	29.5%
国家海洋和大气管理局	62.01	63.19	65.61	1.9%	3.8%

注：一表示暂无可获取数据，查询时间截至2024年5月22日。

资料来源：American Institute of Physics，"Federal Science Budget Tracker－FY2025，"May 22，2024，https：//ww2.aip.org/fyi/budget－tracker。

2024财年，美国国防部获得1522亿美元拨款，同比增幅高达5.9%。与科学技术研发直接关联的拨款从2023财年的223.26亿美元下降至2024财年的215.08亿美元，降幅为-3.7%。其中，空军科技研发投入同比增加3.1%，增至35.6亿美元；陆军投入同比降低6.5%，降至46.3亿美元；海军投入保持不变，为34.14万亿美元；太空部队投入同比增加5.5%，增至10.87万亿美元；其他国防领域的投入下降7%，降至88.16亿美元。

2024财年，国立卫生研究院获得485.81亿美元拨款，同比下降0.8%。其中，除国家癌症研究所的拨款减少了0.96亿美元、国家普通医学科学研究所拨款增加了0.05亿美元外，其他几个研究所的经费均保持不变。

2024财年，美国能源部科学办公室获得82.4亿美元的拨款，同比增长1.7%。其中，基础能源科学研究拨款为26.26亿美元，同比增长3.6%；高能物理拨款为12亿美元，同比增长2.9%；高级科学计算研究拨款为10.16亿美元，同比下降-4.9%；核物理研究拨款为8.04亿美元，同比下降0.1%；生物和环境研究拨款为9亿美元，同比下降1%；聚变能源科学研究拨款为7.9亿美元，同比增长3.5%；其他研究拨款合计为9.04亿美元，同比增长5.88%。

2024财年，美国国家航空航天局获得248.75亿美元的拨款，同比下降2%。其中，人类探索研究拨款为76.66亿美元，同比增加2.6%；科学任务理事会拨款为73.34亿美元，同比下降5.9%；空间操作研究拨款为42.2亿美元，同比下降0.7%；空间技术拨款11亿美元，同比下降8.3%；安全、

安保服务研究维持不变，为31.29亿美元。

2024财年，美国国家科学基金会获得90.6亿美元的拨款，同比下降8.2%。其中，与研发相关的拨款有71.77亿美元，同比下降8.5%；与科学、技术、工程和数学教育（简称STEM）教育相关的有11.72亿美元，同比下降14.5%；其他拨款为7.11亿美元，同比上升7.1%。

（二）美国联邦科技政策咨询机构的作用日益凸显

美国拥有较为完善的国家科技决策机制。总统科学技术顾问委员会（President's Council of Advisors on Science and Technology，PCAST）、白宫科技政策办公室（Office of Science and Technology Policy，OSTP）和国家科学技术委员会（National Science and Technology Council，NSTC）被称为美国联邦政府科技决策的"三驾马车"。

1. 总统科学技术顾问委员会：从传统领域向新兴领域转移

总统科学技术顾问委员会是唯一一个由外部非政府机构顾问组成的机构，负责向总统和白宫提出科学、技术和创新政策建议。拜登政府执政初期，就对其寄予厚望，并将其成员从特朗普时期的16位扩充至30位。委员会的3位联合主席分别是弗朗西斯·汉密尔顿·阿诺德（Frances Hamilton Arnold）、埃里克·斯蒂芬·兰德（Eric Steven Lander）、玛丽亚·祖伯（Maria T. Zuber）。

2023年，总统科学技术顾问委员会撰写了多份报告提交给总统和国会：2023年2月22日，向总统提交《关于野地消防现代化的建议报告》（Report on Recommendations for Modernizing Wildland Firefighting），建议对荒地消防进行现代化改造，以保护美国的消防员；2023年4月24日，向总统提交《关于加强预测和保护社区抵御极端天气风险的建议报告》（Report on Recommendations for Enhancing Prediction and Protecting Communities Against Extreme Weather Risk），就科学技术如何帮助社区、企业和政府机构做好准备、应对和适应极端天气提出了建议；2023年5月1日，向总统提交《关于支持美国公共卫生人力的建议报告》（Report on Recommendations for Supporting the U.S. Public Health Workforce），提出发展和维持强大的公共卫生队伍的建议，这对于美国长期需要的、永久性地改善国家的公共卫生方法至关重要；2023 年 8 月 18 日，向总统和国会提交《国家纳米技术倡议建议报告》（Report on Recommendations for the National Nanotechnology Initiative），建议更新联邦政府对纳米技术的协调和支持，反映了国家纳米技术倡议的成功以及该领域的成熟和广泛相关性；2023 年 8 月 29 日，向总统提交《关于促进公众参与科学活动的建议书》（Letter on Recommendations for Advancing Public Engagement with the Sciences），提出促进联邦研究和开发机构、科学技术专家和美国人民之间有效和系统地参与科学活动的建议。[1]

2024 年，总统科学技术顾问委员会的关注重点从传统领域向关键与新兴领域转移。截至 2024 年 4 月底，该委员会已经就相关领域向总统和国会提交了 4 份报告，[2] 包括 2024 年 2 月 20 日，向总统提交《关于加快有效减少温室气体排放的建议报告》（Report on Recommendations for Accelerating Effective Reduction of Greenhouse Gas Emissions），建议通过全国协调努力和扩大评估和核查系统加快减少温室气体排放；2024 年 2 月 27 日，向总统提交《网络物理弹性策略建议报告》（Report on Recommendations for Strategy for Cyber-Physical Resilience），建议增加国家网络物理基础设施资源的弹性和适应性；2024 年 3 月 14 日，英国科学技术委员会向拜登总统和苏纳克总理发出一封联署信——《致总统科学技术顾问委员会和英国首相科学技术委员会领导人的联合声明》（Joint Statement to Leaders from PCAST and the United Kingdom's Prime Minister's Council for Science and Technology），概述了两个委员会之间正在进行的合作，以及专业知识共享的共同优先事项；2024 年 4 月 29 日，向总统提交《利用人工智能应对全球挑战报告》（Report on Recommendations for Supercharging Research: Harnessing Artificial Intelligence to Meet Global Challenges），建议帮助美国利用人工智能的全部潜力，公平、负

---

[1] The White House, "Documents & Reports," January 31, 2024, https://www.whitehouse.gov/pcast/documents-reports/.

[2] The White House, "Documents & Reports," May 1, 2024, https://www.whitehouse.gov/pcast/documents-reports/.

责任地推动科学进步。

2023 年 10 月 30 日，拜登签署颁布《关于安全、可靠、值得信赖地开发和使用人工智能的行政命令》（Executive Order on the Safe，Secure，and Trustworthy Development and Use of Artificial Intelligence）。作为回应，总统科学技术顾问委员会撰写了《利用人工智能应对全球挑战报告》，在报告中提供了五项具体的建议，帮助美国充分利用人工智能的潜力，公平、负责任地推动科学发现。①

建议一，扩大现有努力，广泛和公平地共享基本人工智能资源。广泛支持可访问的共享模型、数据集、基准和计算资源，对于确保学术研究人员、国家和联邦实验室、小型公司和非营利组织使用人工智能为国家创造利益至关重要。总统科学技术顾问委员会建议迅速将国家人工智能研究资源试点（National AI Research Resource）扩大到其工作队所设想的规模，并提供充裕的资金。

建议二，扩大对联邦数据集的安全访问权限，以满足获批的关键研究需求，并提供适当的保护和保障；允许经过批准的研究人员对联邦数据集进行有限的、安全的访问；允许向国家人工智能研究资源等精心策划的资源中心发布这些数据集的匿名版本。总统科学技术顾问委员会强烈呼吁扩大现有的安全数据访问试点项目，并制定联邦数据库管理指导方针，将最新的隐私保护技术纳入其中；鼓励使用人工智能来改善数据管理，并将其作为联邦数据共享计划的长期目标；鼓励共享由联邦资助开发的人工智能模型，并提供足够的资源来支持所需的行动。

建议三，支持人工智能的基础研究和应用研究。这些研究涉及学术界、工业界、国家和联邦实验室以及联邦机构之间的合作，包括从多个来源创建高质量的公共科学数据集或多模式基础模型。

建议四，将负责任、透明和可信赖的人工智能原则贯穿于科学研究的各

---

① The White House，"Supercharging Research：Harnessing Artificial Intelligence to Meet Global Challenges，" April 29，2024，https：//www. whitehouse. gov/wp-content/uploads/2024/04/AI-Report_ Upload-27APRIL2024_ Publish. pdf？cb=1714353534.

个阶段。管理人工智能科学应用带来的风险，应该从研究项目的初始阶段就开始计划。委员会建议联邦资助机构更新其研究行为指南，要求研究人员制订负责任的人工智能使用计划，以解决潜在的人工智能相关风险；同时，美国国家科学基金会和美国国家标准与技术研究院等机构应继续支持负责任和值得信赖的人工智能的科学基础研究。这类研究应包括开发标准基准来衡量人工智能模型的属性，如准确性、可重复性、公平性等，使人工智能算法可以监控这些属性，并当基准不在定义的规范范围内时进行调整。研究的另一个目标是开发工具来评估数据集中的偏差，并将合成数据与真实世界的数据区分开来。

建议五，鼓励采用创新方法将人工智能援助纳入科学工作流程。美国的目标不应该是使自动化程度最大化，而是让研究人员能够负责任地利用人工智能，实现高质量的科学研究。资助机构应认识到这些新工作流程的出现，并采用新的人工智能辅助方式设计灵活的实验，以组织和执行科学项目。这些工作流程的实现也为来自各个学科的研究人员提供了机会。

2. 白宫科技政策办公室：开展系列新行动，促进开放和公平研究

白宫科技政策办公室根据1976年美国政府发布的《国家科学技术政策、组织和优先法案》（National Science and Technology Policy, Organization, and Priorities Act）设立，主要负责为总统提供咨询建议，协调政府各机构以及外部合作伙伴开展系列科技活动，为科学和技术创造大胆的愿景、统一的战略、明确的计划、明智的政策和公平有效的项目，确保科学技术各方面的公平、包容和诚信。

2023年1月11日，白宫科技政策办公室宣布，将2023年定义为"开放科学年"（Year of Open Science）。[1] 整个2023年，联邦机构与社区开展多维度的合作，合作对象包括学生、研究人员、大学、私营公司、图书馆和基

---

[1] The White House, "Fact Sheet: Biden-Harris Administration Announces New Actions to Advance Open and Equitable Research," January. 11, 2023, https://www.whitehouse.gov/ostp/news-updates/2023/01/11/fact-sheet-biden-harris-administration-announces-new-actions-to-advance-open-and-equitable-research/.

金会，以助力更多人获取由国家基金资助的科研数据和研究结果，加快科学发现和创新，推动国家开放科学政策发展。

多个美国政府部门积极响应"开放科学年"活动，包括国家科学技术委员会、白宫管理与预算办公室（Office of Management and Budget，OMB）和国家航空航天局在内的机构都开展了系列行动，共同推进开放研究和开放政府的实现。

2022年12月，白宫管理与预算办公室和联邦统计机构发布了新的标准应用程序（Standard Application Process，SAP）在线门户网站，它是由美国首席统计学家领导整个联邦统计系统开发的。2023年12月，恰逢标准应用程序运营1周年之际，白宫管理与预算办公室发布周年报告，称该程序使研究人员可以从联邦统计机构的1000多个数据集中查找和请求访问受限制的机密数据。

2023年1月，美国国家航空航天局发起了《向开放科学转变计划》（Transform to Open Science）。这是一个为期5年的、加速开放科学实践的宏伟计划，2023年计划以面向学生、研究人员和公众的开放科学新课程为特色，并积极与广大学生与公众接触，全年举行开放性科学会议，让科学以开放的形式反哺公众。

2023年初，美国国家人文科学基金会（National Endowment for Humanities）发布了数字人文科学发展资助项目（Digital Humanities Advancement Grants Program，DHAG）的资助机会通知。该项目下，参与者通过为精心识别的受众提供服务，设计公平、开放、可复制和可持续的项目，包括那些支持增强或设计有助于和支持人文学科的数字基础设施的项目，如开源代码、工具或平台等获得资助。

"开放科学年"主要围绕五个方面在整个联邦政府层面共同推进国家开放科学政策。① 一是进一步开放科学政策。美国国立卫生研究院的数据管理

---

① The White House，"Fact Sheet：Biden Harris Administration Marks the Anniversary of OSTP's Year of Open Science，" January 31，2024，https：//www.whitehouse.gov/ostp/news-updates/2024/01/31/fact-sheet-biden-harris-administration-marks-the-anniversary-of-ostps-year-of-open-science/.

和共享政策于 2023 年 1 月 25 日生效，以确保公众可以更便捷地获取科学数据。社区生活管理局、医疗保健研究和质量局、能源部、国家航空航天局、国家科学基金会、国立卫生研究院、国家标准与技术研究院、社会保障局、人口普查局、农业部和地质学会自愿发布了更新的或新制订的计划，以促进科学的开放性与社区的可获得性。2023 年 5 月，美国农业部发布了《2023~2026 年科学与研究战略》（Science and Research Strategy for 2023-2026），强调开放科学是透明和公平地获取美国农业部资助研究的一种机制。

二是投资开放科学基础设施。在维护安全和隐私的同时，增加对联邦资助研究的访问需要一个强大的基础设施，以促进不同最终用户发现和使用研究成果。2023 年，在白宫科技政策办公室的协调下，联邦各机构开展了系列行动。美国国家科学基金会为其可查找、可访问、可互操作和可重用的开放科学研究协调网络（FAIROS-RCN）项目投资 1250 万美元。该项目由 10 个为期 3 年的多机构参与项目组成，于 2023 年启动，旨在建立和加强研究界之间的国家协调，涉及标准制定、大数据基础设施、数据系统连接、教育机会和合作途径。美国能源部推出了一个精简和统一的持久标识符（PIDs）服务网站，该网站为数据、软件、文本文件、奖励、人员和组织等研究组件分配和使用持久标识符提供服务和支持。疾病控制与预防中心则通过采用创新的数据系统，快速准确地向疾病控制与预防中心和公众提供信息，使其数据更现代化。

三是支持研究界培养开放的科学技能。开放科学的未来和成功依赖于一支能够参与、促进和受益于开放研究的劳动力队伍。为此，联邦机构发起了培训和能力建设方面的努力。其一，美国国家航空航天局发布了"开放科学 101"，这是一个介绍性的开放科学课程，可以通过面对面或在线研讨会学习，也可以作为在线课程。其二，国家标准与技术研究院发布了其研究数据框架的 1.5 版。该版本可为各个社区提供动态指南，以助其了解研究数据管理和传播方面的最佳实践及其成本和收益。其三，美国环境保护署为 5 个由 20 多名科学家组成的团队制订了一项开放科学指导试点计划。这些团队探索开放科学协作工具和开源软件选项，同时交流最佳实践。其四，美国国家海洋和大气管理局渔业项目正在领导一个开放景观导师项目，旨在从

2023年到2026年推进开放科学，支持科学家、开发人员和政策分析师实现开放科学的原则，同时促进数据驱动的科学和决策。

四是促进社区参与开放科学。2023年，美国政府寻求通过一系列活动为有抱负的研究人员、更广泛的公众成员和国际社会创造途径，扩大对开放科学的参与。白宫科技政策办公室与早期职业研究人员社区举办了4次倾听会议，以了解他们的需求、经验和促进美国开放科学的机会。美国国务院与国家科学基金会、博物馆与图书馆服务研究所合作，主办了一场虚拟的国际开放科学对话，吸引了来自全球各地的决策者，提高了对公平和安全共享科学知识的认识。美国地质调查局举办了一个广泛参加的开放数据与开放科学研讨会；美国环保署试行了一项空气传感器贷款计划。

五是激励开放研究实践。各机构致力于奖励和表彰典型的开放科学实践，并促进开放研究的文化。白宫科技政策办公室与总务管理局和其他联邦机构合作，在2023年底启动了白宫科技政策办公室开放科学表彰挑战赛。

此外，白宫科技政策办公室还开展了一系列促进开放和公平研究的行动，包括增加拨款、改善研究基础设施、促进新兴学者的研究参与以及扩大公众参与的机会。2024年2月14日，为支持美国建立一个安全和公平的研究生态系统，白宫科技政策办公室发布了两份备忘录，旨在为联邦机构提供通用披露信息和外国人才招聘计划方面的指导。① 白宫科技政策办公室在促进开放与公平研究方面所做的工作颇多，这些行动有助于联邦政府吸引战略性人才，并将美国政府的战略投资所带来的重大利益更直观地展示给美国民众，获得其支持与认可。

3.国家科学技术委员会：更新关键与新兴技术清单，确定优先发展领域

国家科学技术委员会是行政部门，负责制定联邦政府层面研发企业的科学技术政策，主要目标是确保科学技术政策的决策、计划与总统的既定目标

---

① The White House, "OSTP Issues Updated Guidance to Support a Secure and Fair Research Ecosystem," February 14, 2024, https：//www. whitehouse. gov/ostp/news－updates/2024/02/14/ostp-issues-updated-guidance-to-support-a-secure-and-fair-research-ecosystem/.

一致。该委员会成员由副总统、白宫科技政策办公室主任、负有重大科学和技术责任的内阁秘书和机构负责人以及其他白宫办公室负责人组成。该委员会有六个常规分委员会，以及两个特别委员会——研究环境联合委员会与人工智能特别委员会。

2024年2月，国家科学技术委员会发布新版《关键和新兴技术清单》（Critical and Emerging Technologies List），① 这是2020年10月、2022年2月白宫发布的《关键和新兴技术的国家战略》（National Strategy for Critical and Emerging Technology）的新版本。关键和新兴技术清单主要是由白宫科技政策办公室、国家科学技术委员会和国家安全委员会牵头组建的"关键和新兴技术快速行动"小组委员会在两年内通过跨部门联合研究凝练形成的。该清单每两年更新一次关键和新兴技术领域列表，及各领域内的具体技术清单。国家科学技术委员会指出，更新后的关键和新兴技术清单可以为美国政府和联邦机构指明有助于提升美国技术竞争力和国家安全的具体方向，并为未来技术发展的优先顺序提供信息，保障美国的技术领导力和关键领域的竞争优势，有效应对国家安全面临的威胁。国家科学技术委员会特别提示，美国各行政部门和机构在制订保障国家安全、竞争国际人才以及保护敏感技术的相关计划时，可以将该清单作为重要的参考依据。

2024年版的清单较2022年、2020年的清单有所调整（见表2）。2024年版清单将2022年版清单中的核能技术、金融技术领域分别并入清洁能源技术、数据和网络安全技术领域，并新增了定位、导航和定时（PNT）技术领域。从清单中的具体技术内容看，2024年版清单主要在人工智能技术、数据和网络安全技术、下一代通信技术、无人系统技术、定位导航技术、空间技术等方面显著加强了布局。这说明这些技术是美国政府关注的重点，在海外投资、对外出口方面将面临更为严格的审查。

---

① The White House, "Critical and Emerging Technologies List Update," February 2024, https：//www. whitehouse. gov/wp-content/uploads/2024/02/Critical-and-Emerging-Technologies-List-2024-Update. pdf.

表 2　美国 2020 年、2022 年、2024 年关键和新兴技术清单对比

2020 年版	2022 年版	2024 年版
先进计算	先进计算	先进计算
先进传统武器技术	先进工程材料	先进工程材料
先进工程材料	先进燃气轮机发动机技术	先进燃气轮机发动机技术
先进制造	先进制造	先进网络感知和特征管理
先进传感	先进网络感知和特征管理	先进制造
航空发动机材料	先进核能技术	人工智能
农业技术	自主系统和机器人	生物技术
人工智能	生物技术	清洁能源发电和储存技术
自动系统	通信和网络技术	数据隐私、数据安全和网络安全技术
生物技术	定向能技术	定向能技术
化学、生物与放射学和核（CBRN）缓解技术	金融技术	高度自动化、无人系统（UxS）和机器人技术
通信和网络技术	人机界面技术	人机界面技术
数据科学和存储	高超声速技术	高超声速技术
分布式记账技术（区块链技术）	量子信息技术	综合通信和网络技术
能源技术	可再生能源发电和储存技术	定位、导航和定时（PNT）技术
人机交互技术	半导体与微电子技术	量子信息和使能技术
医学和公共健康技术	空间技术和系统	半导体与微电子技术
量子信息科技		空间技术和系统
半导体和微电子技术		
空间技术		

资料来源：The White House, "White House Office of Science and Technology Policy Releases Updated Critical and Emerging Technologies List," February 12, 2024, https：//www. whitehouse. gov/ostp/news-updates/2024/02/12/white-house-office-of-science-and-technology-policy-releases-updated-critical-and-emerging-technologies-list/。

除更新关键和新兴技术清单外，2024 年 2 月 29 日，国家科学技术委员会向国会提交了《关于国际科技合作的双年度报告》。① 报告的前半部分概述了最近的国际状况，阐述了国际科技合作对美国国家利益越来越重要的原

① The White House, "NSTC: Biennial Report to Congress on International Science & Technology Cooperation," February 29, 2024, https：//www. whitehouse. gov/wp-content/uploads/2024/02/2024-Biennial-Report-to-Congress-on-International-Science-Technology-Cooperation. pdf.

因。国家科学技术委员会还强调，在科学规范和标准的全球讨论中，美国的领导作用越来越重要。报告的后半部分说明了各部门对 2022 年 9 月 22 日发布的《关于国际科技合作的双年度报告》① 所提建议的落实情况，以确保美国科学技术实现经济和国家安全目标。

（三）积极部署前沿领域，提高美国科技竞争力

当前，开发和部署关键和新兴技术的国际竞争正在加剧，重塑世界的关键和新兴技术是美国外交的一个组成部分。在关键和新兴技术领域，美国政府不断新设专门的机构以提高美国的竞争力。2023 年 1 月 3 日，美国国务院宣布成立关键和新兴技术特使办公室。② 特使办公室的目标是成为"专业知识和能力中心"，以制定和协调关键和新兴技术方面的外交政策，并让外国合作伙伴参与将改变美国社会、经济和安全的新兴技术研发，包括生物技术、先进计算、人工智能和量子信息技术等。

2023 年 10 月 23 日，根据拜登总统 2022 年 8 月签署的《芯片与科学法案》（CHIPS and Science Act of 2022），授权美国商务部在 5 年内拨款 100 亿美元在全国建立区域技术和创新中心，涉及半导体、大容量电池、关键矿物、生物医药等关键战略产业。2023 年 10 月 23 日，拜登和美商务部部长宣布将在全国建立 31 个区域技术中心，以提高美国在科技领域的竞争力。每个技术中心将获得商务部分批的资助，资助金额介于 4000 万美元至 7500 万美元之间。③ 新设技术中心的目的在于通过加强一个地区制造、商业化和

---

① The White House, "NSTC: Biennial Report to Congress on International Science & Technology Cooperation," September 22, 2022, https://www.whitehouse.gov/wp-content/uploads/2022/09/09-2022-Biennial-Report-to-Congress-on-International-Science-Technology-Cooperation.pdf.

② U. S. Department of State, "Establishing the Office of the Special Envoy for Critical and Emerging Technology," January 3, 2023, https://www.state.gov/establishing-the-office-of-the-special-envoy-for-critical-and-emerging-technology/.

③ U. S. Economic Development Administration, "Biden-Harris Administration Designates 31 Tech Hubs Across America," October 23, 2023, https://www.eda.gov/news/press-release/2023/10/23/biden-harris-administration-designates-31-tech-hubs-across-america.

部署以提高美国科技竞争力，推动区域创新和创造就业机会。该项目直接投资于美国发展迅速、潜力巨大的地区，旨在将这些地区转变为具有全球竞争力的创新中心。新设的 31 个区域技术中心将重点推动美国各地区的关键创新领域发展，包括自主系统、量子技术、药物、生物技术、清洁能源、关键矿产、半导体、先进材料 8 个领域。

二 2023年的美国对华科技政策

2023 年，美国政府继续实施对华高科技产业高强度打压与制裁措施。其中，出口管制与投资限制已经成为美国对华科技政策的两大抓手。

（一）出口管制：美商务部新设管制规则，大量中国高科技企业被加入制裁名单

拜登政府对华政策更侧重关键领域的"精准脱钩"，采取"小院高墙"的策略取代了特朗普时代的"脱钩"政策。"小院高墙"的策略意味着美国对华竞争的主战场缩减到尖端科技领域，并在这些关键领域加强了对中国科技企业的出口限制，出口管制成为拜登政府"脱钩"政策的重要抓手。

美国对华出口管制趋严主要表现在两个方面。一方面，美国国会出台法案，美商务部制定新规，从规则层面扩大对华管制范围。另一方面，美国商务部工业与安全局（Bureau of Industry and Security）将多家中国企业加入实体清单（Entity List），并首次对中国企业启用外国直接产品规则（Foreign-Direct Product Rules）。美国国防部、财政部、国土安全部均将中国企业加入其管辖的黑名单。

1. 基于物项的出口管制趋严，多次修订对华出口管制规则

美国出台法案并制定新规限制对华产品/技术出口，其中比较有代表性的包括 2018 年 8 月 13 日由拜登签署的《出口管制改革法案》（Export Control Reform Act）、2022 年 10 月 7 日商务部发布的《对向中国出口的先进计算和半

导体制造物项实施新的出口管制》（Implementation of Additional Export Controls：Certain Advanced Computing and Semiconductor Manufacturing Items）、2023 年 10 月 17 日商务部发布的《先进计算芯片规则》（Advanced Computing Chips Rule，"AC/S IFR"）与《半导体制造物项出口管制临时最终规则》（Export Controls on Semiconductor Manufacturing Items，"SME IFR"）。[①] 不仅如此，美国国家科学技术委员会还发布了《关键和新兴技术清单》（Critical and Emerging Technologies List），强调在多边机制下强化对关键和新兴技术的出口管制。

商务部工业与安全局《先进计算芯片规则》与《半导体制造物项出口管制临时最终规则》是美国商务部修改《对向中国出口的先进计算和半导体制造物项实施新的出口管制半导体临时规则》后发布的，全面升级了对华半导体行业的出口管制。此次规则制裁升级主要体现在三个方面：一是扩大 3A090 物项的管控范围，增加了中国主体获取特定芯片的难度；二是增设许可证例外，意图实现精细化管理；三是细化并澄清对于"美国人"的限制。具体而言，一方面，此次修改将某些芯片厂商为中国推出的较低性能的"特供版"芯片纳入管控范围，阻止了厂商通过调整或降低芯片性能绕开出口管制的可能性，如英伟达（NVIDIA）给中国的特供版 A800、H800 芯片此后不得再向中国出口。这也进一步预防了厂商通过诸如"芯粒"（chiplet）技术绕过对全芯片（full chips）的限制，进而堵住组装高性能芯片组的路径。另一方面，此次修改极大地扩大了触发出口可证要求的国家及地区范围，并针对美国商务部工业与安全局认为的潜在漏洞作出针对性的规范。这具体体现在此前受美国商务部管控的 3A090 物项仅在被出口、转出口及（国内）转移至中国时，将触发获取美国商务部工业与安全局签发的出口许可证要求。

---

① Bureau of Industry and Security，"Commerce Strengthens Restrictions on Advanced Computing Semiconductors，Semiconductor Manufacturing Equipment，and Supercomputing Items to Countries of Concern，"October 17，2023，https：//www.bis.gov/press-release/commerce-strengthens-restrictions-advanced-computing-semiconductors-semiconductor? sid_for_share=99125_4.

2.将数百家中国企业加入"黑名单",限制中国从美国采购先进物项

美国商务部工业与安全局主要通过五类"黑名单"对实体实施出口管制,即未经核实清单、常规的实体清单、适用于外国直接产品规则的实体清单、最终军事用户清单、被拒绝人清单。截至2024年1月3日,美国已经将761家中国企业加入实体清单,其中数十家企业适用于外国直接产品规则且大多为高科技企业。

(1)常规的实体清单

美国商务部工业与安全局根据美国《出口管理条例》,通过实体清单和其他出口管制清单,管控向特定最终用户出口受《出口管理条例》管制的物项,以实现维护美国国家安全及外交利益的目标。其中,实体清单是目前最为频繁使用的管制清单。该清单由外国实体组成,包括企业、研究机构、政府、民间组织、个人等。该清单是一份记录从事让美国政府有理由认为已经、正在或者极有可能涉及"违反美国国家安全/外交政策利益活动"的外国人(包括实体和个人)的名单。向被列入实体清单的实体出口任何受《出口管理条例》管辖的物项均须申请许可证,且许可证审查政策通常为"推定拒绝"。即便该物项没在美国生产,但如果涵盖硬件、软件等的美国技术含量超过25%,也在限制的范围内。据此,被列入实体清单的实体的供应链受到最直接的影响,其供应链上游的涉美货物、原材料或将面临断供风险。截至2023年10月,美国商务部工业与安全局涉华实体清单共发布32次,其中2018年2次、2019年5次、2020年7次、2021年6次、2022年2次、2023年10次。清单中的实体包括中国科研机构(研究/院/中心)117家、人员16名、高校9所、国家机关19个、相关企业586家。以2023年为例,美国商务部工业与安全局总计向实体清单新增466个实体,以位于俄罗斯(210家)和中国(155家)的实体为主。其中,美国商务部工业与安全局在2023年分10批将共计155个位于中国内地和港澳地区的个人和实体加入实体清单,涉及信息软件、半导体、航空航天等多个行业。截至2024年1月3日,实体清单中共有761个位于中国内地和港澳地区的实体和个人。

（2）适用于外国直接产品规则的实体清单

这类企业不仅要适用美国《出口管制条例》规定的通常适用于被列入实体清单企业的限制性要求，还要适用外国直接产品规则。外国直接产品规则为被加入实体设置了更高的合规要求，交易时除确认产品本身不受《出口管理条例》管辖外，还要求供应商确认交易产品的任何零部件不会因该规则而受《出口管理条例》管辖。如任一零部件因该规则受《出口管理条例》管辖，未经许可，供应商不得向适用于该规则的实体提供并入或使用该零部件生产的任何下游产品。即便该零部件不是在美国生产，但只要其生产过程中含有美国的管制物项/技术（含美技术从常规实体清单的25%下降至0），均需要美国商务部工业与安全局许可才可对涉事实体出售。

（3）未经核实清单

当美国商务部工业与安全局无充足理由将一家外国公司或个人列入实体清单，但有足够理由就其相关风险向其他公司发出警示时，美国商务部工业与安全局将把其列入未经核实清单。具体而言，对于受美国《出口管制条例》管辖的外国实体从事的出口、再出口和国内转卖行为，如果美国商务部工业与安全局或代表它调查的联邦官员因政府控制之外无法有效完成最终用途核查，无法核实外国实体是不是真实的，该外国实体将被列入未经核实清单。被列入未经核实清单意味着获取《出口管理条例》管控物项受到一定限制，但其限制程度低于实体清单。未经核实清单与实体清单的主要区别在于：实体清单上的实体未取得出口许可证的，会被禁止交易任何《出口管理条例》管辖的物项；未经核实清单上的实体仍然可以获得美国商品、技术或软件，只是受制于一些额外的条件。即如果美国企业须向未经核实清单中的实体出口物品，需先经商务部审批，由商务部工业与安全局采取通过率较高的逐案审理原则进行审查。截至2024年1月3日，未经核实清单中共有97个位于中国内地和香港的实体。以2023年为例，商务部工业与安全局分别于3月将14个位于中国香港的实体、于12月将13个位于中国内地的实体加入未经核实清单，这些加单实体包括科技、通信、物流、贸易等领域的企业。2023年8月、12月，商务部工业与安全局先后将31个中国实体

（均位于内地）移出未经核实清单。移出实体大多于 2022 年被列入清单，另有少量 2018 年、2019 年被加单的实体。

3. 加快构建"排华"复合型阵营，就先进设备/技术等对华实施广义的出口管制

在关键战略产品领域，美国试图通过组建关键战略产业小圈子对华实施技术合围，包括但不限于强化美欧贸易和技术理事会（U. S. -EU Trade and Technology Council，TTC）的作用、签署《美日荷协议》、构建四方芯片联盟等。

（1）美欧贸易和技术理事会

2023 年 5 月 31 日，美欧贸易和技术理事会第四次部长级会议在瑞典吕勒奥举行。美欧通过该理事会提高了技术合作的制度化水平，也加大了对中国技术与产业发展的围堵与挑战力度。一方面，该理事会可能阻滞中国技术和产业升级。美欧称将在敏感和新兴技术的出口管制和投资审查方面进行合作，此举主要是为防止新兴技术外溢至中国。中国从美欧等发达国家获取先进技术的渠道将越来越窄，实现技术发展与升级的难度也将有所增加。另一方面，该理事会可能造成中国技术标准上的孤立。中国是电动汽车和人工智能技术大国，美欧选择在标准上钳制中国。美欧企图通过设立电动汽车充电设施标准和人工智能可信度标准，将美欧标准推广为国际标准，同时将中国排除在参与标准制定的国家范围之外，使中国陷入与国际标准脱轨的困难处境。简言之，该理事会可能导致中国在技术引进、标准设立与全球市场等方面受困，中国相对先进的信息、通信技术及服务技术、人工智能技术、电动汽车产业或将首当其冲，相对不具有竞争力的半导体产业发展也将举步维艰。此外，在出口管制、投资筛查、解决非市场政策和做法、应对经济胁迫、第三国安全可信的数字基础设施和连接等方面，该理事会也取得了一定进展。

（2）《美日荷协议》

2023 年 1 月 27 日，美国、日本和荷兰三国在美国华盛顿就半导体议题达成《美日荷协议》，针对半导体上游设备共同对华实施广义的出口管制。

从半导体产业链的构成以及产业链上各个环节的市场状况来看，半导体产业链可以分为三个部分：上游是半导体材料和生产设备的供应；中游包括集成电路和芯片的设计、制造、封测三大环节，是主要部分；下游是各类市场应用，如个人电脑、手机、工业、航天航空、军事装备、物联网等终端电子产品。

2023 年 3 月 31 日，日本政府修订外汇和外贸管理法的省令，将高端半导体制造设备等 23 个品类纳入出口管制对象。日本政府从 3 月 31 日至 4 月 29 日征求意见，修正案于 5 月颁布，自 7 月 23 日起施行。23 个品类产品除面向包括所谓"友好"国家在内的 42 个国家和地区之外，其余都需要个别许可，这意味着对中国的出口将在事实上变得困难。23 个品类产品包括极紫外线（EUV）相关产品的制造设备和使存储元件立体堆叠的蚀刻设备等，从用于计算的逻辑半导体的性能来看，均为制造线路宽度在 10~14 纳米以下的尖端产品所必需的设备，包括 3 项清洗设备、11 项薄膜沉积设备、1 项热处理设备、4 项光刻/曝光设备、3 项刻蚀设备、1 项测试设备。

2023 年 6 月 30 日，荷兰宣布新的出口管制措施，要求全球光刻机龙头企业阿斯麦（ASML Holding N.V.，以下简称 ASML）在出口部分先进设备时必须申请出口许可证。9 月 1 日，荷兰正式实施对华限制。根据新的出口管制法规，荷兰发布的相关出口管制法规主要针对特定的先进半导体制造设备，包括极紫外线薄膜生产设备、光刻设备、沉积设备、外延生长设备等，具体涉及薄膜沉积、光刻、雕刻等半导体制造链中的关键工序。从类型上看，这些设备涵盖干式深紫外线光刻机、浸没式深紫外线光刻机和目前全球最先进的光刻机——极紫外线光刻机。ASML 的极紫外线光刻机此前就受到限制，不得被出售给中国。ASML 的浸没式深紫外光刻机有 4 个主要型号——NXT：2100i、NXT：2050i、NXT：2000i 和 NXT：1980Di。此次荷兰政府颁布的新出口管制法规主要涉及 NXT：2000i 及后续的浸没式光刻系统，相当于规定 1980Di 型号可以对华销售。在性能上，1980Di 是 ASML 10 年前推出的老型号，2000i、2050i、2100i 都是基于 1980di 的升级版本。1980Di 的效率比较低，它支持 NA 1.35 光学器件，分辨率可以达到 38 纳米以下，理论上可以应用于 7 纳米工艺的生产。但由于步骤较复杂，成本较高，目前大多数晶圆厂主要使用 1980Di 光刻机生产 14 纳米及以上工艺芯片，很少使用它生产 7 纳米芯片。台积电的第一代 7 纳米工艺最初是基于 NXT：1980Di 实现的，后来升级为 EUV 7 纳米工艺。

（二）限制中美高科技领域的双向投资：拜登签署行政令

美国早在 2018 年 8 月 13 日就出台法案《2018 年外国投资风险评估现代化法案》（Foreign Investment Risk Review Modernization Act of 2018），严格限制中国企业赴美投资，并要求美国商务部针对中国企业赴美投资的情况，在 2026 年前每两年向国会与美国外国投资委员会（Committee on Foreign Investment in the United States，CFIUS）提交详细报告，重点审核高科技领域的中国企业赴美投资。2023 年 8 月 9 日，拜登政府发布《关于解决美国对受关注国家的特定国家安全技术和产品投资的行政令》（以下简称"第 14105 号行政命令"），[①] 禁止美国资本对中国先进半导体领域、量子计算、人工智能领域进行新的投资。这标志着美国政府将对美国资本向中国高科技领域的投资进行审查。可见，美国政府正在从资本端减少两国的经贸往来，限制中美双向投资是美国政府"脱钩"政策的重要手段。

2023 年 8 月 9 日，美国财政部公布《拟议规则制定预先通知》（Advanced Notice of Proposed Rulemaking），[②] 限制对"受关切国家"的军事、情报、监控和网络相关能力至关重要的敏感技术和产品，即优先禁止美国技术用于军事用途，其余敏感领域则暂且采取通报形式。受限范围主要涉及半导体和微电子、量子信息和人工智能三大领域。与《2018 年外国投资

---

① The White House, "Executive Order on Addressing United States Investments in Certain National Security Technologies and Products in Countries of Concern," August 9, 2023, https：//www.whitehouse.gov/briefing-room/presidential-actions/2023/08/09/executive-order-on-addressing-united-states-investments-in-certain-national-security-technologies-and-products-in-countries-of-concern/.

② U.S. Department of the Treasury, "Outbound Investment Security Program," August 9, 2023, https：//home.treasury.gov/policy-issues/international/outbound-investment-program.

风险评估现代化法案》既管增量又限制存量不同，美国对华投资禁令针对的是增量而非存量，即实施细则将不会适用于在其生效前已经实施的交易，但对于行政令发布之后交割或达成的交易，财政部可能要求美国主体提供信息。此外，该行政令只管辖股权投资、绿地投资、合资与可转债，公开交易证券的投资不受管制。针对美国资本投资的基金，如果美国资本只是有限合伙人而非一般合伙人，也不被纳入管制范畴。若相关实体出现违规，则将被要求撤回投资或面临处罚。2023 年 9 月 28 日，美国财政部已经就此行政令征求完公众意见。2024 年 6 月 21 日，美国财政部发布了一份《拟议规则制定通知》（Notice of Proposed Rulemaking），① 以实施拜登第 14105 号行政命令。该通知以财政部 2023 年 8 月发布的《拟议规则制定预先通知》为基础，并提供了完整的实施细则。此次正式落地的行政命令限制范围已相对较小，且仅限制一级市场的新增投资，是拜登政府"小院高墙"战略与"局部脱钩"的集中体现。这一行政令从资金量来看影响相对有限，根据荣鼎集团（Rhodium Group）的统计，2022 年美国对华直接投资额为 82 亿美元，对华风险投资额仅为 13 亿美元，均处于近 10 年来的低位。但资本赋能的作用具有乘数效应，美国资本的减少给本来已经阻力重重的中美人员交流带来持续的负面影响。不仅如此，拜登政府还试图将此行政令内容加入法案当中，以确保其永久化。

结　语

近年来，美国一直把维持全球科技竞争力与领导力放在优先地位。一方面，美国政府采取"主动进攻"策略，加大对关键战略产业的投入，新设研发中心，强调机构间的协调等。另一方面，美国也采取"被动防守"策略，强化与盟友的合作，加大对华广义的出口管制与投融资限制。2023 年

---

① U. S. Department of the Treasury, "Treasury Issues Proposed Rule to Implement Executive Order Addressing U. S. Investments in Certain National Security Technologies and Products in Countries of Concern," Jun. 21, 2024, https：//home. treasury. gov/news/press-releases/jy2421.

初签署的《美日荷协议》已经为美国的广义出口管制政策提供了一个范本。未来，韩国、中国台湾、日本或将与美国形成有实质意义的"芯片四方联盟"。不仅如此，美国国会正在出台一系列对华高科技出口管制的法案，限制范围从产品、技术、设备过渡到人的范畴。2024 年 5 月 8 日由美国国会众议院外交事务委员会主席迈克·麦考尔（Michael McCaul）提出的《增强海外关键出口限制的国家框架法案》（Enhancing National Frameworks for Overseas Restriction of Critical Exports Act）正在推进过程中。该法案要求商务部严格管制先进人工智能系统以及特定的新兴和基础技术的出口，并限制美国人与外国人合作开发此类系统和技术。2024 年，中美科技竞争仍在持续加剧。

（审读　罗振兴）

2023年的中美关系：承压与韧性

杨 楠[*]

摘 要： 2023年的中美关系从低谷起步，逐步回归稳定轨道并站在新的起点，总体呈现"触底反弹"的态势。发生于年初的"气球事件"标志着中美关系遭遇了自关系正常化以来的又一次历史低点。与之相对应，美国国会打造针对中国的新机制，全年密集出台各类涉华法案，压缩中美互动的空间。在经贸科技领域，中美博弈进一步深化，双方之间的制裁与反制裁日趋升级。在地缘政治方面，美国继续锚定台湾问题这一对华施压的"铁牌"，并进一步强化既有的遏华军事多边机制。中国则积极推动反围堵措施。为管控分歧、寻求共识、确保战略稳定性，中美政府官员自5月起诉诸密集的高层互动，两国民间往来随之开始恢复。11月中美两国领导人的旧金山会晤及其形成的"旧金山愿景"标志着中美关系的"融冰解冻"，但未来双边关系仍将面临较大的风险和不确定性。

关键词： 美国外交 中美关系 "气球事件" "战略竞争"

2023年11月16日，中美两国元首在美国旧金山举行会晤，就双边与关乎世界和平发展的重大议题进行深入沟通。此次会晤距离2022年11月14日中美元首在印度尼西亚巴厘岛举行的会晤刚好时隔一年。在这一年中，中美关系因"气球事件"及其引发的一系列负面互动经历了双边关系的低谷，在双边高层互动、民间恢复交往与领导人会晤之后又回归正轨，展现出较强的

---

[*] 杨楠，中国社会科学院美国研究所副研究员，主要研究领域为美国网络安全与数字政策、中美关系。

韧性。尽管如此，美国将中国界定为"战略竞争者"的立场未变，并继续动用大量国家资源在经贸、科技与军事等领域强化对华"包围圈"。与此同时，美国国会由幕后转至前台，尝试通过建立新机构、推出新法案等方式，主导美国对华政策的走势与发展。针对拜登政府固化对华"战略竞争"的态势，中国政府坚持斗争，勇于反制，坚决捍卫中美关系的政治基础。

一 "气球事件"与中美关系低谷

2023 年初，为进一步落实中美元首巴厘岛会晤的精神，美国国务卿安东尼·布林肯（Antony Blinken）宣布将于 2 月 5 日访华并开启新一轮外交访问。[①] 2 月 2 日，美国国防部通报称，北美防空联合司令部（North American Air Defense Command，NORAD）侦测到一艘高空飞行物自阿拉斯加州飞行至美国和加拿大领空，并宣称它是来自中国的"侦测气球"。[②] 中国外交部第一时间呼吁双方保持冷静，并对此事件展开认真核查。2 月 3 日，外交部发言人毛宁在记者会上明确澄清，该飞行物是中国用于气象科考的民用无人飞艇，因受西风带影响且自身控制能力有限误入美国领空，同时要求美方保持沟通，以专业方式妥善处理此事。[③] 同日晚间，中国中共中央政治局委员、中央外事办公室主任王毅应约同布林肯通话，明确强调中国一贯遵守国际法，也不接受无端臆测和炒作，希望中美避免误判，管控分歧。[④] 尽管如此，美国国防部仍继续宣布于拉丁美洲空域侦测到第二个"气

① Center for Strategic and International Studies, "Press Briefing: Previewing Secretary Blinken's China Visit," January 30, 2023, https://www.csis.org/analysis/press-briefing-previewing-secretary-blinkens-china-visit.

② U. S. Department of Defense, "DoD Statement on High-Altitude Surveillance Balloon," February 2, 2023, https://www.defense.gov/News/Releases/Release/Article/3287173/dod-statement-on-high-altitude-surveillance-balloon/.

③ 《2023 年 2 月 3 日外交部发言人毛宁主持例行记者会》，中华人民共和国外交部官网，2023 年 2 月 3 日，https://www.mfa.gov.cn/fyrbt_673021/jzhsl_673025/202302/t20230203_11019334.shtml。

④ 《王毅应约同美国国务卿布林肯通话》中华人民共和国外交部官网，2023 年 2 月 4 日，https://www.mfa.gov.cn/web/zyxw/202302/t20230204_11019692.shtml。

球"，并于 2 月 4 日下午在南卡罗来纳州邻近海域上空利用 F-22 战斗机载对空导弹将第一个无人飞艇击落，而后在对应海域打捞残骸并进行分析。

所谓"气球事件"引发了中美两国的新一轮外交危机。2 月 3 日，美国国务卿布林肯宣布推迟其访华行程；时任美国国防部发言人帕特里克·莱德（Patrick Ryder）则在新闻发布会上谴责中方"违反国际法"。[①] 美国国会众议院于 2 月 9 日全票通过"谴责中国气球决议案"。[②] 美国总统拜登也于 2 月 4 日声称将密切关注此事，并于 2 月 10 日宣布非法制裁 6 家"与该事件相关的"中方企业和机构。美国媒体则炒作中国有一个针对世界各国的"高空气球侦察计划"。此外，大量美国官员在接受采访时借该事件对中国进行攻击和抹黑，争相展示对华强硬立场，不断强调乃至夸大中国飞艇在美国大陆上空漂浮的象征意义，随之带动美国国内的反华情绪高涨。对此，中国外交部发言人毛宁指出，中方多次表明中国民用无人飞艇飘入美国上空完全是一宗由不可抗力导致的意外、偶发事件；中国"无意也从不侵犯任何主权国家的领土和领空"，也坚决反对对其进行歪曲炒作和政治操弄。[③] 在美军击落飞艇后，中国外交部和国防部旋即表示强烈不满和抗议，批评美方执意动用武力和反应过度的行为违反国际惯例，明确表示不接受美方关于两国防长通话的提议，并表示将"保留必要手段处置类似情况的权利"。[④]

美方炒作"气球事件"让双边关系在尚未完全回暖的状态下迅速降温，

---

① U.S. Department of Defense, "Pentagon Press Secretary Brig. Gen. Pat Ryder Holds an On-Camera Press Briefing," February 3, 2023, https://www.defense.gov/News/Transcripts/Transcript/Article/3288141/pentagon-press-secretary-brig-gen-pat-ryder-holds-an-on-camera-press-briefing/.

② U.S. Congress, "H. Res. 104-Condemning the Chinese Communist Party's Use of a High-altitude Surveillance Balloon over United States Territory as a Brazen Violation of United States Sovereignty," https://www.congress.gov/bill/118th-congress/house-resolution/104/text.

③ 《外交部发言人就中国无人飞艇因不可抗力误入美国领空答记者问》，中华人民共和国外交部官网，2023 年 2 月 3 日，https://www.mfa.gov.cn/web/fyrbt_673021/dhdw_673027/202302/t20230203_11019482.shtml。

④ 《国防部新闻发言人谭克非就美国防部称中方拒绝就民用无人飞艇事件通话发表谈话》，中华人民共和国国防部官网，2023 年 2 月 9 日，http://www.mod.gov.cn/gfbw/xwfyr/fyrthhdjzw/16278450.html。

并再度跌至冰点。中美两国就此丧失了一次重要的缓和关系的机会窗口。根据民调机构盖洛普（Gallup）公布的民调结果，美国成年人对华好感度在该事件后骤降至15%，创历史新低。①

中美关系在"气球事件"后急转直下，国际社会对中美关系的担忧也随之加剧。美国智库亚洲协会（Asia Society）研究员但若云（Rorry Daniels）指出，"一件小事却产生了重大后果""中美两国走到今天的地步令人震惊"。② 美国康纳尔大学教授白洁曦（Jessica Chen Weiss）也指出，"气球事件"的威胁被美国严重夸大了；受制于美国国内政治极化态势营造的氛围，拜登政府不得不以强硬姿态回应"气球事件"，这也决定了该事件的负面影响将持续一段时间。③ 本着负责任的态度，中国方面积极推动两国管控分歧，使双边关系趋于稳定。2月18日，中共中央政治局委员、中央外事工作委员会办公室主任王毅在出席慕尼黑安全会议期间，应美方请求同美国国务卿布林肯进行非正式接触。王毅再次表明了中方的严正立场，要求美方改弦更张，正视并解决滥用武力给中美关系造成的损害。④ 中国驻美国使馆临时代办徐学渊也于2月17日在美国《华盛顿邮报》发表《中美关系不应因"流浪气球"随风逐流》（China-U. S. Relations should not be Led Astray by a Wandering Balloon）一文，强调中美关系需要"全过程"管理，"需要着眼大局加以实现"。而中美关系的大局，"是两国共同利益远远大于分歧这一基本事实，是一个健康稳定的中美关系符合两国和世界人民根本利益这一重要道理"。⑤

① Megan Brenan, "Record-Low 15% of Americans View China Favorably," Gallup, March 7, 2023, https: //news. gallup. com/poll/471551/record-low-americans-view-china-favorably. aspx.

② Asia Society, "Managing China's Rise without War," March 27, 2023, https: //asiasociety. org/japan/managing-chinas-rise-without-war-recap.

③ Brianna Scott, William Troop, and Ailsa Chang, "Where U. S. -China Relations Stand after Suspected Spy Balloon was Shot Down," NPR, February 6, 2023, https: //www. npr. org/2023/02/06/1154901468/where-u-s-china-relations-stand-after-suspected-spy-balloon-was-shot-down.

④ 《王毅就飞艇事件向美方表明立场》，中华人民共和国外交部官网，2023年2月19日，参见: https: //www. mfa. gov. cn/zyxw/202302/t20230219_ 11027107. shtml。

⑤ Xu Xueyuan, "China-U. S. Relations should not be Led Astray by a Wandering Balloon," *The Washington Post*, February 17, 2023, https: //www. washingtonpost. com/opinions/2023/02/17/chinese-embassy-balloon-bilateral-relations/.

二　美国国会与中美关系

自 2022 年中期选举产生第 118 届国会以来，美国涉华立法活动比以往更加频密。随着共和党重新掌握众议院控制权，美国国会的对华鹰派情绪加重。过去几年来，国会从幕后逐步行至台前，在对华问题上变得比以往更加主动。2023 年，美国国会议员持续塑造"中国威胁论"，以应对中美战略博弈为由夯实美国对华施压的总体态势。民主、共和两党在对华问题上达成共识，对华政策成为两党合作的"最后一个堡垒"。[①]

在时任众议长凯文·麦卡锡（Kevin McCarthy）的主导下，2023 年 1 月 10 日，美国国会众议院以 365 票赞成、65 票反对的压倒性多数通过第 11 号决议，成立"众议院美国与中国共产党战略竞争特设委员会"（Select Committee on the Strategic Competition Between the United States and the Chinese Communist Party）。该委员会的前身为 2020 年 5 月众议院共和党组建的"中国工作组"（China Task Force），由威斯康星州共和党众议员迈克·加拉格尔（Mike Gallagher）担任主席，成员由 13 名共和党议员与 11 名民主党议员组成，其成员同时加入大部分处理涉华事务的常设委员会。根据决议内容，该委员会有权"就中国共产党涉经济、技术和安全进展的现状，及其与美国开展竞争的情况，进行调查并提出政策建议"。[②] 该委员会的组建呼应了当前美国两党总体对华施压的政治纲领及议程。2023 年，该委员会共举办 14 场包括听证会、圆桌会议以及辩论等在内的公开活动，被传唤作证的人员主要来自私营部门、智库以及非政府组织。该委员会全年共

---

① Benjy Sarlin and Sahil Kapur, "Why China may be the Last Bipartisan SIssue Left in Washington?" NBC News, March 21, 2021, https：//www.nbcnews.com/politics/congress/why-china-may-be-last-bipartisan-issue-left-washington-n1261407.

② U. S. Congress, The Select Committee on the CCP, "Committee Rules," February 28, 2023, https：//selectcommitteeontheccp.house.gov/committee-activity/committee-rules.

发布三份政策建议报告，内容涉及新疆问题、生物技术问题以及数字经贸等。①

在多个领域提出各类涉华法案，仍是美国国会的主要侧重。这一态势于2023年达到了新的高度。据美国智库昆西研究所（Quincy Institute）统计，美国国会2023年共提出616项以中国为主题或涉及中国的立法。② 其中，众议院甚至在3月1日当天同时推出多达12项涉华法案，创历史之最。相关立法涉及中美关系的大部分内容甚至敏感议题，其中以四个领域最为突出。其一是限制中国人购买美国土地的相关法案，其中以参议员汤姆·科顿（Tom Cotton）和凯蒂·布里特（Katie Britt）提出的"寸土寸金法案"（Not One More Inch or Acre Act）最为极端，要求禁止中国公民或实体购买任何位于美国的公共或私人房地产。③ 其二是阻碍中美外交的法案，如威斯康星州众议员汤姆·蒂凡尼（Tom Tiffany）和得克萨斯州众议员兰斯·古登（Lance Gooden）提出的要求美国政府关闭中国驻纽约总领事馆以及香港经贸办事处的法案。④ 其三是限制中美经贸的法案，如新泽西州众议员克里斯托弗·史密斯（Christopher Smith）等人提出的"2023年中国贸易关系法案"（China Trade Relations Act of 2023），要求取消美国给予中国的贸易最惠国待遇。⑤ 此外，美国国会也先后审议了"中国不是发展中国家法案""终止与中国正常贸易关系法案"等多项涉华法案，其内容涉及终止中国接受国际组织拨款、终止中国享受中

① U. S. Congress, The Select Committee on the CCP, "Reports," February 28, 2023, https：//selectcommitteeontheccp. house. gov/committee-activity/committee-rules.

② Blaise Malley, "Congress and the 4 Faces of China Baiting Bills in 2023," Responsible Statecraft, December 27, 2023, https：//responsiblestatecraft. org/china-congress-2023/.

③ U. S. Congress, "S. 1136 - Not One More Inch or Acre Act," January 18, 2024, https：//www. congress. gov/bill/118th-congress/senate-bill/1136.

④ U. S. Congress, "H. R. 2865-To Provide for the Closure of the Consulate General of the People's Republic of China and the Hong Kong Economic and Trade Office Located in New York City, and for Other Purposes," April 25, 2023, https：//www. congress. gov/bill/118th-congress/house-bill/2865/text.

⑤ U. S. Congress, "S. 125 - China Trade Relations Act of 2023," January 26, 2023, https：//www. congress. gov/bill/118th-congress/senate-bill/125？s＝1&r＝55.

美贸易往来的关税减免等特殊待遇。其四是涉台法案，如田纳西州众议员安迪·奥格尔斯（Andy Ogles）等人提出的要求美国禁止向某些不承认台湾所谓"主权"的国家提供外国援助的"撤资中国盟友法案"，以及佛罗里达州参议员马克·卢比奥（Marco Rubio）等人提出的要求美国政府将在华盛顿地区的"台北经济文化代表处"（Taipei Economic and Cultural Representative Office）更名为"台湾代表办公室"（Taiwan Representative Office）的"台湾代表处法案"等。美国国会以前所未有的强度争取对华政策议程的主导权，并压缩两国沟通和协作的空间。尽管相关立法行动最终无一成法，但参众两院围绕上述议题密集召开涉华主题听证会并组织讨论的过程，本身即在持续渲染"中国威胁论"，煽动美国社会的反华情绪，推动中美两国进一步"脱钩"。与此同时，相关内容中诸多涉华建议或将被列入美国战略界"政策工具箱"，作为未来美国对华施压的筹码。对此，中国开始调整自身的防御姿态，依据新修订和已经出台的《反间谍法》《对外关系法》《禁止出口限制技术目录》等法律规制展开系统性反制。

在国会的影响下，美国多州地方立法机构也开始逐步推动涉华法律出台，其中一些法律比联邦立法更为苛刻。其中，佛罗里达州、犹他州和南卡罗来纳州等政治保守州成为涉华法律推出的集中地区。以佛罗里达州为例，该州州长罗恩·德桑蒂斯（Ron DeSantis）主导推动多项针对中国的州法律，并在参加总统大选辩论期间对其进行广泛宣传。由该州参议院推出，并在2023年7月成为法律的"第264号法案"禁止中国公司或公民购买或投资距离军事基地和炼油厂、液化天然气码头和发电厂等关键基础设施10英里范围内的房产。① 南达科他州州长克里斯蒂·诺姆（Kristi Noem）则推动州立法批准建立一个州内类似外国投资委员会（Committee on Foreign Investment in the United States，CFIUS）的机构，以审查中国投资者购买、租

---

① The Florida Senate, "Bill-264," July 1, 2023, https：//www. flsenate. gov/Session/Bill/2023/264/BillText/er/PDF.

赁和转让当地农业用地的情况。① 2023 年 5 月，蒙大拿州州长格雷格·吉安福特（Greg Gianforte）签署法案，以"保护本州民众私人数据和敏感信息不被中国收集"为由，全面禁止短视频社交平台 TikTok 在该州运营。② 多州政府推出相关恶法、转向保护主义、放弃"欢迎外国投资进入美国"传统的做法，引起了美国商业团体的强烈反对。后者批评相关举措提出的规则"过于繁琐而不具备可操作性"，"加剧了本已高涨的反亚裔情绪"且"具有明显的歧视性"。③ 这些声音限制了一些州涉华负面法案的出台，例如在得克萨斯亚裔美国人群体的坚决反对下，该州于 2021 年推出的禁止向中国公民出售土地的"参议院第 147 号法案"最终于 2023 年 5 月因未能成法而失效。④

三 中美经贸科技竞争深化

2023 年，中美在经贸科技领域的竞争依旧维持相对激烈的态势。美国国家安全顾问杰克·沙利文（Jake Sullivan）于 4 月 27 日在美国智库布鲁金斯学会发表演讲时提出"新华盛顿共识"，即推动美国由传统自由经济模式转向以"维护国家安全"为主导的强政府干预模式，强调科技创新和产业发展的重要性；同时沿用欧盟委员会主席乌尔苏拉·冯德莱恩（Ursula von der Leyen）提出的"去风险化"（de-risking）理念，主张美国

---

① "Gov. Noem Announces Plan to Restrict Foreign Purchases of Ag Land," South Dakota State News, https://news. sd. gov/news? id = news_ kb_ article_ view&sys_ id = 1f85e9aadb392910b2fb93d4f396196a.

② Sapna Maheshwari, "Montana Governor Signs Total Ban of TikTok in the State," *The New York Times*, May 17, 2023, https://www. nytimes. com/2023/05/17/business/montana - tiktok - ban. html.

③ Alan Rappeport, "Spreading State Restrictions on China Show Depths of Distrust in the U. S. ," *The New York Times*, August 21, 2023, https://www. nytimes. com/2023/08/21/us/politics/china-restrictions-distrust. html.

④ William Melhado, "Texas House's Weekend off Means Key Senate Bills Die after Missing a Legislative Deadline," May 20, 2023, https://www. texastribune. org/2023/05/20/texas-lgbtq-guns-education-bills-die/.

对内强化产业政策，对外推动关键领域和产业链的严格限制，以去除中国作为主要"战略竞争对手"超过或威胁自身的风险。这种表态标志着美国对华经贸科技战略的转型。① 基于这种转型，中美两国在2023年的高科技博弈由出口管控扩展至投资管控，烈度持续增加，规模不断扩大。其中，美国对华贸易管制与制裁仍在持续升级，其实体清单（Entity List）、特别制定国民名单（Specially Designated Nationals and Blocked Persons，SDN）以及涉疆法案实体清单（UFLPA Entity List）中的中国实体数量显著增加。②

3月2日，美国商务部工业与安全局（Bureau of Industry and Security，BIS）公布了出口限制实体清单新增的37家实体，其中有28家来自中国。其中，与美国英特尔和IBM长期保持密切合作的中国信息技术巨头浪潮集团赫然在列。③ 4月12日，美国商务部工业与安全局在其发布的最终规则中，再度将28家公司列入实体清单，其中包括12家中国公司。5月30日，美国财政部以"涉嫌生产含有芬太尼的假药"为由，对7家中国实体和6名个人实施制裁。8月9日，美国总统拜登签署《关于美国在有关国家投资某些国家安全技术和产品的行政命令》（Executive Order on Addressing United States Investments in Certain National Security Technologies and Products in Countries of Concern），禁止美国人对中国内地、香港特别行政区以及澳门特别行政区进行涉半导体和微电子、量子信息技

---

① The White House, "Remarks by National Security Advisor Jake Sullivan on Renewing American Economic Leadership at the Brookings Institution," April 27, 2023, https://www.whitehouse.gov/briefing-room/speeches-remarks/2023/04/27/remarks-by-national-security-advisor-jake-sullivan-on-renewing-american-economic-leadership-at-the-brookings-institution/.

② 刘新宇等：《2023年涉美出口管制与经济制裁年度回顾及展望》，金杜律师事务所，2023年12月26日，https://www.kwm.com/cn/zh/insights/latest-thinking/annual-review-and-outlook-2023-us-related-export-control-and-sanction-policies-and-enforcement.html。

③ U.S. Department of Commerce, Bureau of Industry and Security, "Commerce Adds 37 to Entity List for Unsafeguarded Nuclear and Missile-Related Activities, Supporting PRC Military Modernization, Violations of Human Rights, and Support for Russia's Military and/or Defense Industrial Complex," March 2, 2023, https://www.bis.doc.gov/index.php/documents/about-bis/newsroom/press-releases/3242-2023-03-02-bis-press-release-37-entities-added-to-entity-list/file.

术和某些人工智能系统等技术的投资。① 根据美国财政部同日发布的情况说明书，该行政令属于美国"对外投资计划"的一部分，旨在"阻止美国投资帮助加速相关技术在中国的本土化"。② 10 月 17 日，美国商务部工业与安全局发布三项规则，进一步收紧对中国先进计算半导体、半导体制造设备和超级计算产品的出口限制，从而"限制人工智能的军事应用对美国国家安全可能造成的损害"。③ 此外，美国同样在涉华经贸科技封锁领域加强了与盟友间的协同策应。例如，美国与日本、荷兰达成关于半导体领域的出口管制协议，共同开展对中国的半导体限制。日本政府于 2023 年 3 月 31 日宣布修改《外汇及对外贸易法》，荷兰政府于 6 月 30 日通过《先进半导体生产设备法规》，以限制半导体制造设备的对华流通。上述举措标志着美国始于2022 年的全面禁止向中国企业销售芯片的对华科技竞争再次升级，体现出"小院更窄、高墙更高"的特质。

美国还进一步提升与台湾地区之间的经贸关系，同时持续减少与香港地区的经济联系。一方面，美国近年来持续加强与台湾地区的经济科技合作，同时发出将干预台海危机的明确信号。2023 年 1 月 14~17 日，美国与台湾地区在台北启动"美台 21 世纪贸易倡议"（U. S. -Taiwan Initiative on 21st Century Trade）谈判。美国贸易代表办公室（United States Trade Representative, USTR）作为美

---

① The White House, "Executive Order on Addressing United States Investments in Certain National Security Technologies and Products in Countries of Concern," August 9, 2023, https：//www. whitehouse. gov/briefing－room/presidential－actions/2023/08/09/executive－order－on－addressing－united－states－investments－in－certain－national－security－technologies－and－products－in－countries－of－concern/.

② U. S. Department of Treasury, "FACT SHEET：President Biden Issues Executive Order Addressing United States Investments in Certain National Security Technologies and Products in Countries of Concern," August 9, 2023, https：//home. treasury. gov/system/files/206/Outbound－Fact－Sheet. pdf.

③ U. S. Department of Commerce, Bureau of Industry and Security, "Commerce Strengthens Restrictions on Advanced Computing Semiconductors, Semiconductor Manufacturing Equipment, and Supercomputing Items to Countries of Concern," October 17, 2023, https：//www. bis. doc. gov/index. php/documents/about－bis/newsroom/press－releases/3355－2023－10－17－bis－press－release－acs－and－sme－rules－final－js/file.

国在台协会的指定代表率领美国代表团赴台，美国助理贸易代表特里·麦卡廷（Terry McCartin）率领来自美国多个政府机构的代表与台湾当局进行谈判。5月18日，美国贸易代表戴琪（Katherine Tai）宣布，美台完成了有关"美台21世纪贸易倡议"的首轮谈判。① "美台21世纪贸易倡议首批协定实施法案"（United States - Taiwan Initiative on 21st - Century Trade First Agreement Implementation Act）于6月21日在众议院获得通过，于7月18日在参议院获得通过，并于8月7日由美国总统拜登签署成法。② 8月18日，美国贸易代表处发布公告称，其已于14～18日和美国驻台北经济文化代表处开启"美台21世纪贸易倡议"第二阶段的谈判。另一方面，美国继续减少与香港的经济联系。据统计，在港运营的美国公司数量已经连续4年下降，于2022年6月降至1258家，为2004年以来的最低水平。③ 11月1日，美国加州众议员金映玉（Young Kim）等人向国会提交"香港制裁法案"（Hong Kong Sanctions Act），要求拜登政府对49名香港官员、法官和检察官进行制裁。④ 在2023年12月公布的《2024年国防授权法案》（National Defense Authorization Act for Fiscal Year 2024）中，美国明确将中国香港列为"外来敌手"（foreign adversary）。⑤ 在俄乌冲突持续深化的背景下，多名美国政府官员强调将在未来加大针对中国香港的出口管制执法力度，在港相关金融机

① Office of the United States Trade Representative, "USTR Announcement Regarding U. S. -Taiwan Trade Initiative," May 18, 2023, https：//ustr. gov/about-us/policy-offices/press-office/press-releases/2023/may/ustr-announcement-regarding-us-taiwan-trade-initiative.

② The White House, "Statement from President Joe Biden on H. R. 4004, the United States-Taiwan Initiative on 21st-Century Trade First Agreement Implementation Act," August 7, 2023, https：//www. whitehouse. gov/briefing-room/statements-releases/2023/08/07/statement-from-president-joe-biden-on-h-r-4004-the-united-states-taiwan-initiative-on-21st-century-trade-first-agreement-implementation-act/.

③ 《驻港陆企数量增加 美企减少》，《联合早报》2022年4月10日，https：//www. zaobao. com. sg/realtime/china/story20220410-1261251。

④ U. S. Congress, "H. R. 6153-To Provide for a Review of Sanctions with Respect to Hong Kong," November 11, 2023, https：//www. congress. gov/bill/118th-congress/house-bill/6153? q =%7B%22search%22%3A%22%22%7D&s = 1&r = 1.

⑤ U. S. Congress, "National Defense Authorization Act for Fiscal Year 2024," December 22, 2023, https：//www. congress. gov/bill/118th-congress/house-bill/2670/text.

构亦有可能因此遭受美国的次级金融制裁。

与2022年相比，中国针对美国科技经贸领域制裁的反制次数更多，范围更广，效果更显著，这标志着中国反制裁体系的进一步完善与延伸。7月3日，中国商务部根据《出口管制法》，宣布对14种用于生产芯片的关键金属镓和锗实施出口管制，以维护国家安全和利益。① 尽管该公告并未提及针对特定国家，但外界普遍将此举视为中国对美国2022年对关键半导体技术实施出口管制的反制措施。12月21日，中国商务部又基于上位法《对外贸易法》和《技术进出口管理条例》相关规定，更新《中国禁止出口限制出口技术目录》，将激光雷达、无人机、生物技术产品以及有色金属冶炼和压延工业等纳入目录。②

四　中美地缘政治博弈延续

在美国持续的对华遏压下，中美两国的合作面总体收窄，冲突点持续增加，互疑程度日趋加深，中美双边战略稳定性面临挑战，双方在地缘政治领域的互动博弈仍具有较高风险与不确定性。2023年，拜登政府继续推进"印太战略"，在保持对华接触沟通、主张建立中美关系"护栏"的同时，继续落实遏华制华的战略布局。中国则继续借助反制裁、国际机制与多边外交等路径化解源自美方的地缘政治围堵。

台湾问题仍是影响中美关系全局的重大议题。在美国实施对华"战略竞争"的背景下，台湾已被纳入美国"印太战略"框架。台湾民进党当局"抗中保台""联美抗中"等路线与美国"以台制华"的目标达成默契。2023年，美国继续根据自身需要推进美台关系的发展，美台勾连频率提升，

---

① 《商务部海关总署公告2023年第23号，关于对镓、锗相关物项实施出口管制的公告》，中华人民共和国商务部官网，2023年7月3日，http://www.mofcom.gov.cn/article/zwgk/gkzcfb/202307/20230703419666.shtml。

② 《商务部科技公告2023年第57号，关于公布〈中国禁止出口限制出口技术目录〉的公告》，中华人民共和国商务部官网，2023年12月21日，http://www.mofcom.gov.cn/article/zcfb/zcfwmy/202312/20231203462079.shtml。

所造成的风险不断上升。2023 年 2 月，美国国务卿布林肯在接受《大西洋》月刊总编杰弗里·古德伯格（Jeffrey Goldberg）线上专访时称"台海问题不是中国内政，而是全球性议题"，引发广泛关注。① 同月，"众议院美国与中国共产党战略竞争特设委员会"主席加拉格尔率团秘密抵达台湾。此后，台湾民进党当局外事部门负责人吴钊燮和安全部门秘书长顾立雄等人也秘密前往美国，在弗吉尼亚州与时任美国常务副国务卿温迪·舍曼（Wendy Sherman）、副国家安全顾问乔纳森·芬纳（Jonathan Finer）以及负责印太安全事务的国防部助理部长伊莱·拉特纳（Ely Ratner）等人举行了长达 7 个小时的闭门会议。② 这是自 1979 年以来台湾外事部门负责人首次进入华盛顿特区。劳拉·罗森博格（Laura Rosenberger）自出任美国在台协会主席以来，先后于 2023 年 3 月、6 月和 10 月三度访台。4 月初，台湾地区领导人蔡英文"过境"窜美，其间与美国国会众议院时任议长麦卡锡会面。这是中美建交以来美国众议院议长首次在本土会见台湾地区领导人。对此，中国外交部表示坚决反对和强烈谴责，敦促美国停止"以台制华"，不要在错误和危险的道路上越走越远。③

除上述互动外，美国也在持续强化与台湾地区的经济、军事和情报往来。除推动"美台 21 世纪贸易倡议第一阶段协议"并积极推进第二阶段协议的谈判外，美国参议院金融委员会还通过了"美台加快免除双重课税法案"（U. S. -Taiwan Expedited Double Tax Relief Act），以通过直接改动美国税法的方式，免除对美台之间投资的双重征税，加强双方的经贸关系。2023 年 3 月 6 日，台湾当局称，台美双方商议将美军存放在日韩等东亚地区的军

① "The Big Story：Russia's War on Ukraine：One Year Later," *The Atlantic*, February 23, 2023, https：//www. theatlantic. com/live/blinken-russia-ukraine-invasion-atlantic-event/.

② Demetri Sevastopulo and Kathrin Hille, "White House to Hold Secret Talks with Taiwan Officials in Washington," *Financial Times*, February 18, 2023, https：//www. ft. com/content/8d1cbbc6-bbd1-4d8a-a7f2-4108f3d65b96.

③ 《外交部发言人就蔡英文"过境"窜美发表谈话》，中华人民共和国外交部官网，2023 年 4 月 6 日，https：//www. mfa. gov. cn/fyrbt ＿ 673021/dhdw ＿ 673027/202304/t20230406 ＿ 11054879. shtml。

备弹药转存至台湾地区。7月28日，拜登政府宣布向台湾提供3.45亿美元的军事援助。这是美国首次通过"总统特别提款权"（Presidential Drawdown Authority，PDA）对台提供军事援助。① 12月，美国国会在其通过的《2024年度国防授权法案》中宣称，"将加强在印太地区的资源……并为台湾的军队提供资源"。② 上述行动削弱了美国官方"对台政策未变"等表述的合法性，也持续耗损着中美之间的信任根基。针对美方的上述行动，中国在站稳台湾问题立场的同时展开反制。例如，2023年2月16日，中国商务部将美国国防企业洛克希德·马丁公司（Lockheed Martin）与雷神技术公司（Raytheon Technologies）列入不可靠实体清单，作为对其向台湾供应武器的反制。③

美国军方仍致力于推进"太平洋威慑倡议"，主张通过"一体化威慑"在全领域塑造中国周边的地缘战略环境，强化美军在亚太地区的军事部署。在中美缺乏有效对话沟通机制的背景下，美军的力量扩张导致双边军事安全风险居高不下。

首先，美方继续强化现有多边机制，同时新建或巩固小多边集团。2023年5月20日，美日印澳"四方安全对话"（QUAD）在广岛峰会期间举行领导人面对面峰会，宣布成立"国际标准合作网络"（International Standards Cooperation Network），公布"关键和新兴技术标准原则"（Principles on Critical and Emerging Technology Standards）。会后发表的宣言重申，"强烈反对试图通过武力或胁迫来改变现状的破坏稳定或单边的行动"。④ 6月27日，

① Mark F. Cancian and Bonny Lin, "A New Mechanism for an Old Policy: The United States Uses Drawdown Authority to Support Taiwan," CSIS, August 2, 2023, https://www.csis.org/analysis/new-mechanism-old-policy-united-states-uses-drawdown-authority-support-taiwan.

② U. S. Congress, "H. R. 2670-National Defense Authorization Act for Fiscal Year 2024," July 7, 2023, https://www.congress.gov/bill/118th-congress/house-bill/2670.

③ 《不可靠实体清单工作机制关于将洛克希德·马丁公司、雷神导弹与防务公司列入不可靠实体清单的公告》，中华人民共和国商务部官网，2023年2月16日，http://www.mofcom.gov.cn/article/zwgk/gkzcfb/202302/20230203391289.shtml。

④ The White House, "Quad Leaders' Joint Statement," May 20, 2023, https://www.whitehouse.gov/briefing-room/statements-releases/2023/05/20/quad-leaders-joint-statement/.

美国国家安全委员会印太事务协调员库尔特·坎贝尔（Kurt Campbell）在美国智库战略与国际问题研究中心（Center for Strategic and International Studies，CSIS）举行的会议上表示，美英澳"三边同盟"（AUKUS）在按计划推进为澳大利亚提供核潜艇这一"第一支柱"的同时，也开始启动加快关键军事技术协同的"第二支柱"建设。① 12月1日，美国国防部部长劳埃德·奥斯汀（Lloyd Austin）分别与访美的澳大利亚和英国国防部部长举行了会谈，并在会后发表的联合声明中表示，将继续追求分层和非对称能力，为"一体化威慑"做出贡献。②

其次，美国积极强化与亚太地区盟友之间的军事协调能力，以应对"可能出现的台海危机"。美军着手在日本西南诸岛部署濒海作战团，储备作战弹药，配备反舰导弹、防空导弹及"爱国者-3"反导系统等武器；在澳大利亚增加部署军机数量，扩大美澳陆海军合作；在菲律宾新增4个军事基地，并与菲军方开展装备互操作性演练。此外，美国还在2023年与亚太地区盟友举行多场联合军演，部分演习规模创历史之最。③

五 中美互动与双边关系修复

发生于2023年初的"气球事件"以及此后中美两国间的一系列负面互动，引发了两国乃至国际社会的普遍担忧。越来越多的人开始意识到缓解紧张态势刻不容缓。考验两国决策者政治智慧的是，在两国关系恶化造成的

---

① Center for Strategic and International Studies，"A Conversation with Dr. Kurt Campbell and Admiral Michael Gilday on the Strategic and Military Implications of AUKUS，" June 26，2023，https：//www.csis.org/analysis/conversation-dr-kurt-campbell-and-admiral-michael-gilday-strategic-and-military.

② U.S. Department of Defense，"AUKUS Defense Ministers Joint Press Briefing，" December 1，2023，https：//www.defense.gov/News/Transcripts/Transcript/Article/3604674/aukus-defense-ministers-joint-press-briefing/.

③ Zaheena Rasheed，"In Bid to Counter China, US Ramps up Effort to Boost Military Ties in Asia，" Aljazeera，December 28，2023，https：//www.aljazeera.com/news/2023/12/28/in-bid-to-counter-china-us-ramps-up-effort-to-boost-military-ties-in-asia.

"紧绷"氛围下,如何尽快回归理性思维并遵循中美关系的常规逻辑行事。2023年,尽管中美博弈仍然激烈,双边战略稳定性也一度遭遇前所未有的挑战,但两国仍然能够以负责任的态度恢复接触,开展互动,尝试修复双边关系并管控分歧。最终,中美关系在年底前实现了止跌企稳。

2023年4月21日,美国财政部部长珍妮特·耶伦(Janet Yellen)在美国约翰·霍普金斯大学就中美经济关系发表讲话。与美国国内再度甚嚣尘上的"脱钩"论调不同,耶伦阐明了中美深化商业联系的积极理由,并呼吁两国构建一种"建设性"的经济关系,称"我们相信,世界足够大,能同时容下我们两国。中国和美国能够并且应当找到共处和共享全球繁荣之道"。① 耶伦的表态呼应了中国在中美元首巴厘岛会晤时提出的关键原则。2023年4月24日,中国国家主席习近平在人民大会堂接受美国驻华大使尼古拉斯·伯恩斯(Nicholas Burns)递交的国书。中国外交部发言人也在例行记者会上多次重申,中国始终按照"相互尊重、和平共处、合作共赢"三原则看待和发展中美关系。

自5月开始,中美高层官员之间沟通的频率得到明显提升,两国关系也在这一过程中开始回暖。可贵的是,双方虽然均意识到接触难以化解中美之间的重大矛盾和分歧,但仍本着为双边关系及时止损的原则开展对话。这些对话和互动涵盖双边关系的大部分关键领域。5月10日,中共中央政治局委员王毅与美国国家安全顾问沙利文在奥地利维也纳举行为期两天的会谈。会后,中国外交部和美国白宫发表的声明都称这是一次"坦诚的会议"。王毅重申了中国在台湾问题上的立场,双方"就亚太局势、乌克兰等共同关心的国际和地区问题交换了意见"。② 5月25日和8月27日,中国商务部部长王文涛与美国商务部部长吉娜·雷蒙多(Gina Raimondo)先后两次举行

① U. S. Department of the Treasury, "Remarks by Secretary of the Treasury Janet L. Yellen on the U. S. -China Economic Relationship at Johns Hopkins School of Advanced International Studies," April 20, 2023, https: //home. treasury. gov/news/press-releases/jy1425.

② 《2023年5月12日外交部发言人汪文斌主持例行记者会》,中华人民共和国外交部官网,2023年5月12日,https: //www. mfa. gov. cn/web/wjdt_ 674879/fyrbt_ 674889/202305/t20230512_ 11076477. shtml。

会晤。双方就中美商业问题展开了实质性讨论，聚焦两国贸易和投资的整体环境以及潜在的合作领域。6月5日，美国负责亚太事务的助理国务卿康达（Daniel Kritenbrink）、国家安全委员会中国事务高级主任贝莎兰（Sarah Beran）访问北京并会见中国外交部副部长马朝旭与美大司司长杨涛。双方按照两国元首达成的共识，就改善双边关系、妥善管控分歧进行了坦诚、具建设性和富有成效的沟通。美国驻华大使也出席了此次会见。① 6月18~19日，中国国家主席习近平在北京会见了美国国务卿布林肯。习近平主席强调中美两国之间的竞争并不能解决美国的问题，表示双方交往"始终要建立在相互尊重、真诚相待的基础上"，希望这次会议有助于"为稳定中美关系作出更多积极贡献"。② 7月，美国财政部部长耶伦和白宫气候大使约翰·克里（John Kerry）先后到访北京，就经济问题和气候变化问题与中方进行商榷。7月与10月，习近平主席先后在北京会见了美国前国务卿亨利·基辛格（Henry Kissinger）、美国国会参议院多数党领袖查克·舒默（Chuck Schumer）以及加利福尼亚州州长加文·纽森（Gavin Newsom）。中美双方于9月22日宣布成立联合经济工作组和金融工作组，提供"持续的结构化渠道，就经济和金融政策问题进行坦诚和实质性的讨论"。③ 中美两国在渐进式的接触中明确了彼此在若干问题上的立场，也持续向对方和全球传递出积极的信号。

与官方密集互动相对应，中美两国的民间交往也在恢复——这一联结长期以来是双边关系演进发展的力量源泉。中方本着对两国人民负责任的态度，从中美两国人民的福祉出发，为继承和弘扬两国间的珍贵友谊遗产创造

---

① U.S. Department of State, "Assistant Secretary Kritenbrink's Meetings in Beijing, People's Republic of China（PRC），" June 5, 2023, https://www.state.gov/assistant-secretary-kritenbrinks-meetings-in-beijing-peoples-republic-of-china-prc/.

② 《习近平会见美国国务卿布林肯》，新华网，2023年6月19日，参见：http://www.news.cn/politics/leaders/2023-06/19/c_1129706035.htm。

③ U.S. Department of the Treasury, "Treasury Department Announces Launch of Economic and Financial Working Groups with the People's Republic of China," September 22, 2023, https://home.treasury.gov/news/press-releases/jy1760.

有利的氛围和条件，主动为中美两国各界人士与民众往来提供便利条件。2023 年，习近平主席向"鼓岭缘"中美民间友好论坛致贺信，"这段由习主席亲自推动中美民间友好交流的佳话得以传承并发扬光大"。① 通过复信美国华盛顿州"美中青少年学生交流协会"、史迪威将军后人、飞虎队老兵等友好人士，习近平主席与美国各界人士多次真挚互动，推动中美民间友好续写新的篇章，为两国人民加强交流、增进理解、扩大合作注入强劲动力。反观美国，早在 2023 年 3 月中美关系仍笼罩在"气球事件"阴影之中时，数十位美国企业的高管和高校智库学者就借中国发展高层论坛之机走访北京、上海和广州等地，与中国同行展开了一系列交流，并将切身实地的体会带回美国。根据中国美国商会（AmCham China）随后发布的《中国商务环境调查报告》，109 家会员企业中高达 59% 的受访者认可中国经济的复苏；当被问及企业在中国的盈利前景时，37% 的受访者给出了积极的回答。② 5 月 3 日，美国交通部将中国航空公司运营的中美往返航班数量从每周 8 班增加到 12 班。8 月，长期在双边关系中发挥桥梁作用的美中贸易全国委员会在创立 50 周年之际组团来华调研，受到中方的欢迎。11 月 5 日，美国农业部率领一个由官员和 17 家参展商组成的代表团参加中国国际进口博览会，这是该博览会自 2018 年首次举办以来参展的规模最大的美国代表团。随着两国航班数量的恢复，各类 1.5 轨和二轨对话的频率明显提升，双方非政府组织和学界的交流活动日趋增多。

2023 年初极端低迷的中美关系状态以及后来双方为推动双边关系回归正轨付出的诸多努力，为 11 月 15 日中美元首的旧金山会晤赋予了特殊意涵。基于树立共同认知、有效管控分歧的愿望，两国领导人为双边关系设置了关键的底板，以防止其非理性地下跌。通过承诺推进互利合作和承担大国

---

① 《习近平向"鼓岭缘"中美民间友好论坛致贺信》，中华人民共和国外交部官网，2023 年 6 月 28 日，https：//www.mfa.gov.cn/web//wjdt ＿ 674879/gjldrhd ＿ 674881/202306/t20230629 ＿ 11105665. shtml。

② AmCham China, "2023 China Business Climate Survey Report," March 5, 2023, https：//www.amchamchina.org/2023-china-business-climate-survey-report/.

责任，中美在外交、经济、执法和科技领域再次找到了合作的增长点，也在一系列全球问题上交换了意见并加深了对彼此的认知。借助重申促进人文交流，双方积极为两国民众沟通提供便利，护航双边关系的民间基础。中美两国领导人都强调了中美双边关系的重要性。习近平主席在会前讲话中将中美关系称为"世界上最重要的双边关系"；拜登则表示，这次会议是中美"举行的最具建设性和富有成效的会议之一"。①

中美元首旧金山会晤取得了一系列成果。习近平主席提出了未来中美关系发展的"五个支柱"，即"共同树立正确认知""共同有效管控分歧""共同推进互利合作""共同承担大国责任""共同促进人文交流"，为中美关系发展指明了方向。针对美国对华贸易管制和制裁，习近平主席表示，美国"打压中国科技是为了遏制中国高质量发展，剥夺中国人民的发展权"，②并呼吁其取消相关制裁。此次会晤中，中美双方在多个重要领域达成合作意向，包括在禁毒领域成立一个联合工作组，"就禁毒问题进行持续沟通和执法协调"。双方同意就人工智能展开政府会谈；恢复自 2022 年美国时任众议长南希·佩洛西（Nancy Pelosi）"窜台"后中断的两军会谈和沟通渠道；承诺在 2024 年进一步大幅增加中美之间的定期客运航班数量；表示将在应对气候变化领域进行合作。中美两国都同意保持开放的沟通渠道，并继续举行官员之间的高层会议，包括但不局限于"互访以及在商业、经济、金融、军备控制和防扩散、海上事务、出口管制、政策规划、农业等关键领域持续进行的工作层面磋商"。③ 2023 年底的旧金山会晤标志着中美关系暂时走出了螺旋下行的困境，也为两国一年的纷纷藉藉画上了相对圆满的句号。

---

① The White House, "Readout of President Joe Biden's Meeting with President Xi Jinping of the People's Republic of China," November 15, 2023, https：//www.whitehouse.gov/briefing-room/statements-releases/2023/11/15/readout-of-president-joe-bidens-meeting-with-president-xi-jinping-of-the-peoples-republic-of-china-2/.

② 《习近平同美国总统拜登举行中美元首会晤》，中华人民共和国中央人民政府官网，2023 年 11 月 16 日，https：//www.gov.cn/yaowen/liebiao/202311/content_ 6915560.htm。

③ 《习近平同美国总统拜登举行中美元首会晤》，中华人民共和国中央人民政府官网，2023 年 11 月 16 日，https：//www.gov.cn/yaowen/liebiao/202311/content_ 6915560.htm。

结　语

综上所述，2023 年的中美关系因"气球事件"及与之相关的一系列负面互动而经历低谷，但双边关系因 5 月以来的接触和沟通而出现转圜，最终在两国领导人旧金山会晤时止跌企稳，展现出一定程度的韧性。与此同时，考虑到双方合作面总体收窄、冲突点逐步增加以及互疑程度仍旧颇深等客观事实，未来的中美关系仍存在较大的不确定性。

首先是两国如何推动"旧金山愿景"落地。中国驻美国大使谢锋在美国中国总商会芝加哥分会年会上发表演讲时指出，"通往旧金山殊为不易，但旧金山不是终点站"。① 中美元首旧金山会晤为两国关系的未来发展明确了方向，但行进至目的地的道路必然不会一帆风顺。在美国对华开展多年"战略竞争"之后，双方在双边和多边议题领域均存在不同程度的分歧。如果无法实现双边潜在合作领域的"去政治化"，那么落实两国元首会晤精神就无从谈起，而"去政治化"本身是一个漫长而充满挑战的过程。

其次是两国是否能够再次承受可能发生的"战略意外"事件。在"风险社会"的大环境下，国家之间的"黑天鹅"事件愈发成为常态，"唯一能够确定的就是不确定性"。而成熟的大国关系应当"去情绪化"，不应被类似"气球事件"的突发事件所干扰和绑架。历经 40 余年的历史考验，中美两国曾共同直面诸多问题，也都深知意愿和诚意是妥善处理双边问题的关键。维系健康稳定的中美关系，固然要对双边关系进行系统、全面且持续的"全过程管理"，更要在遭遇"战略意外"时从大局出发，尊重基本事实，迅速回归理性。

最后是美国能否放弃炒作台湾问题——这关乎中美关系的政治基础。近两年内，美国国会炒作各类涉台议案，多名国会议员"窜访"台湾地区，

---

① 《谢锋大使向美国各界宣介中美元首旧金山会晤重大意义和重要成果》，中华人民共和国驻美利坚合众国大使馆官网，2023 年 11 月 21 日，http://us.china-embassy.gov.cn/dshd/202311/t20231121_11184766.htm。

甚至纵容台湾政客"过境"美国；美国战略界将乌克兰危机、新一轮巴以冲突与台海问题强行联结，并借此鼓吹"武装台湾"说。这些行动令美国官方"对台政策未变"的表述显得格外苍白，也持续耗损着中美之间的信任根基。

2024年，中美关系虽止跌企稳，但同时也面临诸多风险，特别是美国大选的不确定性和地区热点问题相互叠加，有可能激发新的"黑天鹅"事件。这为两国未来管控双边关系行稳致远带来了更大的挑战。

（审读 李 栩）

专题报告

B.9
21世纪以来的美国农业法案：
演进历程与走势分析

孙天昊*

摘　要：　跟踪美国农业法案的演进历程，有助于深化对美国农业政策的理解。研究表明，21世纪以来美国农业法案的演进特点如下。第一，农业补贴和农业保险的调整方向从价格支持转向风险管理；第二，食品和营养项目在最近出台的两个农业法案中规模和占比都出现了萎缩；第三，尽管持续加大对农业资源保护的支持力度，但国会内部近几年存在严重分歧；第四，农产品贸易政策始终以开拓海外市场为目标，并逐渐提升对粮食安全和农业供应链韧性的重视。结合以上分析，优化农业风险管理体系、控制食品和营养项目的预算支出、推动气候智能型农业议程以及强化农业供应链韧性，将是美国新农业法案的主要内容。

* 孙天昊，中国社会科学院美国研究所助理研究员，主要研究领域为美国贸易政策、国际政治经济学。

关键词： 美国经济　农业法案　农业补贴　农业资源保护　食品和营养项目

农业法案是美国农业政策的基础。美国每 5 年左右对农业法案进行一次修订，确定用于农业相关项目的预算资金。截至 2023 年底，美国共发布了18 部农业法案。其中，尚在实施的《2018 年农业改善法》（Agricultural Improvement Act of 2018）的有效期为 2019～2023 年。美国新农业法案预计将于 2024 年底替代《2018 年农业改善法》，形成 2024～2028 年美国农业政策的基本框架。本文将梳理 21 世纪以来美国农业法案的阶段性演进过程，考察各阶段农业法案的内容与特点，研判美国新农业法案的走势。跟踪美国农业法案的立法进程，有助于深化对美国农业政策的理解，可以为关于美国农业政策的讨论提供更加广阔的视角。

一　美国农业法案的阶段性演进（2002～2023年）

从 1933 年美国第一部农业法案《农业调整法》（Agricultural Adjustment Act）问世到 21 世纪初，美国农业法案的调整先后经历了市场管制与价格支持、农业福利政策、福利政策收缩三个阶段。[①] 进入 21 世纪后，美国在2002 年、2008 年、2014 年和 2018 年又陆续通过了四部农业法案，以下将回溯其立法背景和主要内容。

（一）《2002年农场安全与农村投资法》

21 世纪初，美国农业面临的主要经济环境是国际农产品价格持续走低，农业生产者的收益同步下滑。在此背景下，美国于 2002 年通过《2002 年农场安全与农村投资法》（Farm Security and Rural Investment Act of 2002）。该

---

① 曹峰、吴进进、邵东珂：《美国农业福利政策的演变（1862—2000）》，《美国研究》2015
年第 2 期，第 133～149 页。

法案共计 10 个章节,涉及商品计划、农业资源保护、农产品贸易、食品和营养项目、农业信贷、农村发展、农业研究及推广、林业、能源、杂项(见表 1)。① 同《1996 年联邦农业完善与改革法》(Federal Agriculture Improvement and Reform Act of 1996)② 相比,美国 2002 年通过的农业法案的重要变化是引入了"反周期农业支付"(Counter-Cyclical Payment),采取农产品价格和政府补贴挂钩的政策。美国 2002 年农业法案增加了补贴额度,扩大了补贴范围,有违世界贸易组织 1995 年《农业协定》(Agreement on Agriculture)中关于"削减和约束农业补贴"的精神。《2002 年农场安全与农村投资法》的颁布意味着美国农业政策发生重大转变,再次回归政府深度干预农业的发展路径。

表 1　《2002 年农场安全与农村投资法》的政策框架

章节	核心内容
商品计划	关注农业补贴,增加对农业的投入:直接支付(Direct Payment)、营销援助贷款和贷款差价支付(marketing assistance loan and loan deficiency payment)、反周期农业支付
农业资源保护	关注农业生产中的环境问题(保护耕地、湿地、草地、农地等),新增环境质量激励项目(Environmental Quality Incentives Program, EQIP)
农产品贸易	关注农产品出口、对外粮食援助、美国在世贸组织的义务,政策重点是市场准入、鼓励出口、粮食援助项目
食品和营养项目	关注食品券计划、妇女和儿童营养问题,修改了食品券的适用范围,新增新鲜水果和蔬菜项目(Fresh Fruit and Vegetable Program, FFVP)
农业信贷	关注农场所有权贷款,新增"美国农场信贷体系"(Farm Credit System, FCS)的概念
农村发展	关注美国农村发展的各类项目(特别是投资方面)、附加值农业
农业研究及推广	关注农业议题研究、教育推广和人才培养,增加农业科研经费

---

① "H. R. 2646 - Farm Security and Rural Investment Act of 2002," May 13, 2002, https://www.congress.gov/bill/107th-congress/house-bill/2646.

② "H. R. 2854-Federal Agriculture Improvement and Reform Act of 1996," April 4, 1996, https://www.congress.gov/bill/104th-congress/house-bill/2854.

续表

章节	核心内容
林业	关注林地促进计划、可持续林地发展、林地防火计划等
能源	关注美国生物能源和可再生能源，支持生物燃料发展以增加能源的供应量
杂项	关注农作物保险、动植物健康保护、食品安全等议题

资料来源：Library of Congress, "Farm Security and Rural Investment Act of 2002," https：//www. congress. gov/bill/107th-congress/house-bill/2646。

（二）《2008年食品、自然保护和能源法》

《2008 年食品、自然保护和能源法》（Food, Conservation, and Energy Act of 2008）的立法背景是布什政府尝试改革当时的农业补贴政策，并否决了美国国会通过的附带高额补贴的农业法案。在否决通知书中，乔治·布什总统认为，"在农业收入增加的情况下，新农业法案仍然给予富裕农场主大量的农业补贴，是不负责任的行为……大量农业补贴也与美国国际贸易自由化的理念相悖"。[①] 然而，美国国会更多地从国内利益考虑，再次对该法案进行投票，结果两院均获得超过 2/3 的多数票支持（参议院：82 票对 11票；众议院：316 票对 108 票），布什总统的否决被推翻。美国在"府会分歧"的背景下延迟出台了 2008 年农业法案。

《2008 年食品、自然保护和能源法》延续了上一个农业法案的政策框架。同《2002 年农场安全与农村投资法》相比，《2008 年食品、自然保护和能源法》的变化内容如下。第一，在表 1 的政策框架下，新增园艺和有机农业、农作物保险和农业灾害援助、商品期货、畜牧业四个章节；[②] 第二，农业生产者可以在反周期农业支付和新设立的"平均农作物利润选择"（Average Crop Revenue Election, ACRE）项目中，自行选择补贴模式；第三，

[①] The White House, "Farm Bill Veto Message," May 21, 2018, https：//georgewbush-whitehouse. archives. gov/news/releases/2008/05/20080521-4. html.

[②] "H. R. 6124 - Food, Conservation, andEnergy Act of 2008," June 18, 2008, https：//www. congress. gov/bill/110th-congress/house-bill/6124.

持续增加对农业资源保护、食品和营养项目、先进生物燃料、中小农场、农村小企业等领域的资金支持；第四，新设立食品和农业国家研究所（National Institute of Food and Agriculture，NIFA），重视对有机农业、特种作物等议题的研究；第五，在农产品贸易中，对《1978 年农业贸易法》（Agricultural Trade Act of 1978）的部分内容进行调整，取消了供应商信贷担保项目（Supplier Credit Guarantee Program）、中间出口担保项目（Intermediate Export Credit Guarantee Program）、出口促进项目（Export Enhancement Program）等条款。[①] 整体来看，美国 2008 年农业法案依旧以"高补贴"和"直接干预"为主，对农业各项目的预算支出创历史新高。

（三）《2014年农业法》

《2008 年食品、自然保护和能源法》颁布以后，世界贸易组织认为美国的农产品补贴政策导致其农业谈判的前景被蒙上了巨大的阴影。[②] 与此同时，美国 2009 财年的财政赤字已经创造了自第二次世界大战以来的最高纪录。[③] 在国际舆论和国内预算的压力下，美国国内出现了"削减农业预算支出"和"农业补贴市场化"的呼声。在此背景下，美国通过了《2014 年农业法》（Agricultural Act of 2014）。

同上一个农业法案相比，《2014 年农业法》的变化内容如下。第一，在表 1 的政策框架下，新增园艺、农作物保险两个章节，即《2008 年食品、自然保护和能源法》中第 10 章"园艺和有机农业"、第 12 章"农产品保险和农业灾害援助"的"删改版本"；第二，设置农业补贴上限，改变了自 2002 年农

---

① 值得一提的是，美国在 2008 年农业法案中的农产品贸易章节（Sec. 3205）中首次提出设立使用童工和强迫劳动的咨询顾问小组，力图通过制定相关政策来降低在进入美国的农产品中使用童工或者强迫劳动的可能性。

② Sophia Murphy and Steve Suppan, "The 2008 Farm Bill and the Doha Agenda," Institute for Agriculture and Trade Policy, June 25, 2008, https：//www.iatp.org/sites/default/files/451_ 2_ 103102.pdf.

③ 《简析美国财政赤字》，亚太财经与发展研究中心网站，2009 年 11 月 5 日，https：//www.afdi.org.cn/afdc/cn/UploadFile/200911561148001.pdf.

业法案颁布以来通过直接补贴支持农业的政策，转而新设立"价格损失补偿补贴"（Price Loss Coverage，PLC）和"农业风险补偿补贴"（Agriculture Risk Coverage，ARC）取代固定的直接补贴政策，农业生产者只可以选择以上两种补贴中的一项；第三，完善农作物保险制度，新增补充保险选择（Supplemental Coverage Option）、非保险作物援助计划（Noninsured Crop Assistance Program）、累计收入保护计划（Stacked Income Protection Plan）等农作物保险项目；第四，修订《2008年食品和营养法》（Food and Nutrition Act of 2008），增加补充营养援助项目（Supplemental Nutrition Assistance Program，SNAP）的限制措施，削减近80亿美元的支出；第五，持续加大对农业资源保护、农业研究、能源、农村等传统议题的支持力度，注重对农业生态环境的监测，增加对废水处理、非营利科研机构、可再生能源、农村基础设施建设等具体项目的资金支持。① 整体来看，美国2014年农业法案意味着美国开启了从对农产品"价格支持"转向"风险管理"的农业政策。

（四）《2018年农业改善法》

在2018年农业法案的立法前期，美国农业面临的主要经济环境是国际农产品价格在2015年之后一直趋于稳定。② 从国内政治环境来看，美国出现了"统一政府"（unified government）的情况，即美国的立法机构和行政机构从2017年1月至2019年1月均由共和党控制。这是进入21世纪以来美国制定农业法案时首次出现"统一政府"的情况，其余的农业法案均是在"分治政府"（divided government）的格局下完成的立法。③ 从国际政治环境来看，特朗普政

① "H. R. 2642 - Agricultural Act of 2014," February 7, 2014, https：//www.congress.gov/bill/113th-congress/house-bill/2642.

② 2015~2018年，联合国粮农组织食品价格指数的变动幅度始终低于5%。另外，本文关于国际农产品价格的涨幅判定来源于联合国粮农组织发布的相关数据。参见"FAO Food Price Index," Food and Agriculture Organization of the United Nations, February 6, 2023, https：//www.fao.org/worldfoodsituation/foodpricesindex/en/。

③ Lisa Held, "How the Midterm Elections will Impact Food and Agriculture," November 3, 2022, https：//civileats.com/2022/11/03/how - the - midterm - elections - will - impact - food - and - agriculture/.

府挑起中美贸易争端，在中国合理的反制措施下，美国农业受到冲击。

同《2014 年农业法》相比，《2018 年农业改善法》几乎没有做重大修改，具体体现在以下三方面。首先，两者的政策框架完全相同，包括商品计划、农业资源保护、农产品贸易、食品和营养项目、农业信贷、农村发展、农业研究及推广、林业、能源、园艺、农作物保险、杂项共计十二个章节；其次，二者资金分配（如表 2 所示）的整体趋势基本保持一致——资金分配在客观上能反映出美国农业政策的优先事项；① 最后，在具体条款上，《2014 年农业法》所有的补贴和保险计划基本延续到了《2018 年农业改善法》中。

表 2　《2018 年农业改善法》的资金分配比例

商品计划	农作物保险	食品和营养项目	农业资源保护	其他
7%	10%	75%	7%	1%

资料来源：USDA ERS，"Farm Bill Spending," https：//www.ers.usda.gov/topics/farm-economy/farm-commodity-policy/farm-bill-spending/。

尽管《2018 年农业改善法》基本延续了《2014 年农业法》的政策框架，但在以下几个方面进行了调整。第一，对农业补贴和保险的具体细节进行了完善，包括重新设置了补贴的资格门槛、赋予农业生产者更多自主选择（不同补贴项目）的权利、改革乳制品利润保障项目（Margin Protection Program，MPP）等。第二，在食品和营养项目中，进一步加强了补充营养援助项目的限制措施，强调受益者的获取资格。第三，农业资源保护成为国会中争论较大的议题，同时也是农业财政支出增幅最大的项目（增幅约 2%），具体内容包括完善土地休耕保护项目（Conservation Reserve Program，CRP）、环境质量激励项目（Environmental Quality Incentives Program，EQIP）的每年资金投入追加至 30 亿美元，增加对农业保护地役权项目（Agricultural Conservation Easement Program，ACEP）的资金支持等。第四，

① "Direct Spending Effects for the Agriculture Improvement Act of 2018," USDA Economic Research Service, February 7, 2023, https：//www.ers.usda.gov/topics/farm-economy/farm-commodity-policy/farm-bill-spending/.

在农产品贸易中，加强国际市场开发计划以开拓新海外市场。同时，为应对所谓的"不公平贸易"行为，保留了农业部部长向受影响的农业生产者提供临时性援助补贴的长期合法权力。第五，重视农业信贷、能源、农村发展、农业研究、园艺等议题，具体包括提高农业信贷额度、延续《2014年农业法》中的生物能源项目、关注农村的宽带业务和卫生保健、增加对特种作物研究计划（Specialty Crop Research Initiative）和有机农业研究推广计划（Organic Agriculture Research and Extension Initiative）的资金支持以及工业大麻在美国的种植和生产合法化等。[①] 整体来看，《2018年农业改善法》在政策框架、资金分配、补贴和保险的政策思路上是对《2014年农业法》的"萧规曹随"；同时为了适应国内外政治经济形势，对食品和营养项目、农业资源保护、农产品贸易等章节进行了部分调整。

二 21世纪以来美国农业法案调整的特点

以下从农业补贴和农业保险、食品和营养项目、农业资源保护、农产品贸易四个维度展开，探析21世纪以来美国农业法案的演进特点。

（一）农业补贴和农业保险：从价格支持到风险管理

农业补贴[②]和农业保险[③]在美国有很长的历史，其政策目标是稳定农产

---

① "H. R. 2-Agriculture Improvement Act of 2018," December 20, 2018, https：//www. congress. gov/ bill/115th-congress/house-bill/2.

② 美国农业补贴政策最早可以追溯到1933年的美国第一部农业法案《农业调整法》，经数次修订之后才形成相对完善的农业补贴体系，主要包括农产品贸易补贴、直接收入补贴、资源保育补贴、贷款差额补贴以及反周期补贴等类别。参见"Agricultural Subsidies," U. S. Department of Agriculture, https：//www. nal. usda. gov/economics－business－and－trade/ agricultural-subsidies。

③ 美国农业保险政策最早可以追溯到1938年的《联邦农作物保险法》（Federal Crop Insurance Act）。经过数十年后的重新修订，1994年的《农作物保险改革法》（Federal Crop Insurance Reform Act）通过灾难性保护（Catastrophic Risk Protection, CAT）保险等方式，将全部农作物的生产者纳入保险范畴。在该法案通过4年后，美国农作物种植总面积的2/3处于投保状态，保费创历史新高。参见"History of the Crop Insurance Program," U. S. Department of Agriculture, https：//www. rma. usda. gov/en/About-RMA/History-of-RMA。

品价格以及保障农业生产者的收入，进而为美国农业生产构建严密可靠的"安全网"。21世纪伊始，为补偿美国农业生产者因农作物价格下跌而蒙受的经济损失，美国《2002年农场安全与农村投资法》出台了以"价格支持"为核心的补贴政策。《2008年食品、自然保护和能源法》在既有补贴政策的基础上，扩大了补贴范围和增加了补贴额度，并新设立"平均农作物利润选择项目"。[①] 美国以"价格支持"为核心的补贴政策持续了近10年，其中，2002~2012年农业总补贴额共计约1900亿美元。[②]

《2014年农业法》是重要的转折点，它标志着美国农业补贴政策的调整方向从价格支持转向风险管理。《2014年农业法》取消了诸多补贴政策，新设立"价格损失补偿补贴"和"农业风险补偿补贴"，同时增加了以风险管理为主的农业保险计划。美国《2018年农业改善法》则在农业补贴方面采取加深"黄箱"政策[③]来应对当时全球农产品市场不振对美国农业的冲击。[④] 当然，大部分农业补贴是世界贸易组织的规则所允许的。依据美国向世界贸易组织通报的数据，2020~2021年度美国的农业补贴约占农业生产总值的60%，其中"绿箱"补贴占比超过80%。[⑤] 美国《2018年农业改善法》在农业保险方面，延续了上一个农业法案的大部分内容，仍然是仅次于食品和营养项目的第二大支出项目。美国农业补贴和农业保险共同构建了农业生产的安全网。

---

① "平均农作物利润选择项目"可自愿选择加入。农业生产者选择此项目后，直接农业补贴减少。如果农业生产者最后的实际收入低于基准收入，联邦政府可以给予补贴以保障其利益。该项目是美国对农业补贴政策市场化的尝试。

② 王新志、张清津：《国外主要发达国家农业政策分析及启示》，《经济与管理评论》2013年第1期，第121~125页。

③ 世界贸易组织依据农业补贴造成的市场扭曲程度，从小到大将农业补贴划分为"绿箱"政策、"黄箱"政策、"红箱"政策。其中，"黄箱"政策会引起价格和贸易扭曲，但在一定程度上是被允许的。目前，美国大部分农业补贴可以归类于"绿箱"政策和"黄箱"政策。

④ 赵将、张蕙杰、段志煌：《美国的农业政策与WTO合规：2018—2020》，《农业经济问题》2021年第8期，第113~122页。

⑤ "Domestic Support：United States of America," WTO, https://docs.wto.org/dol2fe/Pages/SS/directdoc.aspx? filename=q:/G/AG/NUSA166.pdf&Open=True.

（二）食品和营养项目：从福利政策到预算约束

食品和营养项目是美国农业法案的重要组成部分，具体内容包括补充营养援助项目（Supplemental Nutrition Assistance Program，SNAP）、老年人农贸市场营养项目（Senior's Farmers' Market Nutrition Program）等。食品和营养项目是美国农业预算中规模最大的项目，近几年占预算总支出的 75% ~ 80%。从最近四部农业法案来看，食品和营养项目的预算占比从高峰时期的 80% 削减到 75%。最近的两部农业法案中都加入了对食品和营养项目的资格审查条款，其中，《2018 年农业改善法》提出要完善参与补充营养援助项目人员的培训工作。食品和营养项目在农业法案的决策过程中往往成为两党争论的焦点议题。从过往国会投票格局来看，民主党自由派一般支持扩大社会福利，而共和党保守派一般主张削减社会福利支出以控制财政预算。食品和营养项目的预算变化反映出美国农业政策呈现从福利政策到预算约束的特征，而财政预算约束和党派力量对比变化则是美国福利政策收缩的主要原因。

（三）农业资源保护：从立场一致到略有分歧

早在 1936 年，美国通过《土壤保护和国内配额法》（Soil Conservation and Domestic Allotment Act），尝试在合理利用农业资源和增加农业产出的两个政策目标中寻求平衡。[①] 自此之后，美国陆续通过《联邦水污染控制法》（Federal Water Pollution Control Act）、《国家环境政策法》（National Environment Policy Act）、《土壤和水资源保护法》（Soil and Water Resources Conservation Act）等法律，构建了一个完整的农业资源保护政策体系。

进入 21 世纪以来，为进一步推动农业生态环境建设，美国四部农业法案都加大了对农业资源保护的支持力度。表 3 整理了《2018 年农业改善法》中关于农业资源保护的主要项目及相关内容。从演进历程来看，在过往农业

---

① 罗肇鸿等主编《资本主义大辞典》，人民出版社，1995，第 193 页。

法案的制定过程中，国会基本能够对农业资源保护达成一致意见。然而，国会两党在《2018年农业改善法》的制定过程中产生了较大的争议。争议的焦点是部分财政预算保守派希望减少对农业资源保护的投入，但环保利益集团及民主党自由派则主张继续增加该项目的预算。争议的最终结果是，农业资源保护部分的预算大幅增加，成为农业财政支出增幅最大的项目。[①]

表3 《2018年农业改善法》中农业资源保护相关的政策措施

主要功能	具体项目	政策描述
农业保险	生态保护管理项目、草原保护倡议	签署五年合同为保护草原提供财政援助，符合条件的土地仅限于农田，并在特定时期内种植牧草或用作牧场
生态保护	农业保护地役权项目	通过保护地役权来恢复草原、农场、湿地和牧场
	农业管理援助	通过向农业生产者提供支持，助其解决水质管理等问题
	生态保护创新补助金	鼓励农业生产者开发用来保护农用土地的工具和技术
	土地休耕保护项目	通过长期租赁合同，将易受侵蚀土地从农业生产系统中移除
	生态保护管理项目	通过对投资者给予投资回报的方式改善现有农业生态系统
	环境质量激励项目	提供财政和技术支持，解决自然资源问题并提高环境效益
自然灾害恢复	紧急生态保护项目	为恢复受自然灾害破坏的农田和干旱下的水资源提供保护措施
	森林紧急恢复项目	为受到自然灾害破坏的森林的恢复工作提供支持
	植树援助项目	为修复或补种因自然灾害而损失的合格树木的果园主提供支持
	牲畜饲料灾害项目	为因火灾或土地干旱而蒙受损失的畜牧生产者提供补偿

资料来源：Library of Congress，"Agriculture Improvement Act of 2018，" https：//www.congress.gov/bill/115th-congress/house-bill/2。

（四）农产品贸易：从市场优先到兼顾安全

美国是世界上最大的农产品出口国，其农业产出量远远超过了其国内需求量。因此，农产品贸易政策是美国农业法案中较为重要的组成部

---

① 彭超：《美国新农业法案的主要内容、国内争议与借鉴意义》，《世界农业》2019年第1期，第4~16页。

分。梳理 21 世纪以来四个农业法案中的农产品贸易章节可以发现，完善农产品出口体系，特别是开拓海外市场，始终是其核心的利益诉求。美国农业法案中促进农产品贸易的主要政策工具由三部分组成：其一是出口担保类型，具体包括出口信贷担保项目（Export Credit Guarantee Program）等；其二是市场开发类型，具体包括新兴市场项目（Emerging Markets Program）、国外市场开发项目（Foreign Market Development Program）、市场准入项目（Market Access Program）等；其三是出口补贴类型，具体包括特殊农作物技术支持（Technical Assistance for Specialty Crops）、乳制品出口激励项目（Dairy Export Incentive Program）等。这些政策工具以"市场优先"为导向，以扩大美国农产品出口规模、提高农产品国际市场占有率为主要目标。

除了"市场优先"之外，美国在最近两个农业法案中格外重视"安全"。"安全"指的是美国能够有效抵御突发公共事件、地缘政治因素等对美国农产品供应链的冲击。从近几个农业法案来看，美国正在逐渐提升对农业供应链韧性的重视。这具体表现在以下几个方面。第一，美国在 2008 年的农业法案中提出要建立涵盖全球国家和地区的饥荒预警系统，开拓海外市场成为美国对外粮食援助的主要目标；第二，2008 年的农业法案首次设立"消除进口农产品中使用强迫劳动的咨询顾问小组"，这是美国早期所谓以"强迫劳动"为由实施农产品进口限制措施的政策之雏形；第三，2018 年的农业法案提出将农业部四个市场开发和出口促进项目整合为一个新农业贸易促进项目，以增加农业供应链的韧性；第四，通过市场便利化项目（Market Facilitation Program，MFP）、食品采购和分销项目（Food Purchase and Distribution Program，FPDP）、农业贸易促进项目（Agricultural Trade Promotion Program，ATP）等提供救济或补贴，以降低国际贸易争端等因素对美国农业生产者的利益损害。①

---

① "USDA Announces Details of Support Package for Farmers," U. S. Department of Agriculture, July 25, 2019, https://www.usda.gov/media/press-releases/2019/07/25/usda-announces-details-support-package-farmers.

综上所述，21 世纪以来美国农业法案的演进有以下特点。首先，农业补贴和农业保险共同构建了美国农业生产的"安全网"，其调整方向是从价格支持转向风险管理；其次，食品和营养项目在农业法案的预算支出中占比是最大的，但在最近两个农业法案中其规模和占比都出现了萎缩；再次，农业资源保护在过往农业法案中是争议最小的部分，但国会在 2018 年的农业法案决策中对其产生了较大分歧，这种分歧可能会持续到新农业法案的问世；最后，美国农产品贸易政策的核心利益诉求是开拓海外市场，但《2018 年农业改善法》格外重视"安全"，强调供应链韧性。

三 美国新农业法案走势分析

以下结合 21 世纪以来美国农业法案的演进特点，通过美国国会农业委员会举行的听证会以及拜登政府对农业政策的偏好，对美国新农业法案的政策走势做出分析。

（一）优化农业风险管理体系

从农业法案的演进历程来看，美国农业补贴和农业保险的调整具有一定的延续性，同时也能根据国际政治经济环境变化进行调整。以 21 世纪以来美国的四部农业法案为例，针对亚洲金融危机引发的国际农产品价格骤降，《2002 年农场安全与农村投资法》的调整方向是增加对农业的投入和补贴，保护农业生产者利益；针对 2007 年的金融危机，在历次危机时期农业保护的政策惯性下，《2008 年食品、自然保护和能源法》延续了上一个农业法案的政策框架，持续扩大农业补贴的范围；针对世界贸易组织对美国农业补贴政策的异议，《2014 年农业法》改变了前两个农业法案通过直接补贴支持农业的政策，转而设立"价格损失补偿补贴"和"农业风险补偿补贴"取代固定直接补贴政策；针对 2018 年中美贸易摩擦，《2018 年农业改善法》加入临时性援助补贴，并实施农产品贸易促进计划以开拓新的海外市场。

现阶段，农业保险是保障美国农业生产的重要政策工具。就职于世界银行的奥利维尔·马胡尔（Olivier Mahul）等学者认为，在世界贸易组织的规则下，农业保险一般被归纳为"绿箱"或"黄箱"政策，世界贸易组织没有对此类政策进行约束和限制，因此美国农业保险能够迅速发展。[①] 但是，美国政府问责局（Government Accountability Office, GAO）认为，美国近10年的农业保险政策未能普惠所有农业生产者。[②] 美国政府问责局发布的报告得到了国会的重视，新农业法案将至少在以下两方面优化农业风险管理体系。

第一，设定高收入农业生产者的补贴限额。这涉及新农业法案的资金分配问题。既有研究表明，农作物保险计划为高收入参与者带来了较多的补贴，只有少数农业生产者获得了极大的农业补贴份额。[③] 众议院农业委员会主席格伦·汤普森（Glenn Thompson）提出，新农业法案将会帮助中小农业生产者和新农业生产者建立一个行之有效的农业安全网。[④] 在参议院的听证会上，艾奥瓦州参议员查克·格拉斯利（Chuck Grassley）认为，农业安全网不应该成为高收入农民的福利计划。[⑤]

第二，调整利益分配方式，使保险公司的收益能够与市场利率基本一致。从近10年来看，美国农业政策市场化的主要受益者是保险公司，因为现有的农业法案保障了美国保险公司14.5%的年回报率。所以，下一阶段国会对农业保险政策讨论的主题，将是以市场化的方式改革保险公司的最低赔偿金。

[①] Olivier Mahul and Charles J. Stutley, *Government Support to Agricultural Insurance: Challenges and Options for Development Countries* (Washington DC: World Bank, 2010), pp. 47-48.

[②] "Farm Bill: Reducing Crop Insurance Coasts Could Fund Other Priorities," U. S. Government Accountability Office, February16, 2023, https: //www. gao. gov/products/gao-23-106228.

[③] Eric J. Belasco and Vincent H. Smith, "Who Receives Crop Insurance Subsidy Benefits," American Enterprise Institute, September 7, 2022, https: //www. aei. org/research - products/report/who-receives-crop-insurance-subsidy-benefits/.

[④] "Opening Statement: Producer Perspectives on the 2023 Farm Bill," House Committee on Agriculture, April 26, 2023, https: //agriculture. house. gov/news/documentsingle. aspx? DocumentID = 7611.

[⑤] "Full Committee Hearing: Commodity Programs, Crop Insurance, and Credit," U. S. Senate Committee on Agriculture, Nutrition & Forestry, February 9, 2023, https: //www. agriculture. senate. gov/hearings/farm - bill - 2023 - commodity - programs - crop - insurance - and - credit.

政策主张偏向保守的共和党研究委员会（Republican Study Committee，RSC）甚至提议，应该取消联邦政府对私营保险公司的补偿。① 总之，构建普惠农业生产者的安全体系将是美国农业政策的未来发展趋势之一。

（二）控制食品和营养项目的预算支出

新农业法案将严格控制食品和营养项目的预算支出。根据 2023 年 2 月参议院农业委员会营养听证会发布的数据，补充营养援助项目在 2018 年支出 650 亿美元，在 2023 年预计支出 1270 亿美元，未来 10 年支出更是将高达 1.2 万亿美元。② 该项目的预算支出已经成为美国沉重的财政负担，国会两党也就此展开了激烈的博弈。2023 年 6 月，美国国会通过《2023 年财政责任法》（Fiscal Responsibility Act of 2023）。该法案提出若干关于补充营养援助项目的限制措施。③ 美国财政保守派强调要削减社会福利项目的各项支出。参议院农业委员会主席黛比·斯塔贝诺（Debbie Stabenow）认为，此项条款解决了美国新农业法案中的相同问题。④

（三）推动气候智能型农业议程

农业法案和气候变化的结合早有先例。《1990 年食品、农业、资源保护和贸易法》（Food, Agriculture, Conservation and Trade Act of 1990）第 24 章的标题即为"全球气候变化"。⑤ 自此以后，"气候变化"再也没有被写入

---

① "Fiscal Year 2023 Budget: Blueprint to Save America," Republican Study Committee, June 9, 2022, https://banks.house.gov/uploadedfiles/fy23_budget_final_copy.pdf.

② "Farm Bill Budget, SNAP in Focus at Senate Ag Committee Nutrition Hearing," Farm Policy News, February 19, 2023, https://farmpolicynews.illinois.edu/2023/02/farm-bill-budget-snap-in-focus-at-senate-ag-committee-nutrition-hearing/.

③ "H. R. 3746-Fiscal Responsibility Act of 2023," June 3, 2023, https://www.congress.gov/bill/118th-congress/house-bill/3746.

④ Jack Hall, "Michigan U. S. Senators Vote in Favor of Debt Ceiling Legislation," Radio Results Network, June 1, 2023, https://www.radioresultsnetwork.com/2023/06/01/michigan-senators-vote-in-favor-of-debt-ceiling-legislation/.

⑤ "S. 2830-Food, Agriculture, Conservation, and Trade Act of 1990," November 28, 1990, https://www.congress.gov/bill/101st-congress/senate-bill/2830.

农业法案。从目前来看，国会对是否把气候变化和农业政策融入新农业法案存在争议。然而，上述四个农业法案的资金分配表明，美国正在不断加大对农业生产资源以及生态环境的保护力度。从近年出台的相关法案来看，美国不断尝试将气候治理融入其他相关议题。例如，美国在 2022 年通过《通胀削减法》（Inflation Reduction Act）。该法案规定将通过美国农业部在 5 年内投资 195 亿美元，以支持气候智能型农业（Climate-Smart Agriculture）议程的相关举措。预计新农业法案将会再次推动气候智能型农业议程，并将其融入商品计划、林业、农业资源保护等相关章节。

（四）增强农业供应链韧性

现阶段，美国国内对增加农业供应链韧性基本能达成一致意见。在关于新农业法案之"贸易和园艺"（Trade and Horticulture）议题的听证会上，来自美国农业部的珍妮·莱斯特·墨菲特（Jennifer Lester Moffitt）等人的证词表明，美国增加农业供应链韧性的政策措施以三个目标为指导，即保障粮食供应链安全、扩大全球市场份额、维护生产者利益。[①] 预计新农业法案将在以下四个方面采取措施：其一是对粮食的生产、加工、运输等环节进行全面评估，预判供应链存在的各种潜在风险；其二是建立美国"粮食安全仪表盘"，用风险管理工具应对各类突发事件；其三是在政治上对粮食需求国施加影响，以粮食对外援助为主要工具，开拓海外销售市场；其四是加强美国对国际农产品期货市场的国际影响力，通过稳定国际粮价的方式保障美国农业生产者的利益。

结　语

经济学界有一条古老的原则——"丁伯根法则"（Tinbergen's Rule），

---

① "Full Committee Hearing Farm Bill 2023: Trade and Horticulture," U. S. Senate Committee on Agriculture, Nutrition & Forestry, February 1, 2023, https://www.agriculture.senate.gov/hearings/farm-bill-2023-trade-and-horticulture.

即政府必须拥有至少与政策目标一样多的政策工具。早期的美国农业法案以"增加农民收入"为单一政策目标，以"价格支持计划"和"控制市场供需"为主要的政策手段。在此背景下，美国农业法案由地缘政治（geographic politics）主导，农业法案谈判中的政治分歧是地理和产业方面的分歧。① 地缘政治由商品利益驱动，相同农作物产区的政治代表，无论民主党人还是共和党人，都持有相同的政策观点。农业利益集团为维护及扩大本产业的经济利益，在美国农业法案的立法过程中发挥了极大的作用。

随着时间推移，美国农业法案涵盖的议题日益增多。《1973年农业和消费者保护法》（Agriculture and Consumer Protection Act of 1973）首次纳入"食品和营养项目"的相关内容，《1985年食品安全法》（Food Security Act of 1985）首次增加多项关于"农业资源保护"的条款。进入21世纪以来，美国农业法案纳入更多议题，成为一项涵盖多项农业相关议题的"大杂烩"法律。美国前总统奥巴马将农业法案描述为"像瑞士军刀一样全面"——不仅是农业法案，还是就业法案、创新法案、环境保护法案、研究法案以及基础设施法案。② 依据"丁伯根法则"，更多的政策目标意味着更多的政策工具，农业法案的立法过程由此变得更加复杂。特别是随着农业保险逐渐取代价格支持计划，农业利益集团不再是影响美国农业法案的主要因素，国际政治经济环境也成为美国农业法案演进的关键推动力。综合以上分析，美国新农业法案的主要趋势是优化农业风险管理体系，控制食品和营养项目的预算支出，推动气候智能型农业议程，以及增强农业供应链韧性。

（审读 罗振兴）

---

① Ximena Bustillo, "Congress Gears up for Another Farm Bill. Here's What's on the Menu," NPR, February 2, 2023, https: //www. npr. org/2023/02/02/1151727273/congress - gears - up - for - another-farm-bill-heres-whats-on-the-menu.

② The White House, "Remarks by the President at Signing of the Farm Bill," February 7, 2014, https: //obamawhitehouse. archives. gov/the - press - office/2014/02/07/remarks - president - signing-farm-bill-mi.

B.10
从《父母权利法案》看美国的
党派之争与文化之战

俞 凤[*]

摘 要： 《父母权利法案》是由共和党人在 2023 年提出的联邦层面的教育立法修正案，旨在扩大父母在子女基础教育中的知情权和主导权。民主党人攻击其为兜售极端主义意识形态的法案，引起美国社会的广泛争论。该法案看似是共和党人为维护保守主义意识形态而在教育领域发起的"进攻"，实则是对民主党人及自由主义群体近些年来的"肯定性行动"和"身份政治"进行"反击"。该法案体现了两党之间的斗争在美国社会领域的纵深发展，并映射出美国社会保守主义和自由主义群体的"文化斗争"在持续升级。其根源则在于美国本土的白人和少数族裔之间的"社会主体"地位之争、盎格鲁-撒克逊新教文化与多元主义文化的"主流地位"之争。

关键词： 美国社会 父母权利 文化战争 党派之争 多元文化主义

2023 年 3 月 24 日，美国众议院以 213∶208 的投票结果通过了由共和党人发起的《父母权利法案》（Parents Bill of Rights）立法，并提请参议院审议。虽然迄今为止该法未能在参议院获得通过，但其在众议院获得通过已引起美国社会各界的广泛争论和抗议。因其涉及美国的教育、性别议题和社会文化等诸多层面，并映射出当前美国的党派之争与文化之战的恶性循环，因此值得深入研究。

---

* 俞凤，中国社会科学院美国研究所助理研究员，主要研究领域为美国社会文化运动和思潮。

一 《父母权利法案》的内涵及影响

《父母权利法案》明确指出，"家长有权知晓其子女所在校发生的事情，并且享有子女教育的决策权"。① 该法案致力于保障家长在子女教育中的如下权利：（1）知悉学校教育的内容；（2）针对子女教育提出建议；（3）了解学校的预算和支出明细；（4）保护子女的隐私权；（5）知晓校园中发生的任何暴力事件。以下就《父母权利法案》的内涵及其社会影响进行简要说明。

（一）《父母权利法案》的改革要点

为了保障家长的上述权利，《父母权利法案》主要针对《中小学教育法》（Elementary and Secondary Education Act）、《普通教育法》（General Education Provisions Act）中的《家庭教育权利和隐私法》（Family Educational Rights and Privacy Act）和《学生权利保护修正案》（Protection of Pupil Rights Amendment）进行了修改。从内容来说，对原法案的修订主要表现为扩大家长的知情权和决策权两个方面。

1. 扩大家长对子女在校情况（特别是学习内容）的知情权

家长知情权主要表现为对于子女学习内容、学习材料、性别认同等情况的了解与掌控。例如，《父母权利法案》对《中小学教育法》的修改内容包括要求各州确保所有学区在其公开网站上发布每个年级的课程信息（若没有网站则需向公众传播）；要求各州向公众提供本州的课程信息和成绩标准；向公众公开该学区及其所服务的每所学校的年度预算（包括所有收入和支出）等。同时，《父母权利法案》还赋予家长免费审查和复制子女学校课程的权利，保证其每年至少与子女老师会面两次，能够获得子女在校学习

---

① "H. R. 5, Parents Bill of Rights Act," https://halrogers.house.gov/_ cache/files/6/4/640e803f-92c8-4ffc-b1b0-9a2457a14b5c/E8EBB4CB5ADC7A00997D7B3E35F1AFD5.pbora-summary-as-reported-by-committee-final.pdf, p. 1.

（包括其向图书馆借阅）的书籍及阅读材料清单等。特别是该法案指出，家长有权知道学校是否采取行动改变未成年儿童的性别标记、人称代词或名字，或是否允许儿童改变基于其性别的储物柜、更衣室、浴室和房间等。当然，法案还规定了父母有权了解儿童在校的心理情况、是否遭受校园霸凌以及校园中是否存在暴力活动等。

2. 强化家长对子女教育的决策权

《父母权利法案》对《家庭教育权利和隐私法》进行了修订，要求增加保护措施以确保学校不会抢占家长的权利；禁止学校作为家长的代理人来获得家长对子女接种疫苗的同意；禁止出于商业目的出售学生的数据等；扩大了家长对于任何体检的知情权和决策权，包括医疗检查、心理健康和滥用药物筛查等。

除此之外，针对近年来反犹主义言论在美国不断高涨、反犹暴力行为日渐增多的情况，该法案还要求所有公立中小学生都应学习"犹太人大屠杀"和反犹太主义的历史。由此不难发现，《父母权利法案》主要是强化了家长对子女在校学习内容的了解与审查，体现了家长对于子女教育的关心与主导权意识。

（二）《父母权利法案》的社会影响

《父母权利法案》的内容并没有明显的意识形态色彩，其关注点也是普通家长日常关注的问题。然而，在两党的炒作和美国社会分歧日渐扩大的背景之下，该法案引发了美国社会的激烈争论。

一方面，民主党与大批教育工作者、校园公平倡导者、进步主义组织等形成了反《父母权利法案》的阵营，对该法案提出了坚决的反对和质疑。作为该法案的最直接影响对象，一些教育工作者和校园公平倡导者表示担忧，认为该法案"让保守派、通常是白人家长拥有过大的发言权，并加深了公立学校与服务对象之间的分歧"。[①] 不少教师认为，此法案通过之后许

---

① Libby Stanford, "What the Push for Parents' Rights Means for Schools," Education Week, February 22, 2023, https://www.edweek.org/leadership/what-the-push-for-parents-rights-means-for-schools/2023/02.

多家长提出要限制教师在课上教授关于种族、性别和性等课题，这给本就繁重的教师工作带来更多难处。还有一些教师担心，这会让家长对教育工作者产生恐惧和不信任，继而导致教师退出该行业。① 除此之外，包括美国无神论者（American Atheists）、美国公民自由联盟（American Civil Liberties Union）、美国人文主义者协会（American Humanist Association）、美国进步中心（Center for American Progress）、LGBTQ 经济发展与研究中心（Center for LGBTQ Economic Advancement & Research）等在内的 200 多家组织也都反对该法案，其中宗教自由基金会（Freedom From Religion Foundation）坚决反对该法案，认为其"意图险恶"，试图瓦解大众对公共教育体系的信任。社区互助组织"母亲在强大"（Moms Rising）指责该法案推广极端主义教育议程，致力于对美国的历史进行审查，认为这将对学生造成伤害，特别是对跨性别学生、性少数学生群体和教育工作者等构成污蔑。② 卡托研究所则认为该法案存在"违宪的根本缺陷"。③ 以民主党为代表的批评人士纷纷谴责这是"政治优先于父母的法案"，与父母参与和赋权完全无关，其目的在于向美国家庭强行灌输"使美国再次强大"的极端意识形态，④ 指责保守派正在以父母权利为幌子，破坏公立学校教育，边缘化性少数学生群体，令教室成为保守派文化战争的"归零地"（Ground Zero）。⑤

① Libby Standford, "Teachers Say a New Parents' Bill of Rights doesn't Solve Schools' Problems," Education Week, March 7, 2023, https：//www. edweek. org/leadership/teachers－say－a－new－parents－bill－of－rights－doesnt－solve－schools－problems/2023/03.

② Moms Rising, "On Tuesday, Voters Rejected Moms for Liberty and Its Agenda of Cruelty and Hate," November 9, 2023, https：//www. momsrising. org/newsroom/on－tuesday－voters－rejected－moms－for－liberty－and－its－agenda－of－cruelty－and－hate.

③ Freedom from Religion Foundation, "Why 'Parental Bill of Rights' Bills are Really 'Bill of Wrongs," FFRF, April 3, 2023, https：//ffrf. org/news/news－releases/item/42155－why－parental－bill－of－rights－bills－are－really－bill－of－wrongs.

④ Lexi Lonas and Mychael Schnell, "House Republicans Pass Parents Bill of Rights," The Hill, March 24, 2023, https：//thehill. com/homenews/house/3916114－house－republicans－pass－parents－bill－of－rights/.

⑤ Lauren Gambino, "'Parents' Rights': Republicans Wage Education Culture War as 2024 Looms," The Guardian, March 24, 2023, https：//www. theguardian. com/us－news/2023/mar/24/republicans－parents－rights－education－culture－war.

　　另一方面，该法案受到了保守主义群体的极大拥护。从民调结果来看，家长对于该法案的支持力度与主流媒体所"塑造"的情况有所区别。虽然媒体上充斥着家长反对该法案的信息，但洛克基金会（John Locke Foundation）在北卡罗来纳州针对《父母权利法案》所做的民调显示，约有62%的受访家长支持立法，认为该法案是维护家长权利并帮助其获取子女学习记录的工具；仅有27%的受访家长表示反对。不仅如此，不同党派选民对于该问题的看法并没有存在较大差异：民主党父母中有69%的支持该法案，共和党父母支持该法案的比例则为63%。在支持人群中，58%的支持者表示其支持该法案的原因在于，法案列举了有关学生医疗和心理记录方面的重要家长权利，并禁止从幼儿园到小学四年级期间进行性别认同、性活动和性取向的教学。而反对人群则认为，该法案削弱了学校的作用和影响力（占比15%），并且不公平地对待性少数学生（占比12%）。[①] 从文化层面来看，反对该法案的主要是性少数群体权益的倡导者，大部分的保守主义群体认为有必要强化家长对子女教育的主导权。佛罗里达州的极端保守主义游说团体"自由妈妈"（Moms for Liberty）组织在美国13个州积极推动《父母权利法案》的通过，并对该法案在众议院的通过感到欣慰。[②] 家长权利基金会（Parental Rights Foundation）主席表示，各州纷纷出台《父母权利法案》的一个驱动因素在于疫情强化了家长在儿童教育方面拥有更多发言权的愿望，体现了立法者对家长这些担忧的回应。[③] 传统基金会的凯文·罗伯茨博士（Kevin D. Roberts）认为，《父母权利法案》的通过有助于各个城市和县区选择反映其社区目标与价值观的课程，并有利于保护儿童的纯真和隐私，

① Robert Luebke, "Poll Finds Strong, Broad Support for Parents' Bill of Rights," July 24, 2023, https：//www. johnlocke. org/poll-finds-strong-broad-support-for-parents-bill-of-rights/.

② Florida Politics, "Moms for Liberty Hails House Passage of Federal Parental Bill of Rights," March 26, 2023, https：//floridapolitics. com/archives/598341-moms-for-liberty-hails-house-passage-of-federal-parental-bill-of-rights/.

③ Jackie Valley, "32 States and Counting：Why Parents Bills of Rights are Sweeping US," *The Christian Science Monitor*, March 24, 2023, https：//www. csmonitor. com/USA/Education/2023/0324/32-states-and-counting-Why-parents-bills-of-rights-are-sweeping-US.

使之免受校园中偏执思想和觉醒文化宣传的影响，并提醒众人在教育方面政府不过是为家庭服务的，父母才是儿童教育的最高权威。① 共和党人更是利用此次机会反对以民主党为代表的激进自由主义者。法案的主要发起人、路易斯安那州共和党众议员朱莉娅·莱特洛（Julia Letlow）坚持认为，该法案旨在提高教育的透明度和问责制。② 时任众议院议长凯文·麦卡锡（Kevin McCarthy）则称该法案是保护儿童和大幅增加父母权利的重要一步，认为这将终结校园对儿童灌输觉醒文化。③

综上所述，尽管美国政界和文化界对《父母权利法案》的评价呈现两极化，但不可否认的是，这一立法改革运动的出现确实体现了家长对其在子女教育问题上的权威地位的危机感，彰显了家长对于子女所受教育内容的关注。不过，真正使之成为一个政治性热门话题并在社会上引起激烈辩论的原因，却是其背后所潜藏的民主党与共和党之间的党派之争，以及美国社会不同群体之间的文化价值观分歧。

二 《父母权利法案》背后的党派之争

《父母权利法案》是以共和党为代表的保守主义群体进行的一次教育改革，被以民主党为代表的自由派人士抨击为强行向大众灌输极端保守主义思想的教育议程。它也是两党在 2024 年选举中争取目标选民的重要手段，体现了美国两党之间激烈的党争。这种党派之争主要表现在如下两个方面。

---

① Kevin D. Roberts, "Parents' Bill of Rights is How Congress can Help State School Reformers," *The Heritage Foundation*, March 24, 2023, https：//www. heritage. org/education/commentary/ parents-bill-rights-how-congress-can-help-state-school-reformers.

② "Pros and Cons of the Parents Bill of Rights," *Congressional Digest*, June 1, 2023, https：// congressionaldigest. com/pros-and-cons-of-the-parents-bill-of-rights/.

③ Tim Walker, "'US vs Them': A Toxic Vision of Parent Engagement," *National Education Association*, March 21, 2023, https：//www. nea. org/nea-today/all-news-articles/us-vs-them-toxic-vision-parent-engagement.

（一）从投票结果来看，两党对该法的立场根本对立

就众议院对《父母权利法案》的投票结果来看，赞成的 213 票全部来自共和党议员；民主党议员中，除了 10 人选择弃权，其余的 203 人均对该法案投了反对票。在反对的 208 票中，有 5 票来自共和党议员。其中，除了纽约州众议员迈克·劳勒（Mike Lawler），[①] 其他 4 名共和党议员均对联邦过分介入教育问题感到担忧，认为该法案看似加强了父母权利，实则削弱了保守派"联邦制"的关键原则，联邦没有宪法权力来监管州和地方的教育问题。[②] 因此，即使有少数保守主义者投了反对票，其根本立场依旧是基于保守派的原则，而非认可民主党的立场。

事实上，旨在扩大父母在子女基础教育中的主导权的立法改革早在两年前就已经在各州如火如荼地进行了。2022 年，全美共计有 26 个州提出 85 项法案，以扩大家长在公共教育领域的权利。2023 年，共计有 24 个州提出 63 项与父母权利相关的教育改革法案（见表 1）。

表 1　与"父母权利"相关的各州教育改革法案（2022~2023 年）

州名	法案数量（2022 年）	法案数量（2023 年）
亚利桑那州	10	5
阿肯色州		1
加利福尼亚州	1	
科罗拉多州	2	
佛罗里达州	7	
佐治亚州	3	
夏威夷州	1	2

[①] 劳勒作为本项立法的共同提出者之一却投了反对票，原因是他对于修正案中增加的"父母有权知晓子女所在学校是否允许跨性别儿童使用与其出生性别不同的浴室或更衣室"并不赞同，认为该修正案可能使弱势儿童面临更大的风险。他的这一观点与其所在州选民更加认可民主党的政治议程不无关系。

[②] Mychael Schnell, "Why 5 House Republicans Voted against the Gop's Parents Bill of Rights," The Hill, March 24, 2023, https：//thehill. com/homenews/house/3917248 - why - 5 - house - republicans-voted-against-the-gops-parents-bill-of-rights/.

续表

州名	法案数量（2022 年）	法案数量（2023 年）
伊利诺伊州	1	
印第安纳州	4	1
艾奥瓦州		3
堪萨斯州	3	
肯塔基州	1	
路易斯安那州	4	
马萨诸塞州		1
马里兰州	4	
明尼苏达州	4	5
密西西比州	3	3
密苏里州	14	7
蒙大拿州		3
内布拉斯加州	1	1
新罕布什尔州	1	2
新泽西州	4	4
北卡罗来纳州	1	3
俄亥俄州		1
俄克拉何马州	1	3
宾夕法尼亚州		1
罗德岛	2	2
南卡罗来纳州	3	4
得克萨斯州		4
田纳西州	2	
犹他州	3	
弗吉尼亚州	2	2
西弗吉尼亚州		2
华盛顿州	3	2
怀俄明州		1

资料来源：笔者参考相关立法提案和研究报告制作而成，参见 Bella DiMarco，"Legislative Tracker：2022 Parent-Rights Bills in the States," June 6，2022，https：//www.future-ed.org/legislative-tracker-parent-rights-bills-in-the-states/；Bella DiMarco，"Legislative Tracker：2023 Parent-Rights Bills in the States," March 16，2023，https：//www.future-ed.org/legislative-tracker-2023-parent-rights-bills-in-the-states/。

从表 1 不难发现，在提出与父母权利相关的教育改革法案的 35 个州中，几乎有半数（17 个）属于共和党占据绝对主导的红州，11 个来自民主党占主导的蓝州，还有 7 个来自"摇摆州"。在"摇摆州"中，有 5 个州在 2020 年的总统大选中投票支持特朗普，包括明尼苏达州、佛罗里达州、北卡罗来纳州、俄亥俄州和亚利桑那州。即使是在民主党占优势的蓝州和"摇摆州"中，提出父母权利教育立法的基本上也是共和党人，例如加州的法案是由劳里·戴维斯（Laurie Davies）和戴文·马西斯（Devon Mathis）等 9 名共和党人共同提出的；科罗拉多州的法案是由共和党人托尼亚·范·贝柏（Tonya Van Beber）提出的；夏威夷州的立法议案也是由共和党人提出的。

2022 年各州提出的大多数与父母权利相关的教育改革法案要求设立《父母权利法案》来增加公共教育的透明度，其中有 45 项提案直接要求通过关于《父母权利法案》的立法，或扩大、改革已有的《父母权利法案》；27 项涉及增加公共教育的透明度问题，包括家长有权知晓学生在学校教育中的课程、图书资料等。还有一些法案聚焦在基础教育中引入批判性种族理论的问题，如印第安纳州的 H. B. 1134 法案要求授权家长课程审查委员会禁止学校教授与种族分化有关的概念；路易斯安那州的 H. B. 414 法案禁止学校教导孩子其可能因为种族或国籍而遭到系统性压迫。此外，还有一些法案涉及未成年儿童的性别认同问题，如佛罗里达州的 H. B. 1557 法案已经被签署成为法律（即所谓的"不要说同性恋法"），要求禁止对幼儿园到小学三年级或不适合年龄或未完全发育的儿童安排关于性别认同和性取向的课堂讨论与指导；亚利桑那州的 H. B. 2011 法案禁止学生参与任何涉及性、性别或性别认同的俱乐部，并允许家长审查这些俱乐部的章程文件；加州的 A. B. 1785 法案则要求当地教育机构事先通知父母和监护人学校将举办与全面性健康教育和艾滋病毒预防教育有关的教学活动，且可由家长选择是否参与。

2023 年各州提出的父母权利相关教育改革法案中有许多依然关注批判性种族理论教学问题，例如密苏里州的《父母权利法案》禁止学校教授涉及批判性种族理论的概念，包括任何种族、民族、肤色或国籍的人天生高人

一等或低人一等的理念。① 此外，也有不少法律与性别认同相关。例如，艾
奥瓦州的 S. F. 496 法案规定，当学生使用与其入校登记时不一致的性别称谓
或姓名时，学校必须在获得家长许可的情况下方可沿用该性别称谓或姓名；
如果校职工认为学生表现出"与生理性别不同的性别认同"，则需通知家
长；得克萨斯州的 S. B. 393 法案指出，如果孩子对其生理性别的感知与学
生的性器官、染色体和内源性激素谱所确定的生理性别不一致，学校必须通
知家长，同时学生只有在家长同意的前提下才能参加性别认同主题的俱乐
部，并将禁止所有与性取向和性别认同相关的教学指导；新罕布什尔州的
S. B. 272 法案要求，学校应该在孩子被提及的名字或性别不同于其注册名或
生理性别时，进行干预或予以确认；马萨诸塞州出台的由两党发起的
H. D. 2536 法案则禁止对幼儿园到小学三年级的学生进行与性别认同和性取
向相关的教学。除此之外，也有一些涉及其他非争议性话题的法案被提出，
例如父母有权访问孩子的健康和教育记录，参与并了解他们孩子的教育、学
校的质量、膳食信息等。

从目前来看，上述法案获得通过的概率很小。2022 年各州提出的 85 项
父母权利立法提案中，只有 6 项通过了立法。其中，亚利桑那的 H. B. 2161
法案和 H. B. 2439 法案都已成为法律，赋予父母查阅儿童教育和医疗记录、
审查图书馆书籍清单的权利；佛罗里达州则通过了 H. B. 1557 法案和
H. B. 1467 法案，扩大了父母在儿童基础教育中的权利，加强了对学校教授
课程与书目的审查，禁止在三年级教育中涉及性别认同的课程教学；佐治亚
州的 H. B. 1178 法案获得通过后成为法律，扩大了家长对于校园教育的知悉
权，并且允许家长选择孩子不上公立学校的某些课程；路易斯安那州则通过
了 H. B. 369 法案，扩大了家长知悉学校教育内容的权利。堪萨斯州由共和
党人主导的扩大父母在基础教育中权利的立法虽然在两院获得通过，但被民

① Sarah Kellogg, "Missouri Senate Passes Legislation Barring Teaching of Certain Diversity-related
Concepts," St. Louis Public Radio, February 14, 2023, https://news.stlpublicradio.org/
government-politics-issues/2023-02-14/missouri-senate-passes-legislation-barring-teaching-
of-certain-diversity-related-concepts.

主党州长以该法案"并非关于家长，而是关乎政治……将在校园中制造更多的分歧"① 为由否决。在 2023 年的立法提案中，只有两项由两院通过并提交行政机构。其中，艾奥瓦州的 S. F. 496 法案在 2023 年 5 月 26 日已经签署成为法律，其内容包括禁止对幼儿园到小学六年级的儿童进行与性别认同和性取向有关的教学；但是，亚利桑那州的 H. B. 2786 法案要求保障家长知悉教师培训内容（包括关于种族、性别和社会政治问题的培训）的权利，S. B. 1005 法案要求对侵犯父母权利的行为进行惩罚，它们最终都被民主党州长以可能侵犯知识产权和鼓励诉讼为由否决。

（二）法案的提出是两党在教育问题上相互进攻与反击的结果

从表面上来看，共和党在地方甚至联邦层面发起的教育立法改革浪潮是保守派向美国当下主流价值观发起的猛烈进攻，遭到了民主党人和进步派人士的严厉抨击和抵抗。然而，追溯美国公共教育中进步的左派与保守的右派之间的"阵地之争"便会发现，共和党推出的《父母权利法案》在一定程度上是对民主党近年来在政治上发起的"肯定性行动"、进步主义人士推动的性少数群体和少数族裔的平权运动甚至激进左派的"取消文化"等挑战美国保守传统及价值观的运动的绝地反击。

自民权运动以来，美国的"纠偏"行动愈演愈烈，女权主义运动、性解放运动、性少数群体争取权益运动等迅速发展，使"族裔平等""文化多元主义"等成为美国社会的政治正确。自 20 世纪 70 年代以来，美国社会对性少数群体的宽容度已经大幅提升。2015 年，联邦最高法院判定同性婚姻的权利受到宪法保护，各州不得立法禁止。虽然迄今许多州仍然禁止同性婚姻，但这一判决令美国社会对性少数群体的宽容度和认可度上升，使得美国社会的性少数群体大受鼓舞，更加敢于在社会上发出声音来捍卫自身权益。根据公共宗教研究所（Public Religion Research Institute）的一项民意调查，

---

① State of Kansas, "Message from the Governor Regarding Veto of Senate Bill 58," Kansas Legislature, April 15, 2022, http: //www. kslegislature. org/li _ 2022/b2021 _ 22/measures/documents/sb58_ enrolled. pdf.

对于保护性少数群体免受歧视的政策支持已达到历史新高，并在总体上呈现跨州、跨宗教和跨党派的趋势。例如，近年来，支持对性少数群体在工作、公共设施、住房等方面进行非歧视性保护的比例逐年增长，从 2015 年的 71%增长到 2022 年的 79%。不仅民主党和独立党派人士对该政策的支持率有所增加，即使是共和党对该政策的支持率也从 2015 年的 61%增长到了 65%。除了东正教对该政策的支持率从 2015 年的 75%下降到 2021 年的 67%之外，绝大多数宗教团体对该政策的支持力度均在上升。其中，白人福音派对该政策的支持率也有 61%。同时，阿肯萨斯州、亚拉巴马州、西弗吉尼亚州等较为保守的州对该政策的支持率也在 60%以上。[1] 美国社会对性少数群体的日渐宽容，以及媒体、娱乐等行业将性少数群体与"进步主义"对标的宣传，使得年轻一代的性别认同发生了巨大变化。研究显示，2017 ~ 2022 年，美国自我认同为跨性别的青少年和年轻人的数量已经翻了一番；[2] 2021 年的一项调查显示，30%的"千禧一代"自我认同为同性恋，其中 18 ~ 24 岁的年轻人占了 39%。[3] 因此，宗教和社会保守人士担忧美国的未来和传统家庭理念将会坍塌。

不仅如此，性别认同和性取向议题已经蔓延到教育和政治领域，成为保守派和进步派之间的重要分歧点。在跨性别群体争取权益的运动持续发展的背景下，不少自由主义学生团体开始在校园内设立跨性别的男女通用卫生间。为了吸引进步派选民，民主党人更是投其所好：休斯敦、奥斯汀、波特兰、华盛顿特区、费城和旧金山等地纷纷要求禁止在公共场所、

---

[1] "Americans' Support for Key LGBTQ Rights Continues to Tick Upward," PRRI, March 17, 2022, https://www.prri.org/research/americans-support-for-key-lgbtq-rights-continues-to-tick-upward/.

[2] Ryan Chatelain, "Study Estimates Trans Youth Population has Doubled in 5 Years," Spectrum News, June 10, 2022, https://ny1.com/nyc/all-boroughs/news/2022/06/10/study-estimates-transgender-youth-population-has-doubled-in-5-years#:~:text=The%20number%20of%20teenagers%20and%20young%20adults%20in, transgender%20people%2013%20and%20older%20in%20the%20U.S.

[3] "The Media Made It 'Cool', So Now a Whopping 30% of Millennials Identify as LGBTQ," CBN News, November 5, 2021, https://cmsedit.cbn.com/cbnnews/us/2021/november/the-media-made-it-cool-so-now-a-whopping-30-of-millennials-identify-as-lgbtq.

住房和公共设施等方面基于各种原因进行歧视——特别是性取向和性别认同方面的歧视。它们甚至要求设立中性淋浴室和卫生间等，这遭到保守派人士的激烈反对，引发了两党之间的拉锯战。此外，疫情期间因"弗洛伊德事件"而迅速发展至巅峰的"觉醒运动"、"取消文化"盛行以及民主党为了获得选举胜利而聚焦"觉醒运动"的行为，都使保守派的传统价值观遭遇冲击。为了在 2020 年的总统选举和 2022 年的中期选举中获胜，民主党人以"身份政治"为核心策略，致力于赢得少数族裔、性少数群体、移民等选举力量强大的"弱势群体"的支持。特别是在"弗洛伊德事件"之后，为了对特朗普政府及其所代表的保守势力构成打击，民主党大刀阔斧地走向"觉醒"。在弗洛伊德被警察暴力致死之后，两院的民主党人在国会大厦中身披肯特布围巾下跪近 9 分钟，向弗洛伊德默哀、致敬，甚至有部分民主党人要求撤回对警察的资金支持；① 拜登总统签署了一项法案，将纪念 1865 年戈登·格兰杰（Gordon Granger）在得克萨斯州加尔维斯顿（Galveston，Texas）宣布结束奴隶制的 6 月 19 日，设定为新增的联邦假日"六月独立日"。

因此，从某种意义上来说，民主党及进步主义人士近年来在政治、教育和文化领域的持续高歌猛进，使得年轻人的思想日渐"自由化"和"左转"，极大地挑战了美国传统的家庭观念、生活方式和价值观，客观上导致了"老一辈"美国人对美国未来的不安与担忧。因此，共和党人掀起的关于《父母权利法案》的立法之争看似保守派人士对文化多元主义和平权运动的疯狂进攻，实际上是过去半个多世纪以来，在保守文化在公共教育领域节节败退、多元主义文化在社会上逐渐占据主流、民主党以保护少数族裔和性少数群体的权益为名发起激烈的选票争夺战的背景下，共和党及保守派人士为捍卫盎格鲁-撒克逊白人文化和美国传统家庭及价值观而进行的反击。

---

① Alicia Lee, "Congressional Democrats Criticized for Wearing Kente Cloth at Event Honoring George Floyd," CNN, June 8, 2020, https：//edition. cnn. com/2020/06/08/politics/democrats - criticized-kente-cloth-trnd/index. html.

三 《父母权利法案》映射的文化之战

《父母权利法案》不仅是共和党与民主党党争日渐白热化的体现，也映射出美国社会愈演愈烈的文化之战。其中关于基础教育中的性别认同和批判种族主义理论教学等问题，都涉及当前美国社会在文化领域的主要争议，根本上是不同社会群体之间的"文化战争"。在长期的历史发展中，随着美国人口结构、宗教结构和经济结构的变化，社会已经发生了多重维度的分化，形成各不相同又相互交叉的利益群体。不同的群体在共和党与民主党精英的带领之下，将利益上的分歧转嫁到美国社会文化领域，试图争夺美国未来发展的主导权，继而使"文化战争"的战火重燃于美国社会。这种"文化战争"在形式上表现为保守主义和自由主义的意识形态之争，但其根本和核心则是盎格鲁-撒克逊白人文化与多元主义文化的"主流文化"地位之争，以及美国本土白人和少数族裔之间的"社会主体"地位之争。

（一）表现：保守主义与自由主义的意识形态之争

《父母权利法案》所映射的"文化战争"突出表现为保守主义与自由主义群体在宗教问题、堕胎问题、教育问题、性别认同问题、种族问题等各种领域的意识形态对立。而且，近年来这两大群体之间的对立愈加以党派为界限，不断极化，形成了政治和文化两个层面上的立场对立。

通常情况下，美国的保守主义和自由主义群体在经济上都推崇自由市场，要求尊重个人自由，但在政府的权力和职能等方面存在分歧。保守主义要求限制政府权力，崇尚个人自由，坚持传统的美国价值观，他们当中包括了基督教福音派、社会保守派和民粹主义保守派等团体；而自由主义群体，包括女权主义者、性少数群体利益倡导者、环保人士、民权运动人士等，则认为政府应该采取行动实现社会的机遇平等与公平公正，要求建立社会保障体系。保守主义群体在根本上认为世界应该是有等级之分的，并且希望能够维持这种由等级来划分的社会秩序。自由主义强调社会的公平与正义，要求进行社会变革。

从历史上来看，保守主义者和自由主义者一直交替地左右着美国政治格局的走向。虽然在许多议题的立场上存在区别，但二者在"最根本的社会价值观上并不存在结构性的分歧"，而是"对立统一矛盾体的两个方面"，并且"存在着一种相互牵制的关系"。这"促成了一种社会平衡机制，进而保证美国的政治思潮不易长期为激进思想所主导"。[①]

进入21世纪以来，美国面临恐怖主义、大国崛起等国际新局势和国内经济危机、社会矛盾激化等问题，保守主义和自由主义之间的共识有所减少，双方都在"极端化"的道路上越走越远。加之共和党与民主党为了能够获得选民支持，有意识地利用并放大两个阵营选民的立场分歧，导致保守主义与自由主义之间的意识形态之争与党派界限相互重合，二者对各类社会议题的立场分歧愈加明显。

这点从《父母权利法案》在地方各州的推行情况可见一斑：以共和党为主导的红州将其作为捍卫保守主义价值观的重要手段，纷纷提出教育立法改革，甚至走向极端；以民主党为主导的蓝州则坚决反对该法案，并利用民主党在参议院的优势阻止该法案在联邦层面的通过。此外，以共和党人为代表的保守主义群体与以民主党人为代表的自由主义群体，在美国社会的各个议题层面都出现了较大的观念分歧。例如，在性别认同问题上，约有62%的民主党人认为性别认同是由出生时的性别决定的，但他们支持保护跨性别者免受歧视的政策，而持相同看法的共和党人比例则不到50%。[②] 在同性恋问题上，虽然整体上美国人对同性恋的宽容度正在提升，但是保守主义群体和自由主义群体的接受程度有所区别。据统计，2023年仅有43%的共和党

①　阙天舒：《从共识建构到极化解构——当前美国国内政治思潮走向研究》，《人民论坛·学术前沿》2018年第22期，第58页。

②　Kim Parker et al. ，"Americans' Complex Views on Gender Identity and Transgender Issues，" Pew Research Center，June 28，2022，https：//www.pewresearch.org/social-trends/2022/06/28/americans-complex-views-on-gender-identity-and-transgender-issues/.

人支持同性婚姻的合法化，而民主党人对同性婚姻合法化的支持率则高达83%。① 在堕胎问题上，59%的共和党人表示只有在少数情况下堕胎才是合法的，认为在所有情况下堕胎都是非法的占24%，认为在所有情况下堕胎都是合法的占8%；而60%的民主党人认为在任何情况下堕胎都是合法的，仅有4%的人认为堕胎在任何情况下都是非法的，18%的人认为堕胎在少数情况下是合法的。② 在气候变化和环境问题上，只有16%的共和党人认为该问题十分重要，而民主党选民中则有73%的人认为应对气候变化十分重要；28%的共和党人认为这个问题不重要，但没有一个民主党人认为这个问题不重要。③

（二）核心："主体地位"与"主流文化"之争

《父母权利法案》所映射的"文化战争"，其核心与根本实际上是盎格鲁-撒克逊白人文化与多元主义文化之争。虽然作为一个移民国家，美国一直都以"文化熔炉"自居，以美国社会对于外来移民和少数族裔的包容为傲，但这不过是一个假象。事实上，美国自建国起就一直是盎格鲁-撒克逊白人占主导地位的社会，其社会习俗、价值理念等在很大程度上受到基督清教文化的影响。在美国资本主义发展需要大量外来移民作为补充劳动力的初期，"美国主义"的文化——事实上就是盎格鲁-撒克逊白人的清教文化——吸引着外来移民，并在语言、习俗、价值观等方面对他们产生了吸引力。为了能够更好地在美国社会扎根，他们主动地迎合当时美国社会的主流文化，

① "Share of Americans Who Think Same-sex Marriage Should Be Recognized by the Law as Valid from 2016 to 2023, by Political Party Affiliation," Statista, March 26, 2024, https://www.statista.com/statistics/1249216/support-for-same-sex-marriage-in-the-united-states-by-political-party/.

② "Share of Adults in the United States Who Support Abortion in 2023, by Political Party and Level of Legalization," Statista, November 3, 2023, https://www.statista.com/statistics/1079467/abortion-support-party-level-legalization-us/.

③ "Importance of Climate Change and the Environment in the United States in 2023, by Political Party," Statista, November 3, 2023, https://www.statista.com/statistics/1401236/climate-change-importance-party-us/.

暂时放弃自己的民族文化，成为"美国人"，缔造了美国作为"文化熔炉"的神话。然而，随着美国资本主义的进一步发展和经济全球化的深入，美国人口出现了族裔多样化和人口老龄化的结构性变化，致使传统的"美国主义"文化内核即盎格鲁-撒克逊白人文化受到多元主义文化的冲击，导致美国社会出现了本土白人与少数族裔的"社会主体"地位之争，以及盎格鲁-撒克逊白人文化与多元主义文化之间的"主流文化"地位之争。

美国过去几次的人口普查结果都表明，美国人口的种族和民族多样性日渐增加。1980 年，美国的白人人口几乎占全国人口的 80%，黑人占 11.5%，拉丁裔/西班牙裔占 6.5%，亚裔占 1.8%。到了 2000 年，白人人口比例已经下降至 69.1%，黑人占 12.1%，拉丁裔/西班牙裔人口占比 12.6%，亚裔人口占比 3.8%。[1] 2020 年，美国本土白人的比例进一步下降至 58.9%，黑人占 13.6%，拉丁裔/拉美裔占 19.1%，亚裔占 6.3%。[2] 不仅在人口比例上逐年下降，美国白人人口在数量上更是连续几年出现了"负增长"。2016～2019 年，白人人口数量从 197845666 人减少到 197309822 人，历年减少数量分别为 97507 人、212957 人和 225380 人。此外，美国本土白人人口的减少是全美范围内的普遍现象：自 2010 年起，全美 50 个州的白人人口比例均出现了下降（除华盛顿特区外）；全美 364 个大都市区中有 358 个的白人人口比例下降；3141 个县中有 3012 个的白人人口比例下降。[3] 与之相反的是少数族裔人口的迅速增加：2010～2019 年，美国拉丁裔/西班牙裔、亚裔和黑人人口的增长率分别高达 20%、29% 和 8.5%，[4] 并且这些增长主要是人口

① William H. Frey, "The Nation is Diversifying Even Faster than Predicted, According to New Census Data," Brookings, July 2020, https：//www. brookings. edu/articles/new - census - data - shows - the-nation-is-diversifying-even-faster-than-predicted/.

② United States Census Bureau, "Quick Facts," https：//www. census. gov/quickfacts/fact/table/US/PST045222.

③ William H. Frey, "The Nation is Diversifying Even Faster than Predicted, According to New Census Data," Brookings, July 2020, https：//www. brookings. edu/articles/new - census - data - shows - the-nation-is-diversifying-even-faster-than-predicted/.

④ William H. Frey, "The Nation is Diversifying Even Faster than Predicted, According to New Census Data," Brookings, July 2020, https：//www. brookings. edu/articles/new - census - data - shows - the-nation-is-diversifying-even-faster-than-predicted/.

的净增长带来的，而不是外来移民增加所导致的。少数族裔人口的持续增长和白人人口增长率的下降使得美国本土白人的比例持续下降，益格鲁-撒克逊白人的主体地位已经岌岌可危。这不仅带来白人群体的"危机感"和"失落感"，还导致曾经作为"美国主义"核心的基督清教文化遭到文化多元主义的重创。与早期移民为了更好地在美国社会立足而主动进行"美国化"以摆脱"外来者"地位的立场不同，人口比例的增长和平权运动的发展所带来的经济和政治权益平等化，使美国的少数族裔群体已经越来越以美国人自居，他们自觉地、有意识地保留并扩大自身所属民族的文化独特性，抨击并致力于改变美国社会对少数族裔存在的系统性种族歧视。为此，本土白人群体与少数族裔之间必然就"社会主体地位"和"文化主体地位"产生分歧与争夺。

同时，美国人口的老龄化趋势在不断增强，且在年轻一代当中，美国人口的种族多样性更加明显。美国人口的老龄化已经达到史上峰值：1980～2022 年，美国人口的中位年龄从 30 岁增加到 38.9 岁；2022 年，美国 1/3 州的人口中位年龄超过了 40 岁。[①] 值得注意的是，美国年轻人的族裔多样性远超老年群体。根据 2020 年的人口普查数据，18 岁以下年龄段的美国人口多样性（即少数族裔的人口占比）高于 68%，年龄越高，多样性越低。例如，18～24 岁年龄段中，少数族裔占比为 66.6%；而 45～64 岁的年龄段中，少数族裔占比仅为 42.9%。[②] 由于出生在一个更加多元化的环境中，且年轻人的思想本就相对开放，崇尚自由主义，因此美国社会又出现了文化上的"代际断层"：以本土白人为主的、恪守传统的老一代美国人和以少数族裔为主的、追求多元的新一代美国人，对于未来美国的发展方向存在较大的分歧——这将导致美国未来的"主流文化"之争。

---

① Mark Mather and Paola Scommegna, "Fact Sheet: Aging in the United States," PRB, January 9, 2024, https://www.prb.org/resources/fact-sheet-aging-in-the-united-states/.

② Megan Rabe et al., "Exploring the Racial and Ethnic Diversity of Various Age Groups," United States Census Bureau, September 6, 2023, https://www.census.gov/newsroom/blogs/random-samplings/2023/09/exploring-diversity.html.

结 语

综上，《父母权利法案》是由共和党人在 2023 年提出的联邦层面的教育立法修正案，旨在扩大父母在子女基础教育中的知情权和主导权，但被民主党人攻击为兜售极端主义意识形态的法案，并引起美国社会的广泛争论。这主要是因为法案中所涉及的父母对教育内容的"干涉"，特别是对性别认同教育、种族教育等内容的干涉，牵扯到保守主义群体对当前美国"政治正确"和"觉醒文化"的攻击。事实上，该法案看似是共和党人为维护保守主义意识形态而在教育领域发起的"进攻"，实则是共和党人对民主党人及自由主义群体近些年来的"肯定性行动"和"身份政治"的"反击"。该法案彰显了共和党与民主党之间日渐白热化的党争，也映射出美国社会保守主义和自由主义群体的"文化斗争"——其根源在于美国本土白人和少数族裔之间的"社会主体"地位之争，以及盎格鲁-撒克逊新教文化与多元主义文化之间的"主流地位"之争。

多年以前，美国社会曾以其"文化熔炉"的神话吸引大量外来移民。如今，美国社会人口、宗教、经济等结构的变化导致美国社会出现多重分化，不同利益群体之间的矛盾与冲突日渐明显，并扩散到文化领域。虽然美国社会中仍有较大的"温和派"与中间派群体，但政治光谱两端正在日渐极端化，并可能对美国社会产生影响。"美国的未来将由谁主导"以及"美国未来的文化形态又将如何"，值得继续观察和深思。

（审读　魏南枝）

B.11

2023年的美国枪患：
"必要之恶"抑或治理沉疴?

王聪悦[*]

摘 要： 2023年，支持拥枪的保守派在美国联邦、州和地方加紧发力，不仅促使枪支管控的法律环境发生重大变化，更在枪支利益团体的推波助澜下试图在各州层面大力扩展拥枪权，导致美国的枪支暴力事件数量持续刷新纪录。探究枪患之所以颇具"美国特色"，可回溯美国的拥枪史及其社会、法律基础。有关控枪与否的论争则与美国人对暴力、个人自由和公共健康等政治哲学核心概念的复杂认知密切相关。着眼现实，枪患困扰美国多年却始终无解务必论及竞争性民主、资本驱动链条对枪支治理改革的阻挠。2024年，在政党极化、资本操纵和虚假信息等因素的轮番刺激下，枪支滥用的多发性和极端性或将更为突出，"拥枪与弃枪同危，控枪与管枪共难"的政治死循环局面很难突破。另外，枪患还与种族仇恨、帮派暴力、毒品泛滥等社会问题相互耦合，在不断激化国内矛盾的同时充当着周边国家社会安全的"乱源"，并随时可能引爆新的社会危机。

关键词： 美国社会 枪支暴力 控枪 政治哲学 竞争性民主

尽管拜登政府多方努力，于2022年签署了30年来美国最重要的"枪支安全"立法，于2023年宣布成立有史以来首个白宫枪支暴力预防办公室，但2023年各类恶性枪击事件依旧频频登上新闻头条，成为持续撕裂美国共

---

* 王聪悦，中国社会科学院美国研究所副研究员，主要研究领域为美国社会文化。

识的焦点。事实上，美国的枪支问题由来已久。拥枪派认为，持枪自由始于自然法、终于宪法，是确保公民随时自卫、反抗暴政的"必要之恶"；但在控枪派看来，私人持枪意味着治理失效，人们不得不倒退至以暴制暴、弱肉强食的丛林法则时代。抛开舆论纷争不谈，枪支问题不仅关涉公共安全和政治生态，其背后的象征性意义尤为深刻：解决方案的选择既反映出美国人民想要什么样的政府和政治，并为执政党处理类似"历史照进现实"问题提供示范，还触及私权利让渡暴力给公权力的限度、个人自由与社会秩序的对立统一等西方政治哲学经典命题，更折射出美式资本逻辑与以自由、民主、人权为核心的资本主义意识形态之间的巨大张力，以及社会道德失焦导致的暴力思维蔓延。美国枪患长期无解给种族仇恨、帮派暴力、毒品泛滥等社会问题的缓和增加了诸多不确定性，同时也形成溢出效应，给美国周边国家的社会治安造成负面影响。

一　2023年美国枪支暴力事件图景

总体而言，2023年的美国枪支问题图景依然围绕暴力事件数量、市场份额和管控路径三个方面展开，体现"降中有升、缓中藏危"的复杂特征。如果单从枪支暴力事件数量粗略评估，全美因枪支引发的各类杀人案件数量与2022年相比下降了12.8%。① 不过各地涉枪命案改善的情况并不均衡，人口最为稠密的几个大都市降幅可圈可点：纽约为11.9%，洛杉矶为15.4%，凤凰城为14%，费城为20.2%。相较而言，城乡接合部及广大农村地区情势堪忧，超过44%的枪击案发生在城郊、中小城镇和农村。② 此外，最能代表枪支暴力烈度的大规模枪击事件共发生656起，总数比2022年的

---

① Sareen Habeshian, "Mass Shootings Increased While Gun Violence Deaths Dropped in 2023," AXIOS, https：//www. axios. com/2024/01/09/mass-shooting-gun-violence-us-2023.

② Eric Levenson and Mark Morales, "Homicides Dropped by over 10% in America's Biggest Cities in 2023," CNN, January 5, 2024, https：//www. cnn. com/2024/01/04/us/homicide - crime - declines-cities-2023/index. html.

646 起有所增加，共造成 712 人死亡、至少 2692 人受伤。① 更重要的是，与数据向好相背离的是老百姓对枪患的隐忧仍在加剧。盖洛普（Gallup）民调公司公布的一项民意调查显示，凶杀案实际发生量趋于下降的同时，超过 3/4 的美国人认为本国犯罪率比 2022 年有所上升，超过一半的美国人感觉他们所在地区的犯罪率持续攀高。② 美国加利福尼亚州立大学仇恨与极端主义研究中心 2023 年的一项追踪调查进一步印证了民众的直观感受。该中心称，与 2022 年相比，2023 年美国各地的仇恨犯罪增加了 11%。③ 仇恨犯罪率增加意味着社会内部暗藏着更复杂的结构性偏见和暴力因子，即便短期内枪支暴力事件看似减少，但在"文化战争"、2024 年大选等因素的集中刺激下，枪支对美国民众的潜在人身威胁不降反升。

社会不安全感使得以拥枪为核心的"以暴制暴"逻辑潜滋暗长。对新冠疫情、社会动荡和总统大选的担忧推动枪支销量在 2020 年创下历史峰值。自那以后枪支销量稳步下降，2023 年该数据首次降至疫情前的水平，全年总销量为 1400 万支。④ 但同时，这也是联邦调查局犯罪背景调查系统有记录以来枪支销量第四高的年份，2018~2023 年美国枪支制造市场规模增长 5.6%，仅 2023 年市场规模便达到 210 亿美元。⑤ 此外，拥枪群体日益多元化，且首次购枪者以女性和有色人种为主。2023 年，非洲裔美国人继续大量购入枪支，特别是那些希望保护自己和孩子免受暴力侵害的黑人妇女购买力旺盛。当然，是年拥枪观发生最大反转的群体非犹太裔

---

① Gun Violence Archive, "GVA 10 Year Review," https：//www.gunviolencearchive.org/.
② Bill Hutchinson, "'It is Historic': US Poised to See Record Drop in Yearly Homicides Despite Public Concern over Crime," ABC News, December 28, 2023, https：//abcnews.go.com/US/homicide-numbers-poised-hit-record-decline-nationwide-americans/story？id=105556400.
③ Center for the Study of Hate and Extremism, "Report to the Nation 2023: Faith under Fire," https：//www.csusb.edu/sites/default/files/2023-03/REPORT%20TO%20THE%20NATION%202023%20Relig4PM.docx.pdf.
④ Daniel Nass and Champe Barton, "How Many Guns did Americans Buy Last Month？" The Trace, March 4, 2024, https：//www.thetrace.org/2020/08/gun-sales-estimates/.
⑤ Jannik Lindner, "Must-Know Gun Industry Statistics," Gitnux, December 16, 2023, https：//gitnux.org/gun-industry-statistics/.

美国人莫属。他们原本多为左翼自由派，支持枪支管制和相关法律改革，个人持枪行为为该群体所排斥。但自2023年10月7日哈马斯宣布对以色列采取代号为"阿克萨洪水"的军事行动以来，有关犹太裔美国人购买枪支的新闻报道屡见不鲜，美国有线电视新闻网、福克斯新闻、美国全国广播公司、《纽约邮报》和其他许多媒体注意到了该群体枪支购买量的激增。无怪乎美国政治战略家拉比汉克·谢恩科普夫（Hank Sheinkopf）指出，"美国是犹太人在世界上为数不多的安全之地"这一观点如今已遭颠覆。[①]

针对枪患丛生和民间"购枪潮"，联邦和州政府层面观点迥异，两党之间针锋相对，多重治理与政治极化一道，将控枪立法从一个民生议题转化为政治博弈筹码，加剧了枪支暴力情势的不可控性。联邦层面，2022年最高法院有关"纽约州步枪和手枪协会诉布鲁恩案"的判决迫使拥有最严格隐蔽携带法律的6个州以及华盛顿特区削弱控枪水平，该判决被称为"美国控枪领域的标志性倒退"。布鲁恩案宣判1年后，挑战州和联邦既有枪支管控法规的诉讼纷至沓来，无论数量还是胜诉率都显著提升。[②] 加之一些州的拥枪派相机而动，促使该州在2023年进一步放宽了枪法。佛罗里达州和内布拉斯加州成为最新通过无许可携枪法的州。27个州（涉及约1.447亿人口）目前允许在没有许可证的情况下隐蔽携枪。然而，受制于政治极化，保守派就枪支问题在联邦和州层面的大肆发力引发了自由派的强烈抵制。密歇根州和明尼苏达州扩大了背景调查，涵盖了大多数私人枪支销售行为。它们还通过了《极端风险保护令》（Extreme Risk Protection Order），即所谓的"红旗法案"（Red Flag Law），该法案允许法院下达命令，从被认为极度危

① Larry Keane, "Americans Charted Record Book Year for Firearms in 2023, with 2024 Looming Large Too," The Firearm Industry Trade Association, January 8, 2024, https://www.nssf.org/articles/2023-record-year-for-firearms-2024-looming-large/.

② Duke Center for Firearms Law, "The Bruen Decision after One Year: An Empirical Look," December 6, 2023, https://www.elsblog.org/the _ empirical _ legal _ studi/2023/12/the-bruen-decision-after-one-year-an-empirical-look.html.

险的人手中直接没收枪支。① 此外，科罗拉多州、佛蒙特州和华盛顿州规定了购枪冷静期，在申请购买枪支和真正拥枪之间人为地设置延迟。据统计，目前 21 个州设有红旗法案，20 个州扩大了枪支背景调查，11 个州设置了购枪冷静期。② 可以说，尽管保守派长于民众动员，但鉴于大规模枪击事件的波及面一次次揭开枪支自由背后的血腥现实，拥枪派和控枪派在两党角力的加持下于联邦和地方大体势均力敌。随着 2024 年总统大选进入白热化阶段，有关控枪立法的态度势必成为两党候选人互相攻讦和民间部落主义引爆争议的焦点。

二 美国枪患的历史纠葛及社会基础

枪患与控枪代表了美利坚民族底色中暴力与秩序的一体两面，贯穿美国人从远洋寻梦、扎根新大陆、独立建国，到西进拓荒垦种、通过民权运动争取平等自由等每个重大历史时刻。早在宪法第二修正案问世之前，枪支在北美殖民地已很常见。部分地区甚至出台了枪支法要求户主拥枪，所有健康男子必须自配枪支加入当地民兵组织。③ 当然，为了防止持枪权滥用，形形色色的地方性控枪原则应运而生。譬如，禁止向美洲原住民出售枪支；禁止契约佣仆和黑奴拥枪；规定医生、校长、律师、磨坊主等有一定社会地位的公民可佩枪等。一些蓄奴州尽管声称持枪权属于全体"人民"，却又另行立法规定：黑人自由民（并非黑奴）若欲持枪，必须先向地方官员提出申请。

---

① Joey Cappelletti, "Michigan Governor Signs Red Flag Gun Law, Questions Linger over Enforcement," PBS News, May 22, 2023, https://www.pbs.org/newshour/politics/michigan-governor-signs-red-flag-gun-law-as-questions-linger-over-enforcement.

② Allison Anderman, "Giffords Law Center Gun Law Trendwatch: 2023 Year-End Review," Giffords Law Center, December 6, 2023, https://giffords.org/trendwatch/giffords-law-center-gun-law-trendwatch-2023-year-end-review/.

③ Saul Cornell, "The Early American Origins of the Modern Gun Control Debate: The Right to Bear Arms, Firearms, Regulations and the Lessons of History," *Stanford Law and Policy Review*, Vol. 17, No. 576, 2006, pp. 573-674.

这些申请无疑会遭到白人地方官员的拒绝。[①] 南北战争引发的动荡大大增加了个人持枪自卫的现实必要性。再加上废奴争议培育了大量草根武装组织，一些是持枪保护新获自由的黑人，另一些则是持枪对他们加以恐吓迫害的"爱人至上主义"团体，私人拥枪人数由此迅速激增。从一开始，枪支暴力便和控枪理念一样，带有阶层、职业、族裔、宗教、性别等身份标签，其中暗含的优待精英、种族歧视等不平等基因不仅延续至今，且使该问题愈发难解。

1791 年美国宪法第二修正案的出台堪称分水岭。尽管法条原意旨在打消当时人们对成立联邦常备军意味着解除各州民兵武装的担忧，[②] 但后人从不同角度进行解读，遂形成公共权利论、个人权利论两派。前者认为第二修正案在强调民兵组织的必要性后论及"人民"持枪权，目的在于明确集体武装而非个人武装的正当性，约束普通民众任意持枪为题中应有之义。后者则认为修正案把武器权视为"人民"——个体公民——的权利，枪权系宪法权利的判断于是顺理成章。然而按照当时的社会环境及认知边界，上述分歧有"伪命题"之嫌。毕竟个人拥枪与民兵服役互为前提而存在，国父们无需也无力将二者割裂视之。因此，枪患激辩与其说是宪法迷思，不如说是美国民主-共和两党、联邦-次联邦层面、自由-保守等社会思潮派别之间价值观对峙的透镜。正是不同社会力量的博弈牵引、扰动着联邦的控枪选择，导致相关标志性立法一则迟缓、自相矛盾，如 1986 年的《火器拥有者保护法》（Firearms Owners Protection Act）、2005 年的《保护合法军火贸易法》（Protection of Lawful Commerce in Arms Act）均为枪支市场化、私有化保驾护航；二则给枪支贩卖和暴力持枪预留了灰色地带，如国会通过的第一个全国枪支管理法案 1934 年《全国枪支法》（National Firearms Act）规定征税对象不包含适用面颇广的手枪及左轮枪；1968 年《枪支管制法》（Gun Control

---

① Clayton E. Cramer, "The Racist Roots of Gun Control," *Kansas Journal of Law and Public Policy*, No. 2，1995, p. 21.

② 蒋龑：《"枪支条款"还是"民兵条款"：美国宪法第二修正案研究》，《政治与法律评论》（第五辑），法律出版社，2014，第 141~142 页。

Act）未规定对所有枪支进行登记和发给执照，不禁止进口枪支部件，跨州买卖的对象不包括来复枪和猎枪；就算 2022 年出台的被称为 30 年来最重要控枪法案的《两党更安全社区法》（Bipartisan Safer Communities Act），也没能对"销售突击型步枪或高容量弹夹"说不。①

回溯美国历史，美国的枪支暴力、控枪争议和枪支管制立法之间关系微妙。在枪支泛滥的情况下，各类枪支暴力事件好似家常便饭，控枪争议也在政客操纵和媒体炒作下时时爆发。在此背景下，相关立法是美国枪患失控、各类矛盾白热化、社区生活衰落、政治疏离感飙升等社会因素周期性作用的产物。控枪与拥枪两派的最终胜负，取决于政治、社会、经济等诸多变量。

三 控枪争议暗含的政治哲学迷思

控枪与否，归根结底是美国社会的"路线问题"，而路线的描绘与选择则因循深刻影响美国社会文化图景的三个西方政治哲学经典命题展开。

第一，在政治共同体中，私自使用暴力是否具有合法性。托马斯·霍布斯（Thomas Hobbes）、马克斯·韦伯（Max Weber）等西方政治哲学大家都从不同角度表述过对政府合法垄断暴力的看法，认为私自使用暴力与现代社会契约精神相悖，与"所有人反对所有人"的自然状态不谋而合。但是，深谙此道的美国仍难以禁绝私人持枪。其根源在于另一重论断，即政府是必要的恶，人民务必捍卫革命权，实现私权利与公权力机会上的"平起平坐"，以此抵御政府可能出现的懒政、烂政、暴政风险，而革命权的关键在于人民拥有武器，此举比让渡部分个人权利给政府更易建立安全感。② 这套思维在对政府天然地不信任、具备深厚的民粹主义传统和丰富的革命经验与成果的美国尤为深入人心，为此付出的代价则是民众被迫陷入了"恐惧人

---

① Andrew R. Morral, "Gun Policy in America: An Overview," Rand, January 10, 2023, https://www.rand.org/research/gun-policy-key-findings/gun-policy-in-america.html.

② Thomas Wells, "The Path to Gun Control in America Goes through Political Philosophy," *Public Philosophy Journal*, Vol. 2, No. 1, 2019, p. 2.

身受损—囤枪用枪—身受其害—更加恐惧"的恶性军备竞赛逻辑当中。

第二，控枪与否会不会破坏美国的价值观核心——更普遍的自由。无论可否实现，自由都是世代美国人无比珍视的权利，多多益善，任何制度均不可公然与之背道而驰。具体到控枪问题，则存在一个悖论：如果立法限制持枪，自卫自由便会受到折损。且就目前右派日趋主导的情况看，该做法显然名义上辱没了宪法精神，实质上妨碍了右派所信奉的"法律与秩序各司其职、社会秩序（主要为种族秩序）游离于法律约束之外并借助私行主义（vigilantism）实现"的理想状态；① 如果放任不管，那么绝大部分民众则会丧失"精神上的平静"（tranquility of spirit），陷入不同程度的恐惧之中。那些手无寸铁的人只有四个选择：依靠警察保护；相信陌生人持枪无碍于己；避开易受攻击的公共场所；武装自己以作为回应。由于安全感缺失，前两个选项几乎无法成立，于是乎，越来越多的百姓会感受到他人拥枪对其言行、活动范围、信仰自由等的威胁，转而选择加入持枪自保行列。如此循环往复，不但将蚕食民主制度繁荣的根基，还会播下质疑、混乱的种子，直到最终无人能真正行使自由的权利。换言之，美国人对控枪问题如此纠结，是因为既希望享有自卫权扩张带来的个人掌控力，又不愿私人持枪的安全外部性转嫁给他人，这在执行层面本就难以两全。

第三，处理枪支问题时如何看待个体性与公共健康权益之间的拉锯。英国著名哲学家约翰·密尔（John Stuart Mill）认为，个体性乃实现个人幸福和社会发展的必由之路，个体性成长包含自由和处境多样化两个要素，二者缺一不可。据此，在看待和处理枪支问题时，既须提供必要的自由空间，也应因时因势确定管控力度，方能保护个体性成长，政府通过立法"一刀切"并不可取。但是，从当前的公共卫生模型和数据看，现有的枪支自由限度将个体性发展到另一个极端，主要表现有二。其一，一些立法以公共健康之名，有针对性地阻碍了某些人的个体性发展。如加利福尼亚州出台法案要求信用

---

① H. Jon Rosenbaum and Peter C. Sederberg, "Vigilantism: An Analysis of Establishment Violence," *Comparative Politics*, Vol. 6, No. 4, 1974, p. 541.

卡公司标记用户购买枪支的消费记录,[①] 但众所周知,一则只有穷人才会选择用信用卡支付此类费用,二则大量的枪支配件购买记录不被归入标记范畴,因而法案不仅带有浓重的阶层歧视色彩,而且存在明显的漏洞,最终沦为一纸空文。其二,当前所谓的拥枪自由显然给某些利益主体的偏私、极端甚至以个人主义之名损害公共利益,留有可乘之机。枪支暴力档案跟踪调查显示,截至2023年3月底,全美已爆发大规模枪击案131起。过往数据还揭示了一个触目惊心的事实,年龄、种族、性别等个人属性在一定程度上决定了死于枪支暴力的可能性。例如,少有美国孩子没有目睹或亲身遭遇过枪支暴力便长大成人。2020年,枪支暴力已超过车祸成为儿童死亡的主因。2021年,约有3万名儿童因枪支暴力失去了父母中的一方。又如种族方面,涉枪受害者中有32%是黑人——尽管黑人只占美国总人口的14%;叠加性别变量后,黑人女性死于枪支的可能性是白人女性的9倍,是西班牙裔女性的4.5倍。再如阶层方面,贫困率及家庭收入是预测枪支暴力的最佳因子,所有人群中,农村地区50岁以上白人男性死于枪支暴力的比例最高。换言之,个体性的极端化非但不能助推社会成长,其所附带的高度区隔、群体标记和权利差异,已成为美国公共健康得以实现的最大阻碍之一。

四 导致美国枪患难绝的现实桎梏

美国的国本与兴邦之策,一言以蔽之,即资本逻辑催生出以自由、民主、人权为核心的资本主义意识形态。在枪支泛滥和暴力的背后,资本的助力处处可见。

21世纪头10年,彼时"9·11"事件与国内大规模枪击事件不断震颤着美国民众脆弱的神经,拥枪自卫变成很多人的首选,隐蔽持枪制度也随之发生了调整。1990年,共16个州(包括得克萨斯州)规定在公共场所隐蔽

[①] "In California, Tracking Codes Coming for Credit Card Gun Purchases," TFB, February 13, 2024, https://www.thefirearmblog.com/blog/2024/02/13/california-tracking-codes-credit-card-gun/.

携枪非法，到2013年，50个州和华盛顿特区都出台了允许特定人群隐蔽携枪的条款。枪械制造商遂从中嗅到商机，开始调整产品方向，专注于制造杀伤力更强的小型、微型手枪。不仅如此，他们还把青少年视为潜在消费对象，生产专用枪，比如克里克特（Crickett）精密步枪，枪托有粉色、迷彩和美国国旗等，款式时尚，并有多种尺寸来满足不同年龄段儿童用户的需要，广告语是"父母长辈给下一代的最好礼物之一"。①

2020年以来，美国的枪支暴力事件迎来新高潮。对此，拜登政府2022年推动了一项枪支管制法案，专门打击逍遥法外的"幽灵枪支"。② 相关制造商和商家闻风而动，在无序列号的枪支组装套组被禁止生产后另辟蹊径，线上出售单个枪支配件。如大型幽灵枪生产商"波利默80"（Polymer80）叫停了之前热销的"Buy Build Shoot"枪支套组，但其官网上仍能买到组装一把成枪所需要的大部分配件。③ 另有一些商家一直靠出售"半成品机匣"等枪支核心部件牟利，因为联邦法律规定唯一须有序列号和枪支背景审查的配件就是机匣，但如果是"半成品"则另当别论，买家只需按说明书自行完成后续组装或调试即可。

除商家长期游离于法律的灰色地带之外，美国最大的拥枪组织——全美步枪协会（National Rifle Association of America）——也是枪支问题资本化、政治化的忠实推动者。该利益集团成立于19世纪70年代，最初只是一个热衷步枪训练和军事准备的半官方组织，其成员变相获得政府补贴，能够半价购入国家军用枪支并获准使用。一个世纪后，该协会已然蜕变为一个枪权激进的捍卫者、枪械营销商的大本营。为了完成院外游说和政治献金，其系统内部成立了专门的游说部门——立法行动研究所（Institute for Legislative

---

① Violence Policy Center, "Start Them Young – Davey Crickett, Little Jake, and the Marlin Man," https：//vpc. org/publications/start-them-young-little-jake-davey-crickett-and-the-marlin-man/.

② Robert Barnes, "Supreme Court Allows Biden Administration's 'Ghost Gun' Restrictions," *The Washington Post*, August 8, 2023, https：//www. washingtonpost. com/politics/2023/08/08/supreme-court-ghost-guns/.

③ Anjeanette Damon, "Why Outlawing Ghost Guns didn't Stop America's Largest Maker of Ghost Gun Parts," Propublica, https：//www. propublica. org/article/nevada-ghost-guns-polymer80-firearms-laws.

Action)，主攻反控枪立法；还设有政治胜利基金（Official NRA Political Victory Fund）和民权防御基金（Civil Rights Defense Fund），负责向有关政客提供政治献金。据统计，第117届国会中，曾获该协会资助的议员多达262名，而累计获得资助超过100万美元的议员有19名，绝大多数系共和党议员。可以说，该协会一面从被国会过度代表的保守农村选民中汲取力量，完成拥枪群体的高度政治动员；一面通过巨额钱款资助、收买、捆绑甚至威胁关键政治人物，从根本上腐蚀、瓦解控枪派。其最终目标是确保"减少控枪制度约束—民众购枪增量—枪支企业利润上涨—募集更多活动资金"这条利益链能够保持顺滑、强势和稳固。由此不难发现，全美步枪协会的运作模式揭示了枪患难解的一则主因，即市场主导的资本逻辑与竞争性民主在枪支泛滥的沃土中相互滋养，攀附而生。

竞争性民主政治以资本与权力的自由竞争为前提。受此驱动，主导枪支问题的往往是占有大量资源者，即政治角力中胜出的派别。尽管各类民调均表明，大多数普通民众支持严格的控枪立法，如2023年皮尤研究中心的民调显示该比例为58%，[①] 但该群体大多态度相对温和。与不断借助金钱政治、精英背书、草根集会、社交媒体放大主张的拥枪派相比，政治精英中的控枪派和普通民众一样，在竞争性民主的擂台上居于劣势。除党派角力等常规视角外，美式民主制度的如下几个结构性缺陷也刺激了枪支暴力的恶化。

第一，联邦与部分州在枪支管控方面的立场冲突。1980年以来，竞争性联邦主义大行其道，在均可出台枪支管控规定的情况下，联邦与次联邦、州与州之间时常相互掣肘。例如阿拉斯加州、艾奥瓦州和堪萨斯州已经通过了各种法律，试图废除联邦枪支立法。加利福尼亚州现行的枪械管制相关法律条款共计107项，被普遍认为是全美控枪最为严格的州。[②] 总体上，东西

① "Key Facts about Americans and Guns," Pew Research Center, September 13, 2023, https://www.pewresearch.org/short-reads/2023/09/13/key-facts-about-americans-and-guns/.

② Jonathan Vankin, "California Gun Control Laws: Mass Shootings have Sparked New Legislation for Three Decades," California Local, October 26, 2023, https://californialocal.com/localnews/statewide/ca/article/show/4411-california-gun-control-laws-mass-shootings/.

海岸经济发达，人口众多，政治立场"偏蓝"，故而主张从严"治枪"；而中部各州乡村地区广泛分布，政治立场相对保守，枪械管理较为宽松。各州枪支立场上的差异无疑会传导至国会议员层面，加大联邦控枪立法的难度。从执行过程看，联邦与次联邦政府之间的控枪分工造成更大混乱。理论上前者负责发放枪支销售牌照并对购买者进行背景调查，后者则负责制定在公共场合携带枪支的具体条款。但事实上，有些州政府可自行开展背景调查并发放持枪证，完全绕开联邦调查局建立的国家即时犯罪背景调查系统（National Instant Criminal Background Check System）。对控枪宽松的州而言，背景调查形同虚设。

第二，司法政治化威胁司法独立。尽管近年来司法部在不断尝试弥补枪支登记、使用、监管方面的漏洞，但政治极化加剧了两党围绕最高法院大法官席位的争夺，全美步枪协会等利益集团也热衷于对大法官任免施压。再加上州法官采取选举制，给权力和资本联手削弱美国司法分支的独立性创造了必要条件，使最高法院从中立审判者、宪法捍卫者和人民权利守护者的神坛跌落，彻底卷入竞争性民主的政治迷雾中，成为一个"普通玩家"。这种身份转换使如今的最高法院日趋保守化与共和党化，在枪支问题上用宪法解释权把控"底线"的能力及意愿随之降低。这也解释了为什么即便大规模枪击案频频爆出，最高法院2022年仍判定纽约州一部限制民众在外隐蔽携枪的百年老法违宪。该判决不但扩展了拥枪权，且对加利福尼亚州、马萨诸塞州等地积极控枪产生了负面示范效应。

第三，西方民主的内在困境。西方民主从思想体系上支撑了林肯所谓的"民有、民治、民享"政府与托克维尔笔下"包括了一切事实上的平等"的民主社会。但是，在实践中，民主原则在美国政治系统内的碎片化和拼接式应用既导致统治阶级置民众利益于不顾，也让民众只着眼于个人得失，认同和价值观不断碎片化、扁平化，很难从现有制度的运行中获得幸福感。在权力、财富与生命权的激烈竞争中，"强者生存、赢者通吃"的社会达尔文主义观念颇具市场。此外，种族、族裔、阶层、性别、性取向、宗教信仰等身份标签越来越成为制造区隔和划分等级的参考标准，还有两党政客惯常依赖

的社会运动策略从中操控。这些因素相结合，助长了美国的社会断层和对立。种种不满乃至仇恨在竞争性民主中找不到合适的输出渠道，便会更大程度地促使人们借助枪支，以暴力方式发泄出来。

五　枪患背后的美国难题

枪支暴力问题的社会示范效应和国际溢出效应，大大增加了美国各界解决该问题时的决策成本和博弈难度。

首先，枪支问题与仇恨犯罪、毒品买卖等美国社会的重点、难点议题紧密交织。回溯美国历史，枪支暴力和仇恨犯罪的相关性由来已久，恰如美国历史学家罗克珊·邓巴-奥尔蒂斯（Roxanne Dunbar-Ortiz）在其著述《上膛：第二修正案的缴械史》中指出的那样："美国平民拥枪量堪称天文数字，这被认为是宪法第二修正案赋予百姓的天职，更重要的是体现了美国根深蒂固的黩武文化及白人民族主义思潮。据此，被宪法潜在保护的民兵持枪权，既是白人掠夺甚至灭绝印第安人的依据，也是18世纪在美国南方由底层白人志愿者组成的奴隶巡逻队控制黑人的理由。"[1] 数据显示，当前全美平均每年有超过2.5万起涉枪仇恨犯罪事件发生，每天约69起，有色人种、宗教少数群体和性少数群体（LGBTQ+）等首当其冲。与之形成鲜明反差的是，由于法律疏漏和制度默许，在美国大部分地区，一些被判仇恨犯罪的人仍然可以合法购买和拥有枪支。[2] 换言之，枪支自由助长了法外暴力，同时还成为滋生专制主义、种族主义等相关不容忍行为的温床。毒品买卖与枪支暴力的关联则体现在两个层面：一是在毒品交易过程中，毒品贩子经常借助枪支攫取暴利，铤而走险，摆平争端；二是物质成瘾导致的暴力倾向大大增

---

[1]　Roxanne Dunbar-Ortiz, *Loaded: A Disarming History of the Second Amendment* (San Francisco: City Lights Publishers, 2018), p. 24.

[2]　Alison Jordon, "The Disarm Hate Act would Help Prevent Hate-Motivated Gun Violence," September 13, 2023, https://www.americanprogress.org/article/the-disarm-hate-act-would-help-prevent-hate-motivated-gun-violence/.

加了"瘾君子"自由持枪的可能性和社会危险性。这使得毒品与枪支暴力事件之间形成了危险且稳固的连带关系。鉴于近年来毒品和药物滥用成为美国最重要的公共卫生危机之一，枪支制贩和涉毒枪支暴力事件也因此得到了生发空间。

除仇恨犯罪和毒品问题外，枪支暴力还严重影响美国青少年的身心健康。据统计，2019~2022年，儿童和青少年的枪支死亡率增加了46%（从每10万人2.4人增加到3.5人）。这意味着到2022年，每天有7名儿童死于枪击。而在34%的儿童和青少年意外枪击死亡事件中，至少有一名其他儿童在场。来自美国凯撒家庭基金会（Kaiser Family Foundation）的数据发现，全美8%的儿童和青少年遭遇过枪击事件，青少年（14~17岁）此项比例更高达13%。[1] 更糟糕的是，青少年易冲动、爱冒险、社会经验不足等年龄特点，与弥漫当前美国社会的不安全感以及严重的社会阶层分化相结合，导致一些徘徊于社会底层的年轻人更易卷入街头帮派争端，甚至走向违法犯罪。从该角度看，若不加谨慎处理，枪支问题短期内将扰动社会治安和人权保障，长期来看对美国社会不平等的程度和走向，特别是对美国的未来将构成深远的影响。

其次，枪支管控的推进与否给大麻合法化、堕胎、性少数群体权利保护等处于"保守派-自由派"对峙风口浪尖上的社会议题的处理方案提供了示范。2024年总统大选过程中，如何回应枪支问题是保守派和自由派无法规避且在选民群体中颇有动员空间的"赛点"。如果控枪派就此抢占舆论制高点，那么未来4年美国在社会问题层面可能会以一种更加"自由"的方式展开，控枪立场的变化可能进一步激发美国民众对同性恋、移民等问题的开放态度和对女性生育自主权的伸张。反之，如果拥枪派略胜一筹，那么未来保守派的势力或将以此为契机持续壮大，并在"用自由反对平等"的理念支撑下与民粹主义加速合流。换言之，枪支问题之所以难解，一方面因为它

---

[1] Nirmita Panchal, "The Impact of Gun Violence on Children and Adolescents," KFF, February 22, 2024, https://www.kff.org/mental-health/issue-brief/the-impact-of-gun-violence-on-children-and-adolescents/#footnote-612901-1.

以枪之名具体诠释着美国人对自由、平等、人权的当代理解，另一方面暗含着美国人对两党、两种价值观、两种生活方式和两种国家发展道路的抉择。

再次，美国枪支泛滥使得由此而生的"黑色利益链"向加勒比及广大拉美地区溢出。美国枪支管制机构——烟酒枪炮及爆炸物管理局（Bureau of Alcohol, Tobacco, Firearms and Explosives）——调查称，在中美洲发现和追踪的"犯罪枪支"中，有一半以上来自美国。墨西哥的该比例接近70%，整个加勒比地区的该比例约为80%。[①] 2022 年，美国销往拉丁美洲的合法枪支收入增长了 8%，其中大部分销往巴西、墨西哥、危地马拉和哥伦比亚。该情势一方面严重危害周边国家的治安，例如尚无枪支制造能力的海地在美国枪支通过各种渠道进入该国的过程中多次陷入暴力混乱;[②] 另一方面也将枪支问题从国内视域推向以次国家和超国家为代表的非传统安全治理层面，进一步拔高了该问题的严峻性。最典型的例证是，自 2021 年开始，墨西哥便对美国枪支制造商提起多次民事诉讼。相关做法得到美国 16 个州的声援，这不仅模糊了内政外交事务的边界，而且导致参与主体十分复杂。

总而言之，美国的枪支暴力问题之所以难解且愈演愈烈，直接原因不外乎四个影响因素：一是法治缺陷——涉及宪法第二修正案中有关民兵持枪的模糊表述以及过高的修宪门槛、否决政治等制度设计"副产品"；二是人治失能，即在政治极化、文化变迁、经济焦虑和现实威胁的持续冲击下，是否控枪早已被高度政治化乃至标签化，彻底沦为各派政客眼中的筹码、产业链上下游筹谋后的利润、主流媒体视域下的流量以及利益集团通盘估算后的资源；三是德治失范，意即支撑美国社会"黑白左右上下"等群体维持相对稳态的美利坚信条、文化多元主义实践和"美国梦"等公序良俗遭到严重破坏，枪支在缺乏道德缓冲的情况下俨然成为"美国反对美国"的宣泄口；

① "U.S. Must Stem 'Iron River' of Guns Flowing to Latin America, Activists Say," NBC News, April 18, 2023, https://www.nbcnews.com/news/latino/us-must-stem-iron-river-guns-latin-america-activists-say-rcna80178.

② Oliver Laughland, "Guns and Weapons Trafficked from US Fueling Haiti Gang Violence," *The Guardian*, March 14, 2024, https://www.theguardian.com/us-news/2024/mar/14/haiti-gang-violence-us-guns-smuggling.

四是共治失序，即归根结底枪支问题与任何社会议题相仿，都是系统性问题，解决过程需要次国家、国家、地区层面和全球层面的多重治理单位协调一致，紧密配合。相互抵牾只能诱发多主体行动困境，进一步削弱美国枪支问题妥善解决的效率和动能。

（审读　袁　征）

B.12
当代美国精神卫生现状

——从抑郁症的视角

刘元玲*

摘　要： 后疫情时代的精神卫生问题正引发全球的广泛关注，抑郁症是其中最为普遍的一种。世界卫生组织发布的研究报告称，目前全球有2亿多抑郁症患者，抑郁症已成为一种被日益重视的健康危机。美国是抑郁症的重灾区，疫情以来约两成的美国成年人患有抑郁症或在接受抑郁治疗，有调查称2023年美国人患抑郁症的比例创有记录以来的历史新高。美国也是积极应对抑郁症的领头羊，研究机构和人数繁多，资源经费丰富，数据库建设先进。尽管有矫枉过正之处，但美国各阶层和各部门越来越重视包括抑郁症在内的精神卫生问题。应对抑郁症，维护并增强美国人的精神卫生，依旧任重道远。

关键词： 美国社会　精神卫生　抑郁症

世界卫生组织2019年发布的研究报告称，全球约有2.8亿名抑郁症患者，占成年人口总数的5%，占总疾病负担（Burden of Diseases）的4.4%，预计2030年抑郁症将成为世界第一大疾病负担。① 美国是抑郁症的"重灾区"。美国疾病控制与预防中心（Center for Disease Control and Prevention, CDC）公布的数据称，2019年，18.5%的成年人在过去两周内出现过不同

＊　刘元玲，中国社会科学院美国研究所助理研究员，主要研究领域为中美气候外交、精神卫生。

① World Health Organization, "Depression," https：//www.who.int/zh/health-topics/depression#tab=tab_ 2.

程度的抑郁症状。① 2023 年 5 月盖洛普的民调显示，美国患有抑郁症的成年人数量创历史新高，约 18%的美国成年人患有抑郁症或者正在接受抑郁症的治疗；30%的成年人在一生中某个阶段被诊断为患有抑郁症。② 相关研究根据社会人口指数及其与疾病负担指标间的关系，利用全球疾病负担数据对1990～2019 年全球 204 个国家和地区抑郁症负担展开，发现抑郁症发病率上升最快的五个国家中，美国位列第四。③

一　有关精神卫生、抑郁症的概念和事实

精神卫生关乎一个人思考学习和理解自身情感及对他人反应的能力，不仅是个体的健康和幸福以及有意义的生活的基础，也是重要的公共卫生问题。抑郁症是最常见的精神卫生疾患之一。

从全球视野看，精神卫生进入国际社会的议事日程大约从 20 世纪 50 年代开始。其标志是 1948 年在美国首都华盛顿成立了世界精神卫生联盟（World Federation for Mental Health，WFMH）。该组织致力于促进全球精神卫生的改善，推动对精神卫生问题的认识和解决。2019 年，世界卫生组织指出，全球估计共有 2.8 亿人患抑郁症，且女性比男性更易产生抑郁情绪。在世界范围内，超过 10%的孕妇和刚分娩的妇女患有抑郁症。抑郁症使人痛苦并会给生活各方面带来困难，影响学习、工作以及人际关系等。研究估计，全球每年抑郁症和焦虑症造成的经济损失高达近 1 万亿美元；重度抑郁

---

① Maria A. Villarroel and Emily P. Terlizzi, "Symptoms of Depression Among Adults: United States, 2019," Center of Disease and Control, https: //www.cdc.gov/nchs/data/databriefs/db379 - tables-508. pdf#page=1.

② Dan Witters, "U. S. Depression Rates Reach New Highs," Gallup, https: //news.gallup.com/ poll/505745/depression-rates-reach-new-highs. aspx.

③ Fan Yong et al., "Thirty-year Trends of Depressive Disorders in 204 Countries and Territories from 1990 to 2019: An Age - Period - Cohort Analysis," National Library of Medicine, https: // pubmed. ncbi. nlm. nih. gov/37651839/。其他四个抑郁症发病率上升快的国家是西班牙、墨西哥、马来西亚、乌拉圭；下降的五个国家是新加坡、爱沙尼亚、古巴、马尔代夫和斯里兰卡。

症患者有较高的自杀风险，并严重影响其身体健康。① 2021 年美国西雅图华盛顿大学的卫生计量和评价研究所（Institute for Health Metrics and Evaluation, IHME）编撰的《全球疾病负担》（Global Burden of Diseases）报告指出，抑郁和焦虑是全球健康损失的主因，且因新冠病毒（COVID-19）的流行而显著增加。②

2022 年《柳叶刀》杂志发表的一项研究成果指出，抑郁症是全球范围内导致痛苦和过早死亡的主因之一，在年轻人中发病尤为频繁。但是，社区、政府和卫生部门中很少有人理解或承认抑郁症与人们面临的其他问题不同，国际社会也鲜有政府会承认抑郁症对社会和经济发展造成的阻碍。政府、医疗服务提供者、研究人员、抑郁症患者及其家属应该一起努力，改善治疗和预防，填补知识空白，提高认识，缓解全球抑郁症负担。③ 鉴于此，2023 年，世界卫生日的主题是"精神卫生/健康是一项普遍的人权"，④ 希望借此推动国际社会更加重视抑郁症对个体及社会的影响。

人类对抑郁症的认知是一个渐进的历程，至今尚未完成。起初美国人简单地认为抑郁症不过就是情绪改变，早期抑郁症被包含在神经衰弱中。20世纪 50 年代，美国精神医学专家认为神经衰弱已经变成了一个"包罗万病"的杂物箱，因此沦为毫无意义的概念，已于 1980 年不再将神经衰弱作为一种疾病实体。⑤

① World Healthy Organization, "Depression," https：//www. who. int/zh/health-topics/depression #tab＝tab_ 2.

② Mila Yoch and Rebecca Sirull, "New Global Burden of Disease Analyses Show Depression and Anxiety among the Top Causes of Health Loss Worldwide and a Significant Increase due to the COVID-19 Pandemic," Institute for Health Metrics and Evaluation, https：//www. healthdata. org/news-events/ insights-blog/acting-data/new-global-burden-disease-analyses-show-depression-and.

③ Helen Herrman et al., "Time for United Action on Depression：A Lancet-World Psychiatric Association Commission," *The Lancet*, https：//www. thelancet. com/journals/lancet/article/ PIIS0140-6736（21）02141-3/abstract.

④ WHO, "Our Minds, Our Rights," World Health Organization, https：//www. who. int/zh/ campaigns/world-mental-health-day/2023.

⑤ 戴梓寿整理《美国精神病学界关于抑郁症、躯体化障碍及神经衰弱的近代观点》，《国外医学·精神病学分册》1980 年第 6 期。

根据 2020 年美国疾病控制与预防中心的统计数据，2019 年，美国 2.8% 的成年人就诊时自述在过去两周内经历过重度抑郁症状，4.2% 的成年人经历过中度症状，11.5% 的成年人经历过轻度症状。经历过抑郁症状的成年人比例在 18~29 岁人群中最高（21.0%），其次是 45~64 岁人群（18.4%）和 65 岁及以上人群（18.4%），最后是 30~44 岁人群（16.8%）。女性比男性更有可能出现抑郁症状。与西班牙裔、非西班牙裔白人和非西班牙裔黑人成年人相比，非西班牙裔和亚裔成年人患抑郁症状的比例较低。[①] 在边缘化人群和社会经济地位较低的人群中，抑郁症的发病率通常更高。抑郁症患者的终生患病率估计为 17.9%。重度抑郁症患者经常同时患有其他精神障碍，尤其是焦虑症等。[②]

美国疾病控制与预防中心发布一项报告分析了抑郁症在美国各州共计 3100 多个县的分布情况，涉及 39.3 万名成年人受访者。报告显示，美国东南部和西北部是抑郁症的高发区。具体而言，弗吉尼亚州抑郁症发病率为 24.9%，阿肯色州为 24.8%，肯塔基州为 24.5%，路易斯安那州为 24.4%，蒙大拿州为 23.5%，俄勒冈州为 23.2%，华盛顿州为 21.1%。比例较低的是阿拉斯加州，为 15.7%；加利福尼亚州为 13.9%；佛罗里达州为 14.9%；伊利诺伊州为 15%；新泽西州为 14.9%；夏威夷州为 12.7%。

值得注意的是，抑郁症是美国青少年中发病率较高的疾病。美国心理协会（American Psychological Association）于 2020 年指出，过去 10 年间，美国儿童和青少年抑郁症和焦虑症的患病率显著增加。抑郁症也是 3~17 岁的儿童和青少年常见的情绪障碍，患病比例为 4.4%；而在 12~17 岁的青少年中，约有 15.1% 的人有严重的抑郁发作。[③] 患有抑郁症的儿童和青少年患其

① Maria A. Villarroel and Emily P. Terlizzi, "Symptoms of Depression Among Adults: United States in 2019," Center of Disease and Control, https://www.cdc.gov/nchs/products/databriefs/db379.htm.

② "Clinical Practice Guideline for the Treatment of Depression Across Three Age Cohorts," American Psychological Association, https://www.apa.org/depression-guideline.

③ American Psychological Association, "Stress in America 2020," August 2020, https://www.apa.org/news/press/releases/stress/2020/report-october.

他心理障碍和出现身体健康问题的风险更高，更容易出现学习障碍、社交困难、自残和自杀行为。①

自 2015 年起，盖洛普公司开始追踪美国人患抑郁症的数据。2023 年 5 月，该公司发布的民调数据显示，美国患有抑郁症的成年人数量创历史新高，上升了 7 个百分点；约 18% 的美国成年人患有抑郁症或者正在接受抑郁症的治疗；30% 的美国成年人在一生中的某个阶段被诊断为抑郁症；年轻人患抑郁症的比例高于其他任何年龄组，是近年来涨幅最大的群体；近 25% 的 30 岁以下的成年人表示他们正患有抑郁症，其中女性占比高于男性，几乎是男性的 2 倍。②

2023 年 3 月，皮尤研究中心的一项调查数据显示，自 2011 年以来，跨种族、民族和性别的所有人口群体的自杀风险均有所增加，但某些群体面临的风险比其他群体更大。例如，22% 的美国高中生表示，他们在过去 1 年内曾认真考虑过自杀，而 2011 年的这一比例为 16%。③ 抑郁症是青少年中最常见的精神障碍之一。美国心理学会 2019 年发布的报告《国家共病研究——青少年补充》称，美国青少年重度抑郁障碍或心境恶劣障碍的终生患病率为 11.7%。此外，2005~2014 年，经历重度抑郁发作的青少年人数增加了 2.6%。低社会经济地位的同龄青年或边缘化人群的患病比例被认为要高得多。④

二 美国抑郁症高发的原因

关于美国抑郁症高发的原因，综合美国国内的研究，目前较具共识性的

---

① 金蕾等：《关爱未来：家校社会全方位护航——美国儿童青少年心理健康服务概述》，《基础教育参考》2024 年第 2 期。
② Dan Witthers, "U. S. Depression Rates Reach New Highs," The Gallup, https：// news. gallup. com/poll/505745/depression-rates-reach-new-highs. aspx.
③ Farzana Akkas, "Youth Suicide Risk Increased Over Past Decade," The Pew Trusts, https：// www. pewtrusts. org/en/research - and - analysis/articles/2023/03/03/youth - suicide - risk - increased-over-past-decade.
④ "APA Clinical Practice Guideline for the Treatment of Depression Across Three Age Cohorts," American Psychological Association, https：//www. apa. org/depression-guideline/guideline. pdf.

看法是"f综合因素说",即生理性、认知性和外在环境三个维度的综合交互影响,导致抑郁症高发。

(一)生理性因素

生理性因素包括遗传基因说、大脑神经递质失衡说、大脑神经结构差异说以及慢性炎症影响说。

1. 遗传基因说

基于人类基因组草图序列,研究人员已发现大约200个与抑郁症风险相关的基因。[①] 然而,科学家对遗传学的了解是不完整的。对双胞胎的研究表明,遗传因素可能占引发抑郁症风险的40%,但目前确定的基因似乎只能解释大约5%的抑郁类型。此外,仅仅拥有抑郁基因并不能保证某人得抑郁症。这些基因还需要以某种方式被内部或外部条件激活。[②] 例如,美国第16任总统亚伯拉罕·林肯曾与严重的抑郁症作斗争,而"历史记录表明,林肯的父母都有抑郁的倾向,而且这个家庭有成员'患有严重的精神疾病'"。[③]

2. 大脑神经递质失衡说

2400年前,古希腊著名的医生希波克拉底提出"气质体液说"。他认为,如果人体内黑胆汁(Melancholia)居多,则会得抑郁症。诸多研究将抑郁症的病因归咎为大脑中的化学物质(血清素、多巴胺、内啡肽)的失衡。例如血清素是让人感受到幸福、快乐的一种重要的神经调节激素,可以稳定情绪,缓解压力和焦虑情绪。由此,几十年来旨在提高血清素水平的药物被广泛应用于抑郁症的治疗。然而,近年来的临床研究发现,血清素在抑郁症

① Daniel F. Levey and Murry B. Stein, "Bi-ancestral Depression GWAS in the Million Veteran Program and Meta-Analysis in >1.2 Million Individuals Highlight New Therapeutic Directions," *Nature Neuroscience* 24, 2021, pp. 954-963, https://doi.org/10.1038/s41593-021-00860-2.

② Joanna Thompson, "The Cause of Depression is Probably not What You Think," *Quanta Magazine*, https://www.quantamagazine.org/the-cause-of-depression-is-probably-not-what-you-think-20230126/.

③ 〔美〕戴尔·卡耐基:《林肯传》,朱凡希译,译林出版社,2016。

中的作用有可能被夸大了。① 与此同时，关于多巴胺、内啡肽的运作机制与抑郁症的关系的研究也在不断被深化。②

3. 大脑神经结构差异说

有研究称大脑中的神经元以相互连接形成功能通路的方式影响心理健康。德国歌德大学精神病学研究团队在扫描严重抑郁症患者的大脑时，发现患有抑郁症的人在大脑神经纤维的"白质"中表现出较少的联系。抑郁组接受了6周的治疗后，患者大脑中神经连接的总体水平随着症状减轻而提高。这种变化的一个可能的解释是神经可塑性现象，意味着大脑实际上能够建立新的连接，改变其线路。如果抑郁症发生在大脑互连太少或失去一些互连时，那么利用神经可塑性来增加互连可能有助于改善情绪。③

4. 慢性炎症影响说

抑郁症患者的大脑连接可能因炎症而受损。慢性炎症会阻碍身体的愈合能力，逐渐破坏神经组织中突触的连接。这种联系的丧失会导致情绪障碍。自身免疫性疾病、细菌感染、高压力和某些病毒都可能诱发持续炎症反应。

（二）认知性因素

抑郁症患者对自己、世界以及过去和未来拥有许多消极、有偏差甚至错误的思维范式和认知模式。由于这些认知模式的存在，抑郁症患者面对外界各种信息和事件所加工出来的结论常是负面的。《精神病学的革命》一书的作者厄内斯特·贝克（Ernest Becker）认为："抑郁是一种认知局限病，即

---

① Joanna Moncrieff, Ruth E. Cooper, and Tom Stockmann, "The Serotonin Theory of Depression: A Systematic Umbrella Review of the Evidence," Molecular Psychiatry, https://m.medsci.cn/article/show_ article. do? id=239fe58881d1.

② Pauline Belujon and Anthony A Grace, "Dopamine System Dysregulation in Major Depressive Disorders," *International Journal of Neuropsychopharmacology*, Volume 20, Issue 12, December 2017, pp. 1036 - 1046, https://doi. org/10. 1093/ijnp/pyx056.

③ Joanna Thompson, "The Cause of Depression is Probably not What You Think," *Quanta Magazine*, https://www. quantamagazine. org/the-cause-of-depression-is-probably-not-what-you-think-20230126/.

人无法知道自己有选择。"① 《非暴力沟通》一书的作者马歇尔·卢森堡（Marshall Rosenberg）提出："当人们（用不当的认知）评判自己，便是在远离自己的需要。这个时候无法采取行动来满足那些需要，因此人们会抑郁。"②

（三）外在环境因素

除了生理性和认知性这两类偏主观的因素外，外在环境也是导致抑郁症的重要因素——包括环境污染、重大灾难、社会原子化、药物滥用以及物质主义盛行等。

1. 环境污染说

美国心理协会 2022 年发表的一项研究成果称，随着时间的推移，即使在符合空气质量标准的社区，空气污染产生的臭氧也会导致青少年的抑郁症状加重。③ 2023 年 7 月，耶鲁大学的科学家发表了一项关于气候变迁对美国成年人心理影响的研究成果。该研究发现，7% 的人正在经历轻度到严重的气候相关心理困扰。在"千禧世代"和"Z 世代"中，这一比例为 10%。气候变迁不仅改变了环境，也对心理健康造成了显著的伤害。④

2. 创伤事件的影响

重大灾难等创伤事件会引发包括抑郁症在内的精神疾病。新冠疫情带来的社会隔离、丧亲之痛、不确定性、艰难和有限的医疗保健服务等问题，给数百万人的心理健康带来严重影响，尤其是为防止传染而隔离所导致的孤独感，是诱发心理问题的因素之一。通过分析在北美、欧洲和东亚地区收集的

① Ernest Becker, *The Revolution In Psychiatry* (New York：Free Press, 1985)．

② 〔美〕马歇尔·卢森堡：《非暴力沟通》，刘轶译，华夏出版社，2021。

③ Todd Bentsen, "Air Pollution Linked to Depressive Symptoms in Adolescents," American Psychological Association, https：//www.apa.org/news/press/releases/2022/03/air－pollution－adolescents/.

④ Sri Saahitya Uppalapati et al.，"The Prevalence of Climate Change Psychological Distress among American Adults," Audiences and Beliefs & Attitudes, https：//climatecommunication.yale.edu/publications/climate-change-psychological-distress-prevalence/.

数据，有研究报告指出，若没有这场疫情，则 2020 年预期的抑郁症病例数为 1.93 亿例，而实际上监测到的抑郁症病例数为 2.46 亿例。[①]《柳叶刀》2021 年发表的研究成果指出，2020 年新冠疫情大流行导致全球抑郁症急剧增加，精神障碍病例总数急剧上升，重度抑郁症病例增加 7620 万例。[②]

3. 美国社会的原子化

原子化社会导致的孤独感，是诱发抑郁的重要因素之一。在美国，精神健康状况不佳者的问题各异，但都有个共同的病理部分——孤独。根据美国疾病控制与预防中心的数据，2021 年接受调查的美国成年人中有 16% 的人独居。2012~2022 年，美国独居的成年人数从 3310 万增加到 3790 万。2022 年，美国 28.9% 的家庭是单人家庭，比 1962 年的 13.6% 增加了一倍多。美国疾病控制与预防中心下属的国家卫生统计中心发现，在独居且 "从未或很少" 得到社会和情感支持的人群中，有 19.6% 的人表示有抑郁情绪，而在与他人同住的人群中，这一比例为 11.6%。报告还发现，在所有种族、收入水平和性别的人群中，都是类似的情况。[③]

4. 药物作用

《美国医学会期刊》2018 年刊登的医学研究成果指出，超过 1/3 的美国成年人所服用的处方药品，有导致抑郁症或增加自杀倾向的副作用。这些药物包括避孕药、治疗心脏病的药、血压控制药、止痛剂等。如果成年人同时服用三种以上处方药，约有 15% 的人会发现自己在服药期间出现抑郁症状；而服用两种以上药物的成年人有 9% 称自己产生了抑郁症；只服用一种以上

---

① 《研究称新冠肺炎疫情导致抑郁和焦虑症的大幅上升》，新华网，2021 年 10 月 9 日，https：//xhpfmapi. xinhuaxmt. com/vh512/share/10307763? isview=1&homeshow=1&newstype=1001。

② Covid-19 Mental Disorders Collaborators, "Global Prevalence and Burden of Depressive and Anxiety Disorders in 204 Countries and Territories in 2020 due to the COVID-19 Pandemic," *The Lancet*, Vol. 398, Issue 10312, pp. 1700 - 1712, November 6, 2021, https：//www. thelancet. com/journals/lancet/article/PIIS0140-6736（21）02143-7/fulltext。

③ Sean Salai, "More Americans Prone to Depression as They Opt to Live Alone," *Washington Times*, https：//www. washingtontimes. com/news/2024/feb/15/more-americans-prone-to-depression-as-they-op t-to-/.

药物的成年人则有 7%表示服药期间感到抑郁。[①]

总之，导致抑郁症的因素很多，除了生理性、认知性和外在环境的因素，就某种程度而言，抑郁症也体现了一种"现代性"特征。尤其就发达地区而言，现代人吃得过多却营养不良，久坐不运动，日照不够，睡眠不足，在社会中孤立。这些生活方式的改变都会导致身体健康状况不佳，并影响抑郁症的发病率和治疗。

三　美国如何应对抑郁症

治疗抑郁症主要有两个方向：药物治疗以及心理治疗。在美国，药物治疗是通过精神科医生开处方药，心理学家则进行心理治疗。除了6个州允许心理学家有药物处方权之外，绝大多数州的法律不支持两者互相转换。[②] 美国是抑郁症的重灾区，也是积极应对抑郁症的"领头羊"，十分重视对包括抑郁症在内的精神疾病的研究和治疗。这一点可从美国对待抑郁症持续投入的科学研究、必要的政治意愿、社会各界的积极参与中得以体现。

（一）持续投入的科学研究

就学科建设而言，美国心理学的研究历史较长，是世界上心理学研究最发达的国家之一，长期保持该专业领域的世界领先研究水平。心理学作为研究人类心理状态机制的学问，领域大，项目多，美国凭借其强大的综合国力和科研实力在心理学研究的不同领域保持领先地位。19 世纪末，心理学作为一门独立的科学开始在美国发展。威廉·詹姆斯（William James）是美国最早的心理学家之一，他的著作《心理学原理》（*Principles of Psychology*）

---

① 《JAMA 研究称，美国服用的 1/3 药物可能导致抑郁或自杀》，中国疾病预防控制中心网站，2018 年 6 月 27 日，https：//www.chinacdc.cn/gwxx/201806/t20180627_ 180978.html。

② Timothy M. Smith，"What's the Difference between Psychiatrists and Psychologists?" American Medical Association，https：//www.ama-assn.org/practice-management/scope-practice/whats-difference-between-psychiatrists-and-psychologists.

对心理学的早期发展产生了深远影响。随后，实验心理学在美国兴起，斯坦福大学心理学实验室在1892年的成立是一个标志性事件。20世纪初，美国心理学形成了多个学派，包括行为主义、精神分析、人本主义等。50~60年代，认知心理学兴起。当代美国心理学的研究领域非常多元，美国还将心理学与其他学科不断融合——包括与神经科学、医学、计算机科学的融合。最近，脑科学与人工智能的联合研究也正在兴起。在技术应用方面，大脑成像技术和大数据分析正在被广泛应用到心理学研究，以推动对人类行为和心理过程的深入理解。

美国有很多专业机构和组织，对包括抑郁症在内的精神卫生问题展开研究。例如，成立于1892年的美国心理学会是美国最权威的心理学学术组织，也是国际上规模最大的心理学组织。除此之外，还有美国精神医学学会、[①]美国疾病控制与预防中心、美国卫生研究院（National Institute of Health，NIH）下属的美国精神卫生研究所（National Institute of Mental Health，NIMH）、美国抑郁和双相情感障碍协会（Association for Depression and Bipolar Disorder，ADBD）和美国抑郁和焦虑协会（Anxiety and Depression Association of America，ADAA）等。

美国的心理健康统计数据丰富且齐备。抑郁症在美国是个较为普遍的现象，相关的统计数据非常丰富。伴随医疗科技的发展，很多机构和组织对此展开深入和持续的研究，并定期发布调查报告。例如，美国疾病控制与预防中心将美国人按照年龄、性别、种族、受教育程度、地区、信仰、经济状况等分为22个类别，以此来记录和描述美国人的精神卫生状况，很多数据可追溯到1950年。[②]仅美国疾病控制与预防中心就有数十项调查统计，其中

---

① 很多人会将美国心理学会和美国精神医学学会相混淆，实际上二者各有不同。例如在治疗和应对抑郁症方面，与美国精神医学学会的指南一样，目前美国心理学会的指南也包括心理治疗和抗抑郁药物的建议。然而，美国心理学会更普遍地建议将心理治疗和抗抑郁药物相结合，而不是单独使用抗抑郁药物。美国心理学会的指南没有像美国精神病医学学会的指南那样详细说明不同治疗阶段的建议。

② "Health, United States, 2020-2021," Center of Disease and Control, https：//www.cdc.gov/nchs/hus/data-finder. htm？&subject=Mental%20health.

涉及抑郁等精神疾病的包括行为危险因素监测系统、家庭意向调查、全国健康访谈调查、国家健康和营养检查调查、全国流动医疗调查、全国医院护理调查、国家急性后期和长期护理研究、全国儿童健康调查、全国多动症和抽动秽语综合征诊断和治疗调查、国家暴力死亡报告系统、妊娠风险评估监测系统等。

美国对抑郁症的治疗是随着对抑郁症的认知的不断发展而发展变化的。精神卫生服务包含了大量的临床实践疗法。研究表明，目前有 300 多种正式使用的心理疗法。[①]

（二）必要的政治意愿

在美国国会中，有几个委员会专注于精神卫生和心理健康问题，包括参议院卫生、教育、劳工和养老金委员会——该委员会涉及广泛的健康政策，尤其是包括抑郁症在内的精神卫生和药物滥用方面的政策;[②] 众议院筹款委员会——关注美国精神健康危机等问题;[③] 参议院财政委员会——负责监管联邦政府的财政收入，包括医疗保险和儿童健康保险项目，同时专注于青少年的精神健康问题。[④]

上述委员会通过举行听证会、审议立法和推动政策讨论来集中关注和解决精神健康服务面临的挑战和需求。特别是在公共卫生危机爆发期间，它们努力提高和改善精神健康服务的水平和质量。此外，美国国家心理研究中心（National Center for Psychology Research, NCPR）是美国政府设立的一个专门研究心理学问题和促进心理健康的机构，成立于 1990 年，目标是支持和推动心理学研究，并为决策者提供科学依据，以提高公众的心理健康水平。

拜登政府重视美国精神卫生事业的发展。美国卫生与公众服务部和教

---

① R. L. E. Beute, "Have All Won and Must All Have Prizes? Revisiting Luborsky et al's Verdict," *Journal of Consulting and Clinical Psychology*, 1991, 59, pp. 226-232.

② "Senate Committee on Health, Education, Labor and Pensions," https://www.help.senate.gov/.

③ "States House Committee on Ways and Means," https://waysandmeans.house.gov/.

④ "United States Senate Committee on Finance," https://www.finance.senate.gov/.

育部成立了一个机构间工作组，截至 2021 年 10 月，已投资 1.9 亿美元，通过各种方式改善学校医疗保健服务，包括心理健康和药物使用方面的服务。2021 年夏天，美国教育部发布了《返校路线图》（Return to School Roadmap）。该路线图将支持学生的社会、情感和心理健康需求列为重大优先事项。为了支持受疫情重创的学生，美国教育部为学校提供了 1220 亿美元的救济资金，以帮助他们安全地重新开学，并解决他们的心理健康需求。教育部大力鼓励学区使用这些资金聘请学校心理学家、辅导员、社会工作者、护士和其他卫生专业人员，以满足学生的心理健康需求。各州和学区正在利用这些和前几轮救济资金，扩大学生及其家庭获得服务的机会。例如，俄克拉何马州教育部正在创建俄克拉何马学校辅导员团赠款计划，该计划将为学区提供资金，聘请学校辅导员和其他学校心理健康专业人员。[1]

美国疾病预防与控制中心为不同群体设置十几个热线电话，提供专业、免费且保密的心理急救服务。截至 2021 年，美国约有 10 万名临床和咨询心理学家在各州从事相关工作。这一数字包括在个体工作室、医院、学校及其他机构工作的专业人士。美国对临床心理学家的需求持续增长，预计在未来几年内会有更多的职位开放。[2]

（三）社会各界的积极参与

在美国，除了蓬勃发展、主题多样的非政府组织外，还有斯坦福大学、麻省理工学院、哈佛大学、普林斯顿大学等高校的心理学系，它们都是研究包括抑郁症在内的精神疾病的学术重镇。相关的交叉学科研究正在蓬勃发

---

[1] The White House, "Improving Access and Care for Youth Mental Health and Substance Use Conditions," https://www.whitehouse.gov/briefing-room/statements-releases/2021/10/19/fact-sheet-improving-access-and-care-for-youth-mental-health-and-substance-use-conditions/.

[2] The Bureau of Labor and Statistics, "Occupational Employment and Wage Statistics," https://www.bls.gov/oes/current/oes193033.htm#:~:text=URL%3A%20https%3A%2F%2Fwww.bls.gov%2Foes%2Fcurrent%2Foes193033.htm%0AVisible%3A%200%25%20.

展，这为发挥共同体责任，共同应对包括抑郁症在内的美国精神卫生问题提供了保障。例如，2023年，美国精神医学学会与其合作伙伴共同参加了一系列有国会议员参与的座谈会。参加会议的还有美国儿科学会、美国妇产科学会、美国医师学会、美国家庭医生学会和美国骨病学会的领导人。他们联合起来，主张支持具体立法以及其他促进获得医疗保健和解决医生劳动力短缺问题的法案。此外，美国精神医学学会还与政府机构——医疗保险和医疗补助服务中心合作，以便让预防自杀行为的措施清晰有效，并为精神卫生在国会的宣传工作奠定基础。[1]

2017年，美国精神医学学会推出《多元文化指南：语境、身份和交叉性的生态方法》（A Guide to Multiculturalism: An Ecological Approach to Context, Identity, and Intersectionality），鼓励提供具有多元文化能力的服务。在促进精神卫生方面，注重多元文化的能力包括"对个人、家庭、夫妇、团体、研究参与者、组织和社区的多元文化背景的欣赏、理解和学习意愿"，[2] 强调避免仅仅用"美国式精神疾病"的诊断标准和治疗方案来面对所有人的全部精神疾病。对抑郁症的研究在多大的程度上具有普适性的内聚力，又在多大的程度上具有不同文化传统下的多样性，也是美国精神卫生领域研究的热点话题。

（四）过度医疗的问题

美国人在精神卫生方面的病情是否真的很严重，抑或只是被过度诊断了？对过度医疗的讨论在美国已有半个多世纪。英联邦基金（Commonwealth Fund）的数据显示，与其他高收入国家相比，接受心理健康诊断的美国成年人更多。在美国，不仅接受治疗的人数增加了，而且花在治疗上的时间也

---

[1]　Petros Levounis, "Advancing Psychiatry by Advocacy," March 21, 2024, https://psychnews. psychiatryonline. org/doi/10. 1176/appi. pn.

[2]　"Supplementary Modules to the Core Cultural Formulation Interview," American Psychological Association, https://www. psychiatry. org/getmedia/aca8f5a2-9b1b-456c-a3b7-f7f852edcf7c/APA-DSM5TR-CulturalFormulationInterviewSupplementaryModules. pdf.

增加了。2022 年，13%的美国人在过去 12 个月里接受过 5 次或更多次心理治疗，而 2004 年这一比例为 6%。根据心理健康基金会的数据，2014 年，英国只有 3%的成年人接受过心理治疗。[①] 有研究指出，1987～2007 年，美国因精神疾病致残而有资格享受补充保障收入或社会保障残疾保险的人数增加了近 2.5 倍。对于儿童来说，这一增长更令人震惊，在同样的 20 年里增长了 35 倍。精神疾病成为导致儿童残疾的主要原因。[②] 过度诊断、药物滥用已经成为广受诟病的现象。对此，美国科罗拉多州临床心理学家肖恩·史密斯（Shawn Smith）认为，过度诊疗会助长一种受害者心态，这很可能伤害美国的年轻人，"坦率地说，它鼓励孩子们花太多时间紧盯自己的肚脐，而不去参与这个广阔的世界，不去发展有意义的关系和活动。如果我们的孩子只是毫无意义地审视自己，那么我们就会让他们转向自私、崩溃、抑郁"。[③]

2023 年，美国精神医学学会主席瑞贝卡·布伦德尔（Rebecca Brendel）指出："人们对精神卫生的认知不断上升，这可能导致更高的精神疾病诊断率。"[④] 实际上，一方面，不能忽视负面情绪和精神失范本身存在的合理性——它们质疑社会基本规范、关系和制度，松动了个人与社会管理之间的关系纽带；另一方面，也要看到现代年轻人心理健康危机的程度和心理健康问题定义的扩大化——这给制药公司和治疗师带来了更多的业务与利润。有时很难分清这两者之间的关系。

---

① Roosa Tikkanen et al. , "Mental Health Conditions and Substance Use: Comparing U. S. Needs and Treatment Capacity with Those in Other High-Income Countries," Commonwealth Fund, https: // www. commonwealthfund. org/publications/issue - briefs/2020/may/mental - health - conditions - substance-use-comparing-us-other-countries.

② Marcia Angell, "Epidemic of Mental Illness: Why?" The New York Review of Books, https: // www. nybooks. com/articles/2011/06/23/epidemic-mental-illness-why/? pagination=false.

③ Caitlin Tilley, "How Therapy has Turned Generation of Americans into 'Victims' and may be Causing Depression Epidemic," https: //www. dailymail. co. uk/health/article - 13219765/ therapy-generation-Americans-depression-epidemic. html.

④ Jacqueline Howard, "Nearly 1 in 5 US Adults have been Diagnosed with Depression and the Prevalence Varies Dramatically by State, CDC Report Finds," https: //edition. cnn. com/2023/06/ 15/health/depression-varies-by-state-cdc-report/index. html.

结　语

近年来，美国人抑郁症患病率呈上升趋势，年轻人群的发病率尤其高，终生患病的风险增加。[①] 美国各界通过医学研究和政策干预等措施，积极面对和解决这一公共卫生危机。美国人对抑郁症的研究和探索为人类认识心灵世界的障碍与失序打开了新的大门。一方面，他们运用其探究和相信的科学知识，分享最新的发现与治疗手段，重视个体，敬畏生命，让包括抑郁症在内的精神疾病逐渐脱离被污名化、被歧视的处境，帮助人们对精神疾病和精神卫生抱持科学理性的看法。另一方面，这也不可避免地让全世界对精神疾病和精神卫生的认知、理解和治疗在不同程度上被"美国化"，尤其是随着世俗主义和物质主义在美国的大行其道，"原先被认为是道德的问题，现在都转换成了治疗性的问题"。[②] 这两个方面同时存在，美国人对两者（尤其是对后者）的质疑与争议从未停止过。这也是我们看待美国精神卫生及其发展时不可或缺的两个视角。

（审读　吕仁慧　谢　天）

[①] Brandon H. Hidaka, "Depression as a Disease of Modernity: Explanations for Increasing Prevalence," *Journal of Affective Disorders*, Volume 140, Issue 3, November 2012, pp. 205 – 214.

[②] J. K. A. Smith, *How (Not) to Be Secular: Reading Charles Taylor* (William B. Eerdmans Publishing Company, 2014).

B.13
2023年美国《国家情报战略》报告解析

张　帆[*]

摘　要： 2023 年 8 月 10 日，美国国家情报总监海恩斯发布 2023 年美国《国家情报战略》报告，报告列举了美国情报界未来 4 年的工作任务。从战略目标上看，美国国家情报战略将聚焦对大国竞争具有重要意义的科技和经济竞争，且进一步聚焦"战略竞争"对手，并为此设定更为具体的目标。从战略路径上看，美国情报界将以"创新、整合、多样性"为指针，通过将最新科技成果应用于情报实践，强化与其他政府部门、私营部门以及盟友或"伙伴"的合作，以及扩展"雇员构成多样性"计划来维持和强化美国的情报优势，使其更好地服务于大国竞争背景下的美国国家安全。

关键词： 美国外交　情报战略　国家安全　大国竞争

美国国家情报战略体现了美国的国家情报观，即美国情报界在美国国家安全战略中的地位和作用，其核心是服务于美国的国家安全战略。美国国家情报战略集中体现于《国家情报战略》报告。自 2005 年以来，此类报告由国家情报总监办公室每 4 年发布一次，是以国家安全战略为基础指导情报界工作的战略指针，也是美国国家安全战略在情报领域的具体体现。《国家情报战略》报告一般从两大方面阐述美国的国家情报战略：其一是战略目标，即情报界服务于国家安全战略的方向和工作重点；其二是战略路径，即情报界服务于国家安全战略、为实现国家情报战略目标需重点应对的问题和挑

---

* 张帆，中国社会科学院美国研究所研究员，主要研究领域为美国国家安全战略。

战。战略目标和战略路径是构成美国国家情报战略框架的两大基本要素。

2023 年 8 月 10 日，美国国家情报总监埃夫丽尔·海恩斯（Avril D. Haines）发布 2023 年《国家情报战略》报告（以下简称《报告》）。《报告》列举了情报界未来 4 年的工作任务：一是为强化"战略竞争"而定位情报界；二是招募、发展和保留有才华的员工，追求情报队伍人员构成的多样性；三是提供具有一定规模的兼具操作性和创新性的解决方案；四是扩大和加强合作伙伴关系，促进合作伙伴多样化；五是扩大在跨国挑战方面的情报能力和专业知识范围；六是增强基础设施弹性。① 从美国国家情报战略框架看，其中的第一项工作任务实际上就是未来 4 年美国国家情报战略的目标，其余五项工作任务则是实现该战略的路径。本文以战略目标和战略路径两大要素为视角，结合《报告》文本、相关研究报告和近年来美国情报界的实践，解读 2023 年大国竞争背景下美国情报界及未来 4 年的战略目标和工作重点，并以此为基础，展望美国情报界落实《报告》的前景。

一　美国国家情报战略的目标

特朗普政府将美国国家安全重新聚焦大国竞争，使大国竞争成为美国国家安全战略的核心议题。拜登政府延续了其前任以大国竞争为主的美国国家安全战略。与此相适应，美国情报界继续调整其战略重心，国家情报战略以服务于大国竞争时代的美国国家安全为总体目标。以此类较为宽泛、抽象的总体目标为基础，参照近年来国家情报服务于大国竞争的实践，美国情报界着手拟定对情报实践有指导意义的具体目标，将"竞争性情报"融入国家情报战略，指导其战略实践，确立更为具体的关注领域或目标。

（一）大国竞争时代美国国家情报战略的总体目标

《报告》中的第一个目标强调"为强化战略竞争而定位情报界"，并进

---

① Office of the Director of National Intelligence，"National Intelligence Strategy，" 2023，https：// www.dni.gov/files/ODNI/documents/National_ Intelligence_ Strategy_ 2023.pdf.

一步指出，在新一轮大国竞争的背景下，为更好地服务于美国国家安全，美国国家情报战略主要致力于实现以下目标。

1.聚焦科技竞争，助推美国在"战略竞争"中占得先机

科技竞争在新一轮大国"战略竞争"中的作用举足轻重，有鉴于此，科技竞争必须成为美国情报界重点关注的领域。此战略目标意味着，情报界密切跟踪全球范围内新兴科技的发展动态及其对美国国家安全的影响，以防止出现"技术意外"或新的"斯普特尼克时刻"（Sputnik Moment），避免某项颠覆性技术的兴起令美国战略界不知所措——尤其是当这种技术为竞争对手所掌握时。情报界对新兴技术的敏锐意识将为美国国家安全提供及时、可靠的情报支持，不仅有利于将最先进的技术迅速应用于国家安全，而且有助于适时"拒止""战略竞争"对手获取此类技术，从而助力美国在新一轮大国"战略竞争"中占得先机，在使对手丧失竞争优势的同时，建立和维持美国的战略优势。①

2.强化针对竞争对手的秘密行动和反情报活动

以拜登政府聚焦大国竞争的美国国家安全战略为指导，情报界锁定美国的主要"战略竞争"者——中国和俄罗斯——为其重要的工作对象。② 这实际上是指情报界的所有组成单位均以中俄两国为工作重点；对"战略竞争"对手能力和动机的把握贯穿于"情报循环/流程"的各个环节；情报工作规划以"战略竞争"对手为重点；情报收集以事关竞争对手能力和动机的信号、信息和指标为优先事宜；情报分析以评估、判断"战略竞争"对手的能力和动机为核心，从收集到的纷繁复杂的"全源"情报中整理、归纳出有价值的洞见，并形成可供决策者参阅的情报报告；将各种形式的报告及时送达决策者，为决策者提供有针对性的情报支持。此外，"情报循环/流程"以外的国家情报活动，包括秘密行动和反情报活动，也要以大国竞争为工作

---

① Office of the Director of National Intelligence, "National Intelligence Strategy," 2023, https://www.dni.gov/files/ODNI/documents/National_ Intelligence_ Strategy_ 2023.pdf.

② Office of the Director of National Intelligence, "National Intelligence Strategy," 2023, https://www.dni.gov/files/ODNI/documents/National_ Intelligence_ Strategy_ 2023.pdf.

重心。秘密行动是介于外交和战争之间的政策工具，是美国应对国家安全挑战的"第三种选择"。在新一轮大国竞争以"灰色地带冲突"和"混合战争"为重要特征的背景下，秘密行动凸显其在美国国家安全事务中的重要性。作为此类行动的主要实施者，美国情报界需要通过强化海外秘密行动，助推美国国家安全战略的实施。在新的时代背景下，反情报活动对于促进以网络安全和选举安全为核心的国土安全战略具有重要意义。①

（二）大国竞争时代美国国家情报战略的具体目标

《报告》只是在目标一中列举了上述具有一般指导意义的总体目标。为更好地服务于大国竞争时代的美国国家安全，相关人士认为，情报界需要较为具体的目标指导其战略实践。考察美国情报界的公开文献和智库的研究报告可以发现，美国情报界正着手拟定国家情报战略的具体目标。美国情报界认为，新一轮大国竞争是极其复杂的战略博弈，除传统的政治、军事和外交互动外，新时代的大国"战略竞争"在多个领域和层面展开。诞生、发展和壮大于冷战和"反恐战争"的美国情报界，要完全适应和有效服务于新的大国竞争，需要查漏补缺，全面引入"竞争性情报"理念，在维持其优势的同时，关注和强化对当今大国竞争具有重要或决定意义的领域。具体而言，美国情报界的战略实践主要关注以下方面及相关目标。

1. 经济和技术竞争

美国战略界人士较为一致地认为，相对于既往的大国竞争，当下兴起的大国"战略竞争"以经济和技术竞争为核心，服务于美国国家安全。情报界要在牢固树立经济和技术竞争意识的同时，追求以下具体目标：以新兴技术增强情报界的技术能力，防范、阻止对手获取同样的能力；防范、披露和打击竞争对手在知识产权和技术转让领域的"不正当手段"；强化金融和货币监控，及时发现竞争对手操纵市场或汇率的迹象，并采取相应对策；在制

---

① Adam Schiff, "The US Intelligence Community is not Prepared for the China Threat," *Foreign Affairs*, September 2020, https://www.foreignaffairs.com/articles/united-states/2020-09-30/us-intelligence-community-not-prepared-china-threat.

裁和反制裁成为大国竞争重要互动领域的背景下，情报界要为出台新的制裁措施提供数据和信息支持，及时预判对手的反制裁措施。[①]

2. 全球影响力竞争

在争夺全球影响力的竞争中，"信息舆论战"是美国与其"战略竞争"对手激烈交锋的领域。中俄两国在信息舆论领域占有一定的优势，美国情报界需要付出巨大努力，以美式"信息舆论战"缩小与主要竞争对手的差距。从地缘上看，新一轮大国"战略竞争"具有全球性的特征。在印太地区和欧洲这些在地理位置上更靠近主要竞争对手的地区，美国在地缘上处于劣势，情报界需要借助多种手段弥补地缘劣势给情报收集和监控带来的困难，并为美国在这些地区投放军事力量提供数据、信息和情报支持。[②]

3. 基础知识

国家安全转型在很大程度上意味着战略对手的更替。在该进程中，美国国家安全战略实践面临认识和了解竞争对手的巨大挑战。美国情报界的任务是为美国在大国竞争背景下的国家安全战略提供知识，但在短时间内，情报界仍然难以完全、有效地满足美国国家安全的知识需求，因而需要强化针对竞争对手的基础知识的积累和储备，包括语言能力、对手领导层的决策程序、对手的文化特质等方面的知识储备。[③]

4. 供应链

相对于既往的大国竞争，新一轮大国"战略竞争"的特点在于竞争对手之间往往以供应链为武器来威胁对手。为使美国在与竞争对手围绕供应链

① Jacob Stokes, Alexander Sullivan, and Noah Greene, "US-China Competition and Military AI: How Washington Can Manage Strategic Risks amid Rivalry with Beijing," Center for a New American Security, July 2023, https://www.cnas.org/publications/reports/u - s - china - competition-and-military-ai.

② Office of the Director of National Intelligence, "Annual Threat Assessment of the U. S. Intelligence Community," February 2023, https://www.dni.gov/files/ODNI/documents/assessments/ATA-2023-Unclassified-Report. pdf, pp. 26-28.

③ Adam Schiff, "The US Intelligence Community is not Prepared for the China Threat," *Foreign Affairs*, September 2020, https://www.foreignaffairs.com/articles/united-states/2020-09-30/us-intelligence-community-not-prepared-china-threat.

而展开的战略互动中占得先机，情报界需强化以下工作：收集、分析关键矿物质的信息；监控竞争对手在美国的投资，关注对手企业的所有权；及时发现美国供应链中的薄弱环节。[①]

5. 情报优势

情报对于大国竞争中的各方均具有重要意义。大国竞争在某种意义上就是争取情报优势的竞争。美国情报界认为，美国在既往国际战略事务中积累的情报优势面临被新的竞争对手侵蚀从而逐步丧失的危机。为维持和巩固美国的情报优势，情报界需要从两个层面强化其工作：一是在"情报循环"或标准的情报流程范围内提供决策支持，即通过强化收集、监控和分析，为大国竞争时代的美国国家安全决策提供信息和情报支撑；二是在常规情报流程之外，发挥情报的政策工具作用，除传统的秘密行动和反情报行动外，通过公开披露情报、开展情报外交等创新之举，使情报成为国家安全战略的工具，使情报界成为相关政策的参与者和执行者。[②]

二 美国国家情报战略的路径：创新、整合及多样性

为达致上述美国国家情报战略的目标，《报告》规划了实现此类目标的路径（工作任务二至六），分别涉及人才招募、技术应用、伙伴关系、跨国挑战以及战略弹性等领域。综合考察，可将美国国家情报战略的路径概括为"创新"、"整合"及"多样性"。

（一）创新

所谓"创新"，即指将新兴技术及时、有效地应用于国家情报战略实

---

① Emily Harding and Harshana Ghoorhoo, "Building Supply Chain Resilience," Center for Strategic and International Studies, December 2022, https：//www.csis.org/analysis/building－supply－chain－resilience.

② Assistant Secretary Brett Holmgren, Bureau of Intelligence and Research, Department of State, "Intelligence and Diplomacy：A New Model for a New Era," Cipher Brief Annual Threat Conference Remarks, October 2023, https：//www.state.gov/intelligence－and－diplomacy－a－new-model-for-a-new-era/.

践，也就是《报告》中的工作任务三——"提供具有一定规模的兼具操作性和创新性的解决方案"。《报告》强调，在新一轮大国竞争所带来的各种复杂的战略环境中，只有通过寻觅、发现和及时应用最新技术，情报界才能提升情报收集、分析和传送的效率，为秘密行动、反情报行动以及情报外交提供有效支持。①

《报告》和美国情报界的其他公开文献以及一些公开发表的研究报告一再强调，新兴技术尤其是人工智能，对美国在新一轮大国"战略竞争"中赢得战略优势和情报优势具有重要意义。近年来，情报界积极着手将人工智能应用于情报实践，并寻求将人工智能更大程度地甚至完全融入情报工作。这方面的工作具体涉及以下领域。

1. 开源数据整合与分析

在网络信息时代，智能设备的普及使信息传播和披露变得十分容易，基于公开信息搜集开源情报的重要性越发凸显。与此同时，有限的人力资源却难以满足海量开源数据的整合与分析需求，效率和产出质量大幅度降低。因此，美国情报界对人工智能的使用主要集中于通过大数据和机器学习构建相应的信息抓取和分析模型，挖掘、筛选、整合、分析情报信息，以便更有效地强化开源情报的利用能力，应对美国的外部安全挑战。不同情报机构基于其业务重点，对人工智能技术展开了差异化的融入行动。2015 年，美国中央情报局时任局长布伦南宣布调整内部结构，设立"数字创新局"，包含三个内设部门：开源情报中心、网络威胁应对中心和计算机中心。此举目的在于将新技术、开源情报与中情局的传统业务进行深度融合。2023 年，中央情报局又开发了以 ChatGPT 模型为基础的人工智能模型，通过"投喂"公开信息提升模型精准捕捉的能力，帮助机构内情报分析者筛选有用信息。②

① Office of the Director of National Intelligence, "National Intelligence Strategy," 2023, https：//www. dni. gov/files/ODNI/documents/National_ Intelligence_ Strategy_ 2023. pdf.

② "Spies Like AI：The Future of Artificial Intelligence for the US Intelligence Community," Defense One, January 27, 2020, https：//www.defenseone.com/technology/2020/01/spies－ai－future－artificial－intelligence－us－intelligence－community/162673/? oref＝d－river.

此外，美国国家地理空间情报局（National Geospatial‐Intelligence Agency，NGA）也于 2019 年开启一项人工智能项目，将机器学习用于处理包括数以百万计的卫星图像在内的海量地理空间情报数据。[①]

2. 情报可信度研判

情报服务战略决策的关键在于人工介入后的分析与研判。开源情报的获取虽然容易，但新技术的更迭也加速了虚假信息的制作与传播。例如，由人工智能生成的视频和图片，难以依靠传统方式辨别其真假，更不用说对其进行后续的深度分析。因此，情报分析人员有必要借助相关人工智能技术对同样由人工智能生成的情报进行可信度检验，并进一步构建自动化决策模型。对此，美国国家安全局（National Security Agency，NSA）着手使用人工智能对其收集的信号情报（SIGINT）数据进行研判，并通过观察网络数据中的异常流量峰值来识别潜在的网络攻击。[②]

3. 情报专业技能培训

情报工作环节众多，需要多元复合型人才作为人力支撑，这一特质决定了其招募对象的来源同样广泛。近年来，美国国家情报总监办公室（Office of the Director of National Intelligence，ODNI）牵头推行更加开放包容的招募理念，大有进一步扩大员工来源的意向。有鉴于此，如何使不同专业背景的新进员工快速融入和适应情报工作，且能有所作为，成为情报人员培训的重点和难点。人工智能在培训流程标准化方面的应用潜力巨大。相关研究指出，人工智能的培训算法是基于既往重大事件、海量数据集和专家经验反复训练生成的。虽然人工智能缺乏批判性思维和对非常规事件模拟的创新，但对于传统模式下事件的分析能力远超人力。因此，使用人工智能的培训算法辅助开展情报人员培训，可以在一定程度上消除人为因素带来的理解偏差，

---

① "Intel Agencies Advance Artificial Intelligence in Patches, Struggle with Big Breakthroughs," Federal News Network, April 13, 2022, https：//federalnewsnetwork.com/intelligence‐community/2022/04/intel‐agencies‐advance‐artificial‐intelligence‐in‐patches‐struggle‐with‐big‐breakthroughs/.

② 谢琪彬、石宇：《人工智能融入美国情报体系的现状及发展困境分析》，《情报杂志》2021年第 4 期，第 5~12 页。

更好地保证情报分析师的分析过程中立、科学和规范。①

《报告》和其他公开文献以及美国情报界近年来的实践显示，美国情报界未来将大力将新兴技术应用于国家情报战略实践，尤其是加快将人工智能更广泛、更高程度地融入情报工作的步伐，以提升开源数据整合与分析能力，配合开展情报可信度研判，协助情报专业的技能培训。

（二）整合

所谓"整合"，即指强化情报界与美国政府其他部门（尤其是执法部门）、私营部门以及盟友的关系，提升美国情报机构应对大国竞争时代各种复杂挑战的有效性。就《报告》中的工作任务而言，即工作任务四——"扩大和加强合作伙伴关系，促进合作伙伴多样化"；工作任务五——"扩大在跨国挑战方面的情报能力和专业知识"；工作任务六——"增强弹性"。这实际上是美国国家安全战略中的"全政府-全社会-全美国"组织原则在国家情报战略实践中的体现。②

1. 与执法部门的合作

《报告》指出，新一轮大国竞争极具复杂性，其相关挑战打破了国内与国外以及执法与情报之间的分野。情报界除关注维护美国海外利益外，也需重视国土安全及其与海外利益的联系。美国国家安全人士强调，为应对相关依赖引发的复杂国家安全问题，美国情报界与执法部门应加强合作，尤其是在情报分享方面，以更好地应对任务五中提及的"跨国挑战"。近年来，美国政府将所谓的"芬太尼危机"视为美国国家安全面临的挑战，并积极寻求应对此类挑战的路径。美国情报界认为，情报界可以在应对"芬太尼危机"方面发挥重要作用，但必须以与执法部门分享情报为基础。情报界相关研究强调，获取并公开芬太尼供应链的数据是应对"芬太尼危机"的必要前提和重要路径。为此，美国情报界正着手与执法部门合作，通过数

---

① 谢琪彬、石宇：《人工智能融入美国情报体系的现状及发展困境分析》，第12页。
② Office of the Director of National Intelligence, "National Intelligence Strategy," 2023, https://www.dni.gov/files/ODNI/documents/National_ Intelligence_ Strategy_ 2023.pdf.

据获取、整合、分析和公开，寻找从供应端到消费端的薄弱环节，作为打击突破口，并通过相关数据公示，揭示跨国刑事犯罪对美国国土安全的威胁。

2. 与私营部门的合作

增进与私营部门的合作，是情报界"扩大和加强合作伙伴关系，促进伙伴关系多样化"（工作任务四）的重要内容。长期以来，情报界-私营部门伙伴关系主要是指情报部门将私营部门的最新科技成果应用于国家情报实践。但《报告》出台后，美国情报界的相关研究显示，情报界-私营部门伙伴关系更多地将涉及情报合作，即美国情报界将更多地应用私营部门的情报，使其服务于国家情报战略，尤其是用于将情报优势转化为决策优势。

在新一轮大国"战略竞争"的背景下，美国情报界日益成为国家安全战略的决策者和参与者，而非仅仅是情报信息的提供者。以公开披露情报为主要形式的情报外交，在拜登政府应对2022年升级的乌克兰危机的外交活动中发挥了重要作用。美国国家安全决策者从中看到了通过公开披露情报在大国竞争中占得先机的巨大潜力。事实上，除2022年升级的乌克兰危机外，公开披露情报近年来在美国国家安全战略实践中的应用已日渐增多。美国情报界意识到，公开披露情报对于美国在新一轮大国竞争中赢得竞争优势具有巨大价值和潜力，同时担忧频繁运用这一"武器"会带来风险，即有可能暴露情报来源及收集方法。

为了在收益和风险之间寻求平衡，美国情报界认为应更多地与私营部门合作，更多地将私营情报组织的情报产品应用于情报公示，从而降低暴露美国国家情报来源和方法的风险。近年来，美国及其他国家的私营情报组织的兴起和发展为美国情报界的此类构想提供了现实可能。这些私营情报组织的收集和分析活动目前集中于商用通信卫星图像、供应链追踪和监控、气候和环境监测等。相关情报产品不仅可充实国家情报，而且在用于情报外交时可减低或免于暴露国家情报收集来源和方法的风险。

3. 与盟友或伙伴的合作

美国战略界人士历来将美国遍布全球的盟友或伙伴关系网络视为美国国

家安全的力量"倍增器"。美国国家安全战略近年来倡导的"全政府"组织原则不仅强调美国各政府部门间的协调，同时也旨在强化美国与盟友或伙伴的合作。盟友或伙伴关系网络是美国从事大国"战略竞争"的重要战略资产，也是在大国竞争中急需维持和增进的战略优势，这种优势包括在情报领域的优势。遍布全球的盟友或伙伴关系网络是美国重要的情报资源。为了充分利用这些资源，使之服务于大国竞争时代的美国国家情报战略，美国情报界除继续维系、强化"五眼联盟"的情报合作关系外，将着手增强非西方国家盟友或伙伴的情报能力。具体做法包括由美国国防部牵头，帮助这些盟友或伙伴提升在网络空间的进攻和防御能力；向盟友或伙伴传授美国将新兴技术应用于情报收集、分析和传送的经验；向盟友或伙伴提供情报收集、分析和传送的培训；等等。

《报告》以及美国战略界和情报界的公开文献和近年来的相关实践显示，美国情报界未来将高度重视与政府其他部门、私营部门以及盟友或伙伴的合作，通过取长补短实现资源整合，以有效达成大国竞争时代国家情报战略的目标。

（三）多样性

所谓"多样性"，实际上是指情报界工作人员构成的多样性，也就是《报告》中提及的工作任务二——"招募、发展和保留有才华的员工，追求情报队伍人员构成的多样性"。① 近年来，美国政府各部门均以"雇员构成多样性"为人力资源管理目标，强调通过雇员在性别、族裔、教育背景、出生地区等方面的多样性，更大程度地实现机会平等及公开透明等原则。在这股倡导"雇员来源多样性"的潮流中，情报界也毫无例外地强化了情报工作队伍人员构成的多样性，在提升性别和种族平等的同时，关注教育背景和地区来源的多样性。另外，情报界重视雇员构成的多样性，也是出于情报

---

① Office of the Director of National Intelligence, "National Intelligence Strategy," 2023, https://www.dni.gov/files/ODNI/documents/National_ Intelligence_ Strategy_ 2023. pdf.

工作性质的考虑。情报工作环节众多，需要多元复合型人才作为人力支撑，这一特质决定了其招募对象的来源必须具有广泛性。近年来，美国国家情报总监办公室牵头推行了更加开放包容的招募理念，大有进一步扩大员工来源的意向。除与其他政府部门类似，强调在性别、族裔、教育背景等方面的多样性和机会平等外，美国情报界着手招募、留用某些在一般人看来无法正常就业的人士，如神经多样性（包括孤独症、注意力不足的多动症等）患者。

美国情报界着手将"雇员构成多样性"扩展到神经多样性患者，主要是因为相关科学研究和情报界的某些实践表明，神经多样性患者在从事某些情报领域的工作时具有独特优势。例如，科学实验显示，孤独症患者能以更快的速度应对、解决某些国家安全问题；孤独症患者更适应网络和信息安全方面的工作，在决策中更多地依赖理性和逻辑思维，较少为虚假或煽动性信息所支配和困扰。① 鉴于神经多样性患者在情报和国家安全工作中的此类独特优势，美国情报界已经开始将招募和留用此类人士作为其"雇员构成多样性"工作的重要内容，并积极向那些招募、培训和利用神经多样性患者的私营部门，尤其是网络和信息公司学习经验。"雇员构成多样性"计划是美国情报界以多样性人才提升情报工作质量和效率的人力资源规划，是美国情报界为适应大国竞争而保持情报优势的人才招募和留用之道。而将神经多样性患者纳入"雇员构成多样性"计划则是美国情报界未来充实其人才队伍的重要选择。

结　语

美国国家情报战略服务于美国国家安全，是美国国家安全战略在情报领域的具体体现。2023 年的《国家情报战略》报告是在新一轮大国"战略竞争"日趋激烈的背景下出台的，《报告》本身只概述了未来美国情报界的六

---

① Cortney Weinbaum et al. , "Neurodiversity and National Security: How to Tackle National Security Challenges with a Wider Range of Cognitive Talents," RAND, July 2023, pp. 31-33.

大工作目标，实际上这些目标概括了在大国竞争背景下美国国家情报战略的总体目标和大致的战略路径。结合《报告》本身、美国情报界其他公开出版物以及美国情报界和战略界的相关文献，本文从战略目标和路径两个方面就美国国家情报战略进行更为深入、全面的解析。以《报告》为指针的美国国家情报战略服务于大国竞争时代的美国国家安全，具体地说，就是聚焦对大国竞争具有决定性意义的科技和经济竞争，聚焦中俄两国这两个最重要的"战略竞争"对手，并以此规划一系列更为具体的目标。《报告》提及的工作任务大多旨在为美国情报界规划其实现战略目标的路径，概括起来就是："创新"——将最新科技成果应用于国家情报战略实践；"整合"——通过强化与其他政府部门、私营部门以及盟友或伙伴的合作，维系、强化美国的情报优势和竞争优势；"多样性"——通过扩展"雇员构成多样性"计划，以多样性人才增进美国的情报优势和战略优势，从而更好地服务于大国竞争时代的美国国家安全。

美国情报界未来能在多大程度上实现国家情报战略的目标，取决于情报界能否真正做到及时将最新科技成果应用于情报实践；能否有效增进与其他政府部门、私营企业以及盟友或伙伴的合作关系；能否打破偏见（如神经多样性患者难以像正常人一样就业），有效地扩展"雇员构成多样性"计划。

（审读 李 柟）

拜登政府供应链联盟战略：
举措、动因及影响

宫小飞*

摘　要：　拜登执政以来，美国在关键产业和领域构筑了一系列排他性的供应链联盟，通过深化与盟友的研发合作、向盟友转移供应链、重塑市场准入规则、出台排他性补贴政策、构筑多边出口管制网络等方式加强与盟友间的协调，裹挟盟友形成对华统一战线。美国的供应链联盟战略旨在削弱中国的竞争优势，维护美国的供应链安全，确保美国的技术领先优势，提升美国的经济竞争力。该战略将安全逻辑置于发展逻辑之上，这将加剧全球供应链格局的碎片化，阻塞中国获取关键技术的渠道，削弱中国在全球供应链中的地位。中国应深化国际合作，增加美国对华"脱钩断链"的难度，在互利共赢的原则下维护全球供应链的稳定，构建合作性供应链叙事，做好相应预案，以降低美国供应链联盟战略对中国的负面影响。

关键词：　美国外交　中美关系　拜登政府　供应链联盟　经济安全

拜登执政后，美国高度重视联盟在重塑美国实力和对华"战略竞争"中的作用。尤其在供应链领域，美国加强与盟友的双边和多边合作，在半导体、关键矿产、清洁能源等关键产业领域构筑一系列"去中国化"的供应链联盟，试图通过"友岸外包"的方式，将中国排除在关键产业全球供应

---

* 宫小飞，中国社会科学院美国研究所助理研究员，主要研究领域为美国外交、中美关系、美国经济外交。

链之外，减缓中国的发展速度，实现"竞赢"中国的战略目标。在拜登政府的全力推动下，美国供应链联盟战略加速推进，势必对中国供应链稳定造成冲击，值得高度重视和警惕。在这一背景下，本文梳理了美国供应链联盟战略的最新进展、实施动因及其影响，探讨了中国的应对之策。

一　拜登政府供应链联盟战略的举措

在拜登政府的推动下，美国的供应链联盟战略取得了一定进展。拜登政府多管齐下，在加强同盟友伙伴协调合作的同时，裹挟盟友形成对华统一战线，推动盟友减少对华依赖。

（一）深化同盟友之间的研发合作

为补齐美国先进制造业的短板，美国利用部分盟友在先进制造技术方面的优势，加强与盟友之间的研发合作，汲取盟友力量补齐自身制造技术的短板。在多边层面，美欧贸易和技术理事会（U. S. -EU Trade and Technology Council，TCC）与"芯片四方联盟"（Chip 4 alliance）是美国与盟友研发合作的两大主要平台。2021 年 6 月，美欧联合设立美欧贸易和技术理事会。这一跨大西洋经济合作的新机制主要聚焦半导体、人工智能、清洁技术等领域的技术合作，支持联合研发，是美欧沟通优先事项与促进技术合作的重要平台。2024 年 1 月 30 日，美欧贸易和技术理事会第五次部长级会议在华盛顿举办，布林肯将美欧贸易和技术理事会的主要成就归纳为协调技术标准、增强供应链的韧性、防止逃避对俄制裁和出口管制以及抵制中国非市场行为和经济胁迫四个方面。2022 年 3 月，拜登政府提议美国、日本、韩国及中国台湾地区共同组建"芯片四方联盟"，旨在整合美国的半导体设计优势、中国台湾地区和韩国的半导体制造能力以及日本在材料和设备方面的优势，提升美国半导体供应链的韧性。[①] 2023 年 2 月，来自"芯片四方联盟"的高

---

①　吴泽林、尚修丞：《美国重塑半导体产业链的逻辑》，《和平与发展》2022 年第 6 期，第 86 页。

级官员举行视频会谈，讨论建立早期预警机制以确保半导体供应链的稳定。此次会议标志着"芯片四方联盟"的正式成立。

在双边层面，美国强化了与日本、韩国、英国、印度之间的研发合作。美日方面，2022 年 7 月，美国与日本成立了"美日经济政策磋商委员会"（U. S. -Japan Economic Policy Consultative Committee），双方同意成立半导体联合研发中心，共同开发 2 纳米先进逻辑芯片。① 美韩方面，2023 年 4 月，美国与韩国主办了首次"供应链与商业对话"部长级会议，双方同意推动两国即将建立的国家半导体技术中心之间的对接，加强两国在机器人和增材制造等领域开展的合作。② 美英方面，2023 年 6 月 8 日，美国和英国发布《大西洋宣言：二十一世纪美英经济伙伴关系框架》（The Atlantic Declaration：A Framework for a Twenty-First Century U. S. -UK Economic Partnership），宣布在量子科技、人工智能、清洁能源、关键矿产等方面开展合作，巩固两国之间的技术合作。③ 美印方面，2023 年 1 月，美印发布"美印关键和新兴技术倡议"（initiative on Critical and Emerging Technology，iCET），双方同意加强在电信、半导体、量子计算、超级计算、人工智能和探索月球六大领域的合作。④ 同年 3 月 10 日，美印签署谅解备忘录，双方同意建立美印半导体供应链和创新伙伴关系，在半导体商业对话、研发、技能培训等方面加强合作。

① Simon Lewis and David Brunnstrom, "U. S. , Japan to Cooperate on Semiconductors as Part of New Economic Dialogue," Reuters, July 30, 2022, https：//www. reuters. com/technology/us-japan-set-agree-joint-research-semiconductors-media-2022-07-29/.

② U. S. Department of Commerce, "United States-Korea Supply Chain and Commercial Dialogue Ministerial Joint Statement," April 27, 2023, https：//www. commerce. gov/news/press-releases/2023/04/united-states-korea-supply-chain-and-commercial-dialogue-ministerial.

③ The White House, "The Atlantic Declaration：A Framework for a Twenty-First Century U. S. -UK Economic Partnership," June 8, 2023, https：//www. whitehouse. gov/briefing-room/statements-releases/2023/06/08/the-atlantic-declaration-a-framework-for-a-twenty-first-century-u-s-uk-economic-partnership/.

④ The White House, "FACT SHEET：United States and India Elevate Strategic Partnership with the initiative on Critical and Emerging Technology（iCET）," January 31, 2023, https：//www. whitehouse. gov/briefing-room/statements-releases/2023/01/31/fact-sheet-united-states-and-india-elevate-strategic-partnership-with-the-initiative-on-critical-and-emerging-technology-icet/.

（二）向低成本盟伴转移供应链

长期以来，中国是美国制造业转移的主要对象国，但随着中美关系发生变化，美国鼓励企业将附加值低、可替代性强的供应链环节向东南亚、拉丁美洲等地区的低成本国家转移，以减少美国对中国供应链的依赖。

在东南亚，2022年5月启动的"印太经济繁荣框架"（Indo-Pacific Economic Framework for Prosperity，IPEF）是拜登政府构筑"去中国化"供应链的主要平台。该框架包括马来西亚、印度、泰国、越南、印度尼西亚等14个成员国，主要包含互联经济、供应链安全、清洁经济和公平经济四根支柱。2023年5月27日，"印太经济繁荣框架"部长级会议达成供应链协议，并根据协议成立了供应链理事会、危机应对网络和劳工权利咨询委员会。各方同意加强芯片、关键矿产等基础材料的供应链合作，以提高关键领域供应链的透明度、安全性和可持续性，鼓励美国企业向印太国家转移供应链，减少美国对中国的依赖。

在拉丁美洲，2022年6月，美国总统拜登提出构建"美洲经济繁荣伙伴关系"（Americas Partnership for Economic Prosperity，APEP），涵盖启动投资、重振制度、清洁能源就业、弹性供应链和可持续贸易五个领域，被称为"美洲版印太经济框架"。2023年11月，首届"美洲经济繁荣伙伴关系"领导人峰会在华盛顿举行，加拿大、哥伦比亚、智利、巴巴多斯、墨西哥等11个美洲国家参加。峰会主要聚焦清洁能源、医疗用品和半导体等关键行业和制造业，旨在加强西半球经济一体化，增强美洲地区的竞争力，提升美洲国家的投资标准。美国财政部部长耶伦称此举是美国通过"友岸外包"实现供应链多元化的举措之一。①

（三）以所谓价值观和意识形态为标准重塑市场准入规则

美国正在推动将所谓环境保护、劳工权利、反腐败等价值观标准嵌入供

---

① U.S. Department of the Treasury, "Remarks by Secretary of the Treasury Janet L. Yellen at the Americas Partnership for Economic Prosperity Leaders Breakfast," November 3, 2023, https：// home. treasury. gov/news/press-releases/jy1873.

应链联盟的市场准入规则，以限制中国制造的精炼材料和产品进入全球市场，削弱中国在全球供应链中的竞争优势。在光伏领域，为打压中国光伏产业的发展，美国和欧盟以立法和出台相关决议的形式，限制中国生产的光伏产品进入美国和欧盟市场。在半导体领域，美国联合日本等买方国家为半导体供应链制定了严苛的环境、劳工和人权标准，限制中国半导体原材料进入全球市场，以削弱中国对半导体供应链的掌控力。[①] 在关键矿产领域，为削弱中国在锂电池供应链中的原材料和产品优势，美国污称中国生产的锂电池和精炼的关键矿产材料未遵守环保标准，声称要打造透明和负责任的关键矿产供应链。2022 年 6 月 14 日，美国、加拿大、韩国、日本等 14 个国家和欧盟委员会宣布建立"矿产安全伙伴关系"（Minerals Security Partnership, MSP），旨在确保关键矿物的生产、加工和回收，保障对清洁能源和其他关键矿产的供应。美国试图把严格的 ESG（环保、社会责任和公司治理）标准嵌入"矿产安全伙伴关系"的市场准入规则，借此将中国生产的锂电池和关键矿产排除在美国领导的矿产联盟之外。

（四）通过排他性的补贴政策推动盟友减少对华供应链合作

供应链是一个全球性分工合作网络，美国单方面对华行动难以达到制华目标。所以，除对华发起污名化攻击外，美国政府还出台排他性的补贴政策，要求盟友在接受美国补贴与在华投资升级之间做出选择，推动盟友减少对华供应链合作。比如，2022 年 8 月美国出台的《2022 年芯片与科学法》（The CHIPS and Science Act of 2022）拨款 390 亿美元设立"芯片制造激励计划"，为在美国建造、扩建或升级半导体设施的企业提供补贴，同时限制接受补贴的企业在特定国家升级投资，要求企业在接受补贴与升级投资之间做出选择。又如，《2022 年通胀削减法》（The Inflation Reduction Act of 2022）对美国消费者购买新能源汽车提供最高 7500 美元的补贴，但要求车辆的电池和电池组件

---

① 李金锋：《美国对华半导体产业竞争：东亚地区的视角》，《外交评论（外交学院学报）》2023 年第 3 期，第 58 页。

必须满足在北美制造或组装的比例要求，不得包含在"受关注国家"制造或组装的电池部件、关键矿物和低值材料。2023 年 12 月 1 日，美国能源部和财政部对《2022 年通胀削减法》中的"受关注外国实体"公布拟议指南。指南规定，从 2024 年开始，符合减免条件的电动车不得包含任何由"受关注外国实体"制造或组装的电池组件；从 2025 年开始，符合减免条件的电动车不得包含任何由"受关注外国实体"提取、加工或回收的关键矿物。

（五）构筑多边出口管制网络

技术实力是一国形成供应链权力的基础。美国正是凭借其技术优势在全球供应链中占据有利分工地位，获取超额利润，并将发展中国家限制在低端领域，从而保持稳定的技术代差，形成发展中国家对其单向依赖的黏性权力。[①] 为将中国规锁在全球供应链中的低端领域，美国加强与盟友在出口管制方面的协调，限制盟友向中国出口关键生产设备和技术，防止中国通过国际供应链获取先进技术。欧盟、日本、荷兰是美国构筑对华多边出口管制的关键合作伙伴。美欧方面，2022 年 5 月，美欧贸易和技术理事会发表联合声明，同意就出口管制、技术标准、投资筛查等开展合作。美日荷方面，2023 年 1 月，美国、日本与荷兰就对华实施半导体设备出口管制达成协议，限制三国企业向中国出口光刻机等先进芯片生产设备。日本和荷兰分别在 2023 年 7 月和 9 月开始实施半导体出口管制协议。[②]

二 拜登政府供应链联盟战略的实施动因

在地缘政治回归、中美"战略竞争"加剧和美国实力相对削弱的背景下，美国的供应链联盟战略有着战略、安全和经济等多重考量。

---

① 金香丹：《拜登政府"印太供应链联盟"的战略逻辑与困境——基于供应链权力视角的分析》，《东北亚论坛》2024 年第 1 期，第 82 页。
② 宫小飞：《拜登政府半导体产业政策：路径、影响与制约》，《美国研究》2023 年第 5 期，第 113 页。

（一）服务于"竞赢"中国的战略目标

伴随国际格局多极化趋势的增强，美国看待国际秩序和中美关系的视角发生了变化。自2017年特朗普执政以来，美国以大国竞争界定国际秩序，将中国视为"最主要的地缘竞争对手"和"唯一既有能力又有意图重塑国际秩序的竞争者"，提出"竞赢"中国的战略目标。无论是特朗普还是拜登，均强调中国获得了相对于美国的非对称竞争优势，所以，美国必须调整原有的对华接触政策。①

美国把供应链政策作为削弱中国竞争优势、应对中国挑战的重要工具。2021年2月，美国国务院宣称将在"战略竞争"框架下评估中美关系，明确提出把供应链和科技作为"竞赢"中国的六大手段之二。② 2022年10月，拜登政府发布《国家安全战略》，明确提出"对关键供应链的投资有助于超越竞争对手和应对共同挑战"。③ 为推动"竞赢"中国的战略目标，美国通过渲染供应链存在的安全风险来构建排他性供应链联盟，重塑后冷战时代形成的全球相互交融的供应链合作网络；通过排他性补贴政策和针对中国的污名化攻击，推动盟友配合美国的遏华政策，把中国排除在关键产业全球供应链之外，限制中国从全球供应链中获取先进技术、设备和资本，减缓中国的发展速度，削弱中国在全球供应链中的竞争优势。④

（二）减少美国对华依赖，增强美国供应链安全

拜登执政后，美国尤为重视供应链安全议题。在拜登政府看来，美

---

① Christoph Scherrer, "Biden's Foreign Economic Policy: Crossbreed of Obama and Trump?" *International Review of Public Policy*, Vol. 4, No. 1, 2022, pp. 129–138.

② 龚婷：《美国政府推动构建"供应链联盟"之评析》，《美国问题研究》2022年第2辑，第8页。

③ The White House, "National Security Strategy," October 12, 2022, pp. 14–15, https://www.whitehouse.gov/wp-content/uploads/2022/10/Biden-Harris-Administrations-National-Security-Strategy-10.2022.pdf.

④ Hiroyuki Suzuki, "Building Resilient Global Supply Chains: The Geopolitics of the Indo-Pacific Region," Center for Strategic and International Studies, 2021, pp. 3-4.

国在原材料、制造等供应链环节高度依赖中国和其他经济体,这增加了美国供应链的脆弱性。在地缘政治回归的背景下,一旦发生战争、贸易中断、自然灾害或其他突发性事件,美国的供应链稳定将受到影响,美国的经济安全和国家安全受到威胁。2021年1月24日,拜登上台伊始便签署了《供应链行政令》(Executive Order on America's Supply Chains),要求相关联邦部门对半导体、大容量电池、关键矿产和药品及其原材料4种供应链进行安全审查。2021年6月,相关联邦部门向拜登总统提交《供应链百日评估报告》(Building Resilient Supply Chains, Revitalizing American Manufacturing, and Fostering Broad-based Growth: 100-Day Reviews under Executive Order 14017),建议美国政府以国家安全和意识形态为标准打造区域性供应链联盟,改造现有的全球供应链格局。2022年4月,耶伦在大西洋理事会上正式提出"友岸外包"概念,称美国不能允许一些国家利用其在关键原材料、技术或产品方面的市场地位来扰乱其经济,美国需要把供应链外包到可以信赖的国家,降低美国及其贸易伙伴的经济风险。[1]

美国以关系亲疏远近为标准构建排他性供应链联盟,提升美国供应链的安全性和可靠性。一方面,美国加强了与盟友在原材料、供应链安全预警、公共投资、贸易等方面的合作,将美国供应链重新嵌入以美国为主导的国际供应链联盟,打造"去中国化"的替代性供应链体系,汲取盟友力量来弥补美国供应链的短板,提升美国供应链的可靠性和安全性。另一方面,美国通过多边出口管制、投资审查、市场准入限制等手段,把中国等竞争对手排除在全球供应链的关键环节之外,削弱中国在全球供应链中的地位,防止中国利用其竞争优势对美国实施报复性经济举措,从而降低美国供应链的安全风险。

---

[1] Atlantic Council, "Transcript: US Treasury Secretary Janet Yellen on the Next Steps for Russia Sanctions and 'Friend-shoring' Supply Chains," April 13, 2022, https://www.atlanticcouncil.org/news/transcripts/transcript-us-treasury-secretary-janet-yellen-on-the-next-steps-for-russia-sanctions-and-friend-shoring-supply-chains/.

（三）确保美国技术领先优势

美国决策者秉持"技术决胜"观念，将美国实力优势的获取寄托在技术特别是新技术的优势之上，是"以实力求安全"理念的逻辑延伸和集中表现。[①] 无论是特朗普政府还是拜登政府，美国均高度重视技术在重塑美国实力中的作用。特朗普执政期间，美国聚焦与安全相关的技术创新，重点推动人工智能、量子信息等新兴技术的军事应用。[②] 拜登执政后，美国重点关注半导体、通信技术、清洁能源、生物技术等新兴技术，将先进技术置于中美"战略竞争"的核心。

为应对中国技术实力的不断提升，最大限度地延续和维持美国的技术领先优势，塑造未来全球技术治理体系的规则和规范，美国奉行技术民族主义政策，将供应链联盟战略作为确保其技术领先优势的重要工具加以利用。[③]一方面，美国加强与盟友之间的研发合作，以意识形态为标准推动构建所谓的"民主供应链联盟"，与盟友联合成立芯片研发中心，在人工智能、量子计算、清洁能源、关键矿产等领域加强与盟友的研发合作，借助盟友优势提升自身的技术水平。另一方面，美国通过构筑多边出口管制、投资审查等措施，试图把先进技术生产要素局限于美国领导的供应链联盟内部流动，限制中国通过国际合作获取先进技术的渠道，减缓中国技术进步的步伐，扩大美国对华技术领先优势。

（四）重振本土制造业，提升美国经济竞争力

冷战结束后，在新自由主义经济思潮的影响下，美国企业为追求利润最大化，将附加值低的制造环节向生产要素低、优惠政策力度大的国家或地区

---

① 石斌：《美国国家安全战略的思想根源》，《国际政治研究》2021 年第 1 期，第 20 页。

② 樊春良：《变动时期美国科技政策发展的逻辑和走向——从特朗普到拜登》，《中国科技论坛》2021 年第 5 期，第 3~5 页。

③ Gu Guoping, "Three Pillars in the Biden Administration's China Strategy: Allies, Values, and High-Tech," *International Relations and Diplomacy*, Vol. 10, No. 6, 2022, pp. 281-283.

转移，导致美国本土的制造业逐渐衰落，给美国带来制造业空心化、制造业就业人数减少和经济竞争力下降等一系列经济问题。[①] 金融危机爆发后，美国政治精英逐渐意识到制造业对美国经济竞争力的重要作用，采取多种措施刺激本土制造业的发展，供应链联盟战略就是美国重振本土制造业的重要手段。通过加强与盟友在制造业投资、技术研发、供应链安全预警等领域的合作，美国可吸引盟国企业扩大在美国制造业的投资，把先进制造业带回美国，增强美国本土制造业的实力，带动相关产业的发展，缓解美国面临的制造业空心化等问题。此外，美国加强与盟友在制造业技术研发方面的合作，以解决美国先进制造技术发展滞后的问题，并通过国际合作来获取先进制造技术，促进美国先进制造业的发展，提升美国的经济竞争力。

三　拜登政府供应链联盟战略的影响

美国的供应链联盟战略的实质是经济安全化，它将加剧全球供应链格局的碎片化态势，阻塞中国获取关键技术的渠道，削弱中国在全球供应链中的地位。

（一）供应链分工网络从全球化走向碎片化

在全球化时代，主要经济体利用自身要素禀赋和比较优势参与全球分工，全球供应链呈现彼此交融、相互依存的特征，极大地提高了制造业的生产效率。美国打着维护供应链安全的旗号，通过构建排他性供应链联盟改造现有的全球分工网络，以安全而非效率优先的原则重组其供应链，人为地割裂全球化时代形成的供应链分工网络。这势必加剧全球供应链分工网络的碎片化趋势，重塑全球供应链分工的格局。一方面，美国供应链联盟战略将产生显著的贸易投资转移和创造效应，美国及其伙伴国之间的政治和经济关联

---

① 宫小飞、袁征：《美国制造业回流政策：实施效果与制约因素》，《国际问题研究》2023 年第 6 期，第 58 页。

度将加强，半导体、清洁能源、关键矿产等关键产业链的上下游将向美国供应链伙伴转移，中国将被逐渐排除在美国关键产业供应链之外。另一方面，为应对美国供应链联盟战略的影响，中国将更加重视扩展与共建"一带一路"国家的经济联系，加强与欧盟等第三方经济体之间的供应链合作，构建基于自身供应链安全的南北合作新格局。

（二）阻塞中国获取关键技术的渠道

长期以来，参与全球创新链是中国获取前沿技术的重要方式，为推动中国技术进步起到了积极作用。美国推动的排他性供应链联盟通过多边手段对华实施出口管制和投资限制，不断扩大对华技术出口管制的范围，试图把先进技术生产要素局限于美国领导的供应链联盟内部流动，这增加了中国通过国际合作获取先进技术的难度。以半导体为例，美国通过与日本、荷兰、欧盟协调对华芯片出口管制，限制中国从国际社会获取先进芯片和光刻机等生产设备，禁止接受补贴的企业在"受关注国家"升级扩建其半导体工厂。长此以往，中国依靠"外源式"创新获得技术升级的机会将大幅减少。这迫使中国走注重自主创新的内源式升级路径，中国企业纷纷加大研发投入。比如，2023 年上半年，150 家半导体上市公司的合计营收和净利润总额较 2022 年同期双双下降，但其合计研发投入较上年同期增长 13.7%。[1] 2023 年，华为 Mate60 手机搭载 7nm 麒麟 9000s 芯片，就是华为加大自主研发的结果，意味着中国在先进芯片研发方面取得了较大进展。[2]

（三）削弱中国在全球供应链中的地位

长期以来，中国凭借强大的制造能力和要素成本优势在全球供应链中占据一定的分工地位。美国的供应链联盟战略聚焦关键产业供应链的安全性与

---

[1] 《超七成半导体上市公司上半年盈利，近八成研发费用上涨》，《证券日报》2023 年 9 月 2 日，B2 版。

[2] 宫小飞：《拜登政府半导体产业政策：路径、影响与制约》，《美国研究》2023 年第 5 期，第 121 页。

可靠性，不惜以牺牲效率的方式来维护所谓的经济安全，以国际竞争战略的最优化取代成本最小化，使要素成本作为国际分工最基本因素的地位受到极大挑战，这将削弱中国在全球供应链中的地位。[①] 首先，美国把低附加值、可替代性的供应链转移到墨西哥、越南、印度等与美国关系较好的低成本国家，并积极推动工业自动化，以降低对中国劳动力生产要素的依赖度。其次，美国通过排他性补贴政策使国际企业巨头在华升级投资面临更大的政策阻力，从而削弱美国及其盟友的对华经济联系。最后，美国通过重塑市场准入规则，限制中国提炼的原材料和制造的产品进入全球市场，削弱中国在全球供应链中的地位。

四　中国应对策略分析

针对美国构建的排他性供应链联盟，中国应深化国际合作，增加美国对华"脱钩断链"的难度，在互利共赢的原则下维护全球供应链稳定，构建合作性供应链叙事，做好相应预案，以降低美国供应链联盟战略对华负面影响。

（一）发挥自身优势，深化国际合作，增加美国对华"脱钩断链"的难度

中国应充分利用本国的生产要素和市场规模优势，深化国际合作，将中国供应链深度嵌入全球供应链体系，增加美国对华"脱钩断链"的难度。在美国的威逼利诱之下，部分国家因畏惧美国的技术和市场霸权而加入美国的供应链联盟倡议，但大部分国家尚未追随美国对华实施制裁。这主要因为中国拥有巨大的消费市场、完善的供应链基础设施和较高的劳动生产率，任何重视经济收益的国家或企业都无法忽视中国市场。中国应抓住机会窗口，充分发挥中国的超大规模市场优势，持续扩大市场准入，着

---

① 张其仔、许明、孙天阳：《美国供应链报告的影响效应与中国应对》，《经济纵横》2023 年第 9 期，第 70 页。

力优化营商环境，加大吸引外资的政策优惠力度，增强中国市场的黏性，使中国经济进一步融入全球经济体系。面对美国对华"脱钩断链"，中国应利用好中美两国的深度经济联系，增加美方对华"脱钩断链"的代价和难度。

（二）以互利共赢扩大"朋友圈"，维护全球供应链稳定

中国应坚持开放合作、互利共赢的原则，通过务实合作不断扩大"朋友圈"，做大我方全球"统一战线"，维护全球供应链的稳定畅通。在跨大西洋方向，应积极回应欧盟的合理关切，向欧洲进一步展示我国在俄乌冲突问题上劝和促谈的决心，同时高举反对贸易保护主义的旗帜，为欧洲企业在华投资创造良好条件，向欧洲国家解释我国稳定台海、南海局势的政策实践，缓解欧洲企业在华投资的风险担忧，争取更多欧企在华投资建厂。在印太方向，美国与"印太经济繁荣框架"其他成员国之间存在利益分歧，不愿讨论大多数成员国关注的关税优惠和市场准入问题，却希望其他成员国接受其保护工人权利、应对气候变化、减少收入不平等、采取反腐败措施等额外要求，配合美国对华供应链重塑战略。[①] 中国应同东南亚国家深化经贸合作，推进中国–东盟自贸区升级谈判，在《区域全面经济伙伴关系协定》（Regional Comprehensive Economic Partnership，RCEP）、东盟与中日韩（10+3）等多边合作机制下推进中国与东南亚的合作，推动区域经济一体化，维护亚太地区供应链的合作与稳定。

（三）构建合作性的供应链叙事

叙事是美国推进供应链联盟战略的重要手段，美国通过渲染对华供应链依赖的"安全风险"，破坏中国的国际形象，在"去风险"的语境下推动盟友主动与中国"脱钩"。为此，中国应构建去安全化的合作性叙事，强调供

---

① Bryan Mercurio, "The Demise of Globalization and Rise of Industrial Policy: Caveat Emptor," *World Trade Review*, Vol. 23, No. 2, 2024, p. 247.

应链稳定事关各国切身利益，通过具体的例证向国际社会证明中国是全球供应链稳定的维护者和建设者，宣传中国的发展对全球供应链稳定的贡献，在此基础上提出开放合作的供应链倡议。同时，中国应揭露美国供应链联盟战略的实质仍是"美国优先"且给全球供应链稳定带来了消极影响，积极争取"全球南方"国家对中国供应链政策的理解和支持。

（四）做好相应预案，降低美国供应链联盟战略的对华负面影响

美国正在构筑多边出口管制网络来阻塞中国获取先进芯片和技术的渠道，中国芯片等行业的供应链可能面临供应不足的风险。为此，中国应提前做好相应预案。一是加强与供应商之间的供需协调，通过签订长期的合作协议，增加先进芯片等战略性技术产品的储备，提高库存水平，以应对美国扩大出口管制范围带来的供应链中断风险，确保生产和运营的连续性。二是拓宽先进技术产品的进口渠道。建立多元化的供货渠道，以应对某些供应链中断的风险，同时借助第三国渠道购买先进芯片，规避美国制裁和长臂管辖。三是加大研发力度，推动先进制造技术的发展。政府应加大对关键技术研发的持续性投入来弥补市场不足，企业应重视研发投入，积极与外国企业或研发机构联合开发先进制造技术，争取早日实现先进制造技术的商业替代。四是定期进行供应链风险评估，推动企业与国外供应商、承运商建立防范供应链中断的安全预警机制，识别潜在的中断风险，提前采取措施来减轻和管理风险，降低美国举措的对华负面影响。

结　语

美国供应链联盟战略试图以安全为名重塑基于发展逻辑的供应链全球分工合作网络，把中国排除在关键产业全球供应链之外，达到增强自身实力和削弱中国优势的双重目标。美国供应链联盟战略与美国"投资、协同、竞争"的对华政策高度一致，服务于"竞赢"中国的国家安全战略目标。其根本目的在于维护美国的竞争优势和霸权地位，让盟友承担美国对华竞争战

略的成本和代价，本质上仍是"美国优先"，不利于经济全球化的发展。

鉴于美国在全球供应链中的优势地位，美国供应链联盟战略不仅关乎自身，也将产生全球性影响。对美国而言，供应链联盟战略虽增加了美国供应链所谓的安全性和韧性，短期内减少了美国对华依赖，但该政策以牺牲经济效率的方式来强化国家安全，从长远来看不具有可持续性，最终将损害美国的经济竞争力。对全球化进程而言，美国供应链联盟战略将加剧主要经济体之间的竞争关系，导致供应链全球分工网络走向碎片化，全球制造业的生产效率也随之降低。对此，中国应坚持经济全球化的正确方向，坚定不移地推进更高水平对外开放，在互利共赢的原则下深化供应链国际合作，坚决反对美国将供应链安全化、武器化和政治化的行为，以实际行动维护全球供应链的稳定。

（审读 王 玮）

B.15
美国次级经济制裁的立法与实践

富景筠*

摘　要：　经济全球化和相互依赖的增强使被制裁方可以通过寻求替代性伙伴的方式规避制裁影响。由于第三方不受单边制裁的管辖，其与被制裁方之间的经济往来通常会削弱单边制裁的效果，由此催生美国开启针对第三方的次级经济制裁的立法与实践。近年来，美国在对外制裁中加大使用次级经济制裁以威慑和惩罚第三方。次级经济制裁逐渐升级为美国实现外交目的的重要武器。特别是在此次俄乌冲突中，次级制裁不仅成为美国增强制裁有效性的重要措施，而且成为美国与欧洲进行制裁联动的重要方向。美国次级经济制裁的滥施严重威胁全球经济稳定和金融安全。第三方的企业和实体面临受到美国次级制裁的风险和不确定性。

关键词：　美国外交　次级经济制裁　制裁联动

引　言

美国是世界上发起经济制裁最为频繁的国家，通过对外国个人和实体实施单边制裁以实现自身的外交、政治或经济目的。经济全球化和相互依赖的增强使被制裁方可以通过寻求替代性伙伴的方式规避制裁影响。由于第三方不受单边制裁的管辖，其与被制裁方之间的经济往来通常会削弱单边制裁的效果，由此催生美国开启针对第三方的次级经济制裁的立法与实践过程。近

---

* 富景筠，中国社会科学院美国研究所研究员，主要研究领域为国际政治经济学、经济制裁。

年来，美国在对外制裁中持续加大使用次级经济制裁以威慑和惩罚第三方。次级经济制裁逐渐升级为美国实现外交目的的重要武器，特别是在此次俄乌冲突中，次级经济制裁不仅成为美国增强制裁有效性的重要措施，而且成为美国与欧洲进行制裁联动的重要方向。

经济制裁从受制裁客体的角度上讲通常可以分为初级经济制裁和次级经济制裁。初级经济制裁是指发起方通过制定法令或颁布行政令等方式禁止本国企业和个人与被制裁方开展经济活动。① 次级经济制裁是指发起方的制裁对象针对第三国的公司或个人，意在限制或阻止后者与目标方之间的经济活动。从具体分类上讲，美国次级经济制裁通常主要集中在贸易、投资和金融三个领域。贸易次级制裁是指限制第三方国家或企业与被制裁方之间进行某些特殊产品的贸易往来。投资次级制裁是指限制第三方国家或企业对被制裁方进行投资。金融次级制裁是指针对非美国金融机构，限制其向被制裁方提供金融服务或与其开展金融交易。②

次级经济制裁与初级经济制裁的区别主要体现在以下两个方面。一是就经济主体而言，初级经济制裁针对的是"美国人"（U. S. Persons），以及由"美国人"拥有或控制的实体或所涉经贸活动具有"美国连接点"（U. S. Nexus）的其他主体。次级经济制裁将管辖范围扩大到第三国的经济主体。此类相关经济主体不是"美国人"，也不是"美国人"拥有或控制的实体。尽管它们所从事的经济活动并不涉及"美国连接点"，但仍然可以被美国纳入次级经济制裁的管辖范围。美国次级经济制裁并不要求"美国连接点"因素的存在，因此，对第三国企业和实体产生的影响和威慑很大。二是就制裁目标而言，初级经济制裁通过单边制裁实现对被制裁方的管辖和约束。次级经济制裁则是建立在初级经济制裁的基础之上，意在扩大初级经济制裁的范围和领域，进而提升制裁的有效性。次级经济制裁意在通过增加经济成本，迫使第

---

① 郑玲丽、侯宇锋：《俄乌冲突下美国对华次级制裁的违法性分析及对策研究》，《国际经济法学刊》2023 年第 1 期，第 83～97 页。

② 梁冰洁、孟刚：《美国二级制裁法律问题研究》，《财经法学》2020 年第 1 期，第 132～144 页。

三方配合制裁行动。从本质上讲，次级经济制裁是初级经济制裁的升级，使第三方对被制裁方采取同等的制裁措施，从而实现从单边制裁向多边制裁的强行转化。①

一 美国次级经济制裁的立法与实践

美国单边经济制裁通常以国内法为依据，禁止和限制相关经济主体与被制裁方进行经贸活动，并对违规行为采取惩罚性措施。冷战结束以后，美国进一步通过颁布国内法来扩大其域外管辖范围，从而限制第三国与目标国进行经济往来。美国以苏丹、缅甸、伊朗、叙利亚、朝鲜、利比亚等国为目标国，对与其进行交易的外资企业发起次级经济制裁。国内法是美国实施单边制裁的权力来源，而国内法的域外适用则是美国推行次级经济制裁的实施机理。因此，从目的上讲，次级经济制裁意在通过一国国内法的域外适用，禁止第三方与目标方进行经济往来，迫使第三方采取与发起方相同的制裁措施。

美国国内法具有域外管辖权的时间节点要追溯至《与敌国贸易法》（Trading with the Enemy Act）和《国际紧急状态法》（National Emergencies Act）的出台。尽管这两部法律未曾对次级经济制裁做出规定，但实际上，它们扩展了美国的管辖权并使这种管辖权具有域外效力。由此，它们成为美国将制裁扩展到第三国企业和实体的立法基础。具体来看，《与敌国贸易法》在发生战争或出现其他紧急状态时，赋予总统权力来调整本国与敌国的贸易关系。在此基础上，《国际紧急状态法》进一步规定，当美国的国家安全、外交政策和经济利益遭受"重大威胁"时，总统可以宣布国家进入紧急状态，并采取相应的制裁措施。②

---

① 石佳友、刘连炻：《美国扩大美元交易域外管辖对中国的挑战及其应对》，《上海大学学报》（社会科学版）2018年第4期，第17~32页。
② 杨永红：《次级制裁及其反制——由美国次级制裁的立法与实践展开》，《法商研究》2019年第3期，第164~177页。

在执行层面上，美国财政部海外资产控制办公室（Office of Foreign Assets Control of the US Department of the Treasury，OFAC）是美国对外制裁的重要执行者。海外资产控制办公室具有较大的自由裁量权，它的执法权限范围较大，可以将其认为违反美国法律的企业或实体纳入自己的制裁范围。也就是说，海外资产控制办公室的执法权和管辖权不仅覆盖"美国人"，①还包括美国以外的外国企业和实体。由于"连接点效应"的存在，任何实体和企业只要通过美国金融机构来处理与被制裁方相关的美元交易，就会存在被制裁的风险。② 2001 年发生"9·11"事件后，为了加强对银行的监管，美国颁布了《爱国者法》（US Patriot Act）。该法将在美国具有"代理账户"的非美国银行纳入监管范围。这意味着美国对银行的监管范围涵盖了所有美国银行与非美国银行之间的金融交易。③

美国次级经济制裁立法的演进主要来自制裁古巴、伊朗和俄罗斯等国的具体实践，以下将以三国为案例进行考察。

（一）古巴

美国次级经济制裁立法是针对制裁古巴而启动的。美国次级经济制裁立法最早可以追溯至美国国会通过的《1961 年对外援助法》（Foreign Assistance Act of 1961）。古巴政府在 1959 年革命胜利后，对美国企业采取了国有化政策。这直接导致美国于 1962 年对古巴实施经济打压和封锁。《1961 年对外援助法》禁止美国向任何援助古巴的国家提供援助。根据该法，美国拒绝对其船只悬挂本国国旗进出古巴运送物资的国家给

---

① "美国人"包括美国银行、银行控股的公司和非银行子公司、美国人的外国子公司等。

② Victoria Anglin, "Why Smart Sanctions Need a Smarter Enforcement Mechanism: Evaluating Recent Settlements Imposed on Sanction-Skirting Banks," *Georgetown Law Journal*, 2016, 104（3）, p. 701.

③ Financial Crimes Enforcement Network Department of Treasury, "Fact Sheet Section 312 of the USA Patriot Act Final Regulation and Notice of Proposed Rulemaking," 2005, pp. 1-2, https://www.fincen.gov/fact-sheet-section-312-usa-patriot-act-final-regulation-and-notice-proposed-rulemaking.

予援助。①

典型的次级制裁法案是 1996 年美国国会通过的《赫尔姆斯-伯顿法》（Helms-Burton Act）。该法的全称是《声援古巴自由和民主法》（Cuban Liberty and Democratic Solidarity Act）。该法由美国时任总统克林顿签署，其目的是推进古巴的民主和自由，应对古巴的威胁并保护美国的国家安全。该法最早明确了次级制裁对象的认定标准。具体而言，该法的第三条和第四条均涉及次级经济制裁。根据第三条设定的"私人诉讼权"，针对古巴革命后被没收的财产，美国公民可以向联邦法院提起与此类财产交易有关的诉讼，具体主要针对的是与古巴做生意的个人、公司甚至国家，即与古巴政府进行交易的外国个人和实体。② 该法的第四条规定，拒绝向与被古巴没收资产一事相关的人员发放签证，他们包括相关高管、股东及其配偶和子女。这项规定具有双重目的：一是起到保护作用，即保护被没收的美国财产的安全；二是起到威慑作用，威慑对象指向与古巴保持商业联系的政府、实体和个人。③

自 1996 年以来，美国总统通常会连续使用行政权力暂停《赫尔姆斯-伯顿法》中的第三条内容。然而，被搁置多年后，2019 年，美国时任国务卿蓬佩奥宣布正式重启《赫尔姆斯-伯顿法》中的第三条内容，允许美国公民在美国法院起诉在古巴运营的外国企业，即参与古巴政府征收美国公民财产的交易的主体，并就被没收的财产提出索赔。对于非美国主体而言，最大的影响是美国扩大了受管制物项的范围。如果受管制的成分超过 10%，那么，即使在美国境外生产，此类包含美国受管制物项的产品在出口古巴时同样受到管制。由于美国调整对古巴受管制物项的范围，第三方将因未经许可而向古巴出口受美国管制物项面临较大的合规方面的风险。

---

① 邵亚楼：《国际经济制裁：历史演进与理论探析》，上海社会科学院世界经济研究所博士学位论文，2008。
② 李瑾：《美国经济制裁外交中的单边次级制裁法律问题研究》，《青海师范大学学报》（社会科学版）2021 年第 5 期，第 25~31 页。
③ 陈刚：《〈赫尔姆斯-伯顿法〉引发的美加冲突》，《美国研究》2001 年第 3 期，第 101~116 页。

（二）伊朗

《伊朗-利比亚制裁法》（Iran-Libya Sanctions Act）又被称作《达马托法》。自 1996 年该法被通过以来，伊朗被美国归为最主要的制裁对象国。《伊朗-利比亚制裁法》旨在防止伊朗支持恐怖主义或者获得大规模杀伤性武器。该法指向与伊朗和利比亚两国存在经济往来的相关实体，特别是投资两国油气资源的第三国企业。[①] 实际上，《伊朗-利比亚制裁法》使美国的域外管辖权扩展到全球范围内的第三国公民和企业。随着 2004 年美国停止制裁利比亚，《伊朗-利比亚制裁法》于 2006 年被更名为《伊朗制裁法》（Iranian Sanctions Act）。与此同时，美国政府开始聚焦阻止非美国金融机构与伊朗银行之间的经济活动。其中，非美国金融机构通常是指在美国境内具有代理账户的域外金融机构。根据《伊朗制裁法》的规定，美国将制裁为开发伊朗石油提供 2000 万美元以上投资的外国公司。

以 2010 年为分水岭，美国开始加大次级经济制裁的力度。2010 年 6 月通过的《全面制裁伊朗、问责与撤资法》（Comprehensive Iran Sanctions, Accountability, and Divestment Act）被视为一个标志性事件。美国财政部可以依据此法，迫使本国银行中止任何由非美国银行参与的对伊交易。该法将次级经济制裁扩大到协助伊朗获得或开发大规模杀伤性武器的外国金融机构，并首次禁止美国和外国金融机构向伊朗的中央银行和其他金融机构提供信息服务。然而，由于这些次级经济制裁遭到其他西方盟友国家的激烈反对，美国被迫将其暂停和搁置。2010 年 8 月，美国财政部发布《伊朗金融制裁条例》（Iranian Financial Regulaitons）。根据该条例，针对为伊朗政府购买和发展大规模杀伤性武器的金融交易提供服务的外国金融机构，即使相关交易在美国境外发生，美国财政部仍可以对它们采取制裁措施。[②] 《2012 年财政年度国防授权法案》（National Defense Authorization Act for Fiscal Year

---

① 孙才华：《美国经济制裁风险防范：务实指南与案例分析》，人民日报出版社，2020，第 23 页。

② 郑联盛：《美国金融制裁：框架、清单、模式与影响》，《国际经济评论》2020 年第 3 期，第 123~143 页。

2012）将财政部的权限进一步扩大，制裁范围覆盖伊朗中央银行和任何与伊朗金融机构进行交易的国外金融机构。针对与伊朗央行交易的外国金融机构，具体制裁措施包括禁止其在美国新开设或继续维持代理账户或通汇账户。这意味着如果一国金融机构通过伊朗央行购买石油，美国就会切断该金融机构与美国银行体系之间的联系。这是美国首次为了切断伊朗央行的对外金融联系将次级制裁扩大到外国金融机构。《2013 年财政年度国防授权法案》（National Defense Authorization Act for Fiscal Year 2013）进一步将美国对伊朗的次级经济制裁范围扩展到能源和航运等部门。①

2015 年，伊朗与美国、英国、法国、俄罗斯、中国和德国达成解除对伊朗制裁的"伊核协议"，即《联合全面行动计划》（Joint Comprehensive Plan of Action, JCPOA）。该协议的推出使美国停止了对伊朗的次级经济制裁。随着 2016 年《联合全面行动计划》的实施，美国暂时中止了多项针对非美国主体的次级制裁措施。自 2018 年特朗普政府单方面退出"伊核协议"之后，美国再次针对伊朗重启和新增了一系列制裁。其中，财政部海外资产控制办公室主要负责对与伊朗交易的非美国人实施次级制裁。由于纽约清算所银行同业支付系统（Clearing House Interbank Payment System, CHIPS）在国际支付清算体系中拥有绝对优势，环球银行金融电信协会（Society for Worldwide Interbank Financial Telecommunication, SWIFT）实际上难以脱离它而独立存在，最终，它接受了美国政府的要求，从系统中剔除了伊朗的相关金融机构。2019 年 5 月，美国进一步加大对伊朗的次级经济制裁力度，涉及军事、航空、能源、汽车、金融等几乎所有重要领域。外国主体与伊朗特定主体进行交易或者涉及伊朗特定行业，将受到次级经济制裁的影响。特朗普政府通过发布行政令，将钢铁、铝、铜行业列入受次级经济制裁的特定行业。此前，受次级经济制裁影响的领域已经涵盖汽车、石油、石油化工、航运、造船、港口行业、核能、武器的生产研发。

———————

① 石佳友、刘连炻：《美国扩大美元交易域外管辖对中国的挑战及其应对》，《上海大学学报》（社会科学版）2018 年第 4 期，第 17~32 页。

2019 年，美国将伊朗伊斯兰革命卫队列为外国恐怖组织。2020 年，美国再次发布行政令，授权海外资产控制办公室对参与伊朗建设工程、采矿业、制造业、纺织业的外国主体进行制裁，进一步扩大了次级经济制裁所涵盖的行业。[①]

（三）俄罗斯

美国对俄罗斯的次级经济制裁始于苏联时期。20 世纪 80 年代初，苏联与西欧达成了联合修建跨西伯利亚天然气管道的协议。里根政府表现出对该管道项目的强烈反对，实则出于两种担心：一是该管道会给苏联带来巨额的天然气出口收入；二是该管道会使西欧依赖苏联的天然气供给。1981 年 12 月，里根政府公开阻止跨西伯利亚管道项目的建设，制裁范围被延伸至使用美国技术和零部件的欧洲公司以及美国公司在欧洲的子公司。[②]

冷战结束后，从 2012 年"谢尔盖·马格尼茨基案"[③] 开始，美国对俄罗斯实施经济制裁。2014 年，克里米亚危机爆发之后，为了加大对俄制裁力度，奥巴马总统连续签发了两部法案：《2024 年支持乌克兰自由法》（Ukraine Freedom Support Act of 2014）以及《2024 年支持乌克兰主权、完整、民主和经济稳定法》（Support for the Sovereignty, Integrity, Democracy, and Economic Stability of Ukraine Act of 2014）。2017 年，美国再次颁布《以制裁反击美国敌人法》（Countering American's Adversaries Through Sanctions Act）。该法的第二章是"对俄罗斯的制裁和打击恐怖主义及非法金融活动"。它包含两节内容，即"对俄罗斯的制裁及其他措施"和"反击俄罗斯在欧洲和欧亚地区的影响"。该法的第 222 条将涉及制裁俄罗斯的六个总统

---

① 黄杰：《美国次级经济制裁法律应对研究》，华东政法大学博士学位论文，2022，第 37~39 页。

② 富景筠：《能源政治中的制裁与反制裁——围绕美国制裁跨西伯利亚管道和北溪 2 号管道的多方博弈》，《美国研究》2022 年第 4 期，第 111~133 页。

③ 美国参议员本杰明·卡丁起草了"马格尼茨基名单"。2011 年 4 月，《马格尼茨基法案》草案提交到美国国会，它规定对涉嫌马格尼茨基死亡的人实施签证和经济制裁。2012 年 12 月，美国参议院表决通过了《马格尼茨基法案》。

行政令上升为法律。第 226 条涉及对俄罗斯和其他外国金融机构的制裁。该条对《2014 年支持乌克兰自由法》中关于对俄罗斯和其他外国金融机构制裁的内容进行了修改，要求对违反规定向受制裁对象提供资金、金融便利的金融机构实施制裁。第 232 条涉及对参与俄罗斯能源管道建设项目的相关活动实施制裁。①

2019 年，美国还对俄罗斯启动第二轮基于《1991 年化学和生物武器控制和战争消除法》（Chemicals and Biological Weapons Control and Warfare Elimination Act of 1991）的制裁。该法不仅限制美国金融机构参与俄罗斯的任何非卢布债券或基金交易，而且反对包括世界银行在内的多边银行向俄罗斯发放贷款。美国商务部工业与安全局（Bureau of Industry and Security）拒绝任何向俄罗斯出口、再出口出于化学或生物武器原因受管制物项的许可证申请。同年，美国《保护欧洲能源安全法》（Protecting Europe's Energy Security Act）正式被通过成为法律。该法扩大了涉及俄罗斯管道项目的次级制裁范围，"北溪 2 号"管道项目和"土耳其溪"管道项目的建设被纳入其中。根据《保护欧洲能源安全法》的规定，任何向这两条能源管道项目出售、租赁或提供从事管道铺设的船舶，或者为这些项目从事船舶交易提供协助的实体，将被冻结在美国的所有财产和财产权益。

自 2022 年俄乌冲突爆发以来，美国联合盟友出台了一系列制裁措施，对俄罗斯的政治、经济、能源、金融等领域进行全面围堵和打击。2022 年 5 月 19 日，在"七国集团"财长会议上，美国联合盟友讨论针对俄罗斯的次级制裁方案。方案包括对俄罗斯石油设定价格上限；如果外国买家不遵守限制，将被禁止与美国及其伙伴国做生意。美国能源部部长珍妮弗·格兰霍姆（Jennifer Granholm）表示，不排除对购买俄罗斯石油的国家实施次级制裁。2023 年 12 月，拜登政府发布第 14114 号行政令，授权财政部海外资产控制办公室对与俄罗斯进行交易的外国金融机构实施制裁。第 14114 号行政令授

---

① 具体情形包括提高俄罗斯的管道建设能力，帮助俄罗斯实现能源管道的现代化，单笔交易超过 100 万美元或在 12 个月内交易价值累计达到 500 万美元以上。参见黄杰《美国次级经济制裁法律应对研究》，华东政法大学博士学位论文，2022，第 44~47 页。

权的制裁措施包括将外国金融机构列入特别指定国民清单（Specially Designated Nationals and Blocked Persons List）或者往来账户或通汇账户制裁清单（List of Foreign Financial Institutions Subject to Correspondent Account or Payable）。任何被列入特别指定国民清单的外国金融机构，其接受美国管辖的资产将被冻结。此外，美国主体不得与被列入该清单的实体或机构进行任何交易，非美国主体也不可与其进行存在"美国连接点"的交易或无"美国连接点"的重大交易。被列入往来账户或通汇账户制裁清单的外国金融机构，美国金融机构不得为其设立或维持往来账户或通汇账户。这将给受制裁的外国金融机构处理美元交易和涉美的其他国际资金交易带来实质性阻碍。第14114号行政令显著扩大了外国金融机构在处理涉俄交易过程中面临的次级制裁风险。

2024年3月，美国商务部工业与安全局修订了美国《出口管理条例》（Export Administration Regulations），针对美国财政部海外资产控制办公室的特别指定国民清单中的个人和实体进一步实施全面出口管制措施。工业与安全局表示，此次《出口管理条例》修订版补充了海外资产控制办公室制裁项目下的次级制裁效力。如果第三方主体为特别指定国民清单上的实体提供实质性协助，无论该主体或交易有无"美国连接点"，海外资产控制办公室都有权对其实施封锁和制裁。

二　反制美国次级经济制裁

美国次级经济制裁的滥施严重威胁了全球经济稳定和金融安全。第三方的企业和实体面临受到美国次级经济制裁的风险和不确定性。包括欧盟、英国、加拿大等美国盟友都曾对其次级经济制裁采取过反制措施。以欧盟为例，1996年，欧盟制定了《阻断法令》（Blocking Statute），其目的是回应和对抗美国的《赫尔姆斯-伯顿法》以及《伊朗-利比亚制裁法》所涉及的次级制裁措施，从而保护欧盟成员国免受第三国实施次级制裁的影响。《阻断法令》禁止欧盟成员国实体接受美国具有域外效力的

制裁措施。在欧盟国家的抵制下，1997 年，由于美国被迫让步，欧盟与美国最终达成关于《赫尔姆斯-伯顿法》和《伊朗-利比亚制裁法》的谅解备忘录。

《阻断法令》列举了该法令所针对的若干美国域外适用制裁立法。根据《阻断法令》第 1 条，欧盟将针对域外适用法规对成员国相关实体的影响提供保护和进行抵消。第 2 条规定，欧盟成员国不得承认或强制执行欧盟以外域外法规的生效决定。为了阻断美国法院根据《赫尔姆斯-伯顿法》第 3 条做出法院判断，《阻断立法》第 4 条规定，欧盟不承认或不执行任何外国法院或行政机关根据《阻断立法》制裁法律法规做出的裁决。《阻断立法》第 5 条规定，欧盟自然人和法人均不遵守由美国法院依据制裁法规发出的要求或禁令。在索赔权利方面，《阻断立法》第 6 条索赔条款授权欧盟自然人和法人可以索回包括法律费用在内的损害赔偿金。①

2018 年美国单方面退出"伊核协议"以后，欧盟颁布了第 2018/1100 号条例，重新启动并更新了《阻断法令》，附件中包括《伊朗-利比亚制裁法》《伊朗自由与反扩散法案》《美国国防授权法案》《削减伊朗威胁和保障叙利亚人权法案》《伊朗贸易制裁规则》等域外制裁法案，以保护在制裁中受到影响的欧洲企业，积极应对美国在对伊制裁中的长臂管辖。该法令还通过设置补偿条款来授权成员国个人或者公司提起反诉。②

为了履行"伊核协议"的承诺和促进与伊朗的贸易，2019 年 1 月，法国、德国和英国三国共同建立了"贸易结算支持机制"（Instrument for Supporting Trade Exchanges，INSTEX），以帮助欧洲企业绕过美元结算与伊朗进行交易。该机制不以美元结算，绕过美国主导的全球金融体系，与伊朗

---

① European Council Regulation 2271/96, 1996, https：//www. legislation. gov. uk/eur/1996/2271；杜涛：《欧盟对待域外经济制裁的政策转变及其背景分析》，《德国研究》2012 年第 3 期，第 18~31 页；刘芳玲：《论欧盟针对美国次级制裁的反制》，中南财经政法大学硕士学位论文，2020；汤梓奕：《应对美国法域外适用的阻却法路径探析——以实证研究为基础》，武汉大学硕士学位论文，2020。

② 杜涛、周美华：《应对美国单边经济制裁的域外经验与中国方案——从〈阻断办法〉到〈反外国制裁法〉》，《武大国际法评论》2021 年第 4 期，第 1~24 页。

通过"以物易物"的方式进行交易。至 2019 年 11 月，加入该机制的国家包括瑞典、比利时、荷兰、丹麦、挪威、芬兰等国。2020 年 3 月，INSTEX 机制通过"里亚尔-欧元"易货系统与伊朗完成了出口医疗物资的首笔交易。①

结 语

美国滥用制裁既是其霸道行径的体现，也是其霸权透支的征兆。美国通过威慑和威逼，对竞争对手和"敌对国"进行遏制和打压。同时，美国通过利诱和补偿来拉拢盟友和第三方参与或支持制裁。美国通过利诱和威逼，让盟友和第三方直接参与制裁行动，或为其提供道义或政策支持。

美国在这方面的典型做法就是组建制裁联盟。此种行为可谓意在"一石三鸟"。一是提升制裁的有效性。替代商品、市场和金融基础设施往往会降低制裁的遏制力，组建多边制裁能够令被制裁方无法将经济交易转移到其他供应商或者第三方市场，进而逼其就范。二是让第三方分担制裁成本。美国联合盟伴围绕半导体、关键矿产等领域构建"供应链联盟"。美国重构产业链、将科技问题政治化之实质，是通过加速"去中国化"来服务于"美国优先"的目标。对华"脱钩断链"无疑会导致全球化"逆流"，让中美博弈中的第三方被迫承受经济损失。三是坐享制裁收益。美国拉帮结伙搞阵营对抗，以所谓"去风险化"之名对竞争对手行"经济胁迫"之实，意在以经济互损来锁定自己在全球体系中的霸权地位，防止任何其他国家崛起和挑战其领导地位。

然而，被制裁国也可以利用美国国内及其与盟友和第三方的利益分歧来对冲和抵消制裁带来的不利影响。从很大程度上讲，制裁的有效性取决于

---

① 杨成玉：《反制美国"长臂管辖"之道——基于法国重塑经济主权的视角》，《欧洲研究》2020 年第 3 期，第 1~31 页；Marieke de Goede and Carola Westermeier, "Infrastructural Geopolitics," *International Studies Quarterly*, Vol. 66, Issue 3, September 2022, pp. 1-12.

"强化制裁"和"弱化制裁"各种力量之间的博弈。实际上，国际体系的性质为被制裁国提供了规避和弱化制裁的各种途径。在制裁的互损逻辑下，美国实施制裁的硬权力和软权力的局限性将使制裁失灵。

（审读　张　帆）

B . 16

2023年美国气候外交的"进"与"止"

赵行姝*

摘　要： 2023年，拜登政府与主要国家在气候议题上的交流与合作有
"进"有"止"。这主要表现为若按对象国划分，美国与盟伴的气候合作取
得较大进展；而在中美"战略竞争"加剧的背景下，中美两国在推进气候
合作方面只取得有限进展。就具体功能领域而言，美国的气候外交在温室
气体减排相关目标上进展较大，而在清洁能源技术转移和国际气候资金筹
集等方面进展有限。本质上，美国气候外交的"进"与"止"都是基于美
国的优势，其根本目的都是试图在清洁能源转型过程中增强美国的国际竞
争力，长期维护美国的国际影响力。大国竞争、地缘政治因素在美国对外
气候政策中已产生显著影响。短期来看，拜登政府的气候外交在很多方面
颇有成效，但美国气候外交对全球清洁能源转型产生的实质性影响还有待
观察。

关键词： 美国外交　拜登政府　气候外交　清洁能源转型

　　美国在全球气候治理中发挥着重要作用。美国官方曾表态，相较于司法
等其他方式，全球成功应对气候危机的最佳方式是外交努力。[①] 拜登执政后
将应对气候危机视为美国外交政策的核心议题之一，积极参与全球气候治

---

* 赵行姝，中国社会科学院美国研究所研究员，主要研究领域为美国气候与能源政策、全球
气候与能源治理。

[①] UN, "General Assembly Adopts Resolution Requesting International Court of Justice Provide
Advisory Opinion on States' Obligations Concerning Climate Change," March 29, 2023, https://
press. un. org/en/2023/ga12497. doc. htm.

理。2023 年，美国继续推进气候外交并取得若干成果，不仅利用双边关系积极推动全球清洁能源转型，而且广泛利用七国集团（G7）、二十国集团（G20）和亚太经合组织（Asia-Pacific Economic Cooperation，APEC）等多边机制推进国际气候政策议程。本文聚焦美国 2023 年的气候外交，考察其在主要议题上的进展与成果，分析其实质与成效，从而为我国未来推进气候外交、参与全球气候治理提供有价值的参考。

一 "进"：美国积极推进温室气体减排相关目标

2023 年，美国积极开展气候外交，在一些非常核心和实质性的减排问题上稳步推进并取得成果——主要包括甲烷减排、化石能源（煤炭）削减和可再生能源目标。总体来看，这些进展与成果都直接聚焦温室气体减排议题，为主要国家在联合国气候谈判中达成共识以及未来提交新一轮国家自主贡献（Nationally Determined Contributions，NDCs）铺平了道路。

（一）推进甲烷等非二氧化碳减排目标

甲烷是一种强效温室气体，是除二氧化碳之外的全球第二大温室气体。世界各国加速采取行动遏制甲烷排放，对于在短期内减缓气候变化至关重要。

近年来，美国积极推动甲烷等非二氧化碳温室气体减排行动。2021 年，在美国和欧盟领导下，"全球甲烷承诺"（Global Methane Pledge，GMP）倡议于格拉斯哥举行的《联合国气候变化框架公约》第 26 届缔约方会议（COP26）上启动。与会者承诺采取自愿行动，到 2030 年，将甲烷排放量较 2020 年的排放水平至少降低 30%。迄今已有 149 个国家参与该倡议，其甲烷排放量合计占全球总排放量的 45%。[①] 在"全球甲烷承诺"指引下，2023 年美欧发布联合声明，表态将继续在甲烷减排问题上发挥领导作用，以支持实

---

① "About the Global Methane Pledge," https：//www.globalmethanep ledge.org/.

现全球甲烷减排承诺。① 美国和欧盟均发布了落实甲烷目标的执行路径：美国于 2021 年出台《美国甲烷减排行动计划》（U. S. Methane Emissions Reduction Action Plan）；② 欧盟早于美国于 2020 年提出"欧盟甲烷减排战略"，③ 继而又于 2023 年推出《欧盟甲烷行动计划》（European Union Methane Action Plan）。④ 此外，美国利用多边机制推动甲烷减排，其主导的"印太经济繁荣框架"（Indo‐Pacific Economic Framework for Prosperity）将"清洁经济"（Clean Economy）列为第三大支柱，成员国承诺到 2030 年前减少甲烷排放，特别是在能源部门采取具有成本有效性的措施（cost‐effective measures）。⑤

尽管"全球甲烷承诺"是自愿性的倡议，但它仍对中国减排甲烷产生了一定压力。作为世界上最大的甲烷排放国，中国于 2021 年 11 月表态，"十四五"期间将强化甲烷减排。⑥ 2023 年 11 月，中国发布未来甲烷治理的路线图——《甲烷排放控制行动方案》，虽没有直接列出甲烷减排目标，但是在各个领域都强调要实施甲烷排放控制举措。⑦ 同年，中美两国发布 2023 年《关于加强合作应对气候危机的阳光之乡声明》（以下简称"中美气候声明"），其中，中国更是做出具有里程碑意义的减排承诺，宣布将包括甲烷

---

① The White House, "U. S. ‐ EU Summit Joint Statement," October 20, 2023, https：//www. whitehouse. gov/briefing‐room/statements ‐ releases/2023/10/20/u ‐ s ‐ eu ‐ summit ‐ joint ‐ statement/.

② The White House, "U. S. Methane Emissions Reduction Action Plan," November 2021, https：//www. whitehouse. gov/wp‐content/uploads/2021/11/US‐Methane‐Emissions‐Reduction‐Action‐Plan‐1. pdf.

③ European Commission, "Reducing Methane Emissions：A New EU Strategy to Address Global Warming," October 2020, https：//www. europarl. europa. eu/RegData/etudes/BRIE/2020/649400/EPRS_ BRI（2020）649400_ EN. pdf.

④ European Union, "European Union Methane Action Plan," August 2023, https：//energy. ec. europa. eu/system/files/2023‐08/EU_ Methane_ Action_ Plan. pdf.

⑤ US Department of Commerce, "Indo‐Pacific Economic Framework for Prosperity Agreement Relating to a Clean Economy," 2024, https：//www. commerce. gov/sites/default/files/2024‐03/IPEF‐PIII‐Clean‐Economy‐Agreement. pdf.

⑥ 《生态环境部召开 11 月例行新闻发布会》，中华人民共和国生态环境部官网，2021 年 11 月 25 日，https：//www. mee. gov. cn/ywdt/zbft/202111/t20211125_ 961825. shtml。

⑦ 《甲烷排放控制行动方案》，中华人民共和国生态环境部官网，2023 年 11 月 7 日，https：//www. mee. gov. cn/xxgk2018/xxgk/xxgk03/202311/W020231107750707766959. pdf。

在内的所有温室气体排放纳入 2035 年国家自主贡献中。此举意义重大,因为在此之前,甲烷等非二氧化碳温室气体还从未出现在中国依据《巴黎协定》所做出的气候承诺中。

美国与主要国家达成的上述甲烷合作有效地推动了全球甲烷治理。2023 年联合国气候大会达成的"阿联酋共识"(UAE Consensus)强调,到 2030 年,全球要加速并大幅减排非二氧化碳,特别是甲烷。[1]

(二)推进可再生能源目标

美国通过气候外交与主要国家达成共识,加快部署可再生能源,从而推动化石能源的发电替代。2023 年 5 月,七国集团表态要大幅加快可再生能源部署以及新一代技术的开发,承诺到 2030 年集体将海上风电装机容量增加 150 吉瓦(GW),将太阳能光伏发电增加 1 太瓦(TW)以上。[2] 随后,2023 年 9 月,二十国集团领导人宣布到 2030 年将全球可再生能源装机容量增至目前的 3 倍。[3] 2023 年 11 月,中美气候声明也做出表态:两国支持到 2030 年将全球可再生能源装机容量增至目前的 3 倍。上述目标与国际可再生能源署(International Renewable Energy Agency, IRENA)所提建议一致。2023 年 6 月,国际可再生能源署发布《2023 年世界能源转型展望》(World Energy Transitions Outlook 2023),建议到 2030 年,全球可再生能源装机容量比 2020 年增加 4 倍,达到 11174 吉瓦(GW),以实现将全球温升限制在 1.5℃的目标。[4]

---

① UNFCCC, "Outcome of the First Global Stocktake," December 13, 2023, p. 5, https://unfccc. int/sites/default/files/resource/cma5_ auv_ 4_ gst. pdf.

② The White House, "G7 Hiroshima Leaders' Communiqué," May 20, 2023, https://www. whitehouse. gov/briefing-room/statements-releases/2023/05/20/g7-hiroshima-leaders-communique/.

③ G20 Information Centre, "G20 New Delhi Leaders′ Declaration," September 9, 2023, http://www. g20. utoronto. ca/2023/230909-declaration. html.

④ International Renewable Energy Agency(IRENA), "World Energy Transitions Outlook 2023," p. 64, https://mc-cd8320d4-36a1-40ac-83cc-3389-cdn-endpoint. azureedge. net/-/media/Files/IRENA/Agency/Publication/2023/Jun/IRENA_ World_ energy_ transitions_ outlook_ v1_ 2023. pdf? rev=cc4522ff897a4e26a47906447c74bca6.

基于上述主要国家达成的共识，最终，2023 年联合国气候谈判达成
"阿联酋共识"。共识明确提出，到 2030 年，将全球可再生能源装机容量增
至目前的 3 倍，且将全球能效提高 1 倍。世界各国共同设立可再生能源目标
是清洁能源转型的一个重要里程碑。在过去 10 年中，由于成本迅速下降，
可再生能源已成为满足全球日益增长的能源需求、应对气候变化的最具成本
效益的能源解决方案。

（三）推动化石能源削减与退出

各国对化石燃料的态度决定了全球清洁能源转型是加速还是迟缓，因为
化石燃料的使用具有长期锁定效应。拜登政府公开表态要"加快淘汰未装
碳捕集装置的化石燃料"。[1] 美国气候特使约翰·克里（John Kerry）先是在
《华盛顿邮报》上发文呼吁停止新的未装碳捕集装置的燃煤电厂;[2] 后又在
2023 年底举行的《联合国气候变化框架公约》第 28 届缔约方会议
（COP28）上首次公开承诺美国将逐步淘汰煤电。[3]

此外，美国还借助气候外交扩展与主要国家在减少化石能源使用方面的
合作。七国集团在声明中明确提出，将加速淘汰（phase-out）未装碳捕集
装置的化石燃料，最迟到 2050 年实现能源系统的净零排放，到 2025 年或提
前消除低效的化石燃料补贴，并呼吁其他国家采取同样的行动。[4] 二十国集

① The White House, "FACT SHEET: President Biden to Catalyze Global Climate Action through the Major Economies Forum on Energy and Climate," April 20, 2023, https://www.presidency.ucsb.edu/documents/fact-sheet-president-biden-catalyze-global-climate-action-through-the-major-economies.

② John Kerry and Fatih Birol, "Let's End the Silence on This Canary in the Climate Coal Mine," *The Washington Post*, September 19, 2023, https://china.usembassy-china.org.cn/lets-end-the-silence-on-this-canary-in-the-climate-coal-mine/.

③ Seth Borenstein and the Associated Press, "John Kerry Says U.S. Stands with 56 Countries Committed to Phasing out Coal Power Plants Entirely," December 4, 2023, https://fortune.com/2023/12/04/john-kerry-phase-out-coal-power-56-countries-cop28-dubai/.

④ The White House, "G7 Hiroshima Leaders' Communiqué," May 20, 2023, https://www.whitehouse.gov/briefing-room/statements-releases/2023/05/20/g7-hiroshima-leaders-communique/.

团也明确表示"将根据国情加速逐步减少（phase down）未装碳捕集装置的煤电"。① 需要指出的是，欧盟和小岛屿国家联盟（Alliance of Small Island States, AOSIS）也一直大力推动"淘汰"化石燃料。

美国试图推动中国做出"去煤"承诺，停止批准建设新的燃煤电厂，逐步淘汰煤炭。目前，中国燃煤发电量占全球煤电总量的一半以上，并且煤电装机容量仍在增加。在国际上，2021年，中国承诺停止为海外煤炭项目提供资金；但在国内，尽管中国迅速部署可再生能源，煤炭仍占中国能源消耗总量的56.2%。② 2023年中美联合发布的气候声明虽未承诺迅速摆脱化石燃料，但做出明确表态："电力行业排放在达峰后实现有意义的绝对减少。"③ 中国气候变化事务特使解振华曾公开表示，当大规模储能、输电、智能电网、微电网等技术尚不完全成熟时，化石燃料可以作为一种灵活的备用能源。④

同时，美国加紧与盟伴合作，通过建立新的伙伴关系推动主要用煤大国加快脱碳步伐。"公正能源转型伙伴关系"（Just Energy Transition Partnership, JETP）是在2021年格拉斯哥气候大会上启动的新机制，目的是帮助严重依赖煤炭的新兴经济体实现公正的能源转型，不仅支持这些国家在摆脱煤炭生产和消费时自行确定路径，而且帮助这些国家解决"去煤"所造成的社会后果，例如为受影响的工人提供培训及创造就业的机会，为受影响的社区提供新的经济机会等。第一个"公正能源转型伙伴关系"的受益国是南非，当时法国、德国、英国、美国和欧盟承诺为南非提供85亿美元

① G20 Information Centre, "G20 New Delhi Leaders' Declaration," September 9, 2023, http://www.g20.utoronto.ca/2023/230909-declaration.html.

② 《2022年我国能源生产和消费相关数据》，中华人民共和国国家发展和改革委员会官网，2023年3月2日，https://www.ndrc.gov.cn/fggz/hjyzy/jnhnx/202303/t20230302_1350587.html。

③ 《中美发布关于加强合作应对气候危机的阳光之乡声明》，新华网，2023年11月15日，http://www.news.cn/2023-11/15/c_1129976165.htm。

④ Joe Lo, "China Opposes 'Not Realistic' Global Fossil Fuel Phase-out," September 21, 2023, https://www.climatechangenews.com/2023/09/21/china-opposes-not-realistic-global-fossil-fuel-phase-out/.

的资金。2022~2023 年，"公正能源转型伙伴关系"的受益国逐渐扩展到印度、印度尼西亚、越南和塞内加尔等国；与此同时，捐资方范围也扩大到多边开发银行、国家开发银行等发展金融机构。①

化石燃料的使用也是 2023 年联合国气候谈判大会的焦点议题。各国就逐步减少与逐步淘汰化石燃料展开激烈谈判，最终在"阿联酋共识"中删掉了草稿案文中"逐步淘汰"的表述，改为在能源系统中"转型脱离"（transition away）化石燃料。② 此外，"阿联酋共识"还强调"加快努力，减少未装碳捕集装置的煤电"。③ 尽管如此，全球在化石燃料削减与退出这一关键问题上仍需要巨大的政治努力。

（四）推进交通运输部门减排目标

交通运输部门的碳排放约占全球碳排放总量的 1/4。尽管生物燃料、电动汽车等清洁技术的发展对该部门的减排做出巨大贡献，但长期以来，受制于技术、经济、社会文化等多种因素，该部门减排的难度一直很大。2023年，交通运输部门的国际减排合作有了一定的进展。其中，多数国际合作表态要朝减排方向努力，但并未设定具体减排目标。譬如，"印太经济繁荣框架"在其四大支柱之一"清洁经济"支柱中提出，要通过建立绿色航运走廊、增加可持续航空燃料的生产和供应以及促进道路部门脱碳等方式，减少运输部门对气候的影响。④

从全球来看，七国集团在交通运输部门的减排方面处于领先地位，设定了三项目标和举措。其一是公路部门高度脱碳，即到 2035 年，轻型车辆的

① Katherine Kramer, "Just Energy Transition Partnerships: An Opportunity to Leapfrog from Coal to Clean Energy," December 7, 2022, https://www.iisd.org/articles/insight/just-energy-transition-partnerships.

② UNFCCC, "Outcome of the First Global Stocktake," December 13, 2023, p. 5, https://unfccc.int/sites/default/files/resource/cma5_auv_4_gst.pdf.

③ UNFCCC, "Outcome of the First Global Stocktake," December 13, 2023, p. 5, https://unfccc.int/sites/default/files/resource/cma5_auv_4_gst.pdf.

④ US Department of Commerce, "IPEF: Pillar III - Clean Economy," November 16, 2023, https://www.commerce.gov/ipef/pillar-iii.

销售实现 100% 或压倒性渗透率（overwhelming penetration）的零排放车辆（zero emission vehicles, ZEV）；到 2035 年，乘用车新车销量实现 100% 电动汽车；促进相关基础设施建设和可持续的碳中和燃料（包括可持续生物燃料和合成燃料）应用；到 2030 年，全球销售的零排放轻型车辆占比达到50% 以上。其二是国际航运部门脱碳，即最迟到 2050 年，实现国际航运部门的温室气体全生命周期零排放（GHG lifecycle zero emissions）；承诺为国际海事组织（International Maritime Organization, IMO）的温室气体减排战略设定 2030 年和 2040 年的中期目标。其三是国际民航部门脱碳。国际民航组织（International Civil Aviation Organization, ICAO）承诺，到 2050 年实现国际航空的净零排放目标，包括推广和引进可持续航空燃料，引进新技术与改善运营，并加强国际民航组织的"国际航空碳抵消和减排计划"（Carbon Offsetting and Reduction Scheme for International Aviation, CORSIA）。[1]

此外，在以美国为首的发达国家的推动下，2023 年联合国气候谈判在决议中首次明确提到道路运输减排问题。"阿联酋共识"明确提出，通过各种路径加快减少道路运输排放，包括开发基础设施和快速部署零排放和低排放车辆。[2]

二 "止"：美国技术合作与资金筹措行动差距显著

全球清洁能源转型需要依靠技术发展与资金支持。《联合国气候变化框架公约》和《巴黎协定》均要求，发达国家应向发展中国家提供资金、技术转让、能力建设等方面的支持，帮助后者应对气候变化。然而，2023 年美国在清洁能源技术转移与国际气候资金筹措等关键问题上的进展有限，与联合国气候谈判达成的共识以及发展中国家的实际需求差距较大。

---

[1] The White House, "G7 Hiroshima Leaders' Communiqué," May 20, 2023, https：//www. whitehouse. gov/briefing-room/statements-releases/2023/05/20/g7-hiroshima-leaders-communique/.

[2] UNFCCC, "Outcome of the First Global Stocktake," December 13, 2023, p. 5, https：//unfccc. int/sites/default/files/resource/cma5_ auv_ 4_ gst. pdf.

（一）清洁能源技术合作进展有限

美国气候外交在清洁能源技术合作方面取得了一些进展。除了与发达国家之间加强技术合作之外，美国还通过联合研发、商业化开发、提供培训等方式促进主要新兴经济体对清洁能源技术的投资。但是，与自身的技术能力相比，美国对发展中国家的技术转移与技术援助远未体现其潜力；与联合国气候协定所要求的技术转让责任相比，美国对发展中国家的技术合作广度与深度未能充分考虑发展中国家在技术转让方面的实际需要。

美欧之间正在持续加强清洁能源技术合作。美欧在能源与气候领域的交流渠道众多，包括双边机制如欧盟-美国能源委员会（EU-US Energy Council）、贸易和技术委员会（Trade and Tech Council）、跨大西洋能源和气候合作伙伴关系（Partnership for Transatlantic Energy and Climate Cooperation），以及多边机制如清洁能源部长级会议（Clean Energy Ministerial）和"使命创新倡议"（Mission Innovation）等。2023年美欧峰会期间，双方再次强调在可再生能源等关键和新兴技术上研究合作的重要性，拟通过开展跨大西洋研究资助活动使美欧研究人员能够发挥其在气候领域的领导作用。[①]

广大发展中国家应对气候变化急需来自发达国家提供的技术支持和帮助，尤其是那些最贫困、最脆弱的国家。美国虽然对部分发展中国家提供了一定技术支持，然而，总体来看，美国向发展中国家转让技术的范围和程度远远不能满足发展中国家清洁能源转型的需求。

在美国与发展中国家的互动中，美国与印度的清洁能源技术合作成果非常突出，展示出发达国家与发展中国家开展技术合作的常规模式。早在2021年4月美国召集的领导人气候峰会上，美印两国就启动了"美印气候和清洁能源2030议程伙伴关系"（US-India Climate and Clean Energy Agenda 2030 Partnership），以加强双边气候和清洁能源合作。其中，两国将2018年

---

① The White House, "U. S. -EU Summit Joint Statement," October 20, 2023, https://www. whitehouse. gov/briefing-room/statements-releases/2023/10/20/u-s-eu-summit-joint-statement/.

建立的"战略能源伙伴关系"（Strategic Energy Partnership）升级为"战略清洁能源伙伴关系"（Strategic Clean Energy Partnership），进一步确保能源安全，并且更加重视清洁能源技术创新。

在上述合作的基础上，2023年6月，美印发表联合声明，承诺迅速地大规模部署清洁能源，并在清洁能源技术（如能源储存、碳捕集与储存、氢能等）方面开展合作。① 首先，鉴于核能在全球脱碳进程中发挥的重要作用，美印决定合作开发下一代小型模块化反应堆（Small Modular Reactor，SMR）技术，供应印度国内市场及出口。目前，印度核电有限公司（Nuclear Power Corporation of India Limited，NPCIL）和美国西屋电气公司（Westinghouse Electric Company，WEC）正在就在印度建造六座核反应堆进行谈判。此外，在国际核能治理问题上，美国支持印度加入"核供应国集团"（Nuclear Suppliers Group，NSG），并承诺继续与盟伴合作推进这一目标。② 其次，美印双方承诺建立"美印新兴可再生能源技术行动平台"（US-India New and Emerging Renewable Energy Technologies Action Platform，RETAP），加速在绿氢、海上与陆上风电以及其他新兴技术方面的合作，加速关键技术的开发，推进实现清洁能源目标。最后，美印双方共同启动"南亚能源集团"（South Asia Group for Energy，SAGE），以深化印度机构与美国国家实验室之间的合作，支持研究、分析和能力建设活动，包括开展低碳技术生命周期评估的建模和建筑部门的能源消费分析等。③

中国急需先进技术助力清洁能源转型，然而，中美之间的清洁能源技术合作却止步不前，所谓合作仅限于政策对话与信息交流。譬如，2023年的

---

① US DOE, "U. S. and India Advance Partnership on Clean Energy," July 18, 2023, https：//www. energy. gov/articles/us-and-india-advance-partnership-clean-energy.

② The White House Press, "Joint Statement from the United States and India," June 22, 2023, https：//in. usembassy. gov/joint-statement-from-the-united-states-and-india/. 中文版美印联合声明可参考《美印联合声明来了！前所未有的全方位合作》，欧亚系统科学研究会官网，2023年6月26日，https：//www. essra. org. cn/view-1000-5165. aspx。

③ US DOE, "U. S. and India Advance Partnership on Clean Energy," July 18, 2023, https：//www. energy. gov/articles/us-and-india-advance-partnership-clean-energy.

中美气候声明仅表态"开展政策对话、技术解决方案交流和能力建设""就控制和减少排放的政策、措施和技术进行信息交流,分享各自经验"等。声明中唯一涉及具体技术目标的内容是"两国争取到 2030 年各自推进至少5 个工业和能源等领域碳捕集利用和封存(CCUS)大规模合作项目"。[①] 相较于两国的合作潜力,中美清洁能源技术合作的进展十分有限。

事实上,清洁能源技术在美国整体对华战略中的重要性不断上升。美国2022 年出台的《通胀削减法》、2023 年针对该法实施出台的细则指导,就是这种重要性上升的体现。《通胀削减法》虽然有利于美国的清洁能源转型,但是其歧视性政策损害了其他国家利益。对此,美国推出补救方案,然其目的在于诱导替代中国原料及产品,重组供应链,最终使美国相对于中国更具竞争力。美国认为,对全球清洁能源技术主导地位的争夺会影响中美两国政治、社会、经济体系的相对合法性。因此,美国将清洁能源技术投资视为提高国家竞争力的一种零和博弈,竭力与中国竞争国际市场与国际地位,争相将先进清洁能源技术推向国际市场,在第三国争夺相关技术产品与设施的主导地位。[②]

(二)重塑清洁能源供应链阻碍了多边主义

美国积极整合经济和政治实力,构建其未来的清洁能源产业。其中,清洁能源供应链成为核心议题。美国围绕清洁能源技术和关键原材料,与盟伴及第三国建立新的伙伴关系。这已经成为美国以气候议题为抓手构建对华共识的重要工具。美国试图在清洁能源转型中增强本国竞争力,并长期维护美国的国际影响力。

美国在其与盟伴的清洁能源合作中,强调加强对全球供应链的政策协调。2023 年 3 月,美国和日本签署了一项关键矿产协议——《美日关于加强关键矿产供应链的协定》(Agreement Between the Government of Japan and the Government of the United States of America on Strengthening Critical Minerals

---

① 《中美发布关于加强合作应对气候危机的阳光之乡声明》,新华网,2023 年 11 月 15 日,http://www.news.cn/2023-11/15/c_1129976165.htm。
② 赵行姝:《美国电动汽车新规的"双重歧视"及其动因》,《经济日报》2023 年 8 月 18 日。

Supply Chains）,①"关键矿物"包括钴、石墨、锂、锰和镍，即电动汽车生产中需要的所有关键原料。该协议的内容包括共同打击其他国家在该行业的"非市场政策与做法"，对关键矿物供应链中的外国投资进行投资审查，以及合作阻止涉及强迫劳动的关键矿物的货物进口等。显然，鉴于中国在电动汽车、电池制造及关键矿物开采和提炼领域的全球主导地位，美国和日本显露出减少在此类行业中对中国的依赖的意图。当前，美国正寻求与其他国际组织和国家（如欧盟、英国、印度尼西亚等）达成关键矿物协议，美日关键矿产协议可能会成为美国与其他国家达成此类协议的模板。② 美国通过与盟伴协调政策，重构全球清洁能源供应链。此举不仅可以加强与盟伴的经济融合和政治互信，共同打造清洁能源产业；而且可以在清洁能源产业供应链中减少对中国的依赖，削弱中国的地缘政治影响力。

拜登政府重视与关键矿产资源国的合作，尤其注重与盟友协调政策，共同寻求扩大与东南亚国家的矿物贸易，减少对中国的依赖。美日韩三国在2023 年 8 月发表的《美国、日本、韩国联合声明》（Joint Statement of Japan, the Republic of Korea, and the United States）中表示，将帮助发展中国家在清洁能源产品供应链中发挥更大作用。③ 同时，美国与越南、印度尼西亚等国开始商讨共同开发关键矿物的行动计划，以提高关键矿物在彼此境内投资的标准。这类合作产生的效益是多方面的。一方面，对于资源国来说，参与美国主导的清洁能源供应链建设，加强市场规则制度建设，可以促进国内资源开发，创造就业机会，将本国经济增长锚定在未来的清洁能源产业中。另一方面，美国的做法是将资源国融入美国主导的清洁能源供应链，美国可在经

---

① Office of US Trade Representative, "United States and Japan Sign Critical Minerals Agreement," March 28, 2023, https://ustr.gov/about-us/policy-offices/press-office/press-releases/2023/march/united-states-and-japan-sign-critical-minerals-agreement.

② 赵行姝：《美国电动汽车新规的"双重歧视"及其成因》，《经济日报》2023 年 8 月 18 日。

③ The White House, "The Spirit of Camp David: Joint Statement of Japan, the Republic of Korea, and the United States," August 18, 2023, https://www.whitehouse.gov/briefing-room/statements-releases/2023/08/18/the-spirit-of-camp-david-joint-statement-of-japan-the-republic-of-korea-and-the-united-states/.

济上直接受益于这些国家的矿产资源；同时，还可以利用清洁能源作为对华施压工具，胁迫资源国做出可能违背其国家利益的决策，从而塑造资源国对中国的强硬立场。

总之，清洁能源转型是全球应对气候变化的必经之路。拜登政府构建清洁能源供应链的做法，已经清晰地表明美国在气候变化、产业竞争力与国家安全方面的优先事项。美国与盟伴及资源国建立的清洁能源供应链机制是排他性的小圈子，并非真正践行多边主义、推动全球气候治理体系的完善和发展。此外，美国主导的清洁能源供应链为盟伴提供了参与清洁能源转型的新平台、新机制，但也有可能迫使他们表态抗衡中国，导致这些国家被裹挟进大国竞争之中，从而不得不面临新的挑战。

（三）国际气候资金筹措面临困境

根据联合国气候谈判达成的协议，发达国家需要为发展中国家应对气候变化提供资金支持。发达国家承诺每年向发展中国家提供 1000 亿美元，并在 2025 年前落实长期资金安排，2025 年以后提供的新的集体量化目标（New Collective Quantified Goal，NCQG）至少为每年 1000 亿美元。《格拉斯哥气候公约》（Glasgow Climate Pact）还增加了新的规定，要求发达国家到 2025 年要将其为发展中国家提供的适应资金在 2019 年的水平上至少增加 1 倍。[①] 然而，现实情况是，发达国家的资金履约情况不佳。迄今为止，发达国家尚未兑现 1000 亿美元的气候承诺。发达国家 2017 年提供的公共气候资金为 454 亿美元，2018 年为 518 亿美元，[②] 2021 年为 896 亿美元。[③]

---

① UNFCCC, "Glasgow Climate Pact," 2021, p. 3, https：//unfccc. int/sites/default/files/resource/cma3_ auv_ 2_ cover%20decision. pdf.

② UNFCCC Standing Committee on Finance, "Summary by the Standing Committee on Finance of the Fourth （2020） Biennial Assessment and Overview of Climate Finance Flows," 2021, p. 6, https：//unfccc. int/sites/default/files/resource/54307_ 1%20-%20UNFCCC%202020%2020-%20Summary%20-%20WEB. pdf.

③ UNFCCC, "Outcome of the First Global Stocktake," 2023, p. 11, https：//unfccc. int/sites/default/files/resource/cma5_ auv_ 4_ gst. pdf.

事实上，发达国家落实出资承诺的情况与发展中国家的资金需求之间存在巨大差距。发展中国家应对气候变化需要巨额资金。2023 年，国际可再生能源署与二十国集团轮值主席国印度发布联合报告——《能源转型的低成本融资》（Low-cost Financing for Energy Transitions）。据该报告计算，全球每年需要的可再生能源投资为 4.4 万亿美元。① 资金常设委员会（Standing Committee on Finance，SCF）发布的《技术报告》（Technical Report）中，在"发展中国家需求"（the Needs of Developing Countries）部分汇总了发展中国家的资金需求，根据 153 个发展中国家缔约方提供的国家自主贡献数据，共有 78 个国家的国家自主贡献涉及气候资金需求，到 2030 年前合计资金需求是 5.8 万亿~5.9 万亿美元。②

美国要想重获全球气候治理的领导地位，就需要履行资金义务，增加对发展中国家应对气候变化的资金支持，促使全球资金流动与《巴黎协定》的目标保持一致。事实上，美国未能切实履行自身的气候资金筹集义务。以绿色气候基金（Green Climate Fund）为例，该基金是全球规模最大的专门气候融资机制。在初始筹资期（2015~2019 年），共有 49 个捐助者承诺对绿色气候基金投入资金，共计 103 亿美元。美国是对绿色气候基金拖欠承诺资金的 6 个国家之一。在绿色气候基金的第一个增资期（2020~2023 年），有 34 个捐款国承诺增资，共计约 100 亿美元，但美国没有参与此次增资。③

---

① International Renewable Energy Agency (IRENA)，"Low-cost Finance for the Energy Transition," May 2023，p. 5，https：//mc-cd8320d4-36a1-40ac-83cc-3389-cdn-endpoint. azureedge. net/~/media/Files/IRENA/Agency/Publication/2023/May/IRENA_ Low_ cost_ finance_ energy_ transition_ 2023. pdf？rev=02ba5ca271cc40e7a0c9d76586fd209f.

② UNFCCC：《中国关于全球盘点的提案》，2022，第 5 页，https：//unfccc. int/sites/default/files/resource/202212011142---%E4%B8%AD%E5%9B%BD%E5%85%B3%E4%BA%8E%E5%85%A8%E7%90%83%E7%9B%98%E7%82%B9%E7%9A%84%E6%8F%90%E6%A1%88. pdf；UNFCCC Standing Committee on Finance，"Technical Report：Report on Progress Towards Achieving the Goal of Mobilizing Jointly USD 100 Billion Per Year to Address the Needs of Developing Countries in the Context of Meaningful Mitigation Actions and Transparency on Implementation," 2022，pp. 59-60，https：//unfccc. int/sites/default/files/resource/J0156_ UNFCCC% 20100BN% 202022% 20Report_ Book_ v3. 2. pdf。

③ 详见赵行姝《美国对绿色气候基金的政策演变及其根源》，《中国社会科学院大学学报》2023 年第 8 期。

此外，当前，美国并未实质性地增加国际公共气候资金，仅在双边、多边气候外交中多次表态要加强气候筹资与投资合作。譬如，2023 年 8 月，美日韩三国共同强调，通过三国发展金融机构之间的合作以及"全球基础设施和投资伙伴关系"（Partnership for Global Infrastructure and Investment, PGII）等机制，加速清洁能源转型，为优质基础设施和韧性供应链筹集资金。① 七国集团除表态发达国家缔约方应带头调动气候资金外，还强调所有有能力但尚未成为当前国际气候融资提供者的国家和利益攸关方都需要为这方面的全球努力做出贡献。② 显然，以美国为代表的发达国家不是想方设法补齐自身短板，而是把资金责任寄托在扩展增资渠道等外部支持上，这有悖于联合国气候谈判形成的共识。

三 美国气候外交的实质、成效与特点

（一）美国气候外交"进"与"止"的实质

美国的对外气候政策同时考虑了气候领导力、大国竞争与国家安全等因素。拜登执政后，明确提出美国要在落实《巴黎协定》的过程中发挥领导作用，推动世界各国增强气候雄心。为此，拜登政府将气候变化确定为美国外交政策和国家安全的基本要素，要求各联邦机构将气候因素整合进自身的国际工作之中。简而言之，拜登将气候议题完全纳入美国双边和多边外交之中。

同时，美国认为，中国快速发展和气候变化两大挑战并存，相互影响。未来 10 年，是中美"战略竞争"和气候安全的关键时期。从中美"战略竞

---

① The White House, "The Spirit of Camp David: Joint Statement of Japan, the Republic of Korea, and the United States," August 18, 2023, https://www.whitehouse.gov/briefing-room/statements-releases/2023/08/18/the-spirit-of-camp-david-joint-statement-of-japan-the-republic-of-korea-and-the-united-states/.

② The White House, "G7 Hiroshima Leaders' Communiqué," May 20, 2023, https://www.whitehouse.gov/briefing-room/statements-releases/2023/05/20/g7-hiroshima-leaders-communique/.

争"来看，美国意图保持对华技术优势，全面挤压中国的国际空间。从应对气候变化来看，最大化清洁能源部署是实现气候目标的关键所在。美国在这两个战略方向上的政策持续发展与交汇，结果导致清洁能源技术在美国对华战略中的重要性不断上升。

上述影响因素共同作用的结果，导致拜登政府的气候外交有"进"有"止"。"进"表现为美国推动世界主要国家增强气候雄心，特别是试图促使中国明确甲烷减排、可再生能源等目标；同时，美国积极寻求与盟伴深化针对中国的清洁能源供应链合作。"止"表现为美国对包括中国在内的发展中国家群体在清洁能源技术转移、气候资金等方面的支持进展有限，与联合国达成的共识存在较大差距。

本质上，拜登政府在气候外交中的"进"与"止"，都是基于美国的优势而有不同的政策侧重点。"进"是高举气候道义大旗，联系盟伴，示范引领，以及施压包括中国在内的主要发展中大国，敦促后者加速实现碳中和。"止"是关注市场竞争力，通过引导发展中国家选择低碳或零碳发展路径，为美国开拓全球清洁能源市场，增强其竞争力，同时降低本国应对气候变化的成本，最终长期维护美国的国际影响力。

（二）衡量美国气候外交的成效

鉴于联合国气候谈判仍是全球气候治理的主渠道，国家自主贡献仍是《巴黎协定》发挥作用的主要机制，因而评估美国气候外交有没有加速全球清洁能源转型的衡量指标至少应该包括两个方面：其一，美国有没有推动联合国气候谈判达成重要新共识；其二，美国有没有推动主要国家加大其气候行动（包括国家自主贡献）的力度？——如提出增加可再生能源装机容量、逐步淘汰化石燃料、扩大气候资金规模等新的具体目标。

由前文可知，美国率先通过气候外交与主要国家在温室气体减排相关议题上达成共识，尔后世界各国通过联合国气候谈判达成了"阿联酋共识"，后者明确将甲烷减排、可再生能源发展等目标纳入其中。显然，美国在推动联合国气候谈判达成共识的过程中发挥了积极作用。

短期来看，拜登政府的气候外交在很多方面是有效的。如前文所述，美国与主要国家的气候合作均明确地提高了可再生能源装机容量目标。美国与中国的气候合作拟将甲烷减排纳入 2035 年国家自主贡献之中。美国与发达国家盟友率先对交通部门脱碳设定了具体目标。此外，美国还广泛与相关国家合作，提出自愿行动倡议，建立沟通渠道，强化合作机制。需要说明的是，相关国家虽然做出承诺，但是从承诺目标到落地执行尚有很多工作要做。所以，现在说美国的气候外交已对全球清洁能源转型产生实质性影响还为时尚早。

（三）清洁能源日益成为美国的对外竞争工具

一国最初对气候变化的反应是，气候变化是环境危机，全球需要通过外交与合作共同制定减排目标，而要实现上述减排目标将不得不牺牲一些经济增长。但是，随着全球进入深度脱碳阶段，清洁能源技术与产业本身已经成长为经济增长的引擎之一。于是，气候政策的关注点开始从环境合作逐渐演变为经济竞争。主要国家竞相将清洁能源技术推向市场，竞争国际市场与国际地位，争夺清洁能源技术与产业带来的巨大经济收益与国际影响力。上述政治、经济因素正在塑造全球清洁能源技术生态系统。

从美国的气候外交来看，大国竞争、地缘政治因素越来越多地影响着美国与盟伴和中国的气候关系。美国将应对气候变化、清洁能源转型从合作共赢逐渐转变成竞争博弈。清洁能源日益成为美国实现其全球战略与对外政策目标的工具。

拜登在气候问题上对华态度强硬。他公开表示，要鼓励本国发展清洁能源项目，加强美国的供应链，减少对中国等竞争对手的依赖。[①] 在国

---

① The White House, "Fact Sheet: Biden - Harris Administration Announces New Clean Energy Projects to Revitalize Energy Communities, Support Coal Workers, and Reduce Reliance on Competitors Like China," April 4, 2023, https://www.whitehouse.gov/briefing - room/statements-releases/2023/04/04/fact-sheet-biden-harris-administration-announces-new-clean-energy-projects-to-revitalize-energy-communities-support-coal-workers-and-reduce-reliance-on-competitors-like-china/.

会，两党的战略都是优先考虑大国竞争、地缘政治竞争而非应对气候变化。民主党人支持加速清洁能源转型，因担心依赖中国而急于与中国清洁能源产业"脱钩"；共和党人则专注于超越中国，因担心过度依赖中国而希望放缓清洁能源转型。① 结果是，在美国国内，通过产业政策应对气候危机、发展清洁能源成为优先事项；在国际上，美国推崇依靠"近岸""友岸"实现清洁能源目标，② 而非依赖中国的矿产加工与产品制造。这些举措带来的直接后果是中美气候合作的内容和深度远不及美国与盟伴及其他国家的合作，浪费了气候议题为两国关系改善提供的潜力巨大的机会。

美国雄厚的技术能力和庞大的资金动员能力为其在清洁能源转型过程中发挥领导作用提供了支持。但是，将清洁能源作为对外政策工具来实现美国的地缘政治目标能否成功，取决于美国能否为其追随者提供预期收益——如获取先进技术、降低清洁能源转型的成本等。

结　语

拜登政府已将应对气候变化作为其首要任务之一，不断加强与盟伴的清洁能源合作。同时，清洁能源也成为美国在大国竞争加剧、地缘政治紧张的局势下与盟伴加强合作、抗衡中国的抓手。美国推动全球清洁能源转型既给中国带来了利益拓展的机遇，也带来了规则压力及地缘政治挑战。伴随"战略竞争"的加剧以及中美气候合作的推进，未来中美关系将变得更加复杂。此外，2024 年是美国总统大选年，其结果将对世界产生重要影响。从

---

① Jennifer Lee, "Beauty and the Beast: Implications of the US-China Tech War on Climate and Energy," March 6, 2023, https://www.atlanticcouncil.org/blogs/energysource/beauty-and-the-beast-implications-of-the-us-china-tech-war-on-climate-and-energy/.

② 友岸外包（friendshoring）指的是一国将供应链网络重点放在政治和经济方面的盟国，近岸外包（nearshoring）指的是一个公司将业务转移到周边国家——通常是邻国。相关内容详见《"友岸外包"是什么意思?》，世界经济论坛网站，2023 年 2 月 24 日，https://cn.weforum.org/agenda/2023/02/friendshoring-buzzwords/。

历史上看，美国民主党与共和党在气候政策上分歧显著。对此，国际社会要对美国新一届政府在气候议题上的可能做法做好相应准备。为促进自身清洁能源技术与产业发展，同时通过气候外交进一步推动国际气候议程，中国应密切关注美国气候外交的动态。

（审读　李恒阳）

B.17
美国对华政策调整与中美科技
交流前景分析

王 玮*

摘 要: 拜登政府早期延续了前任政府的强硬对华政策。执政时间过半之后,拜登政府认识到这一政策难以奏效,遂适当调整了对华政策。这在一定程度上推动中美关系止跌回稳。但是,在重要或敏感事务领域,美国仍在推进遏制中国的战略。出于所谓"竞争优势"和"国家安全"双重考虑,美国继续执行科技打压中国的方针。展望未来,即便中美人文交流有所恢复,科技交流也会受到一定限制。

关键词: 美国外交 中美关系 科技博弈 竞争优势 国家安全

科技发展与技术进步是各国推动长期经济增长、全方位提升国际竞争力的根本保障。美国作为科技创新的领先国家,一直把维持科技领先优势作为重要的国家战略。近年来,随着中美竞争关系凸显,两国在科技领域的竞争日益受到关注。本文简要考察 2023 年中美关系的基本态势,研判美国对华政策的调整对两国人文科技交流的影响。

一 2023年中美关系简要回顾

2023 年的中美双边关系呈现典型的"低开高走"态势。年初发生的美

---

* 王玮,中国社会科学院美国研究所研究员,美国外交研究室副主任,主要研究领域为美国外交、外交政策分析、国际关系理论。

国所谓"气球事件"一度使中美关系陷入低谷。当时，美国国内舆论一边倒，要求拜登政府对华强硬。事件破坏了 2022 年底双方在印尼巴厘岛峰会后重启关系的利好氛围，各项预定的交往活动并没有如期展开。中美关系何去何从，人们心中并没有答案。下面简要回顾一下 2023 年中美之间的重要外交往来。

2023 农历新年，美国媒体突然炸锅式报道"气球事件"，它们利用普通公民的好奇心，巧妙地发挥了媒体作为美国第四权力的影响。美国媒体将这个问题定性为一个"可怕的阴谋"，敦促拜登政府做出"强力回应"。美国的做法给中美外交交往的气氛蒙上了阴影，对本已恶化的双边关系火上浇油。

事件发生时，中美元首在印尼巴厘岛的会晤才刚刚过去两个半月。会晤期间，双方曾在恢复全球经济、加强亚太地区合作、促进国际金融稳定、应对全球气候变化等问题上达成共识，并且在稳定中美关系方面取得积极成果。新春伊始，中美双方本该着手采取行动，落实双方在印尼巴厘岛达成的共识。然而，"气球事件"打乱了双方稳定双边关系的正常步骤。

2023 年春夏以来，中美双边高级别官员会晤逐渐增多，职能部门沟通日益频繁，双边关系出现止跌企稳态势。6 月以后，美国内阁级官员频繁访问中国。王毅多次会见美方官员，双方沟通了彼此的关切。9 月下旬，中国国家副主席韩正赴纽约出席联合国活动。10 月中旬，美国参议院多数党领袖查克·舒默（Chuck Schumer）率团访问中国，这意味着两国近年来几乎中断的立法机构的往来得到了一些恢复。高层互动不断开展并取得成果，标志着中美关系开始走出谷底。这为双边关系进一步发展创造了条件。11 月中旬，中国国家主席习近平受邀访问美国并出席亚太经合组织领导人非正式会议。习近平主席与美国总统拜登举行了双边会晤。这是两国元首自印尼巴厘岛会晤以来再一次举行面对面的会谈。习近平主席指出，大国竞争解决不了中美两国和世界面临的问题；中国没有超越或者取代美国的规划，美国也不要有打压遏制中国的打算。习近平主席在回顾双方巴厘岛会晤取得的成果

之后，对旧金山会晤提出了新的愿景，认为双方需要共同努力，浇筑中美关系的"五根支柱"。①

两国元首都认可双方团队自巴厘岛会晤以来为确立中美关系指导原则所做的努力，同意推动和加强中美两国在多领域的对话与合作，包括建立人工智能政府间对话，开展禁毒合作，恢复军事交流，进一步大幅增加航班班次，扩大人文社会交流等。两国元首都强调了中美两国共同加快努力应对气候危机的重要性，对两国气候特使近期开展的积极讨论表示欢迎。

美国媒体普遍认为，拜登政府在三个重要方面取得了突出的成果。第一，恢复了美方同中方的军事交流。第二，在美国人普遍关心的禁毒问题上，中美之间同意设立合作机制，有望开展长效合作。第三，推动中美高层交流常态化，在一定程度上稳定了中美关系。拜登重申美国坚持一个中国政策，美国不支持台湾独立。两国元首峰会取得的重要成果形成了引领两国关系的"旧金山愿景"。

二 拜登政府调整对华政策的动因

拜登政府执政以来，一度延续了前任政府对抗中国的政策。任期过半后，拜登政府在内政外交方面面临的压力与日俱增。意识到"极限施压"并不能让中国屈服，拜登政府开始强调同中国进行长期竞争。拜登政府开始调整政策，不再排斥同中国接触。拜登政府一改执政之初从"实力地位出发"与中国打交道的傲慢作风，转而务实地与中国沟通彼此间的分歧，寻求管控风险，并在双方有共同利益的领域寻求合作。

此前，特朗普政府采取的政策举措，受到美国知识界的普遍批评。拜登

---

① 一是共同树立正确认知，希望两国做伙伴，相互尊重、和平共处；二是共同有效管控分歧，不能让分歧成为横亘在两国之间的鸿沟，而是要想办法架起相向而行的桥梁；三是共同推进互利合作，开展禁毒、司法执法、人工智能、科技等领域的合作；四是共同承担大国责任，加强在国际和地区问题上的协调合作，向全球提供更多公共产品；五是共同促进人文交流，鼓励和支持两国人民多来往、多沟通。

政府早期也未摆脱前任政策惯性的影响。当然，除了受特朗普政府的惯性影响外，拜登政府的外交政策还受到奥巴马主义的影响。美国保守派媒体称拜登政府为"第三任奥巴马政府"。① 从拜登政府的人员构成看，他们认可并接受奥巴马的治国理念。在重大国内外议题上，民主党内存在萧规曹随的情况。在国际问题上，拜登政府试图重塑美国的"领导地位"，希望最大限度地打造美国的巧实力，以较低成本维持美国霸权，进而延长美国的"单极时刻"。为此，拜登政府治下的美国适度回归多边外交，力图通过建立伙伴关系、加强外交关系、推进一体化、推广"民主价值观"等途径，把盟友与伙伴凝聚在美国的旗帜之下。针对中国，不同于特朗普时期的"单打独斗"，拜登政府采取的是"群殴"策略，这主要体现在以下几个方面。

一是拉拢中国周边的大国，加快实施"离岸平衡"地缘政治战略。美国一直以来把维持海上主导权作为其全球战略重点。近年来，美国加速推进"印太战略"，重视提升同印度的合作。以美日同盟、美澳同盟为基础，美国不断推进美日印澳"四国机制"。此外，美国还在提升澳大利亚"对抗中国"的能力，特别是美英澳联盟（AUKUS）的形成，凸显了其"核武装澳大利亚"的愿望。美国"离岸平衡"策略的本质就是让中国陷入同周边大国的争端中自顾不暇。这样一来，美国就能两边得好处，坐收渔翁之利。

二是借助盟友与伙伴力量，以"集团对抗"方式压制中国的影响。近来，美国在经济和安全领域对中国进行双重施压，并就相关议题加大了与盟友协调的力度。经济上，美国谋求以可控的代价，逐步剔除中国在全球供应链中的影响。安全上，美国贯彻"以实力谋和平"的策略，2022年再大幅增加军费开支，并就"太平洋威慑计划"专门拨款。在科技领域，美国调动联盟体系对中国进行技术封锁的动向非常明确。在多个技术领域，美国试图联合盟友对中国形成优势局面。

三是滥用国际话语权优势，以意识形态画线。冷战后，美国学者提出

---

① "Obama III," Frontiers of Freedom, https：//www.ff.org/obama-iii/.

"霸权稳定论""文明冲突论""历史终结论"等政治学说。这些学说从不同侧面论证了美西方主导世界的合理性。按照这些学说,美西方实现了现代化、民主化,是先进社会的典范,是文明发展的指引。美西方自以为是地认为其有必要引导国际社会。

美国国内更是疯狂炒作"中国议题",在这种极端的气氛之下,美国延续了民粹主义的强硬路线。美国国会的反华浪潮此起彼伏,尽管议员在许多议题上尖锐对立,但在中国议题上却惊人的一致。在严肃的立法活动中,美国国会议员肆无忌惮地炒作"中国威胁"。在他们看来,中国的影响已经渗透到美国社会的各个角落。

尽管拜登政府惯性地延续了前任对抗中国的政策,但执政时间过半后发现这种对抗政策难以奏效,只会让美国面临的问题更严峻。这是拜登政府不得不放弃对华极限施压政策的根本原因。2021 年以来,受新冠疫情和地缘政治叠加影响,全球经济恢复势头减弱,贸易增速全面下降,大宗商品价格上涨,生产成本上升,世界各地出现通货膨胀,生活成本上升困扰各国人民。为控制通胀,美国一方面保持货币宽松,另一方面连续加息,致使本就困难的政府债务问题更趋严峻。在国际贸易方面,"特朗普关税"(Trump tariff)固然打击了中国的出口贸易,但也让美国消费者承担了额外的成本。由于国际贸易成本是美国消费者价格的重要构成内容,因此,要控制通胀就不能不控制这部分成本。但是,出于政治原因,拜登政府又不敢取消"特朗普关税"。显而易见的是,美国不能指望经济上打击中国而不受其反作用力的影响。最大的进口国不可能通过伤害最大的出口国获得单方面的好处,这是经济常识。所以,拜登政府调整对华经贸政策不过是在回归常识。

在国际方面,首先是俄乌冲突爆发,之后是中东地区的巴以问题进一步升级。与此同时,印巴边界冲突成为国际媒体的头条新闻;朝鲜半岛局势也趋于紧张。地区紧张局势持续加剧,危机冲突不断爆发,严重冲击了现有国际秩序。面对如此局面,美国焦头烂额,全然没有稳定秩序的能力和意愿。继续对抗中国,所得者小,所失者大。

国内外两方面的紧迫挑战，让拜登政府接受了政治现实，寻求与中国缓和关系。于是，就有了巴厘岛会晤和双方共识；一年后的旧金山首脑峰会，确认并重申了已有共识。

三　美国对华政策调整的限度

拜登政府受国内外形势所迫，在一定程度上调整了对华政策，致力于管控中美关系风险。故而一段时间以来，中美关系总体较特朗普政府时期有所缓和，较拜登政府早期也有所改善。但是，美国打压中国的长期战略没有发生变化，中美博弈的框架结构已然形成。

美国对中国的认知定位具有高度跨党派的共识，拜登政府调整对华政策是非常受限的。但是，美国对华政策在短期内确实有所调整。当前的中美关系明显不同于拜登政府上台时，更不同于特朗普政府时期。拜登政府有意识地管控风险，对其对华政策进行了微妙的调整。从习惯于对华采取强硬手段转变为在对华政策方面试图缓和紧张态势，美国的这一变化不容忽视。这一抉择显示了美国外交政策的新动向和趋势。美国在一些关键问题上逐渐减少对中国的直接批评和政治施压，转而开始强调通过对话和合作解决问题。与此同时，美国政府试图缓和中美关系的紧张态势，以便在全球性问题上寻求中国的配合和支持，因为拜登政府需要处理与众多国家的外交纷争。在这种背景下，美国需要尽可能地缓和对华关系。

拜登政府对华政策调整的主要表现，是明确坚持"四不一无原则"。所谓"四不一无原则"，即"美方不寻求打新冷战，不寻求改变中国的体制，不寻求强化同盟关系以反对中国，不支持'台独'，无意同中国发生冲突对抗"。这五条原则为中美关系的未来发展提供了一个相对稳定的预期，表明美国政府在处理对华事务时，已经将避免直接冲突和维护双边关系稳定放在了前所未有的重要位置。

当然，必须清晰地认识到，美国对华政策调整是阶段性的、技术性的，也是局部性的。虽然美国现阶段调整了高成本、高风险的全面对华对抗政策，但并不意味着它放弃了遏制中国的长期战略。美国是从实力地位出发看待国际问题的，早在小布什政府时期，美国就把中国定义成"战略竞争对手"。此后相继发生了"9·11"事件和全球金融危机。反恐合作和后危机合作促使中美两国形成良性互动，中国因此获得了 10 年"战略机遇期"。梳理历史进程的前后发展脉络不难发现，突发事件可能会短暂地转移美国对中国的战略打压，但不会打消美国对"挑战者"的猜忌和疑虑。一旦美国解决了它面临的外围问题，必然还会回到对付中国这个核心议题上。

相较于前任政府的强硬路线，拜登政府就对华政策做了技术性调整。拜登政府确立并坚持所谓"3C 法则"，即"竞争、合作加对抗"的对华政策框架。[1] 拜登政府的主要官员依然迷信美国的实力地位，认为只有不断施压才能让中国屈服。所以，拜登政府仍然坚持以竞争为中心的对华政策，这与特朗普政府的强硬对华政策没有本质上的区别。拜登政府对华政策调整的阶段性和技术性特征，决定了其对华政策调整只会局限于敏感性和重要性较低的领域。

总之，拜登政府的对华政策调整是阶段性的、技术性的、局部性的。美国可能会在一般议题上有所让步，以维持中美关系的基本稳定，但在事关美国长期竞争地位的关键领域和核心议题上，美国不仅不会做出丝毫让步，而且会加紧部署并快速推进。这样一来，科技领域因其重要性和敏感性，就被推到了中美长期竞争的最前沿。

四 中美科技交流面临诸多限制

美国对中国的防范一贯有之，"与中国贸易，但要避免增强中国的军事实力"，是美国政府长期以来明确的对华政策和方针。[2] 从过去由商务部出

---

[1] Jake Werner, "Competition versus Exclusion in U. S. -China Relations: A Choice Between Stability and Conflict," *Quincy Brief*, No. 45, September 14, 2023.

[2] "Trade with China, But Avoid Strengthening Its Military," Heritage Report, http://www.heritage.org/Research/AsiaandthePacific/EM749.cfm.

口管理局（Bureau of Export Administration，BXA）和国会技术评估局（US Congress，Office of Technology Assessment，OTA）负责，到现在由商务部产业与安全局（Bureau of Industry and Security，BIS）和美中经济与安全审查委员会（US-China Economic and Security Review Commission，USCC）负责，美国一直在评估中国相对于美国的实力状况。在此基础上，美国将酌情处置与中国经贸往来和科技交流的广度和深度。近来，美国开始对中美经贸和科技交流"踩刹车"，试图利用其在金融、技术、人才、信息等领域的传统优势，延缓中国的产业升级进程，阻碍中国获得竞争优势，限制高价值经济资源向中国集聚，并推动全球价值链重组。

美国一直把中国视为竞争者，对中国的防范一以贯之。随着中国实力日渐增长，美国对中国的战略定位从潜在的竞争者变成了现实威胁。美国的这种战略思想的转变，可以说在很大程度上受到了"竞争优势理论"的影响。1985年，哈佛大学教授迈克尔·波特（Michael E. Porter）出版了《竞争优势——营造并保持最佳表现》一书。此书出版以来再版过35次，在美国管理思想史上经久不衰，塑造着美国的精英战略思维。早在1987年，美国国会技术评估局的《对华技术转让》（Technology Transfer to China）政策报告就已采用"竞争优势"的概念，认为美国可以控制技术转让的数量和质量，以此掌握中国技术发展的真实状况，同时还能实现美国的商业利益，并在中国市场上排挤欧洲和日本等技术供应者。①

美国对华科技政策的基本假设是，在协调盟友的基础上，掌握中国技术发展的进度，随时打开或关上技术流动的阀门，并视情况调节知识和技术的流量。在冷战时期，美国以军用、民用和军民两用为门类标准，制定了"红、黄、绿"等不同的技术层次，有针对性地对技术流动进行精准控制。这套逻辑至今未变——当然，其具体做法可能有所"创新"。

美国对中国采取科技限制政策，是经济民族主义和技术民族主义思想泛

---

① U. S. Congress，Office of Technology Assessment，*Technology Transfer to China*（Washington，DC：U. S. Government Printing Office，July 1987）.

滥的产物。历史上，美国获得独立之后，英国并没有放弃在经济上控制北美的努力；相反，英国加大了对北美产业发展的限制力度。由于英国的产业政策打压，美国产业发展受到极大限制。美国内战爆发前夕，"其工业几乎没有出口，甚至不能满足国内消费者需求"。英国的政策让美国"成为原材料出口经济体，并依赖于英国的制造品"。① 英美两国的政策逻辑是相通的，都是追求在全球生产和贸易网络中占据高附加值市场，让其他国家竞争低附加值市场。它们也都刻意防止其他国家对自己的赶超，以维持其在全球经济体系中的顶端位置。

中国作为全球第二大经济体和最大的制造业中心，本身就会因为"规模效应""经济集聚""路径依赖"等经济规律的作用而对全球经济资源产生"磁吸效应"。进一步而言，这种经济集聚又像是滚雪球，会越来越快地推动全球经济资源流入中国。正因为对这种趋势感到担忧，美国开始为此设置障碍。它设置的各种障碍，有经济的，也有非经济的；既谋求推行美国的霸权意志，也希望破坏中国的发展构思。尽管美国设置的经济上的障碍林林总总，但不外乎就是以国内法为准绳，或者以"俱乐部规则"为依据，干预正常的经贸交流活动。非经济的障碍，则主要以政治化和安全化为手段，如打造民主国家经济联盟，开展美国联盟体系下的经济事务合作。设置这些障碍，或源自两种思维。一方面固然是贯彻美国的意志，例如特朗普政府"更新过时的国际贸易协定"，以使其更好地服务于"美国优先"政策目标；但另一方面，美国更多是在破坏中国的构思，使中国难以在国际市场上实现预期目标，如美国拉拢日本和欧盟对中国进行技术封锁。简言之，美国在压缩中国进入国际市场的渠道，在限制知识流动和技术扩散。

虽然日本、欧盟并不认可"美国优先"的做法，但它们也同样希望在经济上制衡中国。美国下大力气扶持印度的制造业，欧盟和日本加大对东南亚国家的经济拉拢，在很大程度上就是在中低端制造业领域给中国培植

---

① 〔美〕乔纳森·修斯、路易斯·凯恩：《美国经济史》，邸晓燕、邢露等译，北京大学出版社，2011，第421页。

竞争对手，削弱中国的经济影响力和国际竞争力。美日欧的长远目标在于维持西方主导的国际政治经济秩序，使西方和非西方国家的"核心-边缘"结构长期存在。它们对于保持已有技术优势的共同目标心领神会，对于维持发展中国家的"发展中状态"有共同默契。它们会支持其他国家，以削弱中国的经济影响，但是，它们也会像防范中国一样防范其他发展中国家，不会将高技术产品的研发和生产放在海外。从本质上讲，美西方推动全球价值链重组是在扶持"中国制造"的替代竞争者，使中国不得不去应对其他后发国家的替代性竞争，从而无法全力推动产业结构调整和产业技术升级。

总之，科技优势关系到美国的长期竞争力，是美国对华"战略竞争"的焦点议题。美国把竞争优势挂在嘴边，从来没有、未来也不会放松对华技术管制。随着中国不断进行技术追赶，中美两国间的技术差距有所缩小，在某些领域中国开始追平甚至超过美国。这引起美国的警觉，所以美国开始重新打造针对中国的技术壁垒。基于此，对华实施科技限制成为美国的首选战略。

未来，美国还会以"国家安全"为由，继续升级对中国的技术限制。目前，在关键领域、核心技术、重点应用等方面，美国已开始断供、限流，拧紧知识流动的阀门。在有助于中国实现技术突破的领域和有助于提升中国竞争力的环节，美国寻求彻底阻断中国利用美日欧知识、技术和人才等技术资源的管道。美国以"国家安全"为由进行干预，人为地设置障碍，严控对华高科技产品出口，拒绝中国企业并购相关公司或进入美国市场。[①]

此外，美国还充分发挥其在防扩散和出口管制方面的"制度优势"，对涉及中国的产品、项目、活动、人员等进行严密的安全审查。美国政府各部门纷纷设立"中国工作组"，跨部门审查堪称"交叉火力覆盖"。尽管美西方内部也有矛盾，但在面对共同威胁时，它们能够把阵营内部的矛盾先放到

---

① 丁泰夫、高飞：《"相互依存武器化"背景下的泛安全化解析——以美国对华科技竞争为例》，《国际安全研究》2024年第1期，第87~108页。

一边。未来，盟友及伙伴还会继续充当美国的帮手。

综上所述，拜登政府对华政策调整并没有根本性地扭转特朗普政府对华政策。相反，在重要和敏感领域，拜登政府不仅延续了前任做法，而且变本加厉地推进打压与遏制。在这一背景之下，原本正常的两国科技交流受到持续干扰和制约。面对美国科技打压，中国必须立足于未来竞争，走自强自立的道路，加大基础领域的研发投入。只有在基础研究中实现突破性进展，才能带动技术和应用领域推陈出新，推动中国的科技实力不断迈上新台阶。

（审读　刘得手）

B.18
美欧关系中的"控制"与"自主"博弈

张一飞*

摘　要:　在俄乌冲突与全球战略格局演变的作用之下,美欧关系除针对俄罗斯与中国进行合作与协调之外,或将明确出现一条以"控制"和"自主"为主要特征的新线索。基于身份一致的"塔尖阶层"、重要地区的地缘缓冲、经济发达的巨量市场等对欧洲的功能定位,美国对欧战略形成了由"彻底控制欧洲,使其完全按照美国利益行事"与"在各重要领域、议题中较大程度地影响欧洲集体决策,且可轻松阻止欧洲损害美国利益"组成的目标区间。美国采取了综合性措施,包括持续以北约蚕食欧盟的功能;借俄乌冲突加强在欧洲的军事部署,包括进驻核力量;全面加强对欧洲的变相经济掠夺;推动北约与中国交恶。与之对应,欧洲采取了全面建设安防能力、大力推进数字经济发展、积极提升能源储备水平、集中凸显欧洲独特价值等措施追求战略自主。这种"控制"与"自主"的博弈对美国、欧洲、西方阵营与全球战略格局造成了多重影响。

关键词:　美国外交　美欧关系　战略自主

"自古希腊以降,整部西方国际关系史本质上是一部'控制'与'反控制'的权力斗争史。这种对抗张力不仅存在于敌国之间,也存在于盟国之间。相较于前者,后者更为隐蔽,亦更能体现西方国际关系的本质。"[①]

---

* 张一飞,中国社会科学院美国研究所副研究员,主要研究领域为国际安全与大国战略、中美关系、战略文化。

[①] 张一飞:《美国对欧洲战略定位的调整及其政策评估》,《欧洲研究》2023年第3期,第38页。

2023 年，美国与欧洲延续了 2022 年以来较为明显的"控制"与"自主"博弈。就外部国际环境来看，俄乌冲突已经成为美欧关系的长期外部变量，在很大程度上塑造着西方世界的内部秩序；中国开始新一轮平稳发展，并继续被美国锁定为最重要的竞争对手，中美关系偶有缓和，但结构性矛盾仍然存在；由于发动和利用第三方国家的成本越来越高，美欧与俄罗斯依靠本方力量"决斗"的倾向越来越强，经过长期消耗，三方在国际实力格局中的地位相对下降，"全球南方"地位相对上升，南北格局趋于平衡；全球和平赤字、发展赤字、安全赤字、治理赤字持续加重，大量全球性问题仍未得到有效解决。在此背景下，美国越发试图因利乘便，深度控制欧洲，使欧洲在更大程度上服务于美国利益，以求减少美国自身的消耗，维护美国的霸权。欧洲对美国的控制倾向较为矛盾：一方面，以法国为代表的某些欧洲大国不愿放弃基于欧洲一体化进程的战略自主，希望避免为美国的利益火中取栗；另一方面，欧洲又在事实上无法脱离北约保护伞，谋求长期搭乘美国的安全"便车"。如此，美欧关系便从根本上形成了一种"控制"与"自主"的战略张力。

历史上，此类张力在美欧关系中偶尔出现，但对定义双边关系的主题没有起到决定性作用。然而，在俄乌冲突与全球战略格局演变的作用之下，美欧关系除针对俄罗斯与中国进行合作与协调之外，或将明确出现一条以"控制"和"自主"为主要特征的新线索。有鉴于此，本文将详细讨论美国控制欧洲的目的和方式，以及欧洲寻求战略自主的内涵和途径，并深入分析这种"控制"与"自主"博弈的多重影响及其演变前景。

一　美国对欧洲的战略施控

美国控制欧洲的逻辑起点是基于对欧洲的角色定位所形成的目标区间，其施控手段具有综合性和长期性的特点。

（一）美国对欧洲的功能角色定位

冷战结束后，美国为建立和维护全球霸权，对欧洲功能角色的定位趋于稳定，并在俄乌冲突之后更见清晰，它主要体现在文化、安全和经济三个方面。

1. 身份一致的"塔尖阶层"

美国霸权是一种西方文明走向极致后的衍生品，它在科技至上主义、庸俗消费主义、军事黩武主义、宗教新教化、种族混同化等方面与欧洲存在巨大差异,[①] 但整体而言，并没有突破以"资本主义""基督教""白人社会""民主自由""市场经济"等要素界定的西方文明边界。美国在推广价值理念、政治制度、发展模式的过程中，需要欧洲国家对其霸权的合法性加以印证和支持——美国霸权金字塔的"塔尖"始终为欧洲国家留有一席之地。在此基础上，美国与欧洲均有将中国、俄罗斯等非西方大国视为"挑战"和"对手"的内在冲动。尤其在"外部"压力上升之际，美国在身份层面仍愿将欧洲视为同一阵营的"自家人"，将美欧矛盾视为西方内部矛盾。

2. 重要地区的地缘缓冲

美国的欧亚战略旨在通过控制欧亚大陆的边缘地带，限制核心地区的大国对美国海权及其本土构成威胁。第二次世界大战结束后，欧洲作为美国在大西洋方向正面的陆地突出部，始终是美国对苏联或俄罗斯实施战略攻守的前沿阵地。冷战结束后，美国利用北约和欧盟的同步东扩，挤压俄罗斯的生存空间，而在俄罗斯有所反击之际，又屡屡将欧洲国家推向前台，规避本国与俄罗斯正面冲突的风险。随着美国战略界对俄罗斯的认知日趋消极以及俄乌冲突长期化趋势明朗，美国对欧洲的地缘政治依赖持续上升。个别美国总统的口头表态不应被视为美国对俄战略改弦更张。"苏

---

① 王晓德：《文化的他者：欧洲反美主义的历史考察》，中国社会科学出版社，2017，第19页。

联解体以来，几乎每一届美国总统在上任之初都会'重启'（即缓和）对俄关系"，"特朗普当选前后的'亲俄'取向，应该是符合美国对俄政策的一般形态和方式"。①

3. 经济发达的巨量市场

"欧盟和美国拥有世界上最大的双边贸易和投资关系，享有世界上最一体化的经济关系。尽管在 2020 年中国超越美国，成为欧洲最大的商品贸易伙伴，但考虑到服务和投资，美国仍然是欧盟迄今为止最大的贸易伙伴。"② 2023 年，美国已成为欧盟的第一大产品出口市场、第二大产品进口来源国。③ 同时，在美国某些重要商品的全球产业链布局中，欧洲国家也占有举足轻重的地位。比如，英特尔公司一度计划投资 800 亿欧元在欧洲各国部署研发设计、封装生产全产业链。④

（二）美国对欧战略的目标区间

美国对欧战略目标不是一个"实心原子"，而是一个具有弹性的目标区间。作为美国文明优势的佐证、地缘安全的保障和经济发展的后方，欧洲势必是美国竭力控制的对象——美国对欧洲的支配能力越强，借助欧洲的身份和实力满足自身利益的能力也相应地越强。因此，美国对欧洲的最高目标是彻底控制欧洲，使其完全按照美国的利益行事。这具体表现为：军事上完全主导北约的决策和行动，抑制欧洲独立安全力量的形成和发展；经济上完全左右双边贸易、金融、产业链政策，从欧洲掠夺优质资产，并使欧洲参与分

① 于滨：《乌克兰危机加剧，美国"联俄制华"策略气数已尽？》，欧亚系统科学研究会，2022 年 1 月 26 日，https：//www. essra. org. cn/view-1000-3451. aspx.

② European Commission, "EU Trade Relations with the United States. Facts, Figures, and Latest Developments," 2023, https：//policy. trade. ec. europa. eu/eu - trade - relationships - country - and-region/countries-and-regions/united-states_ en.

③ "USA - EU International Trade in Goods Statistics," Eurostat, February 2024, https：// ec. europa. eu/eurostat/statistics-explained/index. php? title=USA-EU_ -_ international_ trade_ in_ goods_ statistics.

④ "Intel Announces Initial Investment of over 33 Billion for R&D and Manufacturing in EU," Intel News Room, March 15, 2022, https：//www. intel. com/content/www/us/en/newsroom/news/ eu-news-2022-release. html#gs. roxfij.

担美国金融风险；外交和舆论上完全操控欧洲的认知，并使欧洲国家及其社会力量根据美国政治战、认知战、法律战、舆论战的需要配合站队和发声。最低目标应是在各重要领域、议题中较大程度地影响欧洲集体决策，且可轻松阻止欧洲损害美国利益。这具体表现为：军事上确保欧洲形成的北约以外的自主安全力量尽可能地与美国的战略目标保持一致，至少不对美国军事优势形成挑战；经济上确保美国在贸易、金融、产业链分工等问题上保持一定优势，可以接受与欧洲互利共赢；外交和舆论上确保美国可以控制分歧的程度，至少与欧洲在重大问题上"一致对外"。绝大部分时间里，美国的对欧战略目标较为务实，定位于两种极端状态之间的理性区间，即在美国主导双边关系的前提下，允许欧洲发展一定规模的自主安全力量，形成一定程度的经济自主能力，拥有一定份额的国际事务话语权。

（三）美国控制欧洲的政策措施

1. 持续以北约蚕食欧盟功能

继芬兰加入北约之后，瑞典也正式被北约接纳。① 北约组织的地理版图占欧盟版图的比例进一步上升。2023 年 1 月，北约与欧盟签订《欧盟-北约合作联合宣言》（Joint Declaration on EU-NATO Cooperation），"鼓励非欧盟成员的北约盟国尽可能充分地参与欧盟的各项举措，鼓励不属于北约的欧盟成员尽可能充分参与倡议"。② 如果欧盟与北约的功能雷同，北约自然会因具有欧盟不具备的安全功能而全面覆盖欧盟，以至主导欧洲事务。同时，随着欧盟与美国出现多边主义与单边主义价值观上的分歧，美国以北约为工具，以安全为掩饰，引诱或胁迫欧洲参与其全球战略，无形之中也腐蚀了欧盟之所以为欧盟的价值观基础。

---

① NATO, "Finland Joins NATO as 31st Ally," April 4, 2023, https：//www. nato. int/cps/en/natohq/news_ 213448. htm; NATO, "Sweden Officially Joins NATO," March 7, 2024, https：//www. nato. int/cps/en/natohq/news_ 223446. htm? selectedLocale=en.

② NATO, "Joint Declaration on EU-NATO Cooperation," January 10, 2023, https：//www. nato. int/cps/en/natohq/official_ texts_ 210549. htm.

2. 借俄乌冲突加紧在欧洲的军事部署

早在 2022 年下半年，美国便将原本计划于 2023 年春天部署在欧洲北约基地的 B61-12 新型战术核弹提前至 2022 年 12 月部署到位。[①] "比利时、德国、意大利、荷兰和土耳其在美国 2023 年度国防预算中，被列为正在进行'特殊武器'储存地点基础设施建设的国家。"长期关注核裁军的智库机构美国科学家联合会估计，美国目前在这 5 个北约国家部署了约 100 枚战术核弹。[②] 除核武器外，美军还在波兰设立了首个军事基地，配备 13 名军事人员和 140 名文职人员，负责前沿指挥所的运行和管理，同时为驻波美军提供基础设施支持。[③]

3. 全面加强对欧洲的变相经济掠夺

2023 年，美国继续通过《2022 年通胀削减法》（Inflation Reduction Act of 2022）补贴本国企业，吸引欧洲的优质绿色领域企业加速向美国转移，使美国在风能、太阳能、电池、电动汽车、热泵等行业得以迅速赶超欧洲。[④] 在 2023 年 10 月的美欧领导人峰会上，欧盟提出的一揽子解决钢、铝关税问题以及帮助欧洲关键矿产企业获得《2022 年通胀削减法》豁免等诉求均未被满足。[⑤] 这充分说明美国不会放弃在经济上压榨欧洲的总体思路，甚至会趁俄乌冲突导致欧洲对美国的安全依赖度上升之际，谋求加速榨干欧洲"老钱"（old money）。同时，为了应对高通胀，从 2022 年 3 月至 2023 年 8 月，美联储以 40 年来最迅猛的节奏连续 11 次激进加息，将通胀祸水无差别地引向其他国家。由于欧洲央行在加息周期中只能跟随美联储，双方利

---

① 《美提前向欧洲部署新型核弹》，人民网，2022 年 11 月 14 日，http：//military. people. com. cn/n1/2022/1114/c1011-32565685. html。

② 《美国在欧洲五国部署了约 100 枚核弹》，光明网，2023 年 9 月 7 日，https：//m. gmw. cn/2023-09/07/content_ 1303507866. htm。

③ 《波兰持续深化与美国军事合作》，人民网，2023 年 4 月 10 日，http：//military. people. com. cn/n1/2023/0410/c1011-32660714. html。

④ Victor Jack, Federica Di Sario, Lucia Mackenzie, and Giovanna Coi, "EU Shrugs off Threat from US Inflation Reduction Act—For Now," Politico, August 24, 2023, https：//www. politico. eu/article/eu-united-states-inflation-reduction-act-subsidies-investment-threat-data/.

⑤ "The EU-US Summit Falls Short of Expectations," Global Europe, October 23, 2023, https：//globaleurope. eu/europes-future/the-eu-u-s-summit-falls-short-of-expectations/.

差不断加大，导致更多国际资本从欧洲流向美国。[1]

4. 推动北约与中国交恶，将欧洲国家纳入美国"印太战略"

早在 2022 年，美国便开始以北约为平台，推动其大西洋与太平洋两大同盟体系交融互动，构成遏制俄罗斯与中国的巨大包围圈。在美国推动下，北约整体及个别欧洲国家越来越多地参与亚太地区的安全和经济事务。[2]"针对中国日益增长的地缘政治影响力和市场、产业、技术竞争优势，欧盟建立了多项机制，并被成员国采纳和运用。其中包括投资筛选、反胁迫工具法、全球门户倡议和《欧盟芯片法案》(European Chips Act) 等产业政策倡议。欧洲国家也在制订新计划，谨慎参与中国主导的合作举措，以管理经济和政治风险。"[3] 2024 年 2 月 23 日，欧盟宣布在第 13 轮对俄制裁中将 4 家中国企业列入制裁名单；[4] 2 月 29 日，欧洲议会甚至在年度评估报告中声称"台湾和中国互不从属"，严重挑战中国的主权红线。[5]

二　欧洲的战略自主与对美反控

经过多年努力，欧洲国家已经在关键领域初步形成集体自主意识以及清晰的目标和诉求，并对实现战略自主所需的资源和能力进行了长期投入和建设。

（一）欧洲对美国的矛盾心理

在英国脱欧使欧洲一体化进程遭遇重挫。其后，欧洲各区域的差异明显

---

① 《"美国正在鼓动欧洲毁灭自己"》，人民网，2023 年 8 月 31 日，http：//world. people. com. cn/n1/2023/0831/c1002-40067587. html。

② 张一飞：《美国对欧洲战略定位的调整及其政策评估》，《欧洲研究》2023 年第 3 期，第 59~60 页。

③ 《"中欧峰会"：中欧关系现状分析及前景展望》，国观智库，2023 年 12 月 13 日，https：//www. grandviewcn. com/shishipinglun/916. html。

④ 《商务部新闻发言人就欧盟第 13 轮对俄制裁列单中国企业事答记者问》，中华人民共和国中央人民政府网站，2024 年 2 月 26 日，https：//www. gov. cn/lianbo/fabu/202402/content_6934332. htm。

⑤ "EP Passes Foreign, Defense Policy Reports with Language Backing Taiwan," Focus Taiwan, February 24, 2024, https：//focustaiwan. tw/politics/202402290003.

呈现扩大趋势，利益诉求也渐行渐远。在此背景下，俄乌冲突又极大地削弱了欧洲的安全感，促使欧洲对美国出现了以下两种存在矛盾张力的利益诉求。

1. 安全上更加依赖美国

在美国的长期庇护下，欧洲已经整体进入后工业时代。欧洲对外放任海权衰落，"对欧洲人而言，海权现在更多是维护治安，而不是武装对抗以决定谁统治海洋"，这是全球军事格局近 500 年来的最大变局；[①] 对内建设高福利社会，国民视野局限于眼前的幸福生活；各国间身份认同不足，整体行动倾向于减少。因此，当俄乌冲突等高强度对抗发生之际，除个别大国之外，大部分欧洲国家普遍陷入对俄外交立场和经济政策分化的混乱状态。加上过去两年援助乌克兰以及被美国经济掠夺所造成的物质亏空，从历史记忆和现实需要出发，欧洲在重振国民士气、组织强大武装、形成清晰路线之前，除了更加依靠美国和北约的保护，暂时没有其他出路。即使在俄乌冲突结束之后，依赖美国和北约的心理和机制惯性也将在很长时间内主导欧洲。

2. 战略上更加趋向自主

欧洲的战略自主倾向始终没有瓦解和消失，很大程度上是因为美国对欧洲日趋明显的工具化定位，导致欧洲担心"火中取栗"在未来演变为"李代桃僵"。"在条件成熟时，美国倾向于与欧洲建立主从关系，使欧洲在内外政策上服从美国指令，服务美国利益；在条件不足时，美国则倾向于与欧洲建立平等关系，允许欧洲在与美国存在利益分歧的情况下仍然拥有一定的自主决策权力和自我利益空间。"[②] 俄乌冲突爆发后，美国对欧洲的工具化政策倾向被表达到极致。美国通过阻止俄乌和解，为美国军工复合体从战争中获得收益和控制欧洲创造条件。对此，欧洲各国普遍产生了严重的战略焦虑，更加坚定地谋求以"明知不可为而为之"的方式实现全方位的战略自

---

① 〔美〕吉原恒淑、詹姆斯·霍姆斯：《红星照耀太平洋：中国崛起与美国海上战略》，钟飞腾、李志斐、黄杨海译，社会科学文献出版社，2014，第 2 页。

② 张一飞：《美国对欧战略定位的调整及其政策评估》，《欧洲研究》2023 年第 3 期，第 38~39 页。

主。欧洲一体化的共识与战略自主的共识进一步走向合流。

这两种诉求背道而驰，既加剧了欧洲各国普遍的精神撕裂，政策不同步、国情有差异也加剧了欧洲国家之间的对立。但是，在2024年美国大选前景未明的背景下，① 欧洲各国不得不反观2017~2021年特朗普政府的对欧政策，并为有可能出现的"安全真空"做好准备。这将使欧洲战略自主的倾向更加强烈。

（二）欧洲战略自主的目标内涵

2013年12月，"战略自主"概念首次出现在欧盟的官方文件中。欧盟理事会在论及欧盟共同外交与防务政策时提出："欧洲需要有整合度更高、持续性更强、更具创新性和更有竞争力的防务技术与工业基础，以确保发展和维持防务能力，进而加强战略自主及与合作伙伴的行动能力。"② 2016年，欧盟对外行动署发布《共同愿景，共同行动：一个更强大的欧洲》报告，并对战略自主做出进一步解释："欧洲要想促进域内外的和平与安全，适度的雄心和战略自主是很重要的。这就是我们要在防务、反恐、战略性能源和通信以及网络空间等领域做进一步努力的原因。成员国必须把在条约中将互助和团结的承诺转化为行动"。③ 在《2019~2024年新战略计划》（A New Strategic Agenda 2019-2024）中，欧洲理事会为战略自主加入了商贸维度，将"确保在欧盟内部及在国际舞台的公平竞争、促进市场准入、打击第三国的不公平竞争，确保战略供应链安全"等纳入其中。2022年8月，欧洲议会在题为《2013~2023年的欧洲战略自主：从概念到能力》的报告中，

---

① "Donald Trump Leads New 2024 Poll, But Joe Biden Appears to Be Closing the Gap," *USA Today*, April 21, 2024, https：//www. usatoday. com/story/news/politics/elections/2024/04/21/poll - trump-biden-election-immigration-economy/73404469007/.

② European Council, "Conclusions," December 19/20, 2023, https：//data. consilium. europa. eu/ doc/document/ST-217-2013-INIT/en/pdf.

③ European Union, "Shared Vision, Common Action: A Stronger Europe. A Global Strategy for the European Union's Foreign and Security Policy," June 2016, https：//www. eeas. europa. eu/sites/ default/files/eugs_ review_ web_ 0. pdf.

对战略自主做了更为明确的定义："欧盟在具有战略意义的政策领域——包括防务、经济及民主价值观维护等——不依赖其他国家的能力。"① 乌克兰危机爆发后，欧洲理事会于 2022 年 3 月通过《凡尔赛宣言》（Versailles Declaration），再次强调要在国防、能源供应和经济方面加强欧盟的战略自主，在欧盟内部以合作的方式进行防务自主，并激励成员国在联合研发和联合军采方面进行合作投资；呼吁提高能源独立并建立强大的经济基础，逐步摆脱对俄罗斯天然气、石油和煤炭的依赖，并减少在关键性原材料、半导体、卫生、数字技术和食品等领域的对外依赖。②

由此可见，欧洲战略自主的目标内涵至少包括四点内容：一是在没有美国和北约其他成员国帮助的情况下具备保卫自身安全的能力，同时也具备反向拒绝美国和北约其他成员国限制欧洲发展自卫能力的能力；二是具备独立制定经济和金融政策的能力，可以根据自身利益制定财政、经贸、货币、工业生产、产业布局等领域的相关法律、制度，保护欧洲经济的安全；三是减少在能源、粮食、原材料等初级产品方面的对外依赖，并以高科技方式逐渐具备极端状态下长期与外部隔绝的能力；四是在现行国际机制中扩大话语权，并提升民主价值观领域的代表性和领导力。

（三）欧洲反对美国控制的政策措施

1. 全面建设安防能力

继 2022 年欧盟理事会通过《安全与防务战略指南针》（A Strategic Compass for Security and Defence）之后，2023 年 12 月，欧盟主席冯德莱恩在欧洲防务局年会上提出，欧洲必须为自己和乌克兰的防务承担"战略责任"，这需要成员国之间加强合作，并扭转从欧盟以外采购更多国防装备的趋势。③

---

① European Parliament, "EU Strategic Autonomy 2013-2023: From Concept to Capability," August 7, 2022, https://www.europarl.europa.eu/thinktank/en/document/EPRS_ BRI (2022) 733589.

② 彭姝祎：《欧盟战略自主的状况与发展趋势》，《人民论坛》2023 年第 5 期，第 100 页。

③ Tim Lawrenson, "EU Defence Ambitions Head into a Pivotal Year," December 14, 2023, https://www.iiss.org/online-analysis/military-balance/2023/12/eu-defence-ambitions-head-into-a-pivotal-year/.

2023 年，欧洲防务基金拨款 12 亿欧元用以提高欧盟防务能力，覆盖国防医疗、信息优势、传感器、网络空间、数字化转型、材料组件、能源环境、防空导弹、空战海战、水下战争、部队机动化等领域。[①]

2. 大力推进数字经济发展

2023 年 3 月 24 日，欧盟委员会发布了《2023—2024 年数字欧洲工作计划》（Digital Europe Programme's Multiannual Work Programme for 2023-2024），阐述了未来几年关键信息技术的政策重点。欧盟将投入 1. 13 亿欧元用于提升云服务安全性，创设人工智能实验及测试设施，以及提升各个领域的数据共享水平。2023~2024 年，该计划主要涉及五个方面：一是开发、部署"世界领先"的超级计算机、量子计算机及数据基础设施、超级计算机系统，支持关键技能的发展和欧洲科学及工业的双重转型；二是进一步增强人工智能核心能力，并将其作为公私部门数字化转型的主要动力；三是持续加强应对网络安全事件及风险的能力，进一步保证数字产品供应链的安全性；四是支持欧盟教育和培训机构在数字领域的相关工作，提升其吸引及培育数字人才的能力，营造有利于创新和数字化转型的人才系统；五是优先支持中小企业及公共部门，如帮助其实现数字化转型。[②]

3. 积极提升能源储备水平

欧美市场在 2022~2023 年供暖季结束时仍保持了较高的天然气库存，因此减少了 2023 年夏季的补库需求，这在一定程度上缓解了市场基本面的紧张局面。"2023 年 6 月初，欧洲天然气储存水平比十年同期平均水平高出 48%。截至 6 月 25 日，欧洲天然气储存量为 76%；而 2022 年同期为 56%。截至 7 月 10 日，欧洲整体库存达到 903 太瓦时，储存量突破 80%。"在俄罗

---

① European Defence Fund, "European Defence Fund： 1. 2 billion to boost EU Defence Capabilities and New Measures for Defence Innovation," March 30, 2023, https：//cyprus. representation. ec. europa. eu/news/european-defence-fund-eu12-billion-boost-eu-defence-capabilities-and-innovation-2023-03-30_ en.

② 《欧盟〈2023—2024 年数字欧洲工作计划〉将投 1. 13 亿欧元提升数据与计算能力》，中国科学院，2023 年 6 月 8 日，http：//www. ecas. cas. cn/xxkw/kbcd/201115_ 129816/ml/xxhzlyzc/202306/t20230608_ 4939869. html.

斯能源供应持续下降的情况下，"2023年3月，欧盟成员国同意将自愿减少15%天然气需求的目标延长一年，即在2023年4月1日至2024年3月31日期间，将天然气消费量与2017年4月1日至2022年3月31日期间的平均消费量相比减少15%"。①

4. 集中凸显欧洲独特价值

欧盟理事会设定的2019~2024年的战略议程中提出要在全球范围内推广其价值观，并认为这"将使欧盟能够实现其自我强加的雄心，保护其公民，应对外部冲突和危机，以及帮助其合作伙伴进行能力建设"。② 目前，欧盟提出的"范式性力量"已经在全球获得了一定程度的认可。"在欧盟条约中对欧盟的价值观有着明确的界定，即欧盟是在以下价值基础之上成立的：对个人尊严的尊重、自由、民主、平等、法治、对人权的尊重（包括少数族群）。同时，条约还规定欧盟成员国社会必须坚持多元化、消除歧视、增加包容度、公正、团结、性别平等。任何一个希望加入欧盟的国家都必须尊重这些价值观，而任何一个欧盟成员国如果违背了这些价值观，将被暂时剥夺成员国权利。"③ 俄乌冲突爆发以来，这些价值观日益成为欧盟推行价值观外交的软实力武器。

三 美欧"控制"与"自主"博弈的前景评估

美欧"控制"与"自主"博弈的加剧并不意味着西方必然走向分裂。受客观条件限制，美欧在短期内很难完全实现各自的双边关系目标，其战略互动也将给世界格局造成深刻影响。

---

① 《欧洲能源安全政策调整方向及影响分析》，中国能源新闻网，2023年10月9日，https://cpnn.com.cn/news/zngc/202310/t20231009_1639739.html。

② Suzana Anghel, Beatrix Immenkamp, Elena Lazarou, Jerôme Leon Saulnier, and Alex Benjamin Wilso, "On the Path to Strategic Autonomy: The EU in a Evolving Geopolitical Environment," European Parliament Research Service, September 2020, p. 5.

③ 王士琛：《欧盟的价值观外交及其对中国的启示》，《公共外交季刊》2015年第3期，第39~40页。

（一）美国维系和扩张霸权的难度持续上升

欧洲追求战略自主是对美国"控制"的自然反应，不以美国的霸权意志为转移。一方面，欧洲对美国的"忠诚"是冷战的产物，不是欧洲的内生偏好，美国要维持与欧洲之间的主从关系，必须不断输入政治、经济资源。所谓"逆水行舟，不进则退"，一旦美国停止资源供给，甚至对欧洲反向索取各种资源，欧洲对美国的"控制"势必产生不满，美欧关系斗争面上升、合作面下降亦是必然。另一方面，美国发动个别欧洲国家配合其实现战略目的的要求越来越多，标准越来越高；相应地，欧洲国家配合美国的能力越来越弱，意愿越来越低。尽管在共同应对所谓"中国挑战"的问题上，欧洲与美国的整体政策协调性正在上升，但是，"在中美欧三边关系中，美欧涉华经济、安全利益的不对称尤其突出。经济领域的利益不对称主要体现在欧盟的经济主导观点与美国的地缘政治视角之间的冲突。尽管欧盟近年来加强了对华经济竞争，但中国经济的持续增长对欧盟依然具有吸引力"。①尤其当美国要求欧洲国家涉入与欧洲核心利益基本无关却与美国霸权息息相关的地理区域和问题领域时，欧洲国家往往以欧盟为依托，或以缺少实质意义的力量投入来敷衍，或要求美国在欧洲核心利益处提供更多公共产品作为交换条件。总而言之，美国要将美欧关系维持在冷战期间的状态所要付出的成本持续攀升，与之相应，美国霸权的维系和运行自然有所滞涩。

（二）短期内欧洲战略自主难以出现实质性突破

实现战略自主是欧洲在冷战结束后发展对美关系时较为稳定的思想倾向，但这种自主必须在美国承认欧洲的价值、尊重欧洲的地位、满足欧洲的利益的前提下实现。在特朗普总统任期内，欧洲面临被美国断崖式"抛弃"的风险。美国貌似放任欧洲自主，却没有满足欧洲追求战略自主背后被认可

---

① 赵怀普：《欧盟在中美欧互动中的多重角色与中欧关系》，《国际论坛》2023年第4期，第108页。

的需要。"不论特朗普还是拜登，皆未对欧洲国家愈发凸显的承认关切做出积极回应，承认缺位构成了当前美欧关系修复的关键障碍，这在根本上限制了美欧关系发展的上限。"① 因此，欧洲希望美国允许欧洲自主，却又不能在欧洲尚未做好准备的情况下中止承担对欧洲的安全义务，这本身给实现战略自主的有序性和精密性提出了极高的配合要求，明显不符合美国对欧洲的战略定位取向。

从欧洲自身的条件来看，战略自主的能力与红利在欧洲内部分配并不均匀，这种结构性矛盾或可一时被掩盖，却从根本上使欧洲很难形成追求战略自主的同步合力。各国关于一体化的共识远大于战略自主的共识，尤其是大于关于防务自主的共识。围绕"何为自主""要不要自主""能不能自主""自主之后"等问题，欧洲各国整体上正在走向分裂。法国与德国之间、西欧与中东欧之间、欧盟与北约的欧洲成员国之间关于战略自主的分歧正在扩大，并将因此加剧内部分裂。

（三）西方内部在政策层面协调加速

不可否认，在战略层面，美欧关系在新一轮国际结构重组中正趋向紧张。欧洲"自主"的对立面是"他主"，"他主"即美国主导。欧洲不能接受一种在美国控制下的"和谐"与"安全"，也不能接受自己在同盟关系中的经济附庸地位。作为美国的根本地缘利益、经济利益、外交利益所在，欧洲高度战略自主也必然不能为美国所接受——这与美国何党执政、何人执政无关。

但是，在政策层面，欧洲追求战略自主不可能从根本上影响美欧利益的一致性。即使欧洲可以自主决策，在某些重大安全、科技领域和意识形态方面也会自发地与美国保持内在的一致。同时，美欧战略博弈的过程也是双方快速政策协调的过程，"控制"与"自主"博弈是一种极为高效的交流方

---

① 曾向红、陈明霞：《论承认缺位与美欧关系修复的限度》，《区域国别学刊》2023 年第 2 期，第 80 页。

式。美欧反复确认彼此的战略底线并形成对彼此的稳定战略定位之后，将会在"冲突"中重新校准定位，明晰底线，提出诉求，并很有可能在"美国绝对主导"和"欧洲绝对自主"之间探索出一条双方都能接受的中间路线，即"美国不强制，欧洲有呼应"；或"欧洲先行动，美国有跟进"。比如，2022 年 8 月，拜登政府提出"芯片四方联盟"构想，打算与日本、韩国和中国台湾地区开展芯片研发与生产协作。欧洲则于 11 月提出《欧盟－韩国数字伙伴关系计划》（EU and Republic of Korea Digital Partnership）。再比如，2022 年 2 月，欧盟出台了《欧洲芯片法案》（European Chips Act），计划在未来 10 年对半导体产业投入至少 430 亿欧元；8 月，美国总统拜登正式签署《2022 年芯片和科学法案》（Chips and Science Act of 2022），打算在半导体产业投入至少 527 亿美元。[①]

（四）全球多极化趋势愈发强劲

在西方阵营内部，美国与欧洲间"控制"与"自主"的博弈体现了"单极"对世界控制力的耗散。欧洲争取战略自主的过程本身也是全球多极化趋势的体现之一。无论欧洲整体走向是重新依附于美国，还是坚持进行自主能力建设，这种追求摆脱控制的努力都为某些重要的欧洲国家和"全球南方"推进国际权力结构去中心化提供了重要的经验和动能。不难看出，欧洲成为一支自主的战略力量有利于全球文明互鉴与战略平衡，也有利于多边主义政治和国际合作的发展。"在地缘政治和安全博弈回归的背景下，马克龙等欧洲领导人的'觉醒'是内外交困下欧洲不得不'捍卫自身利益'的选项。"[②]

（审读　刘得手）

---

① 忻华：《美欧对华经济竞争的战略协作评析》，《当代世界》2023 年第 1 期，第 34~35 页。
② 孙田月、魏南枝：《拒绝沦为美国附庸？——艰难的欧洲战略自主之路》，《文化纵横》2023 年第 3 期，第 9 页。

B.19
拜登政府对美印安全关系的重塑：
动力、路径与前景

朱晨歌*

摘　要：　拜登政府的对印战略延续了冷战结束以来美国与印度进行安全合作的轨迹，并显著强化了这一战略。美印安全关系在美国主导和推动下实现了战略伙伴关系的升级，表现为互动层级提升、合作议题扩展和战略地位调整。拜登政府重塑美印安全关系受到国际结构、国内政治和价值观念的驱动，且已通过多种路径达成美国对印战略目标，包括高层交往、产业合作、互动机制、国际制度、技术传输以及外交表述层面的资源投入和模式创新。拜登政府对印防务合作虽然前景乐观，但两国合作也面临着目标匹配、路径对接、合作动力、价值共享方面的制约。两国战略伙伴关系的升级在具有长度、深度和宽度的同时，也兼具限度。

关键词：　美国外交　美印关系　防务合作　印太战略　拜登政府

　　两国关系的变动不仅是双向奔赴的结果，也往往源自单方面的战略形塑。纵向来看，提升美印关系是后冷战时代美国各界最重要的战略共识之一，其核心则是强化美印间的安全合作。自拜登政府执政以来，美国进一步加大了重塑美印安全关系的力度，将印度作为美国在印太地区的主要合作伙伴。拜登政府的对印外交和军事举措促使美印安全关系进入"转型时刻"

---

* 朱晨歌，中国社会科学院美国研究所助理研究员，主要研究领域为美国外交和国际安全。

（transformational moment），① 这一变动或将影响全球战略格局和亚太安全形势。因此，有必要对美方重塑美印安全关系的动力、路径和未来前景进行深入探究。

一　拜登政府重塑美印安全关系的表现

拜登政府对美印安全关系的升级，主要表现为对两国互动层级、合作议题范围和战略角色定位的积极调整。美国作为互动中更为主动、强势的一方，其举措深度重塑了美印安全关系的形态。

（一）互动层级提升

美国在强化美印防务合作方面投注了空前的外交资源。在拜登总统任上，美印首脑交往、政府互动的级别和频次都明显提升。

1. 领导人交往层面

以双边交往而言，美国力图实现美印领导人之间的"超规格"交往。截至 2024 年 3 月，拜登总统访印 1 次，莫迪总理访美 2 次。拜登政府将莫迪在 2023 年 6 月的访美行程升级为国事访问级，超出了美国政府对他国政府首脑的传统外交接待规格。这既是拜登政府继法国、韩国总统访美后以国事访问礼节邀请的第三位国家领导人，也是自印度前总理辛格 2009 年访美以来美国首次以该规格接待访美的印度总理，还是莫迪总理 6 次访美经历中受到的最高规格接待。

以拜登政府时期的多边交往而言，美印两国基本上实现了长期、规律的元首互动。据印度外交部统计，截至 2023 年 9 月，除了 3 次互访外，拜登总统和莫迪总理还在多边外交场合多次举行面对面的双边会晤。这些多边外交场合包括四方安全对话（QUAD）、二十国集团（G20）、七国集团（G7）、

---

① Yukiko Toyoda and Tim Kelly, "Blinken Not Expecting Breakthrough in China, with US More Focused on Modi Visit, Sullivan Says," Reuters, June 16, 2023, https：//www. reuters. com/ world/us-does-not-expect-breakthrough-china-ties-blinken-visit-sullivan-2023-06-16/.

"民主峰会"等多边机制中的峰会环节。① 拜登在2023年9月参与由印度主办的G20领导人峰会,其间与莫迪进行了双边会晤,会后发布了强调美印加强技术安全合作的联合声明。②

2. 政府交往层面

拜登政府积极延续并重构美印政府部门的常态交流机制。在安全层面,最为突出的表现是美印"2+2"部长级对话。美印"2+2"机制由特朗普政府于2018年开启,是美印两国的外交和军事部门负责人之间的对话,在特朗普执政时期共举行了3次。拜登政府延续了这一机制。在2022年9月于华盛顿召开第4次会议之前,美印两国领导人举行了视频会晤,以元首层级的互动为该对话机制造势助威。这一对话机制在美国对外防务合作中处于最高层级,美国仅与极少数盟友(如澳大利亚、日本、韩国)之间有类似机制。③ 这意味着印度在美国战略布局中已处于十分重要的地位。

拜登政府也积极动员"全政府"式的对印外交。仅在2023年就有15名美方高官赴印访问,其中7名为拜登内阁成员;④ 另有多名参众两院议员多次对印度开展国会外交。尤其值得注意的是,伴随着两国军方领导人的密切互动,美印安全合作也不断深化。除了美国国防部的领导层多次赴

① Indian Ministry of External Affairs, "India – US Bilateral Relations," p. 1, https://www.mea.gov.in/Portal/ForeignRelation/Bilateral_ Brief_ as_ on_ 09.10.2023.pdf.

② The White House, "Joint Statement from India and the United States," September 8, 2023, https://www.whitehouse.gov/briefing-room/statements-releases/2023/09/08/joint-statement-from-india-and-the-united-states/.

③ 美国与其余三国的类似机制虽并未冠以"2+2"之名,但其开展对话的部门和层级完全一样:美澳机制名为"美国—澳大利亚部长级磋商"(Australia–United States Ministerial Consultations, AUSMIN);美日机制名为"美国—日本安全磋商委员会"(Japan–U.S. Security Consultative Committee);美韩机制名为"外交和防务联合部长级会议"(Joint Foreign and Defense Ministerial Meeting)。

④ 按照时间顺序,分别为美方财政部部长珍妮特·耶伦(Janet Yellen)、商务部部长吉娜·雷蒙多(Gina Raimondo)、国务卿安东尼·布林肯(Antony Blinken)、国家安全事务助理杰克·沙利文(Jake Sullivan)、国防部部长劳埃德·奥斯汀(Lloyd Austin)、能源部部长詹妮弗·格兰霍姆(Jennifer Granholm)、贸易代表戴琪(Katherine Tai)。参见 Indian Ministry of External Affairs, "India – US Bilateral Relations," p. 2, https://www.mea.gov.in/Portal/ForeignRelation/Bilateral_ Brief_ as_ on_ 09.10.2023.pdf.

印磋商交流之外，包括各军种司令或副司令在内的美军高层基本上也有访印经历。

（二）合作议题扩展

在拜登执政时期，美印安全合作议题进一步扩展。在传统安全层面，美国着力通过转移尖端技术提升印度的军事能力，重视技术要素在推动美印安全关系升级中的核心角色，这具体体现在三个方面。其一是尖端军备贸易。2023年，美国国务院批准向印度出售31架MQ-9B军用无人机，为近年来美国出售该武器的最高数量。[①] 拜登政府另授予印度"最先进能力"（state-of-the-art capabilities）地位，印度可基于此购买F/A-18、F-15EX和F-21战斗机。[②] 其二是强化互操作性，提升美印战略互信、情报共享、技术适配、战术配合、场域互联、理念协同等方面的能力。其三是国防工业扶持，基于"国防加速生态系统"（INDUS-X）等平台，加强两国军事部门、科研机构和私人部门的联结，尤其是加强两国军工企业之间的商业联系。由上述合作议题可以看出美印在军事安全领域的融合程度有所提升。

拜登政府也加强了在非传统安全议题上的对印合作。2023年9月8日，在拜登赴印访问期间，两国达成联合声明，确定了美印在外空安全、供应链安全、数字安全、人工智能、气变领域与能源安全等非传统安全领域上的合作方向。这些方向也较为全面地体现了拜登政府对于全球新兴安全领域的认知，说明其力图在"全球议程的各个方面"推动美印安全合作。[③]

---

① 近年来，美国政府仅批准出售该机型给阿联酋、澳大利亚、日本和中国台湾地区，其数量分别为18架、12架、8架和4架，均少于对印军售数量。

② The White House, "FACT SHEET: The United States and India-Global Leadership in Action," September 24, 2021, https://www.whitehouse.gov/briefing-room/statements-releases/2021/09/24/fact-sheet-the-united-states-and-india-global-leadership-in-action/.

③ The White House, "Joint Statement from India and the United States," September 8, 2023, https://www.whitehouse.gov/briefing-room/statements-releases/2023/09/08/joint-statement-from-india-and-the-united-states/.

（三）战略定位调整

目前的美国对印战略定位始自 2016 年的奥巴马政府，即印度是唯一一个被美国冠名为"主要防务伙伴"（Major Defense Partnership）的国家。在美国的对外战略设计中，该战略定位与"非北约主要盟国"（Major Non-NATO Allies，MNNA）地位相平行，可以说在美国的全球战略中印度的分量仅次于北约盟友。但这一战略概念的内涵也在不断丰富，在各届美国政府的对印安全合作表述中均有所发展（见表 1）。

表 1　美国近三届政府的对印安全合作框架

合作框架	阶段	美方表述	合作议题
主要防务伙伴关系	奥巴马政府	"21 世纪持久的全球伙伴"	加强美对印技术共享，支持印度国防工业发展
	特朗普政府	"全面全球战略伙伴关系"	军事信息共享，联合行动，军事人员交换，联合演习，先进国防部件开发，国防工业的伙伴关系
	拜登政府	"世界上最亲密的伙伴之一"	在尖端科学基础设施方面深化双边合作，加快国防工业合作，深化战略融合，加强非传统安全合作

资料来源：The White House, "Joint Statement: The United States and India: Enduring Global Partners in the 21st Century," June 7, 2016, https://obamawhitehouse. archives. gov/the-press-office/2016/06/07/joint-statement-united-states-and-india-enduring-global-partners-21st; The White House, "The United States and India — Prosperity Through Partnership," June 26, 2017, https://trumpwhitehouse. archives. gov/briefings-statements/fact-sheet-united-states-india-prosperity-partnership/; The White House, "Joint Statement from the United States and India," June 22, 2023, https://www. whitehouse. gov/briefing-room/statements-releases/2023/06/22/joint-statement-from-the-united-states-and-india/。

拜登时期美国对印度的军事支持已经超过了与一般盟友的合作水平。在保留前两届政府对印"主要防务伙伴"和战略贸易许可一级地位（Strategic Trade Authorization Tier 1）的同时，拜登政府力图"深化两国主要防务伙伴关系并使其多元化"，① 尤其加大了提升军事互操作性和军事技术转让方面的力度，其目的是让印度的"军事现代化目标"获得最大助力。② 从美印防务合作路线图和《关键和新型技术倡议》来看，美国非常重视协助发展印度的防务能力，对印资源投入已经超过了对"非北约主要盟国"的支持力度。③ 另外，美国国会也有一种声音，要求美国将印度纳入"北约+"（NATO Plus）体系，④ 从而让印度的战略待遇接近日本、韩国等核心盟友。上述调整说明拜登政府在既有对印防务合作框架内投入了大量战略资源，以迅速提升美印安全关系。

从互动层级、合作领域和战略定位来看，拜登政府已经将印度作为美国最为核心的防务伙伴之一，并在双边场合和多边制度内着力塑造印度的领导地位。在很大程度上，美印安全关系升级是美方着力打造、印度积极配合的结果。

二 拜登政府重塑美印安全关系的动力

拜登政府着力重塑美印安全关系，促成美印在"主要防务伙伴"框架内进一步关系升级。美国此举的动力主要源自其全球战略考量、国内政治动力和政治价值目标。

---

① The White House, "Joint Statement from India and the United States," September 8, 2023, https：//www. whitehouse. gov/briefing－room/statements－releases/2023/09/08/joint－statement－from－india－and－the－united－states/.

② U. S. Department of Defense, "Roadmap for U. S. –India Defense Industrial Cooperation," June 5, 2023, https：//media. defense. gov/2023/Jun/21/2003244834/－1/－1/0/ROADMAP－FOR－US－INDIA－DEFENSE－INDUSTRIAL－COOPERATION－FINAL. PDF.

③ 截至 2024 年 3 月，"非北约主要盟国"框架共包括 18 个正式成员与 1 个非正式成员，其主要权限包括军事贷款、军事驻扎、军事训练、军备运输、采购贫铀弹等。在技术转移和国防工业合作方面，其权限远低于目前美印的防务合作水平。参见 U. S. Department of State, "Major Non－NATO Ally Status," January 20, 2021, https：//www. state. gov/major－non－nato－ally－status/。

④ Joe Saballa, "US Pushes for India's Inclusion in NATO Plus," *Defense Post*, June 6, 2023, https：//www. thedefensepost. com/2023/06/06/us－india－inclusion－nato/.

（一）借力印度"再平衡""战略竞争"者

如拜登所言，美印间的安全关系已经成为"印太地区安全与合作结构的支柱"。[①] 拜登政府基本沿袭了特朗普政府的印太战略，将美国的主要地缘关切由亚太地区转变为印太地区，继续强调以印度为核心的印度洋地区的战略重要性，其核心目的在于阻遏中国的发展。在拜登政府看来，中国"对美国施加的挑战"之巨是前所未有的，中国也是美国有史以来最为"棘手的对手"。[②] 因此，"竞争"是拜登政府对华战略的核心理念。

在强化对华不对称优势方面，拜登政府倾向于采取国际多边合作的方式，印度就是被选中的主要伙伴之一。通过对印度的综合实力、军事能力和战略意图的评估，美国将印度作为主要的借力对象。首先，印度的综合实力位居全球前列。自2022年以来，印度已成为世界第五大经济体，也是主要经济体中经济增速最快的国家之一。拜登政府据此称，印度在美国印太战略中"扮演着至关重要的角色"。[③] 美国也认识到，印度的国际地位将持续上升，因此，希望推动印度提升其"全球领导力"，[④] 使之成为"全球南方"中的主导力量。其次，印度近年来的对外军事意图和能力愈发明显和强大。自2021年以来，印度已成为全球第三大军费开支国，其军费超过了南亚区域总军费的80%；[⑤]

① The White House, "Remarks by President Biden and Prime Minister Modi of the Republic of India Before Bilateral Meeting," June 2, 2023, https：//www. whitehouse. gov/briefing-room/speeches-remarks/2023/06/22/remarks-by-president-biden-and-prime-minister-modi-of-the-republic-of-india-before-bilateral-meeting-2/.

② 相关表述参见美国驻华大使尼古拉斯·伯恩斯（Nicholas Burns）的言论。 "U. S. Ambassador on Why China Competition Must Be Managed While Keeping 'The Peace'," CBS News, February 25, 2023, https：//www. cbsnews. com/news/china-us-relationship-nicholas-burns-60-minutes/。

③ U. S. Department of State, "U. S. Security Cooperation with India," January 20, 2021, https：//www. state. gov/united-states-india-relations/.

④ The White House, "FACT SHEET: The United States and India-Global Leadership in Action," September 24, 2023, https：//www. whitehouse. gov/briefing-room/statements-releases/2021/09/24/fact-sheet-the-united-states-and-india-global-leadership-in-action/.

⑤ The World Bank, "Military Expenditure (Current USD) - South Asia," https：//data. worldbank. org/indicator/MS. MIL. XPND. CD？locations=8S.

也是近年来全球第一大军火进口国。随着印度洋日益成为大国战略博弈的场域，在南亚拥有绝对主导地位的印度对美国而言具有充分的合作价值。最后，美印两国的战略诉求具有一定的重叠性。印度是四方安全对话中唯一与中国接壤的国家，莫迪政府希望降低相较于中国的战略劣势，这一点与美国一拍即合。在遏制中国在亚太地区的战略地位这一点上，美印的战略目标具有较大的共同利益区间。

美印两国借渲染中国的风险来增进本国的战略利益，达成了较多共识。拜登政府有意地利用了这一点，企图加深印度对美国的依附程度。拜登政府于 2022 年发布的《印太战略》（Indo-Pacific Strategy）在领土问题上明确地支持印方的立场。① 美国国防部部长劳埃德·奥斯汀（Lloyd Austin）称中国给美国和印度带来了"严峻的安全挑战"。② 美国的对华强硬论调得到了印方的呼应。

美国对印安全合作也有针对俄罗斯的战略意涵。俄罗斯是美国的另一主要战略对手，与中国、印度的外交关系密切，美国从印度入手可以削弱俄罗斯的国际支持力量。俄印关系的支柱主要在于安全与能源方面，目前俄罗斯仍是印度最大的军事装备来源国。但是，在美国加强对印安全合作之后，俄罗斯在印度军事进口中的份额显著下降，由 21 世纪初的 90% 下降到了 2018~2022 年的 45%，③ 且随着俄乌冲突的爆发或将持续下降。与此同时，美国则成为对印军事供应增速最快的国家，力图在军事技术转让方面更多地替代俄罗斯。④

---

① The White House，"Indo-Pacific Strategy，"February 2022, p. 5, https：//www. whitehouse. gov/wp-content/uploads/2022/02/U. S. -Indo-Pacific-Strategy. pdf.

② "Secretary of Defense Lloyd J. Austin III Off-Camera, On-The-Record Remarks to Traveling Press in India，"November 10, 2023, https：//www. defense. gov/News/Transcripts/Transcript/Article/3586437/secretary-of-defense-lloyd-j-austin-iii-off-camera-on-the-record-remarks-to-tra/.

③ SIPRI，"Trends in International Arms Transfers, 2022，"March 2023, https：//www. sipri. org/sites/default/files/2023-03/2303_ at_ fact_ sheet_ 2022_ v2. pdf.

④ 童宇韬：《印度与俄美两国的军购合作关系比较研究》，《南亚研究》2023 年第 3 期，第 129页。

（二）经贸合作、族裔交流与国内共识

国内政治也是美国推动对印安全合作的重要动力，其中经贸、族裔和政治需求是推动拜登政府重塑美印安全关系的主要国内动因。

1. 美印经贸与安全合作交融

双边贸易问题一直是美印关系中的痼疾。在拜登政府之前，美印两国长期受市场准入等分歧的困扰，特朗普政府甚至将印度移出了美国的普惠制（Generalized System of Preference）名单。其时有人担心：印度会成为继中国之后另一个遭受美国贸易打压的目标国。[①] 因此在特朗普时期，尽管两国在防务合作上发展迅速，但其战略伙伴关系仍蒙上了贸易争端的阴影。

在美国对华经贸"泛安全化"的背景下，拜登政府强化对印经贸合作的诉求十分强烈，这主要体现在几个方面。一是拜登对外经济政策的战略重心发生了改变。拜登政府在经贸往来上强调通过多边机制形成对华战略优势，不再如特朗普时期主要关注双边经贸与美国的单方面收益，国际地缘合作色彩进一步加强。在拜登时期，印度加入了美国主导的"印太经济合作框架"等多边机制，在供应链上与美国的一体化程度有所加深，美印两国间的贸易争端不再是升级战略关系的主要阻碍。二是美国发展经济的理念有所调整。拜登政府要求将低碳合作作为美国及其盟伴体系经济合作的重心，美印两国在低碳合作中已经产生了阶段性成果。三是美国国内的私营部门追求盈利。随着美国政府经贸战略的调整，更多私营部门希望参与印度国内的基础设施建设，获得经济利益。可以说，拜登时期美印经贸关系的提升既是两国防务合作加强的结果，也反过来促进了美印经贸和安全互动议题的融合。

2. 印度裔美国政治力量的竭力推动

美国升级对印安全关系，与印度裔美国政治精英的推动也有着密切关

① Arvind Panagariya, "India Is Trump's Next Target in the Trade War," *Foreign Policy*, March 13, 2019, https：//foreignpolicy.com/2019/03/13/india－is－trumps－next－target－in－the－trade－war/.

联。美国印度裔人口结构和政治地位的变化幅度与速度目前在各少数族裔群体中非常突出。除了副总统卡玛拉·哈里斯（Kamala Harris）为印度裔外，在 118 届国会（任期为 2023~2025 年）中还有 5 名印度裔议员，2024 年美国大选也有 3 名印度裔总统竞选人。这些数字均创美国历史上的新高。美国众议院形成于 1993 年的"印度和印裔美国人"连线也日益壮大，起到了塑造美国对印政策议程的作用。

印度裔政客是提升美印安全关系的重要推手。强调美国对华"战略竞争"的众议院"中国特设委员会"在 2023 年 6 月的提案中要求拜登政府将印度纳入"北约+"体系，这一动议背后就有两名印度裔众议员拉贾·克里什那穆提（Rajia Krishnamoorthi）与罗·康纳（Ro Khanna）的身影。[1] 后者也是邀请莫迪总理 2023 年访美时在美国国会发表演讲的主要推动者。[2]

拜登政府非常重视将国内族裔现状作为对印安全合作的抓手。在 2022 年祝贺印度建国 75 周年的贺词中，拜登称印裔美国人"进一步强化了"美印战略伙伴关系。[3] 在同年 6 月莫迪访美的三日行程内，美方领导人更是在 5 次讲话中提及印裔美国人在美印关系中的纽带作用。[4] 从这些言行足见美国希图通过族裔纽带、利用族裔动力来深化对印安全合作。

3. 美国国内对印安全合作共识的塑造

拜登政府升级对印安全合作的第三个国内支柱，是美国战略界已经基本形成的深化对印安全合作的共识。纵向来看，加强对印合作是 21 世纪以来

---

[1] Joe Saballa，"US Pushes for India's Inclusion in NATO Plus," *The Defense Post*，June 6，2023，https：//www. thedefensepost. com/2023/06/06/us-india-inclusion-nato/.

[2] Deeksha Udupa，"Why does Ro Khana Want Modi to Address Congress?" *The Nation*，June 21，2023，https：//www. thenation. com/article/politics/ro-khanna-modi-congress/.

[3] The White House，"Statement by President Joe Biden Celebrating the Republic of India's 75th Anniversary of Independence," August 14，2022，https：//www. whitehouse. gov/briefing-room/statements-releases/2022/08/14/statement-by-president-joe-biden-celebrating-the-republic-of-indias-75th-anniversary-of-independence/.

[4] 这 5 次讲话分别是 2023 年 6 月 22 日拜登总统在欢迎国宴、迎接仪式、双边会晤致辞、联合记者招待会上的讲话，以及 23 日哈里斯副总统的午宴发言。

美国对外战略的优先事项，自奥巴马政府实施"重返亚太"战略以来美印安全关系更是发生了质的变化，其对印战略理念至今仍深刻影响着拜登政府。[①] 在特朗普政府基本确定美印军事合作构架的基础上，拜登政府深化和升级了美印防务关系，并沿袭了其前任对于印度"全面全球战略伙伴关系"的战略定位。因此，从战略表述和政策工具来看，拜登政府的对印安全合作在很大程度上是对此前数任政府的路径依赖。

横向来看，升级对印安全关系是两党共识，也是美国政府和社会的共同理念。目前，民主党与共和党在对印合作问题上的政见差距不大，在两党政治议程极化加剧的背景下，加强美印关系是两党在对外事务上为数不多的可以采取协同立场的事项。另外，美国民众对加强对印安全合作的支持力度也逐步加大。皮尤研究中心 2021 年发布的民调数据显示，美国民众对印度持负面认识的占比低至 29%，与日本等盟友的在美形象差距不大。[②]

（三）基于国际价值观动员的目标锚定

拜登政府升级美印安全合作关系，也延续了其惯用的价值观外交路径，是将印度作为美国在西式民主价值同盟中重要伙伴的结果。

将印度作为战略合作对象并加大对印安全合作力度的安全背景，是美国对其主要战略框架的重新设定。尽管拜登政府与特朗普政府都将中俄两国作为美国的主要战略对手，但拜登政府的应对举措明显更具价值观色彩。以 2022 年美国政府发布的《印太战略》为例，美国目前将印太地区

---

① 例如，美国副国务卿库尔特·坎贝尔（Kurt Campbell）既是奥巴马时期"重返亚太"政策的设计者，也深度影响了拜登政府的对印战略，他的战略规划体现了各届政府对印政策的连续性。参见 Lora Saalman, "USA - India Strategic Continuity in the Biden Administration Transition," SIPRI, January 29, 2021, https：//www.sipri.org/commentary/blog/2021/usa - india-strategic-continuity-biden-administration-transition。

② J. J. Moncus and Laura Silver, "Americans' Views of Asia-Pacific Nations have not Changed since 2018 - with the Exception of China," Pew Research Center, April 12, 2021, https：// www.pewresearch.org/short-reads/2021/04/12/americans-views-of-asia-pacific-nations-have- not-changed-since-2018-with-the-exception-of-china/。

视作全球秩序的缩影，将其定位为美国最核心盟友伙伴的汇聚之地。① 在这一基础上，拜登政府认为美国联合其国际盟友应对威胁的基础是共同的价值观，实则是通过政体属性将美国的联合对象与竞争对手分化开来，以观念塑造的方式改变现有的国际秩序格局，以应和其"民主对抗威权"的外交叙事。

对美国而言，印度在政治制度方面具有可拉拢的价值。印度自独立以来沿用了英国的议会制度，其宪法受到了美国宪法精神的影响。② 印度领导人也在国际交往中以"民主国家"自居，如莫迪在 2021 年的联大会议中宣称印度是"民主之母"，具有悠久的民主政治历史。③ 印方的类似表态和立场给予了美国将其视作价值观盟友的托词和契机。在 2023 年印度总理访美期间两国共同发布的联合声明中，强调美印共享"民主"价值观的条目居全文首位，美印伙伴关系也增加了"民主伙伴关系"（partnership of democracies）的维度。④ 拜登总统在庆祝印度建国 75 周年的百余字致辞中，也多次提及美印两国在"民主制度""基于规则的秩序"方面的共同价值观。⑤ 拜登总统还邀请莫迪总理赴美参加所谓的"民主峰会"并致辞。美国将印度这一发展中的"民主"大国，视作增强其国际力量的主要拉拢对象。

价值观共享也可以作为美印战略合作的主要议程。在传统安全层面，美

---

① The White House, "Indo-Pacific Strategy," February 2022, p. 8, https://www.whitehouse. gov/wp-content/uploads/2022/02/U. S. -Indo-Pacific-Strategy. pdf.

② 蒋龑：《建设一个怎样的新印度？——印度立宪宪法观辨析》，《清华法学》2020 年第 1 期，第 107~120 页。

③ United Nations, "Prime Minister Modi Spotlights India's Role as a 'Reliable, Democratic Global Partner'," September 25, 2021, https://news. un. org/en/story/2021/09/1101302.

④ The White House, "Joint Statement from the United States and India," June 22, 2023, https:// www. whitehouse. gov/briefing-room/statements-releases/2023/06/22/joint-statement-from-the-united-states-and-india/.

⑤ The White House, "Statement by President Joe Biden Celebrating the Republic of India's 75th Anniversary of Independence," August 14, 2022, https://www. whitehouse. gov/briefing-room/statements-releases/2022/08/14/statement-by-president-joe-biden-celebrating-the-republic-of-indias-75th-anniversary-of-independence/.

国通过增强印度的军事能力，帮助其成为印太地区的"净安全供应方"（net security provider）。① 另外，美国也借助价值观手段，加强与印度在全球各领域的合作，尤其是在非传统安全领域。拜登政府时期，印度加入了美国主导的印太经济框架（Indo-Pacific Economic Framework for Prosperity, IPEF），在供应链和清洁能源等方面推行对华"去风险化"，与美国保持相近的立场。

三 拜登政府重塑对印安全合作的路径

简言之，拜登政府通过高层互动、社会动员、合作机制、制度安排、技术转移和外交表述等路径，试图重塑美印防务合作的水平和形态。

（一）高层交流实质化

拜登政府通过加强与印高层人员的交流，传递了美方强化对印安全合作的可信战略意图。除了拜登总统和莫迪总理的 3 次官方互访和多次双边会晤，美国政府内也有相当比重的高级官员有过访印经历或与印度高官互动的经历。

值得关注的是，拜登政府将高层接触作为公开美印安全关系升级的平台，在高层沟通中强化实质性的外交成果。在印度总理 2021 年、2023 年访美和美国总统 2023 年访印后，美印两国迅速达成了三份领导人联合声明，公开、反复地确认了加强对印安全合作在本届美国政府中的高优先度。这些公开声明的文本将美国对印安全合作的承诺固定了下来。尤其是拜登总统在访印期间，将美国支持印度成为联合国安理会常任理事国写入了联合声明。② 这种伴有实质性合作成果的高层互动，不但可以有效地确认两国的安全合作成果，也增强了两国社会对彼此间加强安全联系的认同。

---

① The White House, "Indo-Pacific Strategy," February 2022, p. 8, https://www.whitehouse.gov/wp-content/uploads/2022/02/U.S.-Indo-Pacific-Strategy.pdf.

② The White House, "Joint Statement from India and the United States," September 8, 2023, https://www.whitehouse.gov/briefing-room/statements-releases/2023/09/08/joint-statement-from-india-and-the-united-states/.

（二）安全主体多元化

拜登政府塑造美印安全关系的另一路径，是提升参与部门的多元化程度。此前美国政府主要依靠领导人与相关部门的战略决策以及外交沟通，推动美印防务合作的深化，而在拜登时期则形成了"领导人-政府部门-社会层面"的多层级互动。

拜登政府具体采取了两项举措。其一是加强了美国政府与私营部门之间的协调。落实美国国防产业与印方共同生产尖端军事装备，是拜登任上美印防务合作的一项重要进展。拜登政府在协调本国军工企业的投资和生产意愿以及改善战略目标的政企沟通方面做了大量工作，其中具有代表性的军工企业包括通用电气公司与波音公司。其二是推动了双边国防技术孵化的行为体多元化。除了政府的参与外，两国也逐步将科研机构、投资机构、军工企业、技术孵化器、行业协会等多层级行为体纳入合作范畴。通过强化美印两国企业、高校、智库、协会与政府之间的沟通和联系，以此满足印度提升"下一代技术"能力的前沿战略需求。[①] 目前美国与印度在多层次安全交往上的多元化程度，尤其是美方对这类战略互动的重视程度，已经达到了美印关系历史上的最高水平，也超过了美国对大多数盟友的安全互动水平。

（三）安全合作机制化

拜登政府沿袭了此前数届美国政府的对印战略框架，并在该框架内加大了两国安全合作的力度。该框架以更新于 2015 年的《美印防务合作框架协议》（Framework for the India-US Defense Relationship）为基础，以

[①] 在美印首次举行"关键和新兴技术倡议"会议期间，印度国家安全顾问阿吉特·多瓦尔（Ajit Doval）就携代表团与数十名美国政界、商界、科技界代表举行了会谈，相关人员覆盖了主要的前沿技术领域。参见 Ministry of External Affairs，"Visit of National Security Advisor to Washington DC（January 30 - February 01, 2023），" February 1, 2023, https：//www. mea. gov. in/pressreleases. htm? dtl/36153/Visit_ of_ National_ Security_ Advisor_ to_ Washington_ DC_ January_ 30February_ 01_ 2023。

分别签署于 2016 年、2018 年、2020 年的《国防技术和贸易协议》（India Defense Technology and Trade Initiative）、《通信兼容与安全协议》（Communications Compatibility and Security Agreement）和《地理空间合作基本交流与合作协定》（Basic Exchange and Cooperation Agreement）为合作内容，并在此基础上加强了美印三军合作的程度和军事交流的领域细分。拜登政府时期美国对印安全合作机制方面的最大进展是"美印关键和新兴技术倡议"，该倡议确定了美国将印度作为主要的军事技术伙伴。至此，美印防务合作已经稳固形成了贸易、通信、空间和技术合作的四大支柱。①

在美国的推动下，美印两国间的外交-安全高层交往常规化进一步夯实，此前形成的交流机制得以延续和固定下来。美印"2+2"部长级对话即为这类沟通机制的代表。除此之外，美印"防务政策小组"（Defense Policy Group）也是一项重要的常态化合作机制。两国定期开展防长间的对话，至 2023 年 5 月已经举行了 17 次对话。这一机制被美国国防部称为"指导美印战略伙伴关系的主要机制"，下设防务采购和生产组、高级技术安全组、联合技术组、军事合作组和执行筹划组子机制。② 在机构设置层面，在美国驻印大使馆设立分处的防务合作办公室（Office of Defense Cooperation）也发挥着与印度军方密切交流的作用。③

至拜登时期，美国已经明确地成为印度最大的军事演习伙伴。此前，美国已经与印度形成了四个系列的联合军事演习，包括两国陆军间的"战争演习"（Yudh Abhyas）、陆军特种部队间的"霹雳"（Vajra Prahar）演习、空军间的"印度合作"（Cope India）演习和三军层次的"猛虎凯旋"（Tiger Triumph）演习——截至 2023 年底已经分别举行了 19 次、14 次、6 次和 2

---

① 李恒阳：《2020 年以来的美印关系》，倪峰主编《美国研究报告（2021）》，社会科学文献出版社，2021，第 258~273 页。

② U. S. Department of Defense, "Framework for The US-India Defense Relationship," 2015, pp. 3-4, https：//dod. defense. gov/Portals/1/Documents/pubs/2015-Defense-Framework. pdf.

③ U. S. Embassy and Consulates in India, "Office of Defense Cooperation India Office," https：//in. usembassy. gov/embassy-consulates/new-delhi/sections-offices/office-of-defense-cooperation/.

次演习。① 拜登政府不但延续了相关军演系列，而且提升了军演规模和所涉军备的先进程度，意在加强美印军队间的互操作性，同时对中国的指涉和威胁也更为明显。譬如，2022 年的美印"战争演习"在印度北阿坎德邦举行，距离中印边境不足百公里。②

（四）互动场域互嵌化

拜登政府时期美国对印安全合作呈现多层级结合的特点。美印防务合作并不局限于美印双边场域，也体现在美国组建的多边安全合作及其引导下的印度对外双边安全合作中。

美国采取了三项举措。其一，美国强化了美印安全合作在美国主导下的多边安全制度中的角色。印度是美国主导下的多边制度中较晚加入的国家，但美国却主动赋予其重要的战略作用，提升其在安全合作制度中的地位。③ 在印太经济安全框架、四方安全对话等机制中，印度作为加入较晚的成员极少被有意边缘化。其二，美国引导印度与其盟友加强安全合作。在拜登政府的支持下，印度与美国的核心盟友日本、澳大利亚等国的安全关系也有所增强，与日本举行了第二次"2+2"会议，与澳大利亚举行了首次"2+2"对话。上述对话在形式和议程方面，与美印"2+2"战略沟通机制高度雷同，印度与这些国家的安全合作与美印安全合作出现同化趋势。其三，安全议题在不同场域中彼此嵌入。美国试图将印度置于多层级的安全合作中，且合作议题彼此联结，高度重叠。譬如，在拜登政府强调的供应链"去风险化"问题上，美国在美印

---

① Congressional Research Service, "India – U. S. : Major Arms Transfers and Military Exercises," December 14, 2023, https: //crsreports. congress. gov/product/pdf/IF/IF12438.

② 《2022 年 8 月国防部例行记者会文字实录》，中华人民共和国国防部官网，2022 年 8 月 25 日，http: //www. mod. gov. cn/gfbw/xwfyr/jt/4919967. html。

③ 一个典型的例子是美国向印度释放信息，希望其在四方安全对话机制中扮演"掌舵者"的角色。参见《美大使谈"四方安全对话"：印度开车，美国纠偏》，参考消息网，2024 年 2 月 5 日，https: //www. cankaoxiaoxi. com/#/detailsPage/% 20/c92ae7456e0d41c489add7c4e6185bc2/ 1/2024-02-05%2012：50? childrenAlias = undefined。

双边声明、① 小多边安全制度②与多边合作协议③中都予以高强度地提及，实则让印度在不同外交场合，反复、公开确认对美国"去风险化"的支持立场。拜登政府试图加强在多层级外交场域中的布局，以提升印度对美方战略需求的依赖性和一致性。

（五）技术转移尖端化

军事技术合作是当前美印安全关系的核心。拜登政府加速和升级了对印军事技术转移的层次与数量，总统国家安全事务助理杰克·沙利文（Jake Sullivan）称其为美印关系的"未来巨大基石"（next big milestone）。④ 此前印度开展国际军事技术合作的主要对象是俄罗斯，但其痛点在于俄罗斯无法完全满足印度提升自主国防生产能力和国防出口的目标。⑤ 拜登政府瞄准了这一契机，全面升级了对印军事技术转移的级别。其中的旗舰项目是通用电气公司生产的 F-414 喷气发动机技术合作，这是美国最为核心的军事技术之一，只面向极少数盟友，且仅对韩国实质性地转移过该技术。2023 年 6 月 22 日，通用电气与印度国防部下属的印度斯坦航空公司达成合作协议。协议规定双方将在印度共同生产该型号的发动机，

① The White House, "Joint Statement from the United States and India," June 22, 2023, https：// www. whitehouse. gov/briefing-room/statements-releases/2023/06/22/joint-statement-from-the-united-states-and-india/.

② The White House, "Quad Leaders' Joint Statement," May 20, 2023, https：// www. whitehouse. gov/briefing - room/statements - releases/2023/05/20/quad - leaders - joint - statement/.

③ The White House, "Fact Sheet: President Biden Announces New Actions to Strengthen America's Supply Chains, Lower Costs for Families, and Secure Key Sectors," November 27, 2023, https：//www. whitehouse. gov/briefing - room/statements - releases/2023/11/27/fact - sheet - president-biden-announces-new-actions-to-strengthen-americas-supply-chains-lower-costs-for-families-and-secure-key-sectors/.

④ "Ajit Doval at White House, US Says 'Next Milestone' in India Defence Ties," NDTV, February 1, 2023, https：//www. ndtv. com/india - news/ajit - doval - at - white - house - us - says - next - milestone-in-india-defence-ties-3741581.

⑤ 魏涵：《印俄高度军备依赖关系生成机制探究——基于主动锁定策略的分析》，《国际安全研究》2023 年第 5 期，第 108~133 页。

通用电气向印度转移该技术 80% 的内容。通用电气首席执行官称，"我们很自豪能够在推进拜登总统和莫迪总理对实现两国更密切协调的愿景方面发挥作用"。①

除了军事技术的直接转移，拜登政府也非常重视对印度尖端军事技术的孵化。2023 年 1 月，两国达成"关键与新兴技术倡议"，以"深化和扩展技术伙伴关系"。拜登政府宣称这一倡议实质性地"升级"了两国的战略伙伴关系。② 这一倡议的旗舰项目是启动于当年 6 月的"国防加速生态系统"（INDUS-X）。该项目重视在政府指导下加强两国产业和学界的对话，以期协助印度尽快发展前沿军事技术，其实质是官方指导下的两国军事技术创新合作。

（六）战略叙事完整化

拜登政府重视用更为复杂的战略叙事推动美印安全合作，并已经形成了一套相对完整的叙事体系。此前美国政府在对印安全合作方面主要强调两国政治价值观的共通，以及美印战略合作对全球和两国安全的未来助益。拜登政府在强化这两方面叙事的同时还有两点新动向。

一是论证美印安全关系转型的逻辑。其核心特质是强调美印防务合作的合法性，以及夸大共同安全利益。美印关系改善尤其是安全关系的提升，在两国历史上是非常晚近的转变。但在印度裔副国务卿、前驻印大使理查德·维尔马（Richard R. Verma）的叙述中，美国在印度独立之初即着手建立与印度的友好关系，美印在冷战期间的对立被视作"远离了两国共同价值观"

---

① GE Aerospace, "GE Aerospace Signs MOU with Hindustan Aeronautics Limited to Produce Fighter Jet Engines for Indian Air Force," June 22, 2023, https：//www.geaerospace.com/news/press-releases/defense-engines/ge-aerospace-signs-mou-hindustan-aeronautics-limited-produce-fighter.

② The White House, "Fact Sheet: United States and India Elevate Strategic Partnership with the Initiative on Critical and Emerging Technology (iCET)," January 31, 2023, https：//www.whitehouse.gov/briefing-room/statements-releases/2023/01/31/fact-sheet-united-states-and-india-elevate-strategic-partnership-with-the-initiative-on-critical-and-emerging-technology-icet/.

的结果。① 拜登政府称，当前对美印安全关系的重塑符合 21 世纪以来美国对印战略的传承，也根植于美印两国的长期互动和交往。这些官方叙述与真实历史有较大出入。

二是强调美印战略协作的议题场景。这突出表现为在对印安全叙事中高度渲染所谓"中国的威胁"。在美印军事、政治和经贸等方面的安全合作上，拜登政府反复针对中国。较之特朗普政府时期，涉华议题更为多元，拉拢印度的意图也更为明显。有分析认为，美国对中国的高强度舆论攻击本身也是对印度信任美方合作诚意的"再保证"（reassurance）。②

四 美印安全关系的发展前景及制约因素

美国对印安全合作已经形成一定战略惯性，在国内外政治动力的影响下，两国将长期深化和扩展安全合作议程。但是，美印安全关系的升级并非坦途，仍将受到诸多因素的制约。

（一）美国对印安全合作走向

首先，对华"战略竞争"作为美国外交的新态势会间接地为美印安全关系升级推波助澜。在中美、中印战略张力持续存在的前提下，美国将长期存在升级对印安全关系的诉求。除了在对外战略上面临共同威胁外，美印的对华观念也逐步趋同，成为两国推动对华强硬政策的持久动力。不但美国将中国视为长期的"首要战略对手"，自中印边境冲突以来，印度的战略目标也渐趋公开针对中国，并以此为战略上倒向美国的契机。③ 因此，将对印安

---

① Richard R. Verma, "U. S. -India: A Defining Partnership," U. S. Department of State, March 14, 2024, https: //www. state. gov/u-s-india-a-defining-partnership/.

② Nahal Toosi, "Biden Needs India to Counter China, But It Comes with a Cost," Politico, September 23, 2021, https: //www. politico. com/news/2021/09/23/biden-modi-india-human-rights-china-514041.

③ Aman Thakker, "Sino-Indian Border Clashes: Implications for U. S. -India Ties," CSIS, July 16, 2020, https: //www. csis. org/analysis/sino-indian-border-clashes-implications-us-india-ties.

全合作长期化将是未来数届美国政府的发力方向。

其次，美国国内族裔因素将深化美印安全合作关系。少数族裔往往在改变美国对其母国的外交议程方面发挥着巨大作用，印度裔群体即是加深美印外交联结的重要力量。[①] 随着印度裔美国人的政治力量逐步增强，一方面美国政府会面临要求深化对印安全合作的更强国内动力，另一方面美国也将在人文联结方面提升对印度的战略吸引力。这确保了美国在对印安全合作上将具有长期的动力。

最后，美印安全合作的议程或将进一步扩展。此前合作集中在军事技术传输等方面，虽然单方面地满足了印方部分战略需求，但也将两国间的互动议题局限在防务尤其是军售层面。在拜登政府时期，美方不但突破了以往对印技术转移的限度，也竭力宣传美印防务合作的合法性，其目标是在宏观战略上深度绑定印度。随着双方的安全合作领域逐渐外溢到贸易、科技、人文交流等方面，这一转变或将提升双方在军事上的互操作性，推动两国的军事行动乃至战略思想趋同化，也让美印在共同针对第三方国家的战略目标上更具一致性。

（二）美印安全合作中的制约因素

尽管美国已将深化对印防务合作作为一项战略传统，但美印两国在未来的安全合作中仍面临诸多局限，其不确定性会持续存在。这种局限体现在以下四个方面。

一是两国的战略目标协调性不强。如前所述，美国是两国安全合作深化中更为主动的一方。较之美国对印的长期战略规划和资源倾斜，印度对美国的安全依赖更具即时性的特点，因此在重大国际事务中仍会以采取平衡策略为主。例如，由于俄印的长期战略伙伴关系，莫迪政府在俄乌冲突中一直坚拒彻底倒向西方，是四方安全对话中唯一一个拒绝谴责和制裁俄罗斯的国

---

① 滕海区：《论美国印度裔族群的形成及特点》，《美国外交》2013 年第 4 期，第 113～126 页。

家。印方的立场引发了美国决策者的疑虑，甚至让美国产生了在军售等领域制裁印度的政策考量。① 这折射出美印两国在战略安全目标上的深层隔阂，短期的合作进展无法掩盖两国安全追求的长期分歧。

二是两国的对华竞争路径偏差大。印度对于美国拉拢其加入联盟体系的邀约仍然持有鲜明的排斥立场。印度有独立自主的外交传统，尽管近年来在防务方面与美国越来越接近，但对美不结盟目前仍是印度的底线。印度外长苏杰生（S. Jaishankar）对于美国议员邀请印度加入"北约+"就表达了不加掩饰的拒绝立场，称美国以北约为基础的安全联盟模式并不适用于印度。② 而对于印度加入的四方安全对话，苏杰生也公开称这绝非"亚洲版北约"，③ 试图以此证明印度仍坚守不加入任何联盟的外交立场。可见，美国和印度对安全合作的路径存在显著差异，这也是两国在试图实现安全协同上屡屡受挫的体现。

三是多元行为体的动力有限。美国社会与私营部门相对于行政机构有着相当的自主性，④ 加强对印安全合作虽由国家战略利益所驱动，却并非参与对印军事技术转移的私营部门的核心追求。私营部门以盈利为目标，当对印军售和共同生产不符合私营部门的需求时，美印防务关系升级将会面临诸多不确定性。因此，除了基于美国的战略需求来评估美印安全合作前景，也需将美国国内的多元化行为体及其与印方部门的对接复杂性纳入考量。正如《国家利益》刊登的一篇文章所指出的，美印两国"官僚结构、采购模式和

① Congressional Research Service，"India - Russia Relations and Implications for U. S. Interests，" August 24, 2022, pp. 22~24, https：//sgp. fas. org/crs/row/R47221. pdf.

② Huma Siddiqui，"India's Firm Rejection of NATO Membership：Safeguarding Autonomy and Countering China，" *Financial Express*，June 22, 2023, https：//www. financialexpress. com/business/defence-indias-firm-rejection-of-nato-membership-safeguarding-autonomy-and-countering-china-3136840/.

③ "Don't Slip into The Lazy Analogy of Referring Quad as Asian NATO：Jaishankar，" *The Economic Times*，February 20, 2020, https：//economictimes. indiatimes. com/news/defence/dont-slip-into-the-lazy-analogy-of-referring-quad-as-asian-nato-jaishankar/articleshow/89700696. cms? utm_ source=contentofinterest&utm_ medium=text&utm_ campaign=cppst.

④ 田野：《贸易自由化、国内否决者与国际贸易体系的法律化——美国贸易政治的国际逻辑》，《世界经济与政治》2013 年第 6 期，第 47~76 页。

预算流程"的差异持续阻碍了两国安全关系的深化。[1] 拜登政府意识到了并试图摆脱这一困境，但能否消除该痼疾尚未可知。

四是关系升级合法性不足。拜登政府虽然屡称印度为"民主伙伴"，但以西方民主政治的评估指标来看，尤其自莫迪上任以来，印度的民主指数实际上呈下滑趋势。据 Statistica 数据库统计，在莫迪担任总理以来的 8 年间，印度的民主水平取值下降了 11.1%。[2] 2023 年莫迪总理受邀访美享受了外交层面的崇高礼遇，却引起了美国国内的诸多批评，认为拜登和莫迪的峰会堪称"民主的失败"，[3] 并将印度国内民主衰败的源头直指作为领导人的莫迪。[4] 前述邀请莫迪发言的国会议员也由此饱受其政敌的抨击。[5] 因此，美国依托价值观路径深化对印安全合作仍面临着来自印方和国内的阻力。

结　语

拜登政府在延续和强化美印安全合作战略传统的同时，也在竭力重塑和升级美印安全关系。目前，美印两国的全面战略伙伴关系已经被美国定位为

---

① Ambuj Sahu, "What does the GE-F414 Jet Engine Deal Mean for U. S. -India Defense Relations?" *National Interest*, June 23, 2023, https：//nationalinterest. org/feature/what-does-ge-f414-jet-engine-deal-mean-us-india-defense-relations-206577.

② Statista Research Department, "Democracy Index of India from 2006 to 2022," May 5, 2023, https：//www. statista. com/statistics/1381364/democracy-index-india/#：~：text = After% 20being% 20between% 20seven% 20and% 20eight% 20between 202006, before% 20increasing% 20to% 20above% 20seven% 20again% 20in% 202022.

③ Knox Thames, "The Biden-Modi Meeting Was a Failure for Democracy," *Time Magazine*, June 24, 2023, https：//time. com/6289932/the-biden-modi-meeting-was-a-failure-for-democracy/.

④ Allison Meakem, "Under Modi, India's Democracy Is on Its Last Legs," *Foreign Policy*, January 2, 2024, https：//foreignpolicy. com/2024/01/02/india-elections-modi-bjp-congress-nda-lok-sabha-brics/; Ramachandra Guha, "The Cult of Modi: How India's Prime Minister Dismantled the World's Largest Democratic Experiment," *Foreign Policy*, November 4, 2022, https：//foreignpolicy. com/2022/11/04/modi-india-personality-cult-democracy/.

⑤ Joseph Konig, "Some House Democrats Boycott Indian PM Modi's Speech to Congress," Spectrum News, June 22, 2023, https：//ny1. com/nyc/all-boroughs/politics/2023/06/22/two-muslim-members-of-congress--other-democrats-boycott-speech-by-india-s-modi.

"世界上最亲密的伙伴关系之一",① 美国对印度的战略定位也已经无限接近美国的核心盟友圈。国际秩序调整、美国国内政治动态和拜登政府对印度的价值观锚定,也让美国在对印安全合作上保持着持久动力。拜登政府在形塑美印安全关系方面已经形成了一套路径体系:从主体上看,高层交流与多元部门相结合;从场合上看,安全机制与外交沟通相配合;从内容上看,技术转移与叙事重塑相融合。目前,拜登政府已经在上述对印安全合作的动力和方式上形成了路径依赖,美印安全关系的未来发展或将继续彰显上述特质。

拜登政府是美印防务关系升级中更为积极的一方。尽管印度方面和美国国内仍存在诸多掣肘因素,两国安全关系升级之路也并非坦途,但加强对印防务合作——尤其是加速对印尖端军事技术转移——仍将长期是美国的战略重心。这一安全合作能否外溢为美印的全方位关系升级,以及相关合作对美印共同竞争对手的战略影响程度,尚待进一步观察和研究。

(审读 李恒阳)

---

① The White House, "Joint Statement from the United States and India," https://www. whitehouse. gov/briefing-room/statements-releases/2023/06/22/joint-statement-from-the-united-states-and-india/.

B.20
2023年美加关系的新动态

李恒阳*

摘　要：　2023年，美国和加拿大的关系稳定发展。美加两国高层交往频繁。双方在对俄制裁、对乌援助、对华关系和台湾问题上表现出明显的同步性和协调性。在经贸领域，美加两国不断深化清洁能源、关键矿产和半导体方面的合作。美加合作提升北美空天防御司令部的基础设施和作战能力，以应对战略对手来自空中和海上的"威胁"。为了配合美国在印太地区的军事行动，加拿大不断增加在印太地区的军事力量部署和行动。美加两国在联合演习、航行自由、反核扩散等领域的合作不断加深。美加两国在"印太战略"框架下的合作，在一定程度上是为了应对中国在印太地区日益扩大的影响力。

关键词：　美国外交　美加关系　印太战略　清洁能源　关键矿产

2023年以来，美国和加拿大的关系稳定发展。两国高层交往频繁。2023年3月美国总统拜登访加，是双方高层互动的亮点。由于都重视气候问题和产业升级，美加两国在清洁能源和关键矿产领域的合作不断深化。在《加拿大印太战略》（Canada's Indo-Pacific Strategy）的指导下，加拿大增加了在印太地区的外交、军事和经济活动。以意识形态和价值观为基础，美加两国在印太地区的行动更加协调。

---

* 李恒阳，中国社会科学院美国研究所研究员，主要研究领域为美国外交、网络安全、中美关系。

一 以西方价值观为基础的外交合作

作为盟友，美国和加拿大在外交领域接触频繁。在共同的意识形态和价值观指导下，美加外交关系密切。通过及时协调相关政策，美加两国在对外关系上表现出明显的同步性和协调性。

（一）美加协调外交政策

2023年以来，美加两国政府高层官员在广泛的领域协调立场。美国总统拜登和加拿大总理特鲁多在双边、多边框架下多次见面，包括拜登访问加拿大，以及双方在七国集团（G7）和二十国集团（G20）等框架下的会晤。2023年3月，美国总统拜登对加拿大进行了其上任以来的首次访问。加拿大总理特鲁多与拜登发表联合声明，承诺两国将在清洁经济转型、关键矿产、半导体供应链、俄乌冲突、印太战略等重点领域推进合作。[1] 此外，双方还承诺在保护共享水域和北极、促进社会多样性和包容性、应对关键基础设施的网络威胁、解决非常规移民、应对合成阿片类药物危机、减少枪支暴力等方面继续保持合作。这次会晤后，美加两国采取了广泛具体的措施落实相关内容。

美加在制裁俄罗斯方面一直协调行动。2023年以来，美国对俄罗斯实施了多轮制裁，加拿大与美国的步调保持高度一致。美加合作不仅表现在七国集团等多边框架中，而且表现在美加双边协调中。2023年5月和12月，七国集团宣布了对俄罗斯的制裁措施。2023年7月和2024年2月，在美国宣布对俄罗斯实施新一轮制裁的同时，加拿大也宣布对俄罗斯发起新一轮制裁。美加两国力图通过统一行动和与其他盟友的协调行动，将对俄制裁的效力发挥到最大。自2014年以来，加拿大已对俄方及支持俄方的2900多名个

---

① The Office of the Prime Minister, "Prime Minister Trudeau and President Biden Joint Statement," March 24, 2023, https：//www.pm.gc.ca/en/news/statements/2023/03/24/prime-minister-trudeau-and-president-biden-joint-statement.

人和实体实施制裁，① 其中许多制裁是与美国等盟友和伙伴协调实施的。美加的制裁措施涉及禁止从俄罗斯进口能源、黄金和钻石，冻结俄罗斯银行的财产，禁止向俄罗斯出口先进技术，禁止从俄罗斯起飞的航班入境，制裁俄罗斯寡头等。美加两国希望通过制裁遏制俄罗斯的经济发展，破坏其军事能力，并引发俄罗斯内部的社会问题。

美加两国在支持乌克兰的问题上非常团结。这种支持一方面通过各种双边和多边声明表达，另一方面通过不断提供各种实质性援助来实现。2023年5月的广岛七国集团会议发布联合公报称，七国将加大对乌克兰的外交、金融、人道主义和军事支持力度，增加俄罗斯及其支持者的战争成本。② 自2022年2月至2023年12月27日，拜登政府已承诺向乌克兰提供约442亿美元的安全援助。③ 加拿大也不甘落后，不仅提供武器、训练军队，而且提供人道主义及发展援助资金。自2022年2月以来，加拿大已承诺向乌克兰提供总额超过97亿美元的援助，其中包括24亿美元的军事援助。2024年2月，加拿大国防部部长比尔·布莱尔（Bill Blair）宣布，加拿大将向由美方牵头建立的"乌克兰国防联络小组"的"空军能力联盟"再捐款6000万加元，以支持乌克兰建立可持续的F-16战斗机作战能力。④ 美加等国力图通过向乌克兰提供军事和财政援助来维护其战斗能力，这实际上不利于俄乌冲突的和平解决。

① Global Affairs Canada, "Minister Joly Announces Additional Sanctions in Response to Russia's Full-scale Invasion of Ukraine," February 23, 2024, https：//www. canada. ca/en/global – affairs/news/2024/02/minister–joly–announces–additional–sanctions–in–response–to–russias–full–scale–invasion–of–ukraine. html.

② The White House, "G7 Hiroshima Leaders' Communiqué," May 20, 2023, https：//www. whitehouse. gov/briefing – room/statements – releases/2023/05/20/g7 – hiroshima – leaders – communique/.

③ Congressional Research Service, "U. S. Security Assistance to Ukraine," February 15, 2024, https：//crsreports. congress. gov/product/pdf/IF/IF12040.

④ National Defence, "Minister Blair Announces \$ 60 Million in Military Aid for Ukraine at 19th Meeting of the Ukraine Defense Contact Group," February 14, 2024, https：//www. canada. ca/en/department– national – defence/news/2024/02/minister – blair – announces – 60 – million – in – military–aid–for–ukraine–at–19th–meeting–of–the–ukraine–defense–contact–group. html.

（二）美加对华推行打压政策

在美国的影响下，加拿大对华外交渐趋强硬。2023年5月，特鲁多政府以所谓"中国干预加拿大内政"为由无端驱逐一名中国驻加拿大的领事官员，中国不得不对此采取对等措施予以回应。2024年1月，加拿大政府发布了一份所谓"涉及国家安全"的敏感技术清单和一份外国科研机构的清单。这份外国科研机构清单共有103家来自中国、俄罗斯和伊朗的机构，其中来自中国的就有85家。根据加拿大政府的禁令，任何与这些机构有关联的人将无法从加拿大主要研究机构获得资金。加拿大公布的"敏感技术研究领域"与美国政府出台的关键技术和新兴技术有很多重合。加拿大禁止本国学术机构与中国进行科研合作的做法，也与美国的做法类似。近年来，美国一直宣传科技领域的"中国威胁论"。加拿大限制对华科技合作表明加政府的对华认知受到了美国的误导。

受美国影响，加拿大对中国的"人权"问题非常关注。2022年6月，美国将来自中国新疆的货品一律推定为所谓"强迫劳动"产品而不得进口美国。随后，加拿大也围绕"强迫劳动"采取动作。实际上，所谓"强迫劳动"完全是反华势力捏造的谎言，是打着"人权"旗号侵犯人权的典型事例。美加等国指责中国的所谓"强迫劳动"不仅严重扰乱了全球产业链和供应链的稳定，还严重破坏了国际经贸规则。美加两国企图通过污蔑抹黑中国来打压中国企业，并遏制中国的发展。

美加两国国会在发展对台关系方面也蠢蠢欲动。2022年9月，美国国会参议院外交关系委员会高票通过了所谓"2022年台湾政策法案"（Taiwan Policy Act of 2022）。该法案是1979年美台断交及《台湾关系法》（Taiwan Relations Act）生效以来，美国对对台政策最全面的调整。受此事件影响，2023年3月30日，加拿大众议院发布《加拿大和台湾：动荡时期的牢固关系》报告。报告要求加政府支持台湾地区加入某些国际组织，并考虑批准台湾地区加入"全面与进步跨太平洋伙伴关系协定"（Comprehensive and

Progressive Agreement for Trans-Pacific Partnership，CPTPP）。① 中国驻加拿大使馆发言人指出：该报告试图虚化、掏空一个中国原则，粗暴干涉中国内政，是对中国人民的公然挑衅；中方对此强烈不满、坚决反对。② 2023 年，美国国会有 5 个代表团共 32 名议员窜访台湾地区。③ 加拿大议会也有至少 3 个代表团共 23 人窜访台湾地区。④ 美加国会的涉台举动破坏了美加两国政府宣誓的一个中国原则，容易向"台独"分裂势力发出错误信号，不利于东亚地区的和平与稳定。

二　清洁能源成为经贸领域的合作重点

由于地理和历史传统，加拿大最大的贸易伙伴和出口市场长期为美国。随着拜登政府重新关注全球气候治理问题，清洁能源已经成为美加两国在经贸领域的合作重点。此外，两国在关键矿产和半导体供应链领域的合作也在不断深化。

（一）清洁能源领域的合作

美加两国通过设立专门工作组来协调在清洁能源领域的合作。2023 年 3 月，加拿大和美国成立了为期 1 年的能源转型工作组，由加拿大副总理兼财政部部长克里斯蒂娅·弗里兰（Chrystia Freeland）与美国白宫全球基础设施和能源安全特别协调官阿莫斯·J. 霍赫斯坦（Amos J. Hochstein）担任主

① The Special Committee on the Canada-People's Republic of China Relationship, "Canada and Taiwan: A Strong Relationship in Turbulent Times," March 2023, https://www.ourcommons.ca/Content/Committee/441/CACN/Reports/RP12317356/cacnrp02/cacnrp02-e.pdf.

② 中华人民共和国驻加拿大大使馆：《驻加拿大大使馆发言人就加众议院加中关系特别委员会发布涉台报告发表谈话》，2023 年 3 月 31 日，http://ca.china-embassy.gov.cn/sgfw/mtfw_133209/202303/t20230331_11052248.htm。

③ Billy Stampfl, "The US Congress and Taiwan: Measuring American Support Quantitatively and Qualitatively," November 29, 2023, https://globaltaiwan.org/2023/11/the-us-congress-and-taiwan-measuring-american-support-quantitatively-and-qualitatively/.

④ 2023 年加拿大议会窜访台湾的 3 个代表团分别是 4 月的 10 人代表团、7 月的 8 人代表团和 10 月的 5 人代表团。

席，在清洁能源领域开展工作。该工作组重点关注两国在可再生能源和电动汽车供应链、关键矿产和稀土、电网整合和韧性、先进和常规核能等领域的合作。5 月和 10 月，能源转型工作组在美国首都华盛顿举行了两次会议，协调两国在关键供应链和能源安全领域的立场。2023 年 12 月，美加两国成立铁路脱碳工作组，以制定减少铁路部门排放的共同愿景。该工作组由加拿大交通部部长、美国交通部部长和美国能源部部长共同牵头，主要行动包括制定联合研究议程，测试新兴技术的安全集成；加速两国铁路行业从柴油机车向零排放技术的安全过渡；在 2025 年前合作开发美国–加拿大铁路部门净零气候模型。[①]

美加两国在电力领域的合作不断深化。2023 年 6 月，尚普兰·哈德逊电力快线（Champlain Hudson Power Express）在纽约的一座换流站破土动工。这是一条全长约 339 英里的输电线路，将从加拿大的魁北克省向美国的纽约市输送高达 1250 兆瓦的清洁电力。该线路计划于 2026 年投入运营，预计将为超过 100 万户家庭供电，并减少 390 万吨有害气体排放。2023 年 12 月，美国宣布加入加拿大和英国牵头的"弃用煤炭发电联盟"（The Powering Past Coal Alliance）。该联盟提出到 2030 年减少经合组织国家煤炭的使用，到 2050 年减少全球煤炭消费量。[②] 美国的加入是一个重要信号，有可能鼓励其他国家也做出类似承诺。

2023 年 5 月，加拿大交通部和美国交通部正式宣布联手合作，在魁北克市和密歇根州之间建立一条电动汽车充电站走廊。这是美加两国第一个"替代燃料走廊"（Alternative Fuel Corridor）。该条走廊将每隔 80 公里设立一个充电站，每个充电站都包括至少一个符合组合充电系统

① Transport Canada, "Joint Statement by Transport Canada, the United States Department of Transportation and the United States Department of Energy on Taking Action to Reduce Rail Sector Emissions," December 6, 2023, https://www.canada.ca/en/transport-canada/news/2023/12/joint-statement-by-transport-canada-the-united-states-department-of-transportation-and-the-united-states-department-of-energy-on-taking-action-to-r.html.

② 初冬梅、姜大霖、陈迎：《弃用煤炭发电联盟成立的背景、影响及应对思考》，《煤炭经济研究》2019 年第 11 期，第 5 页。

（Combined Charging System）标准的直流快速充电器。这个充电站走廊预计总长约 1400 公里，沿途可连接蒙特利尔市、多伦多市和底特律市。时任加拿大交通部部长艾诚致（Omar Alghabra）称，这条跨境替代燃料走廊将帮助驾车者跨境出行，无须担忧充电或补充燃料。① 这条走廊的建设为美加之间一条最繁忙的客运和贸易路线提供了动力，并有助于减少空气污染。

美加两国在民用核能方面的合作不断深入。2023 年 1 月，美国通用电气-日立核能公司（GEH）、加拿大安大略电力公司（Ontario Power Generation）、SNC-兰万灵公司（SNC-Lavalin）和爱康公司（Aecon）围绕在加拿大达灵顿核电厂建设小型模块化反应堆签署了一份为期 6 年的合同。这是在北美建设电网规模小型模块化反应堆的首份商业合同。3 月，拜登访加期间宣布加拿大将加入"负责任使用小型模块化反应堆技术基础设施"计划。该计划将为加拿大核能发展提供资金和实物支持。8 月，加拿大核安全委员会和美国核能管理委员会完成了关于美国通用电气-日立核能公司 BWRX-300 小型反应堆的两份联合报告。这两份报告有利于美企获得在加拿大建造反应堆的许可证。12 月，在《联合国气候变化框架公约》第 28 届缔约方大会期间，美国、加拿大、法国、日本和英国宣布，计划筹集 42 亿美元用于建设"可靠的"全球核能供应链。这些投资将在未来 3 年内增强铀浓缩和转化能力，并建立一个不受俄罗斯影响、有韧性的全球铀供应市场。

（二）关键矿产领域的合作

美加两国在关键矿产领域的合作逐步深化。关键矿产是绿色经济和数字

---

① Transport Canada, "Canada's Minister of Transport and U. S. Secretary of Transportation Announce the First Canada and United States Alternative Fuel Corridor," May 16, 2023, https://www. canada. ca/en/transport-canada/news/2023/05/canadas-minister-of-transport-and-us-secretary-of-transportation-announce-the-first-canada-and-united-states-alternative-fuel-corridor. html.

经济的基石。没有关键矿物就没有能源转型。许多关键矿产的生产和加工在地理上集中，使其供应容易受到经济、地缘政治、环境和其他风险的影响。① 2023 年 3 月，美加两国发布联合声明，宣布美国政府将向加拿大关键的矿产行业提供资金，以建立一个"强大、有韧性的北美关键矿产供应链"。② 美国和加拿大将合作发展两国关键矿物的开采、加工、制造和回收能力，从而实现清洁能源、电动汽车、半导体、航天和国防等领域的供应链"多元化"。2022 年，美国依据《国防生产法》（Defense Production Act）的条款，决定向美国和加拿大公司提供 2.5 亿美元的资金，用于开采、加工电动汽车和蓄电池行业的关键矿物。美国政府在 2023 年春季公布了获得投资的公司名单。

美国投资加拿大关键矿产行业，不仅因为加拿大矿产资源丰富，而且因为试图减少对中国的依赖。加拿大是唯一的钴、石墨、锂和镍储量丰富的西方国家，这些矿产资源对电动汽车等行业至关重要。③ 加拿大同时还是全球第二大铌生产国和第四大铟生产国。前者是航空航天领域的重要材料，后者则是半导体和先进汽车制造的关键原材料之一。④ 根据 2020 年 1 月加拿大和美国的《加美关键矿产合作联合行动计划》（Canada-U. S. Joint Action Plan on Critical Minerals Collaboration），在美国宣布的 35 种关键矿产中有 13 种来自加拿大。此外，因为拥有全球最清洁的电网之一，加拿大能够生产全球碳排放最低的矿物和金属产品。中国在关键矿产领域的主导地位令美国感到焦虑。2022 年美国公布了 50 种关键矿产，其中中国是最大生产国的有 30

① Natural Resources Canada, "The Canadian Critical Minerals Strategy," 2022, https：//www. canada. ca/content/dam/nrcan-rncan/site/critical-minerals/Critical-minerals-strategyDec09. pdf.

② The Office of the Prime Minister, "Prime Minister Trudeau and President Biden Joint Statement," March 24, 2023, https：//www. pm. gc. ca/en/news/statements/2023/03/24/prime - minister - trudeau-and-president-biden-joint-statement.

③ Doug Palmer, Zi-Ann Lum and Kelsey Tamborrino, "Why Canada Could Be the Answer to China's Clean Tech Dominance," March 24, 2023, https：//www. politico. com/news/2023/03/24/united-states-and-canada-break-china-tech-dominance-00088598.

④ Natural Resources Canada, "The Canadian Critical Minerals Strategy," 2022, https：//www. canada. ca/content/dam/nrcan-rncan/site/critical-minerals/Critical-minerals-strategyDec09. pdf.

种，占比60%；中国是最大进口来源国的有26种，占比52%。[①] 2023年8月1日中国对镓和锗实行出口管制的措施，令美西方国家更加迫切地寻求关键矿产的替代来源。

（三）半导体供应链领域的合作

加强半导体供应链领域的合作是美加两国关注的重点。2023年3月，美加领导人发表联合声明，宣布要建立"跨境半导体封装走廊"。国际商用机器公司（IBM）将在加拿大推动"重大投资"，在魁北克省布罗蒙市的工厂开发并扩大半导体封装与测试能力。两国并未透露国际商用机器公司在加拿大的投资金额。美国宣布将在《国防生产法》中追加5000万美元，用于美国和加拿大企业推进半导体和印刷电路板的封装。同时，加拿大政府将从"战略创新基金"中为半导体项目投资2.5亿加元，以促进研发和制造。

美加两国与墨西哥共同促进北美半导体供应链的构建。2023年5月，加拿大创新、科学与经济发展部（Innovation, Science and Economic Development Canada）部长商鹏飞（François-Philippe Champagne）和出口促进、国际贸易与经济发展部（Export Promotion, International Trade and Economic Development Canada）部长伍凤仪（Mary Ng）在美国首都华盛顿出席了史上首次北美半导体会议。两位部长与美国商务部部长吉娜·雷蒙多（Gina Raimondo）、墨西哥经济部部长拉奎尔·布恩罗斯特罗（Raquel Buenrostro）一起探讨了加强和保护北美半导体供应链的各种方法。会议期间，商鹏飞、伍凤仪还与雷蒙多举行了加美双边会谈。加拿大希望凭借其资源、产品和人才优势，通过与美国和墨西哥合作，在全球半导体供应链中发挥重要作用。加拿大认为，确保北美半导体产业和供应链的竞争力有利于创造优质就业，展示加拿大的创新能力，推动加拿大的经济繁荣。

[①] 李建武、马哲、李鹏远：《美欧关键矿产战略及其对我国的启示》，《中国科学院院刊》2022年第11期，第1561页。

三　国防和安全领域的合作与时俱进

2023 年 3 月，在拜登和特鲁多发表的联合声明中，关于"集体防御和安全"着墨颇多，该部分篇幅仅次于"促进清洁能源并创造良好就业"部分。对于"集体防御和安全"，美加两国除了关注传统国防领域的合作，在禁毒、维护网络安全方面也采取了一些新措施。

（一）国防领域的合作

在国防领域，北美防空识别区是美加两国合作的重点。根据美加两国签署的联合声明，两国将共同投资 69.6 亿加元来更新预警系统，[①] 包括采购和部署两套新一代超视距雷达（Over-the-Horizon Radar, OTHR）系统。其一，在加拿大南部建设一套向北极方向瞄准的北极超视距雷达系统，为美加边境到北极圈提供远程监视，该项目预计将于 2028 年建成并运行。其二，建设一套极地超视距雷达系统，为加拿大的北极群岛等北美洲最北端地区提供预警。这两套系统将取代现有雷达系统，提升北美空天防御司令部（North American Aerospace Defense Command）的态势感知能力。

除了预警系统，北美空天防御司令部还重视基础设施建设。1958 年 5 月，为了加强对苏联的防御，美加两国联合成立北美防空司令部。1981 年 3 月，北美防空司令部更名为北美空天防御司令部，这表明天基系统在防空和导弹预警中的作用不断增大。尽管苏联已经随着冷战的结束而解体，但美加组建的北美空天防御司令部却一直存在。2023 年，美加两国在联合声明中提出投资 73 亿加元，以支持第五代战机在北极地区的部署。此举将"确保北美空天防御司令部有能力威慑和防御对美加领空和海域的新威胁，并在未

[①] The Office of the Prime Minister, "Prime Minister Trudeau and President Biden Joint Statement," March 24, 2023, https://www.pm.gc.ca/en/news/statements/2023/03/24/prime-minister-trudeau-and-president-biden-joint-statement.

来几年与中国和俄罗斯竞争"。① 两国将在北极地区建设更具战略高度和战术重要性的空军基地,通过改造机库和跑道,以降落 F-35 等更先进的战机;同时要扩大营房建设,以驻扎更多的军队。通过提升预警能力和更新基础设施,美加两国力图强化对战略敌手的威慑。

随着美国政府将国际战略转向大国竞争,北美空天防御司令部将中俄两国视为主要战略对手。2021 年 3 月出台的《北美空天防御司令部和北方司令部战略执行摘要》(NORAD and USNORTHCOM Strategy Executive Summary),与拜登政府出台的《临时国家安全战略指南》(Interim National Security Strategic Guidance)有着一致的目标。它认为,中俄两国在各个领域开发先进能力对美加两国构成了挑战;在美国和加拿大建立得力且持久的防御能力,是将力量投射到全球一体化前沿战斗中的先决条件。因此,北美空天防御司令部提出了全域感知、信息主导、决策优势和全球一体四大愿景。② 为实现这些目标,美国需要同加拿大在战略防空问题上开展合作,对北美空天防御司令部进行现代化建设。

个别突发事件给了美加两国进一步推进战略防空合作的借口。2023 年 2 月,中国民用无人飞艇因不可抗力误入美国领空。美军击落该民用飞艇的行为明显反应过度,严重违反了国际法精神和国际惯例。然而,这次事件为美国和加拿大的防空合作提供了所谓"契机"。美加两国通过北美空天防御司令部密切监视中国的民用飞艇。2 月 10 日,两国国防部部长在协调会上强调了双方联盟的重要性和继续投资北美空天防御司令部现代化的必要性。③ 5 月,北美空天防御司令部司令格伦·范赫克(Glen Van Herck)在参议院

① The Office of the Prime Minister, "Prime Minister Trudeau and President Biden Joint Statement," March 24, 2023, https://www.pm.gc.ca/en/news/statements/2023/03/24/prime-minister-trudeau-and-president-biden-joint-statement.

② NORAD and USNORTHCOM, "NORAD and USNORTHCOM Strategy Executive Summary," March 2021, https://www.northcom.mil/Portals/28/(U)%20NORAD-USNORTHCOM%20Strategy%20EXSUM%20-%20Signed.pdf.

③ David Vergun, "Canada, U.S. Support NORAD Modernization," February 10, 2023, https://www.defense.gov/News/News-Stories/Article/Article/3295673/canada-us-support-norad-modernization/.

军事战略力量小组委员会听证会上称，俄罗斯和中国努力发展和部署高超声速武器和运载平台，高超声速武器挑战了北美空天防御司令部为加拿大和美国提供威胁预警和攻击评估的能力。①

为了配合美国在印太地区的军事行动，加拿大逐步增加在印太地区的军事力量部署和行动。2023 年 5 月，加拿大国防部部长安妮塔·阿南德（Anita Anand）宣布，加拿大将通过"地平线行动"（Operation Horizon）大幅增强其在印太地区的军事存在。新行动将取代此前的"投影行动"（Operation Projection）。加拿大海军于 2023 年首次向印太地区部署来自大西洋基地的护卫舰。② 加拿大在印太地区的军事行动涉及联合演习、航行自由、反核扩散等任务，主要服务于美国的战略目标。加拿大不断加强与盟国和伙伴国的海军合作，容易制造紧张局势，不利于印太地区的和平与稳定。

2023 年以来，美加两国在中国周边的军事活动愈发频繁。美加两国海军共 3 次过航台湾海峡。6 月 3 日，美国海军"钟云"号驱逐舰和加拿大海军"蒙特利尔"号护卫舰过航台湾海峡。9 月 9 日，美国海军"约翰逊"号驱逐舰和加拿大海军"渥太华"号护卫舰过航台湾海峡。11 月 1 日，美国海军"佩拉尔塔"号驱逐舰和加拿大海军"渥太华"号护卫舰过航台湾海峡。每次经过台湾海峡，美国海军都要进行炒作。加拿大与美国是军事盟友，两国在军事、情报领域联系密切。加拿大多次派军舰与美国军舰在亚太海域联合行动，可以巩固两国在国防和安全领域的关系。加美联合行动也有助于加拿大提升在亚太地区的影响力，落实《加拿大印太战略》的相关内容。针对美加两国的所谓"自由穿越"，2023 年 9 月，东部战区新闻发言人

---

① David Vergun, "General Says Countering Hypersonic Weapons Is Imperative," May 10, 2023, https：//www. defense. gov/News/News-Stories/Article/article/3391322/general-says-countering-hypersonic-weapons-is-imperative/.

② National Defence, "Defence Minister Anita Anand Announces Revamped Indo-Pacific Military Mission and Strengthens Canada's Defence Relationships in the Region," June 3, 2023, https：// www. canada. ca/en/department-national-defence/news/2023/06/defence-minister-anita-anand-announces-revamped-indo-pacific-military-mission-and-strengthens-canadas-defence-relationships-in-the-region. html.

施毅陆军大校表示，中国人民解放军东部战区组织海空兵力全程跟监警戒，依法依规处置。战区部队时刻保持高度戒备，坚决捍卫国家主权安全与地区和平稳定。①

（二）禁毒领域的合作

美加两国加强在芬太尼领域的合作。芬太尼是一种药效强烈的合成阿片类药物，在医学上用作止痛药和麻醉剂。根据美国疾病控制与预防中心的数据，芬太尼的效力是海洛因的50倍、吗啡的100倍。阿片类药物是让人高度成瘾的止痛药。近年来，与阿片类药物有关的成瘾和死亡案例激增。斯坦福-柳叶刀北美阿片类药物危机委员会（Stanford-Lancet Commission on the North American Opioid Crisis）2022年发布的一份报告显示，如果不紧急干预，到21世纪20年代末，美国和加拿大将有120万人死于阿片类药物使用过量。2023年3月，美加领导人在会晤期间承诺扩大多机构合作，改善跨境芬太尼和芬太尼前体化学品贩运的情报共享，以支持拦截和调查。加拿大将与美国一起建立打击合成毒品的全球联盟，这凸显了两国在应对这一共同安全和公共卫生挑战方面的领导作用。在2023年4月召开的加拿大和美国"跨境犯罪论坛"（Cross-Border Crime Forum，CBCF）上，两国将芬太尼等阿片类药物作为双方关注的重点。② 两国表示，将致力于打击合成阿片类药物非法生产和分销的各个环节，共同打击阿片类药物泛滥。通过与美加两国的化学品、实验设备和运输公司合作，两国执法机构将识别化学品和相关生产设备的转移，并解决非法融资问题。

美加两国还联合其他国家开展芬太尼合作。2023年1月，在北美领导人峰会期间，美国、加拿大和墨西哥成立了"三边芬太尼委员会"，以指导

① 《东部战区新闻发言人就美加军舰过航台湾海峡发表谈话》，中国新闻网，2023年9月9日，https://www.chinanews.com.cn/gn/2023/09-09/10075056.shtml。

② Public Safety Department, "The 2023 Canada-U.S. Cross-Border Crime Forum," April 28, 2023, https://www.canada.ca/en/public-safety-canada/news/2023/04/the-2023-canadaus-cross-border-crime-forum-cbcf.html.

应对北美面临的芬太尼威胁。该委员会在 4 月、7 月和 12 月举行了 3 次会议。其中，7 月的会议达成了比较具体的共识。这些共识包括加强并扩大对毒贩的起诉，瓦解犯罪网络；打击用于制造非法芬太尼的前体化学品的供应渠道，并邀请私营化学品和航运公司采取行动；防范毒品的跨境贩运；促进公共卫生服务，以减少毒品的伤害和对毒品的需求；教育个人了解药物使用的风险，并为寻求治疗的人提供治疗。三边芬太尼委员会还承诺成立一个专家工作组，以查明各自与芬太尼前体化学品和有关设备相关联的立法和监管框架所面临的挑战。①

（三）网络安全领域的合作

网络安全是美加两国合作的重点。2023 年 3 月，拜登和特鲁多发表联合声明，承诺将深化合作以改善关键基础设施的网络安全和韧性。鉴于油气管道和电力系统对经济发展至关重要且具有跨境性质，两国重点关注这两个系统的网络安全。拜登政府上任初期，殖民管道（Colonial Pipeline）遭遇勒索软件攻击给美加两国敲响了警钟。跨境能源和电网的合作有利于两国民众获得可持续、安全和有韧性的能源供应。在两国管理网络依赖性和脆弱性的合作中，加拿大的收益更多。② 此外，通过联合两国私营部门分享安全信息，有利于加强双方在网络事件管理和增强网络安全公共意识方面的合作。2023 年 5 月 31 日，加拿大国防部部长表示，随着恶意黑客攻击事件的增加，加拿大将与美国合作，为国防承包商起草一份网络安全认证框架文件，该框架将适用于两国，在两国工作的国防承包商只需要通过一次认证。加拿

---

① The White House, "Joint Statement from Canada, Mexico, and the United States Following the Second Trilateral Fentanyl Committee Meeting," July 27, 2023, https://www.whitehouse.gov/briefing-room/statements-releases/2023/07/27/joint-statement-from-canada-mexico-and-the-united-states-following-the-second-trilateral-fentanyl-committee-meeting/.

② The International Institute for Strategic Studies, "Cyber Capabilities and National Power: A Net Assessment," June 28, 2021, p. 41, https://www.iiss.org/globalassets/media-library---content--migration/files/research-papers/cyber-power-report/cyber-capabilities-and-national-power---a-net-assessment_ _ _.pdf.

大在认证框架方面与美国合作，有利于加拿大供应商在未来的国际防务采购中占据先机。

　　除了两国之间的网络安全合作，美加两国还把合作领域扩展到第三方。2023 年 5 月 10 日，美国、加拿大和拉脱维亚宣布，已经完成了为期三个月的行动，重点是打击对拉脱维亚基础设施的黑客攻击。根据欧盟"计算机应急响应团队" 2023 年发布的一份研究报告，自 2022 年 1 月以来，拉脱维亚一直是网络攻击的第二大目标国家，仅次于波兰。为了维护拉脱维亚的网络安全，美国网络司令部、加拿大网络特遣部队和拉脱维亚军方网络安全响应部门合作进行了"前出狩猎"（hunt forward）行动。这是美国和加拿大网军首次合作开展"前出狩猎"行动。[1] 该行动使对手正在开发的恶意编码和其他工具不会被用于发动成功的攻击。

结　语

　　作为北美邻国，美国和加拿大在经济、安全和价值观等领域的联系密切。在特朗普任期，围绕北美自贸区协定重新谈判和美加贸易战，加拿大遭到了美国各种制裁和不公平协议的打击。拜登政府上台后，随着美国重新重视盟伴的价值，美加关系逐步回暖。首先，美加两国的战略融合趋势不断加强。"印太战略"是美国全球霸权护持的重要工具。拜登政府认为，中国是唯一有能力和意愿挑战美国在印太地区及全球的领导地位的国家，为此联合盟友和伙伴对中国进行打压遏制，其成为美国对华战略的重点。2022 年《加拿大印太战略》发布后，美加两国进一步协调对华政策。[2] 加拿大增加

---

① Cyber National Mission Force Public Affairs, "Shared Threats, Shared Understanding：U. S., Canada and Latvia Conclude Defensive Hunt Operations", May 10, 2023, https：// www. cybercom. mil/Media/News/Article/3390470/shared – threats – shared – understanding – us – canada-and-latvia-conclude-defensive-hun/.

② Global Affairs Canada, "Canada's Indo – Pacific Strategy," November 2022, https：//www. international. gc. ca/transparency – transparence/indo – pacific – indo – pacifique/index. aspx？ lang = eng.

在印太地区的影响力，会对中加关系、"一带一路"倡议以及地区局势带来一定的负面影响。

其次，加拿大的外交与安全政策深受美国影响。加拿大不仅是北约成员，还是美国领导的"五眼联盟"成员。美加两国在外交、安全、军事和情报领域深度捆绑，合作极为密切。从历史来看，加拿大的外交政策虽与美国有所不同，但无法做到偏离美国的战略利益太远，更不可能对美国的整体外交战略提出根本挑战。[①] 随着美国将对华战略由"接触"转向"大国竞争"，加拿大的对华认知也发生了根本的变化。西方意识形态和价值观是美国和加拿大的合作基础。"民主"成为美加两国外交政策的重点，中国也多次因为所谓的"民主和人权问题"受到两国的无端指责。在美国的影响下，反华成为加拿大国内一种所谓的"政治正确"。加拿大主流媒体和部分政客持续炒作"中国威胁论"，并敦促政府采取不友好的对华立场。目前加拿大国内政治也缺乏改善对华关系的动力。

再次，美加两国的经济合作不断加深。由于都关注气候变化及由此而来的产业升级，美加在清洁能源领域的合作动力充沛。通过推进清洁能源技术合作，美国希望加强气候韧性，推进环境正义，巩固自身在全球气候治理方面的领导地位。与清洁能源技术相关联，美国和加拿大在关键矿产领域的合作也在不断深化。在大国竞争思想的推动下，美国认为关键矿产不仅关系到新能源技术，更攸关国家安全，迫切希望减少对中国的依赖。作为矿产资源丰富的西方国家，加拿大希望在关键矿产领域与中国展开竞争，并力图在矿产供应链上取代中国。通过寻求美国对矿物加工行业的投资，加拿大力争创造更多的就业机会和收入。鉴于美国在半导体和核能领域的技术优势，加拿大通过与美国的合作能够促进自身的技术进步，并在全球科技进步和产业升级的进程中处于领先地位。

最后，美加两国在军事领域密切合作。这有利于实现美国的战略目标，

---

① 黄忠：《加拿大贾斯汀·特鲁多政府"印太战略"评析》，《国际论坛》2023 年第 3 期，146 页。

同时加拿大也会从合作中获利。北美防空识别区的技术更新以中俄为假想敌，不利于大国关系的战略稳定。作为一个地理位置远离东亚和南亚、与域内国家又无领土争端的国家，加拿大不断扩大在西太平洋和印度洋的军事活动，表明了它对美国的忠诚。通过积极参加美国在印太地区组织的军演、海上巡逻和自由航行活动，加拿大可以得到美国在武器转让、技术研发等方面的支持。通过联合军事行动，加拿大可以锻炼其海外作战能力，提升自身的国际地位和影响力。美加在西太平洋投射军事力量，容易导致南海问题和台海局势呈现国际化和紧张化态势。

尽管加拿大与美国在外交、安全、经贸和军事等领域的合作逐步深化，但其战略目标和美国仍存在差异。美国力图维护其在印太地区和全球的主导地位，加拿大则没有这方面的关切。加拿大的中等强国外交政策正处于全面困境之中，因为加拿大的相对实力和影响力正在衰退，而且美国主导的国际秩序的衰落也削弱了加拿大在国际社会中发挥更大作用的能力。[1] 目前，加拿大力图在可持续发展方面为印太地区做出贡献。在中美关系不稳定的背景下，中国可以在气候变化、维持生物多样性、公共卫生等全球治理问题上与加拿大加强协调，引导加拿大为印太地区及全球的发展与稳定发挥积极作用。

（审读　赵行姝）

---

[1] 张笑一：《加拿大"中等强国外交"的困境及前景》，《现代国际关系》2020 年第 12 期，第 35~43 页。

附　录
美国外交大事记
（2023年5月至2024年4月）

2023年

5月1日　美国总统拜登在白宫会晤菲律宾总统小马科斯。拜登称美国对菲律宾的保护是"铁一般的"承诺。双方就强化军事合作新准则达成协议。

5月3日　美国国防部宣布对乌克兰增加3亿美元军事援助。

5月9日　美国宣布再向乌克兰提供总额达12亿美元的军事援助。

5月11日　美国总统国家安全事务助理沙利文在维也纳与中国中共中央政治局委员、外事工作委员会办公室主任王毅举行了为期两天的会谈。双方就美中双边关系中的关键问题、全球和地区安全问题、乌克兰危机以及其他议题进行了坦诚、实质性和建设性的讨论。

5月15日　美国国务卿布林肯在国务院主持发布向国会提交的《2022年国际宗教自由报告》。

5月16日　美国国务卿布林肯、国防部部长奥斯汀和商务部部长雷蒙多共同出席参议院预算委员会就拜登政府2024财年预算申请和美中关系举行的听证会。三人均把提高联邦债务上限与美中竞争挂钩，警告说削减预算将会削弱美国在外交、军事和经济上与中国竞争的能力。

5月18日　美国贸易代表戴琪宣布，在美国在台协会和台北驻美经济文化代表处的主持下，美国和台湾就《美台21世纪贸易倡议》第一部分达成协议，协议涵盖海关和边境程序、监管做法以及小型企业等方面。

5月19日 七国集团领导人在日本广岛发表《七国集团领导人广岛核裁军愿景》以及《七国集团领导人关于乌克兰的声明》。

5月20日 美国总统拜登在广岛参加七国集团领导人峰会。七国发表联合声明，声称采纳合力打击"经济胁迫"的新倡议，誓言挫败任何要把贸易和供应链"武器化"的企图。七国领导人表示仍希望与中国维持"建设性和稳定的"关系，无意与中国脱钩或"向内转"，经济韧性有赖于"去风险化和多元化"。

美国、澳大利亚、印度和日本四国领导人在日本广岛举行"四方安全对话"（QUAD）会议。四国领导人在声明中称，将与印太地区伙伴合作，为该地区建设高质量、可持续和能够适应气候变化的基础设施提供资金。该集团将设立"四方基础设施奖金项目"，激励该地区1800多名基础设施从业者设计和建造高质量的基础设施。

5月21日 美国总统拜登在广岛与韩国总统尹锡悦、日本首相岸田文雄举行三边会晤。拜登称赞二人为改善日韩双边关系开展了充满勇气的工作。美日韩领导人还讨论了如何将三边合作提升到新高度，包括在所谓"经济安全"和各自的印太战略问题上开展新的协调工作。

美国总统拜登在七国集团广岛峰会期间会晤乌克兰总统泽连斯基。拜登宣布对乌克兰提供3.75亿美元最新军事援助，并同意欧洲向乌克兰供应F-16战机。

5月22日 美国国务卿布林肯在巴布亚新几内亚出席美国与太平洋岛国论坛对话会。

美国国务卿布林肯在巴布亚新几内亚出席美国与帕劳续签《自由联系协定》的仪式。根据协定，美国将在未来20年向包括帕劳在内的三个国家提供总计约65亿美元的资金，并保留对这些岛屿国家的"防御责任"。

美国国务卿布林肯在巴布亚新几内亚与巴新总理签署《防务合作协定》。根据协定，美军将"不受阻碍"地进出巴新基地，并可在基地外进行

开发和建设活动。

5 月 25 日 美国商务部部长雷蒙多在华盛顿会晤中国商务部部长王文涛。双方就中美商业相关问题，包括两国贸易和投资的总体环境以及潜在合作领域，进行了坦诚和实质性的讨论。

5 月 26 日 美国贸易代表戴琪在底特律会晤中国商务部部长王文涛。双方就中美经贸关系和共同关心的区域和多边议题进行了交流。

美国国务卿布林肯发表声明称，美国强烈谴责科索沃政府不顾美国和科索沃欧洲伙伴的建议，以武力进入科索沃北部市政大楼的行动。

5 月 30 日 美国国务院发布《太空外交战略框架》。

5 月 31 日 美国国务卿布林肯出席"美国-欧盟贸易和技术理事会"部长级会议。布林肯称，美欧对华不寻求对抗、冷战或"脱钩"，而是聚焦"去风险"。

美国国防部宣布，对乌克兰追加 3 亿美元安全援助。

6 月 1 日 美国在台协会和台北驻美经济文化代表处的代表在华盛顿签署《美台自由贸易倡议》第一阶段协议。美国副贸易代表比安奇出席签字仪式。

美国国防部发表声明说，美国国防部将从马斯克的 SpaceX 公司购买 Starlink 卫星服务，供乌克兰军方使用。

6 月 3 日 美国"钟云"号驱逐舰和加拿大"蒙特利尔"号护卫舰过航台湾海峡并公开炒作。

6 月 8 日 美国总统拜登在华盛顿会晤英国首相苏纳克。双方发表《大西洋宣言》。双方表示，《大西洋宣言》及其相关行动计划将为两国在经济、技术、商业和贸易等领域建立一种新型创新伙伴关系。围绕这份宣言，美英将在关键和新兴技术、经济安全和供应链合作、数字化转型、清洁能源以及国防五大领域加强合作。

6 月 9 日 美国、英国、日本、澳大利亚、新西兰在巴黎举行的部长级会议上发表《反对与贸易有关的经济胁迫和非市场政策和做法联合宣言》。

拜登政府宣布对乌克兰追加 21 亿美元军事援助。

6月13日　美国财政部部长耶伦在众议院金融委员会听证会上称，与中国脱钩将是一个"重大错误"，呼吁深化世界上最大的两个经济体之间的经济联系。

拜登政府宣布再向乌克兰提供3.25亿美元军事援助。

6月16日　美国总统国家安全事务助理沙利文、日本国家安全保障局局长秋叶刚男和菲律宾国家安全顾问阿诺在东京举行三方会谈。

6月19日　中国国家主席习近平在北京会见美国国务卿布林肯。

6月21日　美国国务卿布林肯在伦敦召开的乌克兰重建会议上宣布，美国将向乌提供13亿美元的新经济援助。

6月22日　美国总统拜登在白宫会晤印度总理莫迪。拜登称，本世纪全球面临的挑战和机遇，需要印度和美国共同努力和领导。双方在会后发表联合声明。

6月24日　印度驻美大使在华盛顿与美国国家航天局局长及国务院等有关部门的代表签署《阿尔忒弥斯协定》，成为签署该协定的第27个国家。

6月27日　拜登政府宣布再向乌克兰提供5亿美元的安全援助。

6月29日　美国国防部称，美国国务院已批准两笔可能的对台军售，价值4.4亿美元，分别用于向台湾出售弹药和提供后勤供应支持。

美国商务部发布《2023年国家出口战略》。

6月30日　联合国教科文组织会员大会特别会议通过决议，允许美国在2023年7月31日恢复教科文组织会员国的身份，并可以在当年年底的第42届大会上进行投票，同时拥有入选执行局的权力。中国对最终决议投了反对票。

7月7日　美国总统拜登在接受CNN记者采访时证实，美国将首次向乌克兰提供集束炸弹。

美国国防部宣布对乌克兰增加8亿美元的安全援助。

7月11日　北约峰会在立陶宛首都维尔纽斯举行。北约官网发布了与会政府首脑达成的《维尔纽斯峰会公报》。

7月13日　中共中央外办主任王毅在雅加达应约会见美国国务卿布

林肯。

7 月 17 日　美国总统气候问题特使克里在北京与中国气候变化事务特使解振华举行会谈。中美双方就合作应对气候变化深入交换意见。

美国空军空战演习"红旗"军演开始举行,演习持续到 8 月 4 日。其间,"红旗"军演首次和美国海军航母打击群训练合并举行,聚焦可能在太平洋出现的远距离海上战斗场景。

7 月 18 日　正在韩国访问的美国国家安全委员会印太事务协调员坎贝尔表示,美国战略核潜艇正在韩国釜山港停靠,这是美国战略核潜艇时隔 42 年再次访韩停靠。

7 月 19 日　美国总统气候问题特使克里在北京会见中国国家副主席韩正时称,美国与中国近年来在外交上遇到困难,但气候变化议题应与外交问题分开处理。

美国国防部宣布向乌克兰提供价值 13 亿美元的额外安全援助。

7 月 25 日　美国国防部宣布对乌克兰增加 4 亿美元的安全援助。

7 月 28 日　美国白宫宣布将向台湾提供 3.45 亿美元的军事援助。这是拜登政府首次使用"总统提用权"从美国现有库存提取对台湾军援。

7 月 29 日　美国和澳大利亚防长与外长在布里斯班举行澳美部长级磋商会议,聚焦核动力潜艇协议的进展、印度太平洋地区的"自由与安全"和清洁能源等议题。

8 月 1 日　美国副总统哈里斯在华盛顿与蒙古国总理奥云额尔登共同发表《美蒙关于第三邻国战略伙伴关系的联合声明》。联合声明称,美国和蒙古国正共同扩大战略伙伴关系,重点深化经济领域合作,双方寻求在矿产、清洁能源、粮食安全和数字经济领域的合作。

8 月 9 日　美国总统拜登签署关于"对华投资限制"的行政命令,授权财政部禁止或限制美国在包括半导体和微电子、量子信息技术和人工智能系统三个领域对中国实体的投资。

8 月 10 日　美国国家情报总监办公室发布《2023 年国家情报战略》。

8 月 14 日　拜登政府宣布增加 2 亿美元的对乌克兰军事援助。

8月18日　美日韩领导人在位于美国马里兰州的总统度假地戴维营举行会晤，会后发布名为"戴维营精神"的联合声明以及涉及地区问题政策立场的"戴维营原则"。

8月23日　美国国防部发言人在记者会上说，美国将在未来数月内开始为乌克兰培训F-16战斗机飞行员。

8月24日　美国务院发言人回答韩国记者提问时声称，日本将核污染水排放到太平洋是依据科学的做法，并称"这个排放计划符合国际原子能机构（IAEA）核安全标准等国际标准，因此很安全"。

8月28日　中国商务部部长王文涛在北京与美国商务部部长雷蒙多举行会谈。双方围绕落实中美元首巴厘岛会晤的重要共识，就中美经贸关系和共同关心的经贸问题进行了理性、坦诚、建设性的沟通。

8月29日　美国和蒙古国签署《关于矿物资源的谅解备忘录》。

美国国防部宣布将为乌克兰提供2.5亿美元的军事援助。

9月6日　美国国务卿布林肯访问乌克兰。布林肯在基辅分别会见了乌克兰总统、总理和外长。布林肯宣布，美国将向乌克兰提供超10亿美元的新援助，其中逾6.65亿美元用于军事目的。

美国国防部宣布，美国将在1.75亿美元的新一揽子军事援助中向乌克兰转交贫铀弹。这是拜登政府首次向乌克兰运送有争议的贫铀穿甲弹。

9月7日　美国商务部公布《印太经济框架供应链韧性协议》。

9月8日　美国总统拜登抵达印度首都新德里，参加即将举行的二十国集团（G20）峰会。

9月9日　美国海军"约翰逊"舰、加拿大海军"渥太华"舰过航台湾海峡并公开炒作。

美国、法国、德国、意大利、印度、沙特阿拉伯、阿拉伯联合酋长国以及欧盟在新德里签署《关于印度-中东-欧洲经济走廊原则的谅解备忘录》，通过连接中东与南亚的铁路和港口，来加强亚洲、阿拉伯湾和欧洲的互联互通与经济一体化。

美国总统拜登和印度总理莫迪在新德里二十国集团会议期间共同主持全

球基建和投资伙伴关系国领导人会议。

美国和沙特发表《沙特阿拉伯王国和美利坚合众国政府联合公报》。公报宣布通过沙特王国建立洲际绿色过境走廊，将亚洲大陆与欧洲大陆连接起来。

9月10日　美国总统拜登访问越南。拜登与越共总书记阮富仲举行会谈，双方宣布两国建立"全面战略伙伴关系"。双方将扩大在半导体供应链、劳动力发展、科研、矿产供应链等多个领域的合作。

9月12日　美国国防部发布《2023年网络战略概要》。

9月14日　美国国防部发布《空间政策评估和卫星保护战略》。

9月17日　中国中共中央政治局委员、中央外办主任王毅在马耳他两天内同美国总统国家安全事务助理沙利文举行多轮会晤。双方同意，继续落实两国元首巴厘岛会晤达成的重要共识，保持双方高层交往，举行中美亚太事务磋商、海洋事务磋商、外交政策磋商。双方探讨了支持两国人员往来的措施，讨论了国际局势和地区问题。

9月21日　美国总统拜登在白宫与乌克兰总统泽连斯基举行会谈。

美国总统拜登授权向乌克兰追加3.25亿美元军事援助。

9月22日　为落实中美两国元首巴厘岛会晤达成的重要共识，根据国务院副总理、中美经贸中方牵头人何立峰与美国财政部部长耶伦达成的共识，中美双方商定成立经济领域工作组，包括"经济工作组"和"金融工作组"。

中美两国国防官员就美国国防部《2023年网络战略概要》及相关网络问题举行工作级别会议。

9月25日　美国总统拜登在白宫举行与太平洋岛国领导人第二次峰会。双方发表《美国与太平洋岛国领导人关于加强双边伙伴关系的声明》。

美国总统拜登发表《关于美国承认纽埃并建立外交关系的声明》。

美国总统拜登发表《关于美国承认库克群岛并建立外交关系的声明》。

9月29日　美国国务卿布林肯发表声明祝贺中国国庆节。

10月7日　美国总统拜登就巴以局势升级一事与以色列总理通电话，

强调"美国与以色列站在一起"，将全力支持"以色列的自卫权"。

10月9日　中国国家主席习近平在北京会见美国参议院多数党领袖舒默率领的国会议员代表团。

韩国总统办公室经济首席秘书崔相穆在记者会上宣布，美国已决定允许向三星和SK海力士中国工厂出口半导体制造设备，无须另行审批。

10月11日　美国国防部宣布追加2亿美元对乌克兰的安全援助。

10月12日　1架美军反潜巡逻机过航台湾海峡。

10月17日　美国商务部称，将大幅限制人工智能芯片的出口。

美军B-52轰炸机降落在韩国清州机场。这是该款能够携带核武器的战略轰炸机首次降落在朝鲜半岛和美国领土以外的空军基地。

10月18日　联合国安理会就巴以冲突举行会议，并以12票赞成、1票反对和2票弃权的表决结果，就巴西提出的一份呼吁"实行人道主义暂停"的决议草案进行表决。美国行使了否决权，草案未获通过。

美国财政部宣布，暂时解除对委内瑞拉的多项制裁，包括对委石油和天然气行业的交易限制。

10月19日　美国国防部发布《2023年中国军力报告》。

美国商务部宣布将13家中国科技公司添加到出口管制名单，即所谓的"实体清单"。

10月20日　美国总统拜登在白宫与欧盟委员会主席冯德莱恩和欧洲理事会主席米歇尔举行美欧峰会。双方发表《美欧峰会联合声明》。

10月23日　美国白宫发布《2022年美国北极地区国家战略实施计划》。

10月25日　中国国家主席习近平在北京会见美国加利福尼亚州州长纽森。

美国总统拜登与澳大利亚总理阿尔巴尼斯在白宫举行会晤并发表联合声明，宣布以建立"创新联盟"为引领，在多个领域加强美澳双边关系。

联合国安理会就美国提出的关于巴以局势的决议草案进行投票，10票赞成，3票反对，2票弃权。常任理事国俄罗斯和中国投了反对票，草案未获通过。

10 月 26 日 美国国防部宣布对乌克兰追加 1.5 亿美元军事援助。

在美国总统拜登的指示下，美军对伊朗伊斯兰革命卫队及其附属组织位于叙利亚东部的两处设施进行打击。

10 月 27 日 美国总统拜登在白宫会见中国中共中央政治局委员、外交部部长王毅。拜登称美国和中国需要负责任地管理竞争关系，并保持沟通渠道顺畅。他还强调美国和中国必须共同努力应对全球挑战。

11 月 1 日 美国"佩拉尔塔"号驱逐舰、加拿大"渥太华"号护卫舰过航台湾海峡并公开炒作。

11 月 2 日 美国财政部部长耶伦在华盛顿亚洲协会政策研究院就美国印太经济战略发表讲话。她重申美国并不寻求与中国脱钩，而是需要一种"严肃、清醒"的对华经济政策。

11 月 3 日 美国总统拜登在华盛顿主持首届美洲经济繁荣伙伴关系领导人峰会。会后与会 12 国领导人共同发表《美洲经济繁荣伙伴关系领导人宣言》。

美国国防部宣布向乌克兰提供一揽子 4.25 亿美元的军事援助。

11 月 7 日 美国总统国家安全事务助理沙利文发表声明说，经与北约盟国密切协商和协调后，美国决定从 12 月 7 日起暂停履行《欧洲常规武装力量条约》下的所有义务，以回应俄罗斯的行动。

11 月 10 日 美国国务卿布林肯、防长奥斯汀在新德里与印度外长苏杰生、防长辛格举行"2+2"对话，讨论双边和全球关切以及印太地区的事态发展。会后双方发表联合声明。

11 月 12 日 美国国防部长奥斯汀在首尔会晤韩国国防部部长申源湜，之后二人与日本防卫大臣木原稔举行线上美日韩三边会谈。

11 月 15 日 中国国家主席习近平在美国旧金山斐洛里庄园同美国总统拜登举行中美元首会晤。两国元首就事关中美关系的战略性、全局性、方向性问题以及事关世界和平和发展的重大问题交换了意见。两国元首同意推动和加强中美各领域的对话合作，包括：建立人工智能政府间对话；成立中美禁毒合作工作组，开展禁毒合作；在平等和尊重基础上恢复两军高层沟通、中美国防部工作会晤、中美海上军事安全磋商机制会议，开展中美两军战区领导通话；同意明年早些时候进一步大幅增加航班；扩大教育、留学生、青年、文化、体育和工商界交流。

11月16日　美国商务部宣布将中国公安部鉴定中心（含国家毒品实验室）移出"实体清单"，解除对其制裁。

美国商务部发表声明宣布，印太繁荣经济框架的14个伙伴国在加利福尼亚州旧金山举行的部长级会议上签署《印太繁荣经济框架供应链协议》，并宣布关于《印太繁荣经济框架清洁经济协议》《印太繁荣经济框架公平经济协议》《印太繁荣经济框架协议》的谈判已基本结束。

11月17日　美国国防部发布《2023年信息环境作战战略》。

11月20日　美国国防部部长奥斯汀突访乌克兰，随行人员包括北约欧洲盟军最高司令卡沃利。奥斯汀访乌期间，美国宣布对乌克兰增加1亿美元的军事援助。

11月25日　美国海军"霍珀"号导弹驱逐舰闯入中国西沙领海。

12月1日　美、英、澳三国防长在美国加利福尼亚州的硅谷举行会议，就进一步推进"澳英美三方安全伙伴"（AUKUS）合作进行讨论。三方发表的联合声明宣布将在深空雷达、人工智能和量子计算系统等高科技领域进行合作，以增强三国的武装力量，应对日益严重的全球威胁。

12月2日　美国政府发布《绿色气候基金第二次增资认捐公告》，宣布美国将为绿色气候基金（GCF）2024~2027年第二次增资（GCF-2）认捐30亿美元。

12月4日　美国海军"吉福兹"号濒海战斗舰驶入南海仁爱礁邻近海域。

12月5日　美国国防部部长奥斯汀与瑞典国防大臣琼森在五角大楼签署新的防务合作协议。根据协议，美国可以不受阻碍地进入瑞典17个不同的军事基地。该协议赋予美国部署军事人员、储存武器和弹药、进行演习、飞机和舰船中途停留加油等权力。

12月6日　美国海军1架P-8A"海神"式反潜巡逻机过航台湾海峡。

美国国防部宣布向乌克兰提供价值 1.75 亿美元的新一批军事援助。

12 月 9 日 美国总统国家安全事务助理沙利文、韩国国家安保室室长赵太庸及日本国家安全保障局局长秋叶刚男在韩国首尔会晤。

12 月 12 日 美国总统拜登在白宫与乌克兰总统泽连斯基举行会晤。双方在之后的新闻发布会上表示，美国将"尽可能地"支持乌克兰。

美国国防部宣布新增 2 亿美元对乌克兰的安全援助。

12 月 16 日 美国国防安全合作局称，美国国务院已批准向台湾地区出售指挥、控制、通信、计算机全生命周期支持以及相关设备，价值约 3 亿美元。

12 月 17 日 美国总统拜登就废除《排华法案》80 周年发表文告。这是白宫 141 年来首次正式谴责《排华法案》。

12 月 18 日 美国与芬兰签署防务合作协议。根据协议，芬兰将开放包括空军基地、海军基地、训练区、仓储区等在内的 15 个区域供美方使用。协议还涉及美军在芬兰领土上预先部署国防装备和物资等内容。

12 月 19 日 美国国防部部长奥斯汀在巴林宣布，美国正在组建一支新的多国部队，以保护在红海过境的船只，使其免受也门胡塞武装控制区发射的无人机和弹道导弹的袭击威胁。

美国国务院发布《美国扩展大陆架外部界限公告》，单方面宣布扩大对北极和白令海大片区域的外大陆架（ECS）的主权要求。此次提出主权要求的大陆架总面积约为 100 万平方公里。

美国与丹麦签署一项防务协议，将允许美国士兵和军事装备驻扎在丹麦境内。

12 月 20 日 美国财政部发表声明，制裁俄罗斯政府拥有的一家船舶管理公司以及多个石油交易商。

美国与委内瑞拉达成一项协议，根据该协议，美国释放此前被非法羁押在美国的委内瑞拉政府特使萨博，以换取 10 名被扣押在委内瑞拉的美国人。委内瑞拉还同意引渡一名曾涉嫌参与行贿案后逃离美国的嫌疑人。

12 月 21 日 中国中央军委委员、军委联合参谋部参谋长刘振立应约与美军参谋长联席会议主席布朗进行视频通话。

12月22日　美国总统拜登签署《2024财年国防授权法》。该法授权的国防经费达8860亿美元，比2023财年增加了280亿美元。

12月25日　在美国总统拜登的指示下，美军空袭了伊拉克境内的一个什叶派激进组织和其他组织使用的三个无人机设施，以回应这些组织对伊拉克和叙利亚境内美军基地发动的一系列袭击。

12月26日　美国贸易代表办公室宣布，将延长对352项已恢复豁免关税的中国进口商品，以及77种与新冠防疫相关的中国进口商品的301条款关税豁免期，期限由当年12月31日延至2024年5月31日，以便根据法定的4年审查周期进行进一步考虑。进口关税豁免的商品包括泵和电动机等工业部件、一些汽车零部件和化学品、自行车和吸尘器，以及与新冠相关的豁免医疗产品。

12月27日　拜登政府宣布增加2.5亿美元对乌克兰的军事援助。

12月30日　美国战机对叙利亚东部城镇阿布凯马勒由亲伊朗民兵组织掌控的哨所以及从邻国伊拉克来的一个车队发动空袭，造成至少9名亲伊朗武装人员死亡。

2024年

1月3日　菲律宾和美国海军在南海开展联合巡逻。美菲各派出4艘舰艇，其中包括美国核动力航母"卡尔文森"号。

以美国为首的12个国家发布联合声明，对也门胡塞武装发出"最后通牒"，警告胡塞武装立即停止海上袭击，否则将为由此引发的后果承担责任。

1月4日　美国国务院发言人米勒在答记者问题时称，美国希望乌克兰成为一个独立的国家，这意味着它应该自力更生。他强调美国将继续支持乌克兰，但并不意味着将继续以和2022年、2023年相同的军事资金水平支持它，因为"这没有必要"。

1月9日　美国国会众议院议长约翰逊在华盛顿会见"台湾驻美代表"。

1月11日　中国商务部部长王文涛与美国商务部部长雷蒙多举行通话。双方围绕落实两国元首旧金山会晤的重要共识，就各自关心的经贸问题进行了深入、务实的沟通。

1月12日　中美"21世纪20年代强化气候行动工作组"启动会以视频形式召开。会议由中国气候变化事务特使解振华和美国总统气候问题特使克里主持。

美国和英国出动战斗机对也门胡塞武装控制地区的十多个胡塞目标发动了联合打击。

1月13日　美国国务院就中国台湾地区选举发表声明。

1月17日　美国政府将也门胡塞武装重新列入"特别指定的全球恐怖分子"名单。

1月22日　中国驻美国大使谢锋与美国白宫国家禁毒政策办公室主任古普塔会面，双方就两国禁毒合作进行了坦诚、深入的沟通。

美国和英国军队在澳大利亚、巴林、加拿大、荷兰和新西兰的支持下，对也门胡塞武装控制地区的8个目标进行了进一步的打击。

1月23日　美军在伊拉克境内对位于朱尔夫塞赫尔镇的伊朗支持的民兵组织进行报复式空袭，以回应前一天民兵组织针对阿萨德空军基地发动的袭击。

1月24日　美国海军"菲恩"号驱逐舰过航台湾海峡并公开炒作。

冷战后北约最大规模的军事演习"坚定捍卫者2024"正式拉开帷幕。来自31个成员国以及伙伴国瑞典的约9万名军人参加演习。

1月26日　美国国务院通知国会，批准向土耳其出售价值230亿美元的F-16战斗机，向希腊出售价值86亿美元的F-35战斗机。

1月27日　中国中共中央政治局委员、中央外办主任王毅在曼谷同美国总统国家安全事务助理沙利文举行新一轮会晤。双方围绕落实两国元首旧金山会晤共识、妥善处理中美关系重要敏感问题进行了坦诚、实质性、富有成果的沟通。

美国和伊拉克在巴格达启动首轮对话，讨论结束美国主导的国际联盟在伊拉克的存在。

1月30日　中国国务委员、国家禁毒委员会主任王小洪在北京会见美国总统副助理、白宫国土安全事务副助理达斯卡尔率领的美国禁毒联合代表团，宣布中美禁毒合作工作组正式启动。双方同意落实好"旧金山愿景"，务实地开展禁毒及执法安全合作。

2月1日　美国总统拜登签署行政令，对被控参与约旦河西岸暴力活动的以色列极端分子实施制裁。

美国国防部发表声明称，已批准向印度政府出售价值 39.9 亿美元的 MQ-9B 无人机及相关设备。

2月2日　美国中央司令部发表声明称，美军当天对伊拉克和叙利亚境内超过 85 个目标进行了空袭，目标是伊朗伊斯兰革命卫队圣城旅及其附属的民兵组织，以报复驻约旦美军事基地日前遭到的袭击。

2月3日　美国和英国军队对也门的胡塞武装组织目标开展新一轮打击，击中 30 多个胡塞武装军事设施地点。

2月5日　中美经济工作组在北京举行会议。双方会谈的内容主要涉及两国宏观经济形势及政策、二十国集团财政金融合作、发展中国家债务、产业政策等。

2月7日　美国中央司令部发表声明，证实美军于当天对伊拉克什叶派民兵武装"真主旅"发动无人机袭击，打死了一名"策划袭击美军基地的高级指挥官"，以作为对美军驻约旦基地此前遭袭并导致人员伤亡的"报复性行动"。

2月8日　美国总统拜登在白宫回答记者就以军在加沙地带个军事行动相关问题时说，他认为以色列在加沙地带对哈马斯 10 月 7 日袭击事件的军事反应"过头"了。

2月18日　中国国务委员、公安部部长王小洪在维也纳同美国国土安全部部长马约卡斯举行会晤。双方围绕落实两国元首旧金山会晤共识、推进两国禁毒和执法合作、解决彼此关切的问题进行了坦诚、深入、建设性的

沟通。

2 月 20 日 联合国安理会就阿尔及利亚提出的关于加沙局势新的决议草案进行表决，13 国赞成，英国弃权，美国否决。

2 月 21 日 美国国防部发表声明称，美国务院已批准对台出售价值约 7500 万美元的先进战术数据链系统升级计划。

2 月 23 日 美国贸易代表办公室发布《2023 年中国履行加入世贸组织承诺报告》，否定中国在履行加入世界贸易组织承诺方面取得的成绩。

美国总统拜登发表声明，宣布对俄罗斯超过 500 名个人和实体实施制裁。

2 月 27 日 《中美科技合作协定》到期。该协定于 1979 年签署，每 5 年续签一次，但 2023 年 8 月，拜登政府决定不整体续期，只批准延期执行至 2024 年 2 月 27 日，以便重新谈判。

2 月 28 日 美国总统拜登发布行政令，称将遏制美国人的地理位置、生物识别、健康和财务资讯向特定"受关注国家"大量传输。

2 月 29 日 美国总统拜登发表有关美国汽车行业的国家安全风险声明，声称配备联网功能的中国电动汽车对美国国家安全"构成风险"，并指示美国商务部对中国等相关国家的汽车展开调查，采取监管行动。

3 月 5 日 美国海军"菲恩"号导弹驱逐舰过航台湾海峡并公开炒作。

3 月 7 日 美国总统拜登在国会发表《国情咨文》。

3 月 9 日 美国总统拜登签署法案，批准为《自由联系协定》（COFA）在 20 年内为帕劳、马绍尔群岛和密克罗尼西亚联邦提供 71 亿美元资金，以此换取美军对这三国的独家军事准入。

3 月 11 日 美国国家情报总监办公室发布《美国情报界年度威胁评估报告》。

3 月 12 日 美国总统国家安全事务助理沙利文在简报会上宣布，美国向乌克兰紧急提供价值约 3 亿美元的军事援助。

3 月 18 日 美国主导的第三届"民主峰会"在韩国首尔举行。美国国务卿布林肯致开幕词并发表讲话。

3月22日　联合国安理会表决美国提出的关于巴勒斯坦加沙地带局势的决议草案，11票赞成，圭亚那1票弃权，俄罗斯、中国、阿尔及利亚3票反对，决议草案未获通过。

3月25日　联合国安理会就非常任理事国提出的一份加沙地带决议草案进行投票，获得通过。这是自2023年10月7日巴以新一轮大规模冲突爆发以来，首次在安理会决议中明确要求停火。投票中14票赞成，美国弃权。

3月28日　联合国安理会就美国提出的延长朝鲜制裁委员会专家任期动议进行表决，13个成员国投赞成票，中国投弃权票，俄罗斯投否决票，动议未获通过。

3月29日　美国国务院发布向国会递交的本年度"香港政策法报告"。

美国商务部发布实施额外出口管制的规定，于4月4日生效。这份166页的规定针对半导体项目出口，旨在使中国更难获取美国人工智能芯片和芯片制造工具。新规规定，对向中国出口芯片的限制也适用于包含这些芯片的笔记本电脑。

4月2日　中国国家主席习近平应约同美国总统拜登通电话。白宫就此发表声明说，双方进行了"坦诚和具建设性"的讨论，涉及两国有合作的领域与有分歧的领域。

4月3日　美国常务副国务卿坎贝尔参加美国跨党派智库"新美国安全中心"的活动时声称，美英澳的AUKUS潜艇项目"将加强包括台海在内的和平与稳定"。

中美两军在美国夏威夷举行2024年度中美海上军事安全磋商机制工作小组会议。这是该机制会议时隔两年后恢复举行。

4月4日　美国、日本、澳大利亚和菲律宾四国防长发表联合声明宣称，将在菲律宾"专属经济区"内开展"海上合作活动"，以展示对支持"自由开放"的印太地区加强合作的"集体承诺"。

4月7日　美日菲三国及澳大利亚在菲律宾巴拉望岛西北的南海海域举行联合海上演习。

4月8日　美国财政部部长耶伦结束对中国进行的为期6天的访问。

美英澳三国防长发表联合声明宣布，正考虑同日本就 AUKUS 安全框架第二支柱的先进能力技术项目进行合作。

4月10日　美国总统拜登在白宫同到访的日本首相岸田文雄举行会晤。双方发表美日领导人联合声明，称美日战略合作迎来"新时代"，并列出了从共同开发导弹到载人登月等一系列合作项目。两国称，其目标是建立一种"符合目的"的全球安全伙伴关系，以应对复杂、相互关联的挑战。

美国商务部以所谓"国家安全"和外交政策问题为由，决定把 11 个来自俄罗斯、中国以及阿联酋的实体列入出口管制清单，其中 3 个来自俄罗斯，6 个来自中国，2 个来自阿联酋。拜登执政期间被列入黑名单的中国实体总数增至 319 个。

4月11日　美国总统拜登、日本首相岸田文雄和菲律宾总统小马科斯在华盛顿举行首次美日菲三国峰会。

4月12日　美国宣布对俄罗斯铝、铜、镍实施新的交易限制。

4月15日　美国太平洋陆军司令部宣布，美国陆军第一多域特遣队已经在菲律宾吕宋岛北部部署新型陆基中程导弹发射系统，作为美菲联合军事演习"盾牌24"的一部分。

4月16日　美国国防部部长奥斯汀与中国国防部部长董军举行视频电话会议，这是中美两国国防部部长近 18 个月来进行的首次实质性会谈。两国防长在通话中讨论了中美防务关系以及地区和全球安全问题。

4月17日　美国贸易代表办公室宣布对中国在海事、物流和造船产业启动 301 调查。

美军 1 架 P-8A 反潜巡逻机过航台湾海峡并公开炒作。

美日韩三国财长在华盛顿举行首次三边会议。三方同意对外汇市场的情势"密切磋商"，承认日韩对日元和韩元近期贬值的关切。

4月18日　联合国安理会投票表决，因常任理事国美国 1 票否决，未能通过"建议联合国大会接纳巴勒斯坦成为联合国正式会员国"的决议草案。表决结果为 12 票赞成，2 票弃权，美国 1 票反对。

4月22日　美国国务院发布《2023 年度国别人权报告》。

2024 年度菲律宾与美国"肩并肩"联合军演在马尼拉启动。此次军演持续到 5 月 10 日，参演士兵包括 11000 名美军和 5000 名菲律宾士兵。约 150 名澳大利亚军事人员、约 100 名法国海军人员以及菲律宾其他政府机构的人员也参与了演习。

4 月 23 日 美国白宫发布向国会提交的《年度知识产权报告》。

4 月 24 日 美国总统拜登签署《国家安全增补法案》，乌克兰从这项法案中获得 608.4 亿美元的援助金，以色列获得 260 亿美元的援助金，包括台湾在内的印太地区获得 81.2 亿美元的安全援助。

美国国防部宣布向乌克兰新提供 10 亿美元的安全援助。

4 月 25 日 美国贸易代表办公室发布《2024 年特别 301 报告》。

4 月 26 日 中共中央政治局委员、外交部部长王毅在北京同美国国务卿布林肯举行会谈，双方在全面交换意见的基础上达成五点共识。

美国国防部宣布，美国将向乌克兰提供价值 60 亿美元的军事援助，包括爱国者导弹、火炮弹药和无人机等武器。

（李晓岗 整理）

后 记

2023 年，美国经历了愈演愈烈的内政动荡和错综复杂的外交变局。美国大选的临近更加剧了美国国内的党争、政治极化和社会分裂。拜登政府一方面尝试通过多种路径克服国内的治理困境；另一方面继续推行主要针对中国的"大国竞争"战略，以维护其世界霸主地位。然而，在根本制度维持不变的情况下，制度性和结构性痼疾以及过时的思想观念导致其努力难见显著成效。

《美国研究报告（2024）》以独特的视角，全景式地梳理和分析了 2023 年美国内政外交的最新动态、重大事件和热点问题。全书共收录 20 篇研究报告，包括 1 篇总报告、7 篇形势报告和 12 篇专题报告。其中，总报告综合考察了美国社会的全貌，指出在党争、政治极化和社会分裂持续加剧的情况下，过于剧烈的经济转型通过现存的政治社会机制，进一步引发了激烈的、与传统信念严重背离的社会变迁，导致美国社会逐渐失去自信心和方向感，步入迷惘时代；形势报告全面回顾了 2023 年美国政治、经济、社会、外交、军事、科技以及中美关系的最新动态，并对其未来的发展趋势做出研判；专题报告涉猎广泛，围绕 2023 年美国农业、法律、社会、外交、气候和中美关系等领域的专门议题，展开了更为细致入微的阐述。

《美国研究报告（2004）》由中国社会科学院美国研究所所长倪峰研究员、副所长袁征研究员主持编写，由美国研究所的研究人员共同执笔，同时特邀军事科学院的季澄同志参与写作。本书的策划、组稿、撰写、审定、编辑和出版工作受到美国所领导的高度重视，得到各位作者和审读专家的积极配合，以及中国社会科学院科研局和社会科学文献出版社的大力支持。特别是社会科学文献出版社的仇扬同志为本书的编校工作付出了许多辛劳。在此谨向各级领导和所有参与者致以诚挚的谢意！

《美国研究报告》作为国内唯一一部由国家级智库发布、长期跟踪美国内政外交发展动态的系列年度研究报告，一直密切关注和全面呈现美国政治、经济、社会、军事、外交等领域的最新发展和变化。本着积极推动中国的美国学研究、服务于中国外交决策的宗旨，《美国研究报告》一直坚守客观、求实、严谨、敏锐的治学精神，体现了较高的学术水准和强烈的责任担当。经过多年的努力和积累，《美国研究报告》已逐渐形成兼具原创性、权威性、时效性和连续性的独特风格。当前，美国内政外交复杂多变，中美关系日趋紧张，国际局势风云变幻。这一切给中国的美国学研究和外交决策提出了新的课题和挑战。身处美国学研究的前沿阵地，我们深感责任在肩，任重道远。今后，我们将继续努力，不断推出高质量的《美国研究报告》。同时，我们希望继续得到学界同仁、广大读者和相关部门的鼎力支持，大家齐心协力，使《美国研究报告》行稳致远，发挥更大的作用，体现更大的价值。

本书的内容仅代表作者个人的学术观点。鉴于编者的水平有限，编辑过程中难免存在疏漏和不足之处，恳请读者批评指正。

编者

2024 年 6 月 10 日

Abstract

The United States is in a turbulent transition. Too drastic economic transformation leads to drastic social changes, which is a serious departure from traditional beliefs, making the United States lose its self-confidence and sense of direction meanwhile step into a lost age.

Politically, the Partisan confrontation led to the executive-legislative conflict, legislative gridlock and government shutdowns. As the presidential election approaches, the struggle between the two parties continues to escalate, and the lawsuits Trump faces have drawn the U. S. Supreme Court and even the entire judicial system into partisan polarization. conventional beliefs in constitutionalism and rule of law are challenged by conspiracy theories and judicial politicization; beliefs in democracy are challenged by Uncompromising politics, generational shift and the difficulty of voters' choice; beliefs in the advantages of federalism are challenged by disputes over executive power, legislative power and interstate; beliefs in U. S. international hegemony are challenged by anxieties about its hegemonic status and declining effectiveness of the alliance systems.

Economically, with different benchmarks for comparison between the perceived economic situation and the gap in economic performance, voters are not buying the miracle of stronger than expected growth. The American market-led model of capitalism is challenged by the Bidenomics and many non-market-led micro-regulatory policies, and beliefs in the effectiveness of the macroeconomic system are impacted by the difficulties of the financial system and the fiscal and tax system.

With the intensification of political polarization and the further fragmentation of American society, social disputes have in turn become chips for partisan vicious fighting, and vicious politics and fractured society reinforce each other. The belief in the so-called "city on a hill" are challenged by ethical scandals, deteriorating public security and intensifying class polarization. beliefs in in "post-ethnic" national development have been impacted by ratio changes in national composition and intensification in ethnic conflicts.

After strategic planning and practice since taking office, the Biden administration's "great power competition" strategic framework has basically formed. Several important strategic documents have been issued, leading the further advancement of U. S. strategic competition. At the regional level, the Biden administration continues to focus on the Indo-Pacific region. On major issues, U. S. diplomacy has focused on the Russia-Ukraine conflict, Palestinian-Israeli conflict, and climate change. Domestic social contradictions and partisanship spread to foreign policy, and the inherent contradictions of the "great power competition" strategy of the Biden administration further intensified, and American diplomacy fell into an inextricable predicament.

Militarily, the United States has made a top priority the issue of how to respond to "great power competition" in the "upcoming decisive decade", taking the "integrated deterrence strategy" as a guide, accelerating the optimization of global military deployment and resource allocation, promoting the process of transformation and upgrading of national defense and military forces consistently , and attempting to further consolidate the important role of military means in the strategy of the United States "hegemonic maintenance and outcompeting adversaries". However, the erroneous security concept long held by the U. S. government and its own many other problems not only make its series of "military-strengthening" measures difficult to achieve results, but also aggravate the international security dilemma.

The Biden administration continues to focus on maintaining America's technological leadership. Increase domestic research and development investment, identify priority development areas, and focus on promoting research and development in semiconductor, battery energy storage, key minerals, and biomedicine. Alliance with Allies, export control and investment restriction are the two major "killer cards" of the US science and technology policy towards China,

and the competition between China and the US in science and technology will intensify.

In 2023, Sino-U. S. relations started from a low point, gradually returned to a stable track and stood at a new starting point, but generally still hovering at a low point. The hyping up of the "balloon incident" by the U. S. side has marked another historic low point in Sino-U. S. relations. The U. S. Congress has created new mechanisms targeting China and introduced various China-related bills to compress the space for Sino-U. S. interaction. The game between China and the United States is further deepening, and the sanctions and counter-sanctions between the two sides are escalating. The United States continues to anchor on the Taiwan issue to exert pressure on China, making every effort to strengthen the military multilateral mechanism. To manage differences, seek consensus and ensure strategic stability, high-level interactions between Chinese and U. S. government officials have increased, and people-to-people exchanges have gradually resumed. The San Francisco Summit between the leaders of China and the United States and the formation of the "San Francisco Vision" marked the "thaw of the ice" in Sino-U. S. relations, but bilateral relations will still face greater risks and uncertainties.

Keywords: U. S. Economy; U. S. Politics; U. S. Society; U. S. Diplomacy; U. S. Military; U. S. Science and Technology; Sino-U. S. Relations

Contents

I General Report

Abstract: Losing self-confidence and direction in multiple aspects for failure
to find a way out after trying every approach, given adherence to fundamental
institutions, against predicaments in governance, the United States stepped into a
lost age which become increasingly fierce in 2023. Politically, conventional beliefs
in constitutionalism and rule of law are challenged by conspiracy theories and
judicial politicization; beliefs in democracy are challenged by Uncompromising
politics, generational shift and the difficulty of voters' choice; beliefs in the
advantages of federalism are challenged by executive power contention, legislative
power contention, and interstate rivalry; beliefs in U. S. international hegemony
are challenged by anxieties about its hegemonic status and declining effectiveness of
the alliance systems. Economically, beliefs in the market-led model of capitalism
are challenged by Bidenomics and regulatory policies; beliefs in the effectiveness of
the U. S. macroeconomic systems are challenged by the difficulties of the financial
system and the fiscal system. Socially, beliefs in the " City on a Hill" are
challenged by ethical scandals, public safety deterioration, and intensified social
stratification; beliefs in " post-ethnic" national development are challenged by
ratio changes in national composition and intensification in ethnic conflicts. The

preeminent reason for U. S. to enter a lost age is the excessive economic change, which causes additional excessive multifaceted social changes through existing political and social mechanisms, which is seriously deviated from traditional beliefs. Getting out of the lost age requires good economic and social fundamentals, achieved through economic development or political compromise, to bring reality and faith back together.

Keywords: U. S. Society; Lost Age; Predicaments in Governance; Social Change

II　Respective Reviews

B. 2　U. S. Politics in 2023: Increased Partisan Polarization

and Dysfunctional Government　　　　*Shi Peipei* / 048

Abstract: The political landscape of the United States in 2023 witnessed a series of complex changes and challenges. With the end of the midterm elections in 2022, the Democratic Party maintained a slim majority in the Senate, while the Republicans regained control of the House of Representatives, ushering in a new era of divided government in the 118th Congress, which increased the resistance and difficulty of the Biden administration. Partisan confrontation and polarization have permeated all aspects of American politics. In addition to the extreme confrontation between the Republican and Democratic parties, internal strife within the Republican Party was particularly prominent and pronounced in 2023. The chaotic partisan struggles have not only led to legislative gridlock and government shutdowns but have also spilled over into foreign policy debates. As the 2024 U. S. presidential election approaches, the struggle between the two parties continues to escalate. Lawsuits facing Donald Trump has made the U. S. Supreme Court even the entire judicial system be involved in the polarization of the party, foreshadowing the pivotal role of the Supreme Court in the upcoming election and the unique dynamics of the 2024 election in American politics.

Keywords: U. S. Politics; Political Polarization; Trump; U. S. Judiciary; U. S. Election

B. 3 U. S. Economy in 2023: GDP Grew Faster and Stronger

Than Expected, High Inflation Fell Rapidly *Luo Zhenxing* / 071

Abstract: The U. S. economy created a "miracle" in 2023. Not only did not fall into recession, but grew faster and stronger than expected growth. Manufacturing investment was impressive, unemployment remained its lowest level, high inflation fell rapidly, financial markets were full of surprises and the year-end was strong. The reasons are as follows: first, the growth of real personal disposable income, the withdrawal of excess savings, the impact of wealth effect, and the continued recovery of service consumption returning to pre-epidemic trends supported the steady growth of consumption; second, the enterprise's own funds are relatively sufficient, and the increase of the target fed funds rate to 5. 25% to 5. 5% did not have a significant negative impact on corporate investments; third, supply chain tensions eased, inflation fell rapidly, and it left enough room to control inflation without a sharp increase in unemployment, enabling unemployment to remain at a relatively low level; fourth, the U. S. government responded to the banking crisis timely and effectively. There are some alternative explanations of so impressive economic data in 2023, which believe that the U. S. economic data is "inaccurate", "distorted" and "fake", but its convincing is not strong. . However, But voters did not buy the "miracle", mainly because they used different benchmarks to measure the gap between their perception of the economic situation and economic performance. Looking ahead to the U. S. economy outlook for 2024, its GDP growth rate is very likely expected to slow down to 2. 2% with its solid and strong economic fundamentals.

Keywords: U. S. Economy; Inflation; Voter Perception; Economic Forecast

B.4   U. S. Society in 2023: From Fragmentation to Hollowing Out

Zhang Jiajun / 102

Abstract: The deterioration of political ecology will undoubtedly pollute and even destroy social ecology. With the escalation of fierce fight in American politics, the American society in 2023 was further fragmented, and social disputes in turn became the bargaining chip of partisan fight. On the one hand, the differences among various parties, groups and classes were further highlighted, and ethnic issues, immigration issues and gender issues were constantly intensified and escalated. On the other hand, the U. S. Democratic Party and Republican Party regarded social issues as a tool of party contention, using them to stir up public opinion and expand the base of voters. This not only fails to solve the urgent problems such as extreme polarization between the rich and poor, increasing hidden unemployment, high cost of living, soaring hate crimes, and deterioration of social governance, but also worsens these problem, leading to a further hollowing out of people's rights. The dual strengthening trend of political fight and social fragmentation has undoubtedly led to a serious and far-reaching negative impact on American society.

Keywords: U. S. Society; Social Fragmentation; Hollowing out of Rights; Generation Differentiation; Culture War

B.5   U. S. Diplomacy in 2023: Advancing and Challenging of

the Biden Administration's "Strategic Competition"

Liu Deshou / 131

Abstract: After two years of strategic planning and practice, the Biden administration's "great power competition" strategic framework has basically taken shape. In 2023, U. S. diplomatic strategy was further refined, with the release of National Cybersecurity Strategy, Strategic Framework for Space Diplomacy, 2023

National Defense Science and Technology Strategy, 2023 National Intelligence Strategy, leading the further advancement of U. S. strategic competition. At the regional level, the Biden administration continues to focus on the Indo-Pacific region, continuously promoting strategic competition with China by strengthening alliance and partnerships. In Europe, it continuously strengthens transatlantic relations and pushes the strategic eastward shift of European allies; In the Middle East, the Biden administration's strategic focus on this region tends to weakened due to the influence of the "great power competition" strategy. On major issues, U. S. diplomacy has focused on the Russia-Ukraine conflict, the Palestinian-Israeli conflict, and climate change. However, U. S. diplomacy has run into obvious difficulties.

Keywords: U. S. Diplomacy; Biden Administration; Strategic Competition

B. 6   2023 U. S. Military: Hegemonic Maintenance and Outcompeting

Adversaries   *Ji Cheng* / 150

Abstract: 2023 is the "first year" for the Biden administration's national security and defense team to accelerate the implementation of the relevant defense and military guidelines and goals established in the new National Security Strategy, National Defense Strategy, and National Military Strategy, etc. It is also a critical point which is of great significance for the outside world to examine the direction of U. S. national defense and arms construction and its development. Over the past year, the United States, with the guideline of the "integrated deterrence strategy" and the support of an ever-increasing defense budget, has made a top priority the issue of how to respond to "great power competition" in the "upcoming decisive decade". Therefore, U. S. has both accelerated the optimization of its global military deployment and resource allocation, and unremittingly promoted the transformation and upgrading of its national defense and military forces in accordance with a general idea of advancing both the construction of traditional combat forces and new combat forces simultaneously, and the daily

construction of the services and combat readiness exercises and training simultaneously. These measures are taken with the purpose of further enhancing the importance of military means in the U. S. " hegemonic maintenance and outcompeting adversaries". However, the erroneous security concept long held by the U. S. government, along with its numerous other problems, not only make its series of "military-strengthening" measures difficult to achieve results, but also aggravate the international security dilemma.

Keywords: U. S. Military; Great Power Competition; Integrated Deterrence

B . 7   U. S. Science and Technology in 2023: Strengthening the Strategic Layout, Deploying Frontier Areas

Yang Shuiqing / 183

Abstract: In 2023, the Biden Administration continues to focus on maintaining America's technological leadership. At the domestic level, Congress has increased government spending on research and development in key sectors, but appropriations for some agencies have declined. The role of the federal science and technology policy advisory agency in the United States has become increasingly prominent, and the work focus of the President's Council of Advisors on Science and Technology has shifted from traditional fields to emerging fields. The White House Office of Science and Technology Policy launched 2023 as the "Year of Open Science" with a series of activities to promote open and equitable research. The National Science and Technology Council updated the list of critical and emerging technologies and identified priority areas for development; The U. S. government is also planning to establish 31 new regional technology centers in key strategic industries such as semiconductors, high-capacity batteries, key minerals, and biomedicine. At the international level, export control and investment restriction are the two major "killer cards" of the US science and technology policy towards China. On the one hand, the United States strengthened scientific and technological cooperation with its Allies and signed the US-Japan-Netherlands Agreement to jointly restrict the export of semiconductor equipment to China; The US Department of Commerce has repeatedly updated its export control regulations, adding a large number of Chinese enterprises to the sanctions list. On the other hand, the Biden administration signed an executive order on addressing United States investments in certain national security technologies and products in China. Looking ahead, the competition in science and technology between China and the United States will intensify.

Keywords: U. S. Science and Technology; Export Control; Investment Restriction; Critical and Emerging Technologies

B.8　Sino-U. S. Relations in 2023: Pressure and Resilience

Yang Nan / 205

Abstract: In 2023, Sino-U. S. relations started from a low point, gradually returned to a stable track and stood at a new starting point, revealing a trend of "bottom out". The balloon incident at the beginning of the year marked another historic low point in Sino-U. S. relations since its normalization. In contrast, the U. S. Congress has created new mechanisms targeting China, and intensively introduced all kinds of China-related bills, that has compressed the space for U. S. -China interactions. In the economic, trade and technological fields, the competition has further deepened, and the sanction and counter-sanction measures between the two sides have been escalating. On the geopolitical front, the U. S. continued to anchor on the Taiwan issue to exert pressure on China, and further strengthened the military multilateral mechanism. China, on the other hand, is actively promoting counter-encirclement measures. In order to manage differences, seek consensus, and ensure strategic stability, Chinese and U. S. government officials have resorted to intensive high-level interactions since May, and people-to-people exchanges between the two countries have since resumed. The San Francisco summit between Chinese and U. S. leaders in

November and the formation of the "San Francisco Vision" thawing the ice, but the future of the bilateral relationship will continue to face greater risks and uncertainties.

Keywords: U. S. Foreign Policy; Sino-U. S. Relations; "Balloon Incident"; Strategic Competition

III　Special Reports

B.9　U. S. Farm Bill since the 21st Century: Evolution and Trends

Sun Tianhao / 226

Abstract: Tracking the evolution of the U. S. Farm Bill helps to deepen the understanding of U. S. agricultural policy. The research shows that the evolution characteristics of the U. S. Farm Bill since the 21st century are as follows. Firstly, the adjustment direction of agricultural subsidies and agricultural insurance has shifted from price support to risk management. Secondly, food and nutrition programs have shrunk in size and proportion in two recent farm bills. Thirdly, despite increasing support for the agricultural conservation, Congress has been deeply divided in recent years. Fourthly, agricultural trade policies have been aimed at expanding overseas markets, with increasing emphasis on food security and the resilience of agricultural supply chains. Combined with the above analysis, optimizing agricultural risk management systems, controlling budget spending on food and nutrition programs, promoting a climate-smart agriculture agenda, and strengthening the resilience of agricultural supply chains will be key elements of the new U. S. Farm bill.

Keywords: U. S. Economy; Farm Bill; Farm Subsidy; Agricultural Conservation; Food and Nutrition Program

Contents ↖↘

Abstract: The "Parents Bill of Rights" is a federal education legislation amendment proposed by Republicans in 2023. It aims to expand parents' right to know and dominate their children's education. However, being attacked by Democrats for peddling extremist ideology, the Bill caused widespread controversy in the United States. Though being considered as an "offensive attack" launched by Republicans in the field of education to maintain conservative ideology, the Bill is a "counter" against the "affirmative action" and "identity politics" of Democrats and liberal groups in recent years. This bill embodies the struggle between the two parties and reflects the "cultural struggle" between conservative and liberal groups in American society. It is rooted in the struggle for dominance between native whites and ethnic minorities, and the struggle for cultural hegemony between Anglo-Saxon Protestant culture and pluralist culture.

Keywords: U. S. Society; Parents' Rights; Cultural War; Partisanship; Cultural Pluralism

Abstract: In 2023, pro-gun conservatives intensified their efforts at the federal, state, and local levels in the United States, which not only prompted major changes in the legal environment for gun control but also attempted to vigorously expand gun rights at the state level under the impetus of gun interest groups, resulting in the number of gun violence incidents in the United States in recent years. The reason why gun violence is so "American" can be traced back to its history of gun ownership and its social and legal background; The debate over gun control is tied to Americans' complex perceptions of the "right" to use

violence, individual liberty, and public health as core concepts of political philosophy. Looking at reality, the reasons why gun violence has plagued the United States for many years and has not been solved include competitive democracy and the actual obstruction of the corresponding governance reform by the capital-driven chain. Because of the 2024 Presidential election, and under the stimulation of political polarization, capital manipulation, false information, and other factors, the multiple and extreme abuse of guns may be more prominent, which leads to a dead circle, that is, "it is dangerous to own guns and give up guns, and it is difficult to control guns and reasonably manage guns." In addition, gun violence is also coupled with racial hatred, gang violence, drug abuse, and other social problems, which continuously intensifies domestic conflicts, and further acts as a "source of chaos" for social security in neighboring countries and may detonate a new social crisis at any time.

Keywords: U. S. Society; Gun violence; Gun Control; Political Philosophy; Competitive Democracy

B. 12 Contemporary American Mental Health Status
— *From the Perspective of Depression*   *Liu Yuanling* / 278

Abstract: The mental health issues in the post pandemic era are attracting widespread global attention, with depression being the most common one. According to a research report released by the World Health Organization, there are currently over 200 million people worldwide with depression, and depression has become an increasingly important health crisis. The United States is a high-risk area for depression, with about 20% of American adults suffering from depression or receiving treatment for depression since the pandemic. According to a survey, the proportion of Americans suffering from depression in 2023 reached a record high. The United States is also a leader in actively addressing depression, with a large number of research institutions and personnel, abundant resources and funds, and advanced database construction. Despite some over corrections, mental health issues, including depression, are increasingly being taken seriously at all levels and across all sectors in the United States. Much remains to be done to address depression and to preserve and enhance the mental health of Americans.

Keywords: U. S. Society; Mental Health; Depression

B. 13　Analysis of the 2023 U. S. National Intelligence Strategy Report

Zhang Fan / 294

Abstract: On August 10, 2023, U. S. Director of National Intelligence Avril Haines released the 2023 U. S. National Intelligence Strategy (NIS) report. This report outlines six major tasks for the intelligence community over the next four years. Based on this foundation and other publicly available documents from the U. S. strategic and intelligence communities, this article analyzes the report from two levels: strategic goals and strategic pathways. From the perspective of strategic goals, the U. S. National Intelligence Strategy will focus on technology and economic competition significant to great power competition and will further focus on strategic competitors, setting more specific goals for this purpose. From the perspective of strategic pathways, the U. S. intelligence community will follow the guidelines of "innovation, integration, diversity." It aims to maintain and enhance U. S. intelligence advantages by applying recent technological advancements to intelligence practices, strengthening cooperation with other government departments, the private sector, and allies or "partners," and expanding the "employee diversity" program to better serve U. S. national security in the era of great power competition.

Keywords: U. S. Diplomacy; Intelligence Strategy; National Security; Great Power Competition

B . 14　The Biden Administration's Supply Chain Alliance

Strategy: Initiatives, Motivations, and Impacts

Gong Xiaofei / 307

Abstract: Since Biden took office, the United States has built a series of exclusive supply chain alliances in key industries and fields, strengthened coordination with its Allies by deepening R&D cooperation, transferring supply chains to Allies, reshaping market access rules, introducing exclusive subsidy policies, and building a multilateral export control network, and forced allies to form a united front against China. The U. S. supply chain alliance strategy aims to weaken China's competitive advantage, maintain the security of the U. S. supply chain, ensure the U. S. 's technological leadership, and enhance the U. S. 's economic competitiveness. This strategy prioritises the logic of security over the logic of development, which will exacerbate the fragmentation of the global supply chain, block China's access to key technologies, and weaken China's position in the global supply chain. China should deepen international cooperation, increase the difficulty of the U. S. "decoupling and breaking the supply chains" with China, maintain the stability of the global supply chain under the principle of mutual benefit and win-win, build a cooperative supply chain narrative, and make corresponding plans to reduce the negative impact of the U. S. supply chain alliance strategy on China.

Keywords: U. S. Diplomacy; Sino-U. S. Relations; Biden Administration; Supply Chain Alliances; Economic Security

B . 15　The Legislation and Practice of U. S. Secondary

Economic Sanction

Fu Jingyun / 322

Abstract: Economic globalization and increased interdependence allow sanctionees to circumvent sanctions by seeking alternative partners. Since third parties are not subject to unilateral sanctions, their economic exchanges with sanctionees usually weaken the effect of unilateral sanctions, which has led to the U. S. legislation and practice of secondary economic sanctions against third parties. In recent years, the U. S. has increased the use of secondary economic sanctions to deter and punish third parties. Secondary economic sanctions have gradually escalated into an important weapon for the U. S. to achieve its diplomatic goals. Especially in the Russia-Ukraine conflict, secondary sanctions have not only become an important measure for the U. S. to enhance the effectiveness of sanctions, but also an important direction to conduct sanctions linkage with Europe. The abuse of secondary sanctions by the U. S. seriously threatens global economic stability and financial security. Third-party companies and entities face the risk and uncertainty of being subject to secondary sanctions by the US.

Keywords: U. S. Economy; Secondary Economic Sanctions; Sanctions Linkage

B. 16   U. S. Climate Diplomacy Progress Assessment in 2023

Zhao Xingshu / 335

Abstract: In 2023, the Biden Administration has made some progress on climate cooperation with major countries. The U. S. has made greater progress in climate cooperation with its allies, while it has made less progress in facilitating climate cooperation with China, in the context of the intensifying U. S. -China strategic competition. The U. S. has made greater progress in greenhouse gas emission reduction-related targets, while making limited progress on clean energy technology transfer and international climate finance mobilization. Essentially, the U. S. climate diplomacy progress is based on U. S. advantages, and its core goal is to enhance U. S. international competitiveness in the clean energy transition and to maintain U. S. international influence in the long run. Great power competition and geopolitical factors have worked well in the U. S. international climate policy. In the short term, the Biden Administration's climate diplomacy has been quite

effective in many aspects, but its fundamental impact on accelerating global clean energy transition remains to be seen.

Keywords: U. S. Diplomacy; Biden Administration; Climate Diplomacy; Clean Energy Transition

B. 17 The U. S. Changing Policy toward China and the Prospect of Sino-U. S. Scientific and Technological Exchanges

Wang Wei / 354

Abstract: Constrained by the policy inertia of the previous administration, the Biden administration adopted a tough policy toward China in its early days. After more than half of his time in office, the Biden administration realized that this approach was not working and began to adjust its policy toward China, preventing the bilateral relations from further souring. However, in crucial or sensitive arenas, the U. S. continues to contain China. With "competitive advantage" and "national security" in concern, the U. S. continues to implement the policy of suppressing China through technological blocking. Looking ahead to the future, even if cultural exchanges between China and the United States resume, scientific and technological exchanges will still be greatly restricted.

Keywords: U. S. Diplomacy; Sino-U. S. Relations; Scientific and Technological Competition; Competitive Advantage; National Security

B. 18 Game of "Control" and "Autonomy" in U. S. -EU Relations

Zhang Yifei / 365

Abstract: Under the influence of the Russia-Ukraine conflict and the evolution of the global strategic pattern, in addition to cooperation and coordination in dealing with Russia and China, a new clue with "control" and "autonomy" as the main characteristics of the U. S. -EU relationship may clearly turn out. Based on an identity recognition of "spire class", the geographical buffer of important regions, and the huge economically developed market, the strategy of the United States toward Europe has formed a target range consisting of "thoroughly controlling Europe and making it act in full accordance with the interests of the United States" and "influencing Europe's collective decision-making to a greater extent in various important fields and issues, and easily preventing Europe from harming US interests". The United States has taken comprehensive measures, including continuing to encroach on EU functions with NATO; taking advantage of the Russia-Ukraine conflict, setting military deployments in Europe, including stationing nuclear forces; comprehensively intensifying the disguised economic plunder of Europe; promoting NATO to fight with China. In response, Europe has taken measures to pursue strategic autonomy, such as comprehensively building its security capabilities, vigorously promoting the development of the digital economy, actively increasing the level of energy reserves, and highlighting Europe's unique values. This game of "control" and "autonomy" has had multiple impacts on the United States, Europe, the western camp, and the global strategic landscape.

Keywords: U. S. Diplomacy; U. S. -Europe Relations; Strategic Autonomy

B. 19 The Biden Administration's Rebranding of U. S. -India

Defense Relations: Motivations, Approaches and Prospects

Zhu Chenge / 380

Abstract: The Biden administration has followed and intensified the U. S. post-Cold War strategy on the defense cooperation towards India. New characteristics of U. S. -India defense relations are being amplified including higher levels of interactions, wider cooperative fields and greater strategic position, as U. S. is the main guider and motivator behind this elevated strategic

partnership. Three factors contribute to the rebranding of U. S. -India defense relationship by Biden administration, including the altered international structure, domestic dynamics and political value-oriented diplomacy. Biden administration attempts to fulfill its strategic goals towards India by strengthening and reforming high-level exchanges, industrial cooperation, diplomatic institutions, international regimes, technology transfer and shared values. Despite U. S. holds a relatively positive view on the bilateral defense cooperation, it still faces severe incompatibilities on strategic goals, strategies, motivations and values. In this way, the U. S. -India defense cooperation process will be longstanding, in-depth but restricted continuously.

Keywords: U. S. Diplomacy; U. S. -India Relations; Defense Cooperation; Indo-Pacific Strategy; Biden Administration

B. 20　New Developments in U. S. -Canada Relations since 2023

Li Hengyang / 403

Abstract: The relationship between the United States and Canada has developed steadily since 2023. High-level exchanges between the two countries are frequent. The two sides have shown obvious synchronization and coordination on sanctions against Russia, aid to Ukraine, relations with China and the Taiwan issue. In the economic and trade fields, the United States and Canada continue to deepen cooperation in clean energy, key minerals and semiconductors. The United States and Canada are working together to enhance the infrastructure and combat capabilities of the North American Aerospace Defense Command to counter the "threats" from the air and sea from strategic adversaries. In order to cooperate with the U. S. military operations in the Indo-Pacific region, Canada has continuously increased its military force deployment and operations in the Indo-Pacific region. The cooperation between the United States and Canada in areas such as joint exercises, freedom of navigation, and counter-proliferation continues to deepen. The cooperation between the United States and Canada under the framework of the "Indo-Pacific Strategy" is, to a certain extent, a response to China's growing influence in the Indo-Pacific region.

Keywords: U. S. Diplomacy; U. S. -Canada Relations; Indo-Pacific Strategy; Clean Energy; Critical Minerals

社会科学文献出版社

皮 书

智库成果出版与传播平台

❖ 皮书定义 ❖

皮书是对中国与世界发展状况和热点问题进行年度监测，以专业的角度、专家的视野和实证研究方法，针对某一领域或区域现状与发展态势展开分析和预测，具备前沿性、原创性、实证性、连续性、时效性等特点的公开出版物，由一系列权威研究报告组成。

❖ 皮书作者 ❖

皮书系列报告作者以国内外一流研究机构、知名高校等重点智库的研究人员为主，多为相关领域一流专家学者，他们的观点代表了当下学界对中国与世界的现实和未来最高水平的解读与分析。

❖ 皮书荣誉 ❖

皮书作为中国社会科学院基础理论研究与应用对策研究融合发展的代表性成果，不仅是哲学社会科学工作者服务中国特色社会主义现代化建设的重要成果，更是助力中国特色新型智库建设、构建中国特色哲学社会科学"三大体系"的重要平台。皮书系列先后被列入"十二五""十三五""十四五"时期国家重点出版物出版专项规划项目；自2013年起，重点皮书被列入中国社会科学院国家哲学社会科学创新工程项目。

权威报告·连续出版·独家资源

皮书数据库
ANNUAL REPORT(YEARBOOK)
DATABASE

分析解读当下中国发展变迁的高端智库平台

所获荣誉

- 2022年，入选技术赋能"新闻+"推荐案例
- 2020年，入选全国新闻出版深度融合发展创新案例
- 2019年，入选国家新闻出版署数字出版精品遴选推荐计划
- 2016年，入选"十三五"国家重点电子出版物出版规划骨干工程
- 2013年，荣获"中国出版政府奖·网络出版物奖"提名奖

皮书数据库

"社科数托邦"
微信公众号

成为用户

登录网址www.pishu.com.cn访问皮书数据库网站或下载皮书数据库APP，通过手机号码验证或邮箱验证即可成为皮书数据库用户。

用户福利

- 已注册用户购书后可免费获赠100元皮书数据库充值卡。刮开充值卡涂层获取充值密码，登录并进入"会员中心"—"在线充值"—"充值卡充值"，充值成功即可购买和查看数据库内容。
- 用户福利最终解释权归社会科学文献出版社所有。

数据库服务热线：010-59367265
数据库服务QQ：2475522410
数据库服务邮箱：database@ssap.cn
图书销售热线：010-59367070/7028
图书服务QQ：1265056568
图书服务邮箱：duzhe@ssap.cn

社会科学文献出版社 皮书系列
SOCIAL SCIENCES ACADEMIC PRESS (CHINA)

卡号：612677434693
密码：

S 基本子库
UB DATABASE

中国社会发展数据库（下设 12 个专题子库）

紧扣人口、政治、外交、法律、教育、医疗卫生、资源环境等 12 个社会发展领域的前沿和热点，全面整合专业著作、智库报告、学术资讯、调研数据等类型资源，帮助用户追踪中国社会发展动态、研究社会发展战略与政策、了解社会热点问题、分析社会发展趋势。

中国经济发展数据库（下设 12 专题子库）

内容涵盖宏观经济、产业经济、工业经济、农业经济、财政金融、房地产经济、城市经济、商业贸易等 12 个重点经济领域，为把握经济运行态势、洞察经济发展规律、研判经济发展趋势、进行经济调控决策提供参考和依据。

中国行业发展数据库（下设 17 个专题子库）

以中国国民经济行业分类为依据，覆盖金融业、旅游业、交通运输业、能源矿产业、制造业等 100 多个行业，跟踪分析国民经济相关行业市场运行状况和政策导向，汇集行业发展前沿资讯，为投资、从业及各种经济决策提供理论支撑和实践指导。

中国区域发展数据库（下设 4 个专题子库）

对中国特定区域内的经济、社会、文化等领域现状与发展情况进行深度分析和预测，涉及省级行政区、城市群、城市、农村等不同维度，研究层级至县及县以下行政区，为学者研究地方经济社会宏观态势、经验模式、发展案例提供支撑，为地方政府决策提供参考。

中国文化传媒数据库（下设 18 个专题子库）

内容覆盖文化产业、新闻传播、电影娱乐、文学艺术、群众文化、图书情报等 18 个重点研究领域，聚焦文化传媒领域发展前沿、热点话题、行业实践，服务用户的教学科研、文化投资、企业规划等需要。

世界经济与国际关系数据库（下设 6 个专题子库）

整合世界经济、国际政治、世界文化与科技、全球性问题、国际组织与国际法、区域研究 6 大领域研究成果，对世界经济形势、国际形势进行连续性深度分析，对年度热点问题进行专题解读，为研判全球发展趋势提供事实和数据支持。

法律声明

"皮书系列"（含蓝皮书、绿皮书、黄皮书）之品牌由社会科学文献出版社最早使用并持续至今，现已被中国图书行业所熟知。"皮书系列"的相关商标已在国家商标管理部门商标局注册，包括但不限于LOGO（▧）、皮书、Pishu、经济蓝皮书、社会蓝皮书等。"皮书系列"图书的注册商标专用权及封面设计、版式设计的著作权均为社会科学文献出版社所有。未经社会科学文献出版社书面授权许可，任何使用与"皮书系列"图书注册商标、封面设计、版式设计相同或者近似的文字、图形或其组合的行为均系侵权行为。

经作者授权，本书的专有出版权及信息网络传播权等为社会科学文献出版社享有。未经社会科学文献出版社书面授权许可，任何就本书内容的复制、发行或以数字形式进行网络传播的行为均系侵权行为。

社会科学文献出版社将通过法律途径追究上述侵权行为的法律责任，维护自身合法权益。

欢迎社会各界人士对侵犯社会科学文献出版社上述权利的侵权行为进行举报。电话：010-59367121，电子邮箱：fawubu@ssap.cn。

社会科学文献出版社